中华人民共和国
全国分县市人口统计资料

2009 年

公安部治安管理局　编

群 众 出 版 社

2010年·北京

图书在版编目（CIP）数据

中华人民共和国全国分县市人口统计资料. 2009 年/
公安部治安管理局编. —北京：群众出版社，2010.12
　　ISBN 978 - 7 - 5014 - 4806 - 7

　　Ⅰ. ①中… 　Ⅱ. ①公… 　Ⅲ. ①人口统计—统计资料—
中国—2009　Ⅳ. ①C924. 25 - 66

　　中国版本图书馆 CIP 数据核字（2010）第 225845 号

中华人民共和国全国分县市人口统计资料（2009 年）
ZHONGHUARENMINGONGHEGUOQUANGUOFENXIANSHIRENKOUTONGJIZILIAO2009NIAN
公安部治安管理局　编

出版发行：群众出版社
地　　址：北京市西城区木樨地南里
邮政编码：100038
经　　销：新华书店
印　　刷：北京蓝空印刷厂
版　　次：2010 年 12 月第 1 版
印　　次：2010 年 12 月第 1 次
印　　张：21
开　　本：787 毫米 × 1092 毫米　1/16
字　　数：540 千字
印　　数：1 ~ 1000 册
书　　号：ISBN 978 - 7 - 5014 - 4806 - 7
定　　价：45.00 元

网　　址：www. qzcbs. com
电子邮箱：qzcbs@163. com

营销中心电话：(010) 83903254
读者服务部电话（门市）：(010) 83903257
警官读者俱乐部电话（网购、邮购）：(010) 83903253
教材分社电话：(010) 83903259
公安业务分社电话：(010) 83905672
法律分社电话：(010) 83905745
文艺分社电话：(010) 83903973
综合分社电话：(010) 83901870
杂志分社电话：(010) 83903239
电子音像与数字出版分社电话：(010) 83905727

主　编　刘绍武

副主编　黄双全

编　辑　陈　浩　缪灵芝

编辑说明

一、《中华人民共和国全国分县市人口统计资料》是由公安部治安管理局编制的人口统计年报汇编资料，是一本人口信息密集的工具书。内容系统翔实，比较全面真实地反映了全国的人口状况。自 1986 年起，本资料已连续公开出版发行，不仅为各级人民政府及有关部门制定国民经济和社会发展计划提供了重要依据，而且为人口学界和其他社会各界人士进行人口研究提供了宝贵参考资料。

二、《中华人民共和国全国分县市人口统计资料》(2009 年)主要内容：

1. 全国人口主要数据；

2. 全国市、县人口分组情况；

3. 各省、自治区、直辖市分区、市、县人口；

4. 各省、自治区、直辖市镇人口。

三、对 2009 年度人口数据的说明：

1. 2009 年度河北、江苏、浙江、福建、山东、湖北、湖南、广东、四川、重庆、陕西十一个省、直辖市的部分市县农业人口、非农业人口统计数据是参照居民常住户口所在地的城乡性质划分进行统计的。其中，常住户口在城镇(含城市和建制镇)的统计为非农业人口，具体是：

(1)设区市的市区和不设区市的市区所辖街道办事处区域内的常住人口；

(2)镇所辖居民委员会或镇政府驻地村委会区域内的常住人口。

2. 本资料中的各项人口数均不含香港、澳门特别行政区和台湾省的人口及服现役人员。

本资料在收集汇总过程中，得到了各级人民政府的关怀和支持，全国治安、户政管理部门和乡村人口统计人员做了大量工作，在此致以衷心感谢。

资料中如有错误，诚望读者指正。

编　者
2010 年 10 月

目　录

各省、自治区、直辖市镇人口

全 国 人 口 概 况

总 人 口

地 区 别	总 户 数（户）	总 人 口 合 计	男	女	平均每户人数	性别比（女＝100）
全国	412 547 877	1 333 229 695	685 568 044	647 661 651	3.23	105.85
北京市	4 887 495	12 475 247	6 283 733	6 191 514	2.55	101.49
天津市	3 420 507	9 846 933	4 954 874	4 892 059	2.88	101.28
河北省	21 534 069	72 165 441	36 751 467	35 413 974	3.35	103.78
山西省	11 591 391	34 630 900	17 784 168	16 846 732	2.99	105.56
内蒙古自治区	8 486 525	24 529 201	12 547 227	11 981 974	2.89	104.72
辽宁省	14 733 291	42 559 735	21 499 161	21 060 574	2.89	102.08
吉林省	9 247 022	27 194 885	13 760 872	13 434 013	2.94	102.43
黑龙江省	13 573 103	38 448 419	19 485 407	18 963 012	2.83	102.75
上海市	5 097 912	14 006 980	6 992 530	7 014 450	2.75	99.69
江苏省	24 038 912	74 192 318	37 653 207	36 539 111	3.09	103.05
浙江省	16 041 687	47 161 790	24 001 598	23 160 192	2.94	103.63
安徽省	20 405 322	67 945 286	35 282 529	32 662 757	3.33	108.02
福建省	9 988 443	34 986 792	18 004 914	16 981 878	3.50	106.02
江西省	13 879 820	46 333 425	24 277 747	22 055 678	3.34	110.07
山东省	29 520 156	94 494 508	47 918 749	46 575 759	3.20	102.88
河南省	29 861 665	106 634 344	55 098 367	51 535 977	3.57	106.91
湖北省	19 730 045	61 418 808	31 854 639	29 564 169	3.11	107.75
湖南省	21 774 607	70 073 323	36 401 671	33 671 652	3.22	108.11
广东省	22 587 628	83 659 815	43 091 081	40 568 734	3.70	106.22
广西壮族自治区	14 987 584	52 036 430	27 395 089	24 641 341	3.47	111.18
海南省	2 413 825	8 795 640	4 584 396	4 211 244	3.64	108.86
重庆市	11 106 995	32 756 056	16 976 814	15 779 242	2.95	107.59
四川省	29 763 179	89 846 874	46 392 045	43 454 829	3.02	106.76
贵州省	11 184 462	40 907 842	21 296 939	19 610 903	3.66	108.60
云南省	12 863 384	44 697 769	23 055 823	21 641 946	3.47	106.53
西藏自治区	695 474	2 898 245	1 458 092	1 440 153	4.17	101.25
陕西省	11 737 424	38 528 156	19 971 092	18 557 064	3.28	107.62
甘肃省	7 560 550	27 022 858	13 953 583	13 069 275	3.57	106.77
青海省	1 579 078	5 430 156	2 767 126	2 663 030	3.44	103.91
宁夏回族自治区	1 964 199	6 340 641	3 234 299	3 106 342	3.23	104.12
新疆维吾尔自治区	6 292 123	21 210 878	10 838 805	10 372 073	3.37	104.50

总 人 口 和 性 别 比

单位：人

地 区 别	总 人 口			占总人口％		性别比 (女＝100)
	合 计	男	女	男	女	
全国	1 333 229 695	685 568 044	647 661 651	51.42	48.58	105.85
北京市	12 475 247	6 283 733	6 191 514	50.37	49.63	101.49
天津市	9 846 933	4 954 874	4 892 059	50.32	49.68	101.28
河北省	72 165 441	36 751 467	35 413 974	50.93	49.07	103.78
山西省	34 630 900	17 784 168	16 846 732	51.35	48.65	105.56
内蒙古自治区	24 529 201	12 547 227	11 981 974	51.15	48.85	104.72
辽宁省	42 559 735	21 499 161	21 060 574	50.52	49.48	102.08
吉林省	27 194 885	13 760 872	13 434 013	50.60	49.40	102.43
黑龙江省	38 448 419	19 485 407	18 963 012	50.68	49.32	102.75
上海市	14 006 980	6 992 530	7 014 450	49.92	50.08	99.69
江苏省	74 192 318	37 653 207	36 539 111	50.75	49.25	103.05
浙江省	47 161 790	24 001 598	23 160 192	50.89	49.11	103.63
安徽省	67 945 286	35 282 529	32 662 757	51.93	48.07	108.02
福建省	34 986 792	18 004 914	16 981 878	51.46	48.54	106.02
江西省	46 333 425	24 277 747	22 055 678	52.40	47.60	110.07
山东省	94 494 508	47 918 749	46 575 759	50.71	49.29	102.88
河南省	106 634 344	55 098 367	51 535 977	51.67	48.33	106.91
湖北省	61 418 808	31 854 639	29 564 169	51.86	48.14	107.75
湖南省	70 073 323	36 401 671	33 671 652	51.95	48.05	108.11
广东省	83 659 815	43 091 081	40 568 734	51.51	48.49	106.22
广西壮族自治区	52 036 430	27 395 089	24 641 341	52.65	47.35	111.18
海南省	8 795 640	4 584 396	4 211 244	52.12	47.88	108.86
重庆市	32 756 056	16 976 814	15 779 242	51.83	48.17	107.59
四川省	89 846 874	46 392 045	43 454 829	51.63	48.37	106.76
贵州省	40 907 842	21 296 939	19 610 903	52.06	47.94	108.60
云南省	44 697 769	23 055 823	21 641 946	51.58	48.42	106.53
西藏自治区	2 898 245	1 458 092	1 440 153	50.31	49.69	101.25
陕西省	38 528 156	19 971 092	18 557 064	51.84	48.16	107.62
甘肃省	27 022 858	13 953 583	13 069 275	51.64	48.36	106.77
青海省	5 430 156	2 767 126	2 663 030	50.96	49.04	103.91
宁夏回族自治区	6 340 641	3 234 299	3 106 342	51.01	48.99	104.12
新疆维吾尔自治区	21 210 878	10 838 805	10 372 073	51.10	48.90	104.50

非 农 业、农 业 人 口

单位：人

地 区 别	总 人 口	非 农 业 人 口		农 业 人 口	
		人 数	占总人口%	人 数	占总人口%
全国	1 333 229 695	450 288 308	33.77	882 941 387	66.23
北京市	12 475 247	9 733 234	78.02	2 742 013	21.98
天津市	9 846 933	5 996 991	60.90	3 849 942	39.10
河北省	72 165 441	22 573 501	31.28	49 591 940	68.72
山西省	34 630 900	11 241 603	32.46	23 389 297	67.54
内蒙古自治区	24 529 201	9 971 956	40.65	14 557 245	59.35
辽宁省	42 559 735	21 440 254	50.38	21 119 481	49.62
吉林省	27 194 885	12 267 538	45.11	14 927 347	54.89
黑龙江省	38 448 419	18 556 002	48.26	19 892 417	51.74
上海市	14 006 980	12 361 586	88.25	1 645 394	11.75
江苏省	74 192 318	37 050 803	49.94	37 141 515	50.06
浙江省	47 161 790	14 339 485	30.40	32 822 305	69.60
安徽省	67 945 286	15 172 765	22.33	52 772 521	77.67
福建省	34 986 792	11 881 198	33.96	23 105 594	66.04
江西省	46 333 425	12 592 985	27.18	33 740 440	72.82
山东省	94 494 508	35 477 488	37.54	59 017 020	62.46
河南省	106 634 344	23 244 655	21.80	83 389 689	78.20
湖北省	61 418 808	25 497 367	41.51	35 921 441	58.49
湖南省	70 073 323	15 657 591	22.34	54 415 732	77.66
广东省	83 659 815	43 580 468	52.09	40 079 347	47.91
广西壮族自治区	52 036 430	9 690 471	18.62	42 345 959	81.38
海南省	8 795 640	3 400 126	38.66	5 395 514	61.34
重庆市	32 756 056	9 486 881	28.96	23 269 175	71.04
四川省	89 846 874	22 862 973	25.45	66 983 901	74.55
贵州省	40 907 842	6 614 271	16.17	34 293 571	83.83
云南省	44 697 769	7 467 402	16.71	37 230 367	83.29
西藏自治区	2 898 245	514 866	17.76	2 383 379	82.24
陕西省	38 528 156	11 625 902	30.18	26 902 254	69.82
甘肃省	27 022 858	6 864 525	25.40	20 158 333	74.60
青海省	5 430 156	1 635 610	30.12	3 794 546	69.88
宁夏回族自治区	6 340 641	2 360 843	37.23	3 979 798	62.77
新疆维吾尔自治区	21 210 878	9 126 968	43.03	12 083 910	56.97

人 口 地 区 分 布

地 区 别	总 人 口 （人）	占全国人口比重 （％）
全国	1 333 229 695	100.00
北京市	12 475 247	0.94
天津市	9 846 933	0.74
河北省	72 165 441	5.41
山西省	34 630 900	2.60
内蒙古自治区	24 529 201	1.84
辽宁省	42 559 735	3.19
吉林省	27 194 885	2.04
黑龙江省	38 448 419	2.88
上海市	14 006 980	1.05
江苏省	74 192 318	5.56
浙江省	47 161 790	3.54
安徽省	67 945 286	5.10
福建省	34 986 792	2.62
江西省	46 333 425	3.48
山东省	94 494 508	7.09
河南省	106 634 344	8.00
湖北省	61 418 808	4.61
湖南省	70 073 323	5.26
广东省	83 659 815	6.27
广西壮族自治区	52 036 430	3.90
海南省	8 795 640	0.66
重庆市	32 756 056	2.46
四川省	89 846 874	6.74
贵州省	40 907 842	3.07
云南省	44 697 769	3.35
西藏自治区	2 898 245	0.22
陕西省	38 528 156	2.89
甘肃省	27 022 858	2.03
青海省	5 430 156	0.41
宁夏回族自治区	6 340 641	0.48
新疆维吾尔自治区	21 210 878	1.59

市 总 人 口

单位：人

地 区 别	总 户 数（户）	总 人 口 合 计	男	女	平均每户人数	性别比（女=100）
全国	203 627 296	630 991 658	321 717 118	309 274 540	3.10	104.02
北京市	4 553 266	11 762 809	5 924 717	5 838 092	2.58	101.48
天津市	2 847 730	8 076 463	4 053 383	4 023 080	2.84	100.75
河北省	7 859 438	26 339 805	13 319 686	13 020 119	3.35	102.30
山西省	4 568 167	13 743 751	7 024 857	6 718 894	3.01	104.55
内蒙古自治区	3 020 677	8 772 528	4 433 265	4 339 263	2.90	102.17
辽宁省	10 689 424	30 228 380	15 183 632	15 044 748	2.83	100.92
吉林省	6 489 382	18 710 689	9 421 654	9 289 035	2.88	101.43
黑龙江省	8 317 238	22 953 861	11 580 008	11 373 853	2.76	101.81
上海市	4 803 706	13 316 773	6 652 727	6 664 046	2.77	99.83
江苏省	16 814 456	50 184 578	25 298 537	24 886 041	2.98	101.66
浙江省	10 889 417	31 722 266	16 034 349	15 687 917	2.91	102.21
安徽省	7 042 573	22 406 976	11 543 491	10 863 485	3.18	106.26
福建省	5 172 064	17 885 830	9 133 329	8 752 501	3.46	104.35
江西省	4 774 475	15 480 993	8 098 538	7 382 455	3.24	109.70
山东省	17 259 173	53 518 641	27 020 653	26 497 988	3.10	101.97
河南省	10 511 567	36 150 310	18 522 920	17 627 390	3.44	105.08
湖北省	12 882 639	39 675 812	20 491 984	19 183 828	3.08	106.82
湖南省	7 786 730	23 935 267	12 333 770	11 601 497	3.07	106.31
广东省	15 817 035	56 858 501	29 243 210	27 615 291	3.59	105.89
广西壮族自治区	5 402 272	18 413 625	9 659 076	8 754 549	3.41	110.33
海南省	1 496 073	5 409 630	2 796 066	2 613 564	3.62	106.98
重庆市	5 615 636	15 427 585	7 894 556	7 533 029	2.75	104.80
四川省	11 638 712	33 362 040	17 036 729	16 325 311	2.87	104.36
贵州省	2 915 079	10 350 844	5 321 537	5 029 307	3.55	105.81
云南省	3 330 280	10 382 750	5 301 697	5 081 053	3.12	104.34
西藏自治区	109 387	324 207	167 529	156 678	2.96	106.93
陕西省	4 263 280	14 150 104	7 248 301	6 901 803	3.32	105.02
甘肃省	2 615 766	8 716 497	4 485 241	4 231 256	3.33	106.00
青海省	345 566	1 083 227	541 819	541 408	3.13	100.08
宁夏回族自治区	1 019 939	3 089 777	1 566 494	1 523 283	3.03	102.84
新疆维吾尔自治区	2 776 149	8 557 139	4 383 363	4 173 776	3.08	105.02

市 总 人 口 和 性 别 比

单位：人

地 区 别	总 人 口 合 计	总 人 口 男	总 人 口 女	占总人口% 男	占总人口% 女	性别比（女＝100）
全国	630 991 658	321 717 118	309 274 540	50.99	49.01	104.02
北京市	11 762 809	5 924 717	5 838 092	50.37	49.63	101.48
天津市	8 076 463	4 053 383	4 023 080	50.19	49.81	100.75
河北省	26 339 805	13 319 686	13 020 119	50.57	49.43	102.30
山西省	13 743 751	7 024 857	6 718 894	51.11	48.89	104.55
内蒙古自治区	8 772 528	4 433 265	4 339 263	50.54	49.46	102.17
辽宁省	30 228 380	15 183 632	15 044 748	50.23	49.77	100.92
吉林省	18 710 689	9 421 654	9 289 035	50.35	49.65	101.43
黑龙江省	22 953 861	11 580 008	11 373 853	50.45	49.55	101.81
上海市	13 316 773	6 652 727	6 664 046	49.96	50.04	99.83
江苏省	50 184 578	25 298 537	24 886 041	50.41	49.59	101.66
浙江省	31 722 266	16 034 349	15 687 917	50.55	49.45	102.21
安徽省	22 406 976	11 543 491	10 863 485	51.52	48.48	106.26
福建省	17 885 830	9 133 329	8 752 501	51.06	48.94	104.35
江西省	15 480 993	8 098 538	7 382 455	52.31	47.69	109.70
山东省	53 518 641	27 020 653	26 497 988	50.49	49.51	101.97
河南省	36 150 310	18 522 920	17 627 390	51.24	48.76	105.08
湖北省	39 675 812	20 491 984	19 183 828	51.65	48.35	106.82
湖南省	23 935 267	12 333 770	11 601 497	51.53	48.47	106.31
广东省	56 858 501	29 243 210	27 615 291	51.43	48.57	105.89
广西壮族自治区	18 413 625	9 659 076	8 754 549	52.46	47.54	110.33
海南省	5 409 630	2 796 066	2 613 564	51.69	48.31	106.98
重庆市	15 427 585	7 894 556	7 533 029	51.17	48.83	104.80
四川省	33 362 040	17 036 729	16 325 311	51.07	48.93	104.36
贵州省	10 350 844	5 321 537	5 029 307	51.41	48.59	105.81
云南省	10 382 750	5 301 697	5 081 053	51.06	48.94	104.34
西藏自治区	324 207	167 529	156 678	51.67	48.33	106.93
陕西省	14 150 104	7 248 301	6 901 803	51.22	48.78	105.02
甘肃省	8 716 497	4 485 241	4 231 256	51.46	48.54	106.00
青海省	1 083 227	541 819	541 408	50.02	49.98	100.08
宁夏回族自治区	3 089 777	1 566 494	1 523 283	50.70	49.30	102.84
新疆维吾尔自治区	8 557 139	4 383 363	4 173 776	51.22	48.78	105.02

市 非 农 业 、 农 业 人 口

单位：人

地 区 别	总 人 口	非 农 业 人 口		农 业 人 口	
		人 数	占总人口%	人 数	占总人口%
全国	630 991 658	328 881 134	52.12	302 110 524	47.88
北京市	11 762 809	9 449 445	80.33	2 313 364	19.67
天津市	8 076 463	5 648 340	69.94	2 428 123	30.06
河北省	26 339 805	14 006 668	53.18	12 333 137	46.82
山西省	13 743 751	7 725 740	56.21	6 018 011	43.79
内蒙古自治区	8 772 528	6 095 995	69.49	2 676 533	30.51
辽宁省	30 228 380	18 577 994	61.46	11 650 386	38.54
吉林省	18 710 689	9 983 318	53.36	8 727 371	46.64
黑龙江省	22 953 861	13 712 429	59.74	9 241 432	40.26
上海市	13 316 773	12 109 264	90.93	1 207 509	9.07
江苏省	50 184 578	29 146 592	58.08	21 037 986	41.92
浙江省	31 722 266	11 198 488	35.30	20 523 778	64.70
安徽省	22 406 976	9 554 122	42.64	12 852 854	57.36
福建省	17 885 830	8 097 956	45.28	9 787 874	54.72
江西省	15 480 993	6 680 689	43.15	8 800 304	56.85
山东省	53 518 641	28 171 533	52.64	25 347 108	47.36
河南省	36 150 310	14 619 089	40.44	21 531 221	59.56
湖北省	39 675 812	20 841 563	52.53	18 834 249	47.47
湖南省	23 935 267	9 286 019	38.80	14 649 248	61.20
广东省	56 858 501	37 848 774	66.57	19 009 727	33.43
广西壮族自治区	18 413 625	5 722 709	31.08	12 690 916	68.92
海南省	5 409 630	2 279 507	42.14	3 130 123	57.86
重庆市	15 427 585	6 615 847	42.88	8 811 738	57.12
四川省	33 362 040	13 347 591	40.01	20 014 449	59.99
贵州省	10 350 844	3 835 796	37.06	6 515 048	62.94
云南省	10 382 750	3 959 065	38.13	6 423 685	61.87
西藏自治区	324 207	228 993	70.63	95 214	29.37
陕西省	14 150 104	7 211 128	50.96	6 938 976	49.04
甘肃省	8 716 497	4 505 915	51.69	4 210 582	48.31
青海省	1 083 227	876 941	80.96	206 286	19.04
宁夏回族自治区	3 089 777	1 777 389	57.52	1 312 388	42.48
新疆维吾尔自治区	8 557 139	5 766 235	67.39	2 790 904	32.61

地 级 市 总 人 口

单位：人

地 区 别	总 户 数 （户）	总 人 口			平均每户人数	性别比 （女＝100）
		合 计	男	女		
全国	107 942 264	334 846 136	170 277 041	164 569 095	3.10	103.47
河北省	3 837 669	12 743 820	6 427 076	6 316 744	3.32	101.75
山西省	3 197 569	9 675 160	4 939 037	4 736 123	3.03	104.28
内蒙古自治区	2 027 494	6 004 588	3 031 938	2 972 650	2.96	101.99
辽宁省	6 820 736	18 722 061	9 313 317	9 408 744	2.74	98.99
吉林省	3 106 822	8 650 489	4 317 100	4 333 389	2.78	99.62
黑龙江省	5 109 670	13 629 352	6 838 078	6 791 274	2.67	100.69
江苏省	8 138 965	24 915 619	12 606 587	12 309 032	3.06	102.42
浙江省	5 024 867	14 893 841	7 479 681	7 414 160	2.96	100.88
安徽省	6 072 313	19 199 519	9 896 478	9 303 041	3.16	106.38
福建省	2 657 265	9 050 351	4 570 495	4 479 856	3.41	102.02
江西省	2 756 808	8 922 849	4 632 623	4 290 226	3.24	107.98
山东省	8 815 066	27 269 198	13 749 594	13 519 604	3.09	101.70
河南省	5 706 374	18 855 499	9 581 015	9 274 484	3.30	103.31
湖北省	6 449 483	19 457 213	10 002 517	9 454 696	3.02	105.79
湖南省	4 242 915	12 518 930	6 399 046	6 119 884	2.95	104.56
广东省	9 370 580	32 697 534	16 639 275	16 058 259	3.49	103.62
广西壮族自治区	3 912 814	13 359 307	6 983 294	6 376 013	3.41	109.52
海南省	617 466	2 139 740	1 098 009	1 041 731	3.47	105.40
四川省	8 273 254	23 826 957	12 173 072	11 653 885	2.88	104.46
贵州省	1 451 054	5 020 919	2 564 796	2 456 123	3.46	104.42
云南省	1 974 262	5 990 486	3 051 965	2 938 521	3.03	103.86
西藏自治区	82 229	216 676	109 657	107 019	2.64	102.46
陕西省	3 898 655	12 900 009	6 599 052	6 300 957	3.31	104.73
甘肃省	2 427 216	8 118 477	4 183 313	3 935 164	3.34	106.31
青海省	274 135	890 019	441 991	448 028	3.25	98.65
宁夏回族自治区	840 868	2 582 590	1 305 717	1 276 873	3.07	102.26
新疆维吾尔自治区	855 715	2 594 933	1 342 318	1 252 615	3.03	107.16

地 级 市 总 人 口 和 性 别 比

单位：人

地 区 别	总 人 口			占总人口%		性别比
	合 计	男	女	男	女	（女＝100）
全国	334 846 136	170 277 041	164 569 095	50.85	49.15	103.71
河北省	12 743 820	6 427 076	6 316 744	50.43	49.57	101.87
山西省	9 675 160	4 939 037	4 736 123	51.05	48.95	104.46
内蒙古自治区	6 004 588	3 031 938	2 972 650	50.49	49.51	102.29
辽宁省	18 722 061	9 313 317	9 408 744	49.75	50.25	99.22
吉林省	8 650 489	4 317 100	4 333 389	49.91	50.09	100.06
黑龙江省	13 629 352	6 838 078	6 791 274	50.17	49.83	100.35
江苏省	24 915 619	12 606 587	12 309 032	50.60	49.40	102.55
浙江省	14 893 841	7 479 681	7 414 160	50.22	49.78	101.20
安徽省	19 199 519	9 896 478	9 303 041	51.55	48.45	106.77
福建省	9 050 351	4 570 495	4 479 856	50.50	49.50	102.35
江西省	8 922 849	4 632 623	4 290 226	51.92	48.08	108.39
山东省	27 269 198	13 749 594	13 519 604	50.42	49.58	101.90
河南省	18 855 499	9 581 015	9 274 484	50.81	49.19	103.26
湖北省	19 457 213	10 002 517	9 454 696	51.41	48.59	105.92
湖南省	12 518 930	6 399 046	6 119 884	51.11	48.89	105.21
广东省	32 697 534	16 639 275	16 058 259	50.89	49.11	103.84
广西壮族自治区	13 359 307	6 983 294	6 376 013	52.27	47.73	109.77
海南省	2 139 740	1 098 009	1 041 731	51.32	48.68	105.31
四川省	23 826 957	12 173 072	11 653 885	51.09	48.91	104.92
贵州省	5 020 919	2 564 796	2 456 123	51.08	48.92	104.49
云南省	5 990 486	3 051 965	2 938 521	50.95	49.05	104.36
西藏自治区	216 676	109 657	107 019	50.61	49.39	99.80
陕西省	12 900 009	6 599 052	6 300 957	51.16	48.84	105.18
甘肃省	8 118 477	4 183 313	3 935 164	51.53	48.47	106.72
青海省	890 019	441 991	448 028	49.66	50.34	98.99
宁夏回族自治区	2 582 590	1 305 717	1 276 873	50.56	49.44	102.75
新疆维吾尔自治区	2 594 933	1 342 318	1 252 615	51.73	48.27	108.24

地级市非农业、农业人口

单位：人

地 区 别	总人口	非 农 业 人 口		农 业 人 口	
		人　数	占总人口%	人　数	占总人口%
全国	334 846 136	219 326 697	65.50	115 519 439	34.50
河北省	12 743 820	10 320 113	80.98	2 423 707	19.02
山西省	9 675 160	6 459 616	66.76	3 215 544	33.24
内蒙古自治区	6 004 588	4 274 378	71.19	1 730 210	28.81
辽宁省	18 722 061	15 494 559	82.76	3 227 502	17.24
吉林省	8 650 489	6 296 222	72.78	2 354 267	27.22
黑龙江省	13 629 352	10 269 662	75.35	3 359 690	24.65
江苏省	24 915 619	19 069 985	76.54	5 845 634	23.46
浙江省	14 893 841	7 628 053	51.22	7 265 788	48.78
安徽省	19 199 519	8 919 702	46.46	10 279 817	53.54
福建省	9 050 351	5 320 905	58.79	3 729 446	41.21
江西省	8 922 849	4 948 581	55.46	3 974 268	44.54
山东省	27 269 198	18 385 499	67.42	8 883 699	32.58
河南省	18 855 499	11 189 593	59.34	7 665 906	40.66
湖北省	19 457 213	14 642 811	75.26	4 814 402	24.74
湖南省	12 518 930	7 027 369	56.13	5 491 561	43.87
广东省	32 697 534	31 025 513	94.89	1 672 021	5.11
广西壮族自治区	13 359 307	5 029 820	37.65	8 329 487	62.35
海南省	2 139 740	1 237 999	57.86	901 741	42.14
四川省	23 826 957	10 888 020	45.70	12 938 937	54.30
贵州省	5 020 919	2 686 614	53.51	2 334 305	46.49
云南省	5 990 486	2 694 638	44.98	3 295 848	55.02
西藏自治区	216 676	188 727	87.10	27 949	12.90
陕西省	12 900 009	6 737 713	52.23	6 162 296	47.77
甘肃省	8 118 477	4 236 268	52.18	3 882 209	47.82
青海省	890 019	738 164	82.94	151 855	17.06
宁夏回族自治区	2 582 590	1 588 951	61.53	993 639	38.47
新疆维吾尔自治区	2 594 933	2 027 222	78.12	567 711	21.88

县 级 市 总 人 口

单位：人

地 区 别	总户数 （户）	总 人 口			平均 每户 人数	性别比 （女＝100）
		合 计	男	女		
全国	77 864 694	247 561 892	126 914 694	120 647 198	3.18	105.19
河北省	4 021 769	13 595 985	6 892 610	6 703 375	3.38	102.82
山西省	1 370 598	4 068 591	2 085 820	1 982 771	2.97	105.20
内蒙古自治区	993 183	2 767 940	1 401 327	1 366 613	2.79	102.54
辽宁省	3 868 688	11 506 319	5 870 315	5 636 004	2.97	104.16
吉林省	3 382 560	10 060 200	5 104 554	4 955 646	2.97	103.00
黑龙江省	3 207 568	9 324 509	4 741 930	4 582 579	2.91	103.48
江苏省	8 675 491	25 268 959	12 691 950	12 577 009	2.91	100.91
浙江省	5 864 550	16 828 425	8 554 668	8 273 757	2.87	103.40
安徽省	970 260	3 207 457	1 647 013	1 560 444	3.31	105.55
福建省	2 514 799	8 835 479	4 562 834	4 272 645	3.51	106.79
江西省	2 017 667	6 558 144	3 465 915	3 092 229	3.25	112.08
山东省	8 444 107	26 249 443	13 271 059	12 978 384	3.11	102.26
河南省	4 805 193	17 294 811	8 941 905	8 352 906	3.60	107.05
湖北省	6 433 156	20 218 599	10 489 467	9 729 132	3.14	107.82
湖南省	3 543 815	11 416 337	5 934 724	5 481 613	3.22	108.27
广东省	6 446 455	24 160 967	12 603 935	11 557 032	3.75	109.06
广西壮族自治区	1 489 458	5 054 318	2 675 782	2 378 536	3.39	112.50
海南省	878 607	3 269 890	1 698 057	1 571 833	3.72	108.03
四川省	3 365 458	9 535 083	4 863 657	4 671 426	2.83	104.12
贵州省	1 464 025	5 329 925	2 756 741	2 573 184	3.64	107.13
云南省	1 356 018	4 392 264	2 249 732	2 142 532	3.24	105.00
西藏自治区	27 158	107 531	57 872	49 659	3.96	116.54
陕西省	364 625	1 250 095	649 249	600 846	3.43	108.06
甘肃省	188 550	598 020	301 928	296 092	3.17	101.97
青海省	71 431	193 208	99 828	93 380	2.70	106.91
宁夏回族自治区	179 071	507 187	260 777	246 410	2.83	105.83
新疆维吾尔自治区	1 920 434	5 962 206	3 041 045	2 921 161	3.10	104.10

县 级 市 总 人 口 和 性 别 比

单位：人

地 区 别	总 人 口			占总人口%		性别比 （女＝100）
	合 计	男	女	男	女	
全国	247 561 892	126 914 694	120 647 198	51.27	48.73	105.19
河北省	13 595 985	6 892 610	6 703 375	50.70	49.30	102.82
山西省	4 068 591	2 085 820	1 982 771	51.27	48.73	105.20
内蒙古自治区	2 767 940	1 401 327	1 366 613	50.63	49.37	102.54
辽宁省	11 506 319	5 870 315	5 636 004	51.02	48.98	104.16
吉林省	10 060 200	5 104 554	4 955 646	50.74	49.26	103.00
黑龙江省	9 324 509	4 741 930	4 582 579	50.85	49.15	103.48
江苏省	25 268 959	12 691 950	12 577 009	50.23	49.77	100.91
浙江省	16 828 425	8 554 668	8 273 757	50.83	49.17	103.40
安徽省	3 207 457	1 647 013	1 560 444	51.35	48.65	105.55
福建省	8 835 479	4 562 834	4 272 645	51.64	48.36	106.79
江西省	6 558 144	3 465 915	3 092 229	52.85	47.15	112.08
山东省	26 249 443	13 271 059	12 978 384	50.56	49.44	102.26
河南省	17 294 811	8 941 905	8 352 906	51.70	48.30	107.05
湖北省	20 218 599	10 489 467	9 729 132	51.88	48.12	107.82
湖南省	11 416 337	5 934 724	5 481 613	51.98	48.02	108.27
广东省	24 160 967	12 603 935	11 557 032	52.17	47.83	109.06
广西壮族自治区	5 054 318	2 675 782	2 378 536	52.94	47.06	112.50
海南省	3 269 890	1 698 057	1 571 833	51.93	48.07	108.03
四川省	9 535 083	4 863 657	4 671 426	51.01	48.99	104.12
贵州省	5 329 925	2 756 741	2 573 184	51.72	48.28	107.13
云南省	4 392 264	2 249 732	2 142 532	51.22	48.78	105.00
西藏自治区	107 531	57 872	49 659	53.82	46.18	116.54
陕西省	1 250 095	649 249	600 846	51.94	48.06	108.06
甘肃省	598 020	301 928	296 092	50.49	49.51	101.97
青海省	193 208	99 828	93 380	51.67	48.33	106.91
宁夏回族自治区	507 187	260 777	246 410	51.42	48.58	105.83
新疆维吾尔自治区	5 962 206	3 041 045	2 921 161	51.01	48.99	104.10

县级市非农业、农业人口

单位：人

地 区 别	总人口	非 农 业 人 口		农 业 人 口	
		人 数	占总人口%	人 数	占总人口%
全国	247 561 892	75 731 541	30.59	171 830 351	69.41
河北省	13 595 985	3 686 555	27.12	9 909 430	72.88
山西省	4 068 591	1 266 124	31.12	2 802 467	68.88
内蒙古自治区	2 767 940	1 821 617	65.81	946 323	34.19
辽宁省	11 506 319	3 083 435	26.80	8 422 884	73.20
吉林省	10 060 200	3 687 096	36.65	6 373 104	63.35
黑龙江省	9 324 509	3 442 767	36.92	5 881 742	63.08
江苏省	25 268 959	10 076 607	39.88	15 192 352	60.12
浙江省	16 828 425	3 570 435	21.22	13 257 990	78.78
安徽省	3 207 457	634 420	19.78	2 573 037	80.22
福建省	8 835 479	2 777 051	31.43	6 058 428	68.57
江西省	6 558 144	1 732 108	26.41	4 826 036	73.59
山东省	26 249 443	9 786 034	37.28	16 463 409	62.72
河南省	17 294 811	3 429 496	19.83	13 865 315	80.17
湖北省	20 218 599	6 198 752	30.66	14 019 847	69.34
湖南省	11 416 337	2 258 650	19.78	9 157 687	80.22
广东省	24 160 967	6 823 261	28.24	17 337 706	71.76
广西壮族自治区	5 054 318	692 889	13.71	4 361 429	86.29
海南省	3 269 890	1 041 508	31.85	2 228 382	68.15
四川省	9 535 083	2 459 571	25.79	7 075 512	74.21
贵州省	5 329 925	1 149 182	21.56	4 180 743	78.44
云南省	4 392 264	1 264 427	28.79	3 127 837	71.21
西藏自治区	107 531	40 266	37.45	67 265	62.55
陕西省	1 250 095	473 415	37.87	776 680	62.13
甘肃省	598 020	269 647	45.09	328 373	54.91
青海省	193 208	138 777	71.83	54 431	28.17
宁夏回族自治区	507 187	188 438	37.15	318 749	62.85
新疆维吾尔自治区	5 962 206	3 739 013	62.71	2 223 193	37.29

县 总 人 口

单位：人

地 区 别	总户数 （户）	总 人 口			平均 每户 人数	性别比 （女＝100）
		合 计	男	女		
全国	208 920 581	702 238 037	363 850 926	338 387 111	3.36	107.53
北京市	334 229	712 438	359 016	353 422	2.13	101.58
天津市	572 777	1 770 470	901 491	868 979	3.09	103.74
河北省	13 674 631	45 825 636	23 431 781	22 393 855	3.35	104.63
山西省	7 023 224	20 887 149	10 759 311	10 127 838	2.97	106.24
内蒙古自治区	5 465 848	15 756 673	8 113 962	7 642 711	2.88	106.17
辽宁省	4 043 867	12 331 355	6 315 529	6 015 826	3.05	104.98
吉林省	2 757 640	8 484 196	4 339 218	4 144 978	3.08	104.69
黑龙江省	5 255 865	15 494 558	7 905 399	7 589 159	2.95	104.17
上海市	294 206	690 207	339 803	350 404	2.35	96.97
江苏省	7 224 456	24 007 740	12 354 670	11 653 070	3.32	106.02
浙江省	5 152 270	15 439 524	7 967 249	7 472 275	3.00	106.62
安徽省	13 362 749	45 538 310	23 739 038	21 799 272	3.41	108.90
福建省	4 816 379	17 100 962	8 871 585	8 229 377	3.55	107.80
江西省	9 105 345	30 852 432	16 179 209	14 673 223	3.39	110.26
山东省	12 260 983	40 975 867	20 898 096	20 077 771	3.34	104.09
河南省	19 350 098	70 484 034	36 575 447	33 908 587	3.64	107.86
湖北省	6 847 406	21 742 996	11 362 655	10 380 341	3.18	109.46
湖南省	13 987 877	46 138 056	24 067 901	22 070 155	3.30	109.05
广东省	6 770 593	26 801 314	13 847 871	12 953 443	3.96	106.90
广西壮族自治区	9 585 312	33 622 805	17 736 013	15 886 792	3.51	111.64
海南省	917 752	3 386 010	1 788 330	1 597 680	3.69	111.93
重庆市	5 491 359	17 328 471	9 082 258	8 246 213	3.16	110.14
四川省	18 124 467	56 484 834	29 355 316	27 129 518	3.12	108.20
贵州省	8 269 383	30 556 998	15 975 402	14 581 596	3.70	109.56
云南省	9 533 104	34 315 019	17 754 126	16 560 893	3.60	107.21
西藏自治区	586 087	2 574 038	1 290 563	1 283 475	4.39	100.55
陕西省	7 474 144	24 378 052	12 722 791	11 655 261	3.26	109.16
甘肃省	4 944 784	18 306 361	9 468 342	8 838 019	3.70	107.13
青海省	1 233 512	4 346 929	2 225 307	2 121 622	3.52	104.89
宁夏回族自治区	944 260	3 250 864	1 667 805	1 583 059	3.44	105.35
新疆维吾尔自治区	3 515 974	12 653 739	6 455 442	6 198 297	3.60	104.15

县 总 人 口 和 性 别 比

单位：人

地 区 别	总 人 口			占总人口%		性别比 (女＝100)
	合 计	男	女	男	女	
全国	702 238 037	363 850 926	338 387 111	51.81	48.19	107.53
北京市	712 438	359 016	353 422	50.39	49.61	101.58
天津市	1 770 470	901 491	868 979	50.92	49.08	103.74
河北省	45 825 636	23 431 781	22 393 855	51.13	48.87	104.63
山西省	20 887 149	10 759 311	10 127 838	51.51	48.49	106.24
内蒙古自治区	15 756 673	8 113 962	7 642 711	51.50	48.50	106.17
辽宁省	12 331 355	6 315 529	6 015 826	51.22	48.78	104.98
吉林省	8 484 196	4 339 218	4 144 978	51.14	48.86	104.69
黑龙江省	15 494 558	7 905 399	7 589 159	51.02	48.98	104.17
上海市	690 207	339 803	350 404	49.23	50.77	96.97
江苏省	24 007 740	12 354 670	11 653 070	51.46	48.54	106.02
浙江省	15 439 524	7 967 249	7 472 275	51.60	48.40	106.62
安徽省	45 538 310	23 739 038	21 799 272	52.13	47.87	108.90
福建省	17 100 962	8 871 585	8 229 377	51.88	48.12	107.80
江西省	30 852 432	16 179 209	14 673 223	52.44	47.56	110.26
山东省	40 975 867	20 898 096	20 077 771	51.00	49.00	104.09
河南省	70 484 034	36 575 447	33 908 587	51.89	48.11	107.86
湖北省	21 742 996	11 362 655	10 380 341	52.26	47.74	109.46
湖南省	46 138 056	24 067 901	22 070 155	52.16	47.84	109.05
广东省	26 801 314	13 847 871	12 953 443	51.67	48.33	106.90
广西壮族自治区	33 622 805	17 736 013	15 886 792	52.75	47.25	111.64
海南省	3 386 010	1 788 330	1 597 680	52.82	47.18	111.93
重庆市	17 328 471	9 082 258	8 246 213	52.41	47.59	110.14
四川省	56 484 834	29 355 316	27 129 518	51.97	48.03	108.20
贵州省	30 556 998	15 975 402	14 581 596	52.28	47.72	109.56
云南省	34 315 019	17 754 126	16 560 893	51.74	48.26	107.21
西藏自治区	2 574 038	1 290 563	1 283 475	50.14	49.86	100.55
陕西省	24 378 052	12 722 791	11 655 261	52.19	47.81	109.16
甘肃省	18 306 361	9 468 342	8 838 019	51.72	48.28	107.13
青海省	4 346 929	2 225 307	2 121 622	51.19	48.81	104.89
宁夏回族自治区	3 250 864	1 667 805	1 583 059	51.30	48.70	105.35
新疆维吾尔自治区	12 653 739	6 455 442	6 198 297	51.02	48.98	104.15

县 非 农 业 、 农 业 人 口

单位：人

地 区 别	总人口	非 农 业 人 口		农 业 人 口	
		人 数	占总人口%	人 数	占总人口%
全国	702 238 037	121 407 174	17.29	580 830 863	82.71
北京市	712 438	283 789	39.83	428 649	60.17
天津市	1 770 470	348 651	19.69	1 421 819	80.31
河北省	45 825 636	8 566 833	18.69	37 258 803	81.31
山西省	20 887 149	3 515 863	16.83	17 371 286	83.17
内蒙古自治区	15 756 673	3 875 961	24.60	11 880 712	75.40
辽宁省	12 331 355	2 862 260	23.21	9 469 095	76.79
吉林省	8 484 196	2 284 220	26.92	6 199 976	73.08
黑龙江省	15 494 558	4 843 573	31.26	10 650 985	68.74
上海市	690 207	252 322	36.56	437 885	63.44
江苏省	24 007 740	7 904 211	32.92	16 103 529	67.08
浙江省	15 439 524	3 140 997	20.34	12 298 527	79.66
安徽省	45 538 310	5 618 643	12.34	39 919 667	87.66
福建省	17 100 962	3 783 242	22.12	13 317 720	77.88
江西省	30 852 432	5 912 296	19.16	24 940 136	80.84
山东省	40 975 867	7 305 955	17.83	33 669 912	82.17
河南省	70 484 034	8 625 566	12.24	61 858 468	87.76
湖北省	21 742 996	4 655 804	21.41	17 087 192	78.59
湖南省	46 138 056	6 371 572	13.81	39 766 484	86.19
广东省	26 801 314	5 731 694	21.39	21 069 620	78.61
广西壮族自治区	33 622 805	3 967 762	11.80	29 655 043	88.20
海南省	3 386 010	1 120 619	33.10	2 265 391	66.90
重庆市	17 328 471	2 871 034	16.57	14 457 437	83.43
四川省	56 484 834	9 515 382	16.85	46 969 452	83.15
贵州省	30 556 998	2 778 475	9.09	27 778 523	90.91
云南省	34 315 019	3 508 337	10.22	30 806 682	89.78
西藏自治区	2 574 038	285 873	11.11	2 288 165	88.89
陕西省	24 378 052	4 414 774	18.11	19 963 278	81.89
甘肃省	18 306 361	2 358 610	12.88	15 947 751	87.12
青海省	4 346 929	758 669	17.45	3 588 260	82.55
宁夏回族自治区	3 250 864	583 454	17.95	2 667 410	82.05
新疆维吾尔自治区	12 653 739	3 360 733	26.56	9 293 006	73.44

镇 总 人 口

单位：人

地 区 别	总户数 （户）	总 人 口			平均 每户 人数	性别比 （女＝100）
		合 计	男	女		
全国	237 832 469	774 204 116	399 038 463	375 165 653	3.26	106.36
北京市	1 785 332	3 834 100	1 916 128	1 917 972	2.15	99.90
天津市	1 426 354	4 200 866	2 119 412	2 081 454	2.95	101.82
河北省	11 546 110	37 755 684	19 247 164	18 508 520	3.27	103.99
山西省	5 764 663	16 569 278	8 531 193	8 038 085	2.87	106.13
内蒙古自治区	5 314 810	15 276 495	7 848 381	7 428 114	2.87	105.66
辽宁省	5 579 375	16 887 769	8 611 050	8 276 719	3.03	104.04
吉林省	4 517 092	13 749 824	7 021 702	6 728 122	3.04	104.36
黑龙江省	5 849 117	16 861 969	8 568 318	8 293 651	2.88	103.31
上海市	2 278 763	6 026 303	2 998 207	3 028 096	2.64	99.01
江苏省	17 528 509	54 080 359	27 459 087	26 621 272	3.09	103.15
浙江省	9 473 682	28 106 454	14 315 286	13 791 168	2.97	103.80
安徽省	13 938 489	47 013 443	24 447 410	22 566 033	3.37	108.34
福建省	6 339 081	22 786 675	11 729 315	11 057 360	3.59	106.08
江西省	8 298 406	27 471 082	14 422 849	13 048 233	3.31	110.53
山东省	17 953 684	58 647 953	29 801 814	28 846 139	3.27	103.31
河南省	13 259 698	47 121 451	24 404 184	22 717 267	3.55	107.43
湖北省	11 458 942	37 210 765	19 358 449	17 852 316	3.25	108.44
湖南省	13 311 504	43 016 203	22 380 893	20 635 310	3.23	108.46
广东省	15 716 809	61 322 193	31 601 978	29 720 215	3.90	106.33
广西壮族自治区	10 801 659	37 418 069	19 797 328	17 620 741	3.46	112.35
海南省	1 737 601	6 636 553	3 452 477	3 184 076	3.82	108.43
重庆市	6 946 425	20 836 146	10 881 785	9 954 361	3.00	109.32
四川省	18 713 620	55 030 719	28 381 989	26 648 730	2.94	106.50
贵州省	6 362 706	22 975 527	11 927 125	11 048 402	3.61	107.95
云南省	7 460 186	25 441 038	13 031 663	12 409 375	3.41	105.01
西藏自治区	228 818	834 603	419 252	415 351	3.65	100.94
陕西省	6 915 752	22 284 812	11 609 689	10 675 123	3.22	108.75
甘肃省	3 589 858	12 676 305	6 553 936	6 122 369	3.53	107.05
青海省	823 498	2 744 750	1 404 802	1 339 948	3.33	104.84
宁夏回族自治区	1 008 676	3 243 887	1 657 113	1 586 774	3.22	104.43
新疆维吾尔自治区	1 903 250	6 142 841	3 138 484	3 004 357	3.23	104.46

镇 人 口 和 性 别 比

地 区 别	总 人 口			占总人口％		性别比 (女＝100)
	合 计	男	女	男	女	
全国	774 204 116	399 038 463	375 165 653	51.54	48.46	106.36
北京市	3 834 100	1 916 128	1 917 972	49.98	50.02	99.90
天津市	4 200 866	2 119 412	2 081 454	50.45	49.55	101.82
河北省	37 755 684	19 247 164	18 508 520	50.98	49.02	103.99
山西省	16 569 278	8 531 193	8 038 085	51.49	48.51	106.13
内蒙古自治区	15 276 495	7 848 381	7 428 114	51.38	48.62	105.66
辽宁省	16 887 769	8 611 050	8 276 719	50.99	49.01	104.04
吉林省	13 749 824	7 021 702	6 728 122	51.07	48.93	104.36
黑龙江省	16 861 969	8 568 318	8 293 651	50.81	49.19	103.31
上海市	6 026 303	2 998 207	3 028 096	49.75	50.25	99.01
江苏省	54 080 359	27 459 087	26 621 272	50.77	49.23	103.15
浙江省	28 106 454	14 315 286	13 791 168	50.93	49.07	103.80
安徽省	47 013 443	24 447 410	22 566 033	52.00	48.00	108.34
福建省	22 786 675	11 729 315	11 057 360	51.47	48.53	106.08
江西省	27 471 082	14 422 849	13 048 233	52.50	47.50	110.53
山东省	58 647 953	29 801 814	28 846 139	50.81	49.19	103.31
河南省	47 121 451	24 404 184	22 717 267	51.79	48.21	107.43
湖北省	37 210 765	19 358 449	17 852 316	52.02	47.98	108.44
湖南省	43 016 203	22 380 893	20 635 310	52.03	47.97	108.46
广东省	61 322 193	31 601 978	29 720 215	51.53	48.47	106.33
广西壮族自治区	37 418 069	19 797 328	17 620 741	52.91	47.09	112.35
海南省	6 636 553	3 452 477	3 184 076	52.02	47.98	108.43
重庆市	20 836 146	10 881 785	9 954 361	52.23	47.77	109.32
四川省	55 030 719	28 381 989	26 648 730	51.57	48.43	106.50
贵州省	22 975 527	11 927 125	11 048 402	51.91	48.09	107.95
云南省	25 441 038	13 031 663	12 409 375	51.22	48.78	105.01
西藏自治区	834 603	419 252	415 351	50.23	49.77	100.94
陕西省	22 284 812	11 609 689	10 675 123	52.10	47.90	108.75
甘肃省	12 676 305	6 553 936	6 122 369	51.70	48.30	107.05
青海省	2 744 750	1 404 802	1 339 948	51.18	48.82	104.84
宁夏回族自治区	3 243 887	1 657 113	1 586 774	51.08	48.92	104.43
新疆维吾尔自治区	6 142 841	3 138 484	3 004 357	51.09	48.91	104.46

镇非农业、农业人口

地 区 别	总人口	非 农 业 人 口		农 业 人 口	
		人 数	占总人口%	人 数	占总人口%
全国	774 204 116	181 050 795	23.39	593 153 321	76.61
北京市	3 834 100	1 482 947	38.68	2 351 153	61.32
天津市	4 200 866	918 174	21.86	3 282 692	78.14
河北省	37 755 684	10 842 614	28.72	26 913 070	71.28
山西省	16 569 278	3 731 273	22.52	12 838 005	77.48
内蒙古自治区	15 276 495	4 590 817	30.05	10 685 678	69.95
辽宁省	16 887 769	3 543 254	20.98	13 344 515	79.02
吉林省	13 749 824	3 586 372	26.08	10 163 452	73.92
黑龙江省	16 861 969	5 784 750	34.31	11 077 219	65.69
上海市	6 026 303	4 457 275	73.96	1 569 028	26.04
江苏省	54 080 359	20 855 045	38.56	33 225 314	61.44
浙江省	28 106 454	4 799 262	17.08	23 307 192	82.92
安徽省	47 013 443	6 707 622	14.27	40 305 821	85.73
福建省	22 786 675	5 055 741	22.19	17 730 934	77.81
江西省	27 471 082	6 332 809	23.05	21 138 273	76.95
山东省	58 647 953	9 263 518	15.80	49 384 435	84.20
河南省	47 121 451	8 177 286	17.35	38 944 165	82.65
湖北省	37 210 765	8 960 974	24.08	28 249 791	75.92
湖南省	43 016 203	7 608 116	17.69	35 408 087	82.31
广东省	61 322 193	21 639 770	35.29	39 682 423	64.71
广西壮族自治区	37 418 069	5 551 324	14.84	31 866 745	85.16
海南省	6 636 553	1 486 339	22.40	5 150 214	77.60
重庆市	20 836 146	3 248 342	15.59	17 587 804	84.41
四川省	55 030 719	12 499 623	22.71	42 531 096	77.29
贵州省	22 975 527	3 082 443	13.42	19 893 084	86.58
云南省	25 441 038	4 007 419	15.75	21 433 619	84.25
西藏自治区	834 603	216 333	25.92	618 270	74.08
陕西省	22 284 812	5 033 023	22.58	17 251 789	77.42
甘肃省	12 676 305	2 792 340	22.03	9 883 965	77.97
青海省	2 744 750	768 156	27.99	1 976 594	72.01
宁夏回族自治区	3 243 887	944 198	29.11	2 299 689	70.89
新疆维吾尔自治区	6 142 841	3 083 636	50.20	3 059 205	49.80

人口自然变动

全国人口自然变动

单位：人

地 区 别	出 生 人 口			死 亡 人 口		
	合 计	男	女	合 计	男	女
全国	16 145 672	8 610 494	7 535 178	7 710 236	4 424 259	3 285 977
北京市	113 434	58 443	54 991	62 438	32 309	30 129
天津市	93 337	48 812	44 525	54 167	29 825	24 342
河北省	1 142 280	608 470	533 810	473 430	267 958	205 472
山西省	453 799	234 032	219 767	159 654	96 437	63 217
内蒙古自治区	248 725	129 320	119 405	115 449	72 683	42 766
辽宁省	322 018	167 507	154 511	290 955	169 588	121 367
吉林省	243 268	126 393	116 875	139 548	83 047	56 501
黑龙江省	325 377	167 851	157 526	179 347	109 931	69 416
上海市	92 339	46 906	45 433	106 691	56 655	50 036
江苏省	781 220	416 730	364 490	541 542	287 447	254 095
浙江省	465 074	243 846	221 228	299 653	169 740	129 913
安徽省	827 829	453 142	374 687	402 723	231 370	171 353
福建省	395 823	215 132	180 691	181 636	104 231	77 405
江西省	634 965	349 307	285 658	185 522	110 468	75 054
山东省	1 032 992	562 736	470 256	575 167	321 224	253 943
河南省	1 399 331	766 314	633 017	519 570	291 836	227 734
湖北省	617 936	333 723	284 213	326 709	187 581	139 128
湖南省	851 989	463 513	388 476	588 834	336 094	252 740
广东省	1 059 859	561 288	498 571	371 225	208 599	162 626
广西壮族自治区	833 292	447 060	386 232	262 834	161 786	101 048
海南省	154 820	84 720	70 100	32 863	19 839	13 024
重庆市	408 230	211 909	196 321	261 307	153 354	107 953
四川省	958 061	499 784	458 277	525 379	308 714	216 665
贵州省	510 674	273 772	236 902	225 917	131 701	94 216
云南省	710 442	372 468	337 974	297 291	171 401	125 890
西藏自治区	66 019	33 686	32 333	18 470	10 284	8 186
陕西省	464 189	245 527	218 662	209 285	120 297	88 988
甘肃省	364 556	192 660	171 896	133 693	78 631	55 062
青海省	86 252	44 758	41 494	30 065	17 759	12 306
宁夏回族自治区	111 252	57 879	53 373	31 593	19 037	12 556
新疆维吾尔自治区	376 290	192 806	183 484	107 279	64 433	42 846

全 国 人 口 自 然 增 长 率

地 区 别	平 均 人 口 （人）	出 生 率 （‰）	死 亡 率 （‰）	自然增长率 （‰）
全国	1 327 268 665	12.16	5.81	6.36
北京市	12 399 024	9.15	5.04	4.11
天津市	9 794 838	9.53	5.53	4.00
河北省	71 771 996	15.92	6.60	9.32
山西省	34 458 782	13.17	4.63	8.54
内蒙古自治区	24 444 793	10.17	4.72	5.45
辽宁省	42 510 554	7.58	6.84	0.73
吉林省	27 150 265	8.96	5.14	3.82
黑龙江省	38 377 563	8.48	4.67	3.81
上海市	13 958 704	6.62	7.64	−1.03
江苏省	74 039 324	10.55	7.31	3.24
浙江省	47 020 136	9.89	6.37	3.52
安徽省	67 676 873	12.23	5.95	6.28
福建省	34 879 095	11.35	5.21	6.14
江西省	46 077 916	13.78	4.03	9.75
山东省	94 210 788	10.96	6.11	4.86
河南省	105 893 958	13.21	4.91	8.31
湖北省	61 263 358	10.09	5.33	4.75
湖南省	69 763 406	12.21	8.44	3.77
广东省	83 165 350	12.74	4.46	8.28
广西壮族自治区	51 719 068	16.11	5.08	11.03
海南省	8 721 446	17.75	3.77	13.98
重庆市	32 663 263	12.50	8.00	4.50
四川省	89 462 373	10.71	5.87	4.84
贵州省	40 637 684	12.57	5.56	7.01
云南省	44 437 058	15.99	6.69	9.30
西藏自治区	2 855 812	23.12	6.47	16.65
陕西省	38 333 662	12.11	5.46	6.65
甘肃省	26 899 516	13.55	4.97	8.58
青海省	5 373 834	16.05	5.59	10.46
宁夏回族自治区	6 292 905	17.68	5.02	12.66
新疆维吾尔自治区	21 015 328	17.91	5.10	12.80

市 人 口 自 然 变 动

单位：人

地 区 别	出 生 人 口			死 亡 人 口		
	合 计	男	女	合 计	男	女
全国	6 608 582	3 500 450	3 108 132	3 469 277	1 979 575	1 489 702
北京市	107 041	55 161	51 880	57 212	29 366	27 846
天津市	68 358	35 459	32 899	42 768	23 423	19 345
河北省	319 497	168 399	151 098	139 892	78 498	61 394
山西省	161 766	83 579	78 187	56 463	34 415	22 048
内蒙古自治区	75 241	39 230	36 011	34 019	21 549	12 470
辽宁省	215 799	111 984	103 815	220 534	127 587	92 947
吉林省	159 329	82 296	77 033	93 208	55 995	37 213
黑龙江省	174 596	90 111	84 485	112 617	68 328	44 289
上海市	88 818	45 190	43 628	100 391	53 305	47 086
江苏省	471 671	249 277	222 394	346 696	185 294	161 402
浙江省	295 307	153 600	141 707	197 356	110 277	87 079
安徽省	254 799	137 404	117 395	104 173	60 455	43 718
福建省	206 616	111 321	95 295	92 754	53 419	39 335
江西省	196 772	108 456	88 316	57 293	33 884	23 409
山东省	487 536	259 154	228 382	328 286	184 239	144 047
河南省	454 877	247 381	207 496	180 217	102 490	77 727
湖北省	387 078	209 666	177 412	210 361	119 706	90 655
湖南省	268 695	146 774	121 921	186 681	106 544	80 137
广东省	685 713	363 674	322 039	247 897	138 400	109 497
广西壮族自治区	303 892	162 769	141 123	69 918	43 170	26 748
海南省	93 922	51 655	42 267	18 969	11 178	7 791
重庆市	160 333	82 548	77 785	116 615	68 086	48 529
四川省	309 506	159 529	149 977	191 006	112 961	78 045
贵州省	126 451	67 070	59 381	51 504	30 552	20 952
云南省	123 504	64 284	59 220	57 739	34 012	23 727
西藏自治区	9 756	4 912	4 844	4 034	2 352	1 682
陕西省	158 144	82 584	75 560	62 084	35 724	26 360
甘肃省	91 533	48 707	42 826	32 864	20 203	12 661
青海省	8 425	4 420	4 005	5 451	3 418	2 033
宁夏回族自治区	44 733	23 498	21 235	14 543	8 943	5 600
新疆维吾尔自治区	98 874	50 358	48 516	35 732	21 802	13 930

市 人 口 自 然 增 长 率

地　区　别	平　均　人　口 （人）	出 生 率 （‰）	死 亡 率 （‰）	自然增长率 （‰）
全国	628 313 537	10.52	5.52	5.00
北京市	11 687 042	9.16	4.90	4.26
天津市	8 033 799	8.51	5.32	3.19
河北省	26 208 636	12.19	5.34	6.85
山西省	13 670 625	11.83	4.13	7.70
内蒙古自治区	8 735 937	8.61	3.89	4.72
辽宁省	30 188 676	7.15	7.31	−0.16
吉林省	18 681 655	8.53	4.99	3.54
黑龙江省	22 925 338	7.62	4.91	2.70
上海市	13 266 884	6.69	7.57	−0.87
江苏省	50 059 370	9.42	6.93	2.50
浙江省	31 626 804	9.34	6.24	3.10
安徽省	22 292 269	11.43	4.67	6.76
福建省	17 825 987	11.59	5.20	6.39
江西省	15 399 167	12.78	3.72	9.06
山东省	53 424 483	9.13	6.14	2.98
河南省	35 878 732	12.68	5.02	7.66
湖北省	39 566 830	9.78	5.32	4.47
湖南省	23 842 967	11.27	7.83	3.44
广东省	56 459 926	12.15	4.39	7.75
广西壮族自治区	18 284 660	16.62	3.82	12.80
海南省	5 364 853	17.51	3.54	13.97
重庆市	15 386 305	10.42	7.58	2.84
四川省	33 235 769	9.31	5.75	3.57
贵州省	10 293 708	12.28	5.00	7.28
云南省	10 303 321	11.99	5.60	6.38
西藏自治区	318 457	30.64	12.67	17.97
陕西省	14 051 562	11.25	4.42	6.84
甘肃省	8 683 293	10.54	3.78	6.76
青海省	1 077 957	7.82	5.06	2.76
宁夏回族自治区	3 065 051	14.59	4.74	9.85
新疆维吾尔自治区	8 473 480	11.67	4.22	7.45

地 级 市 人 口 自 然 变 动

单位：人

地 区 别	出 生 人 口			死 亡 人 口		
	合 计	男	女	合 计	男	女
全国	3 415 965	1 805 232	1 610 733	1 651 697	951 685	700 012
河北省	128 238	66 804	61 434	54 856	31 485	23 371
山西省	105 398	54 045	51 353	34 467	21 663	12 804
内蒙古自治区	54 088	28 356	25 732	22 582	14 311	8 271
辽宁省	124 051	64 201	59 850	125 497	72 919	52 578
吉林省	68 726	35 646	33 080	44 429	26 545	17 884
黑龙江省	93 072	47 818	45 254	76 799	45 781	31 018
江苏省	242 766	128 100	114 666	155 082	83 516	71 566
浙江省	134 164	68 677	65 487	87 966	48 791	39 175
安徽省	221 308	119 778	101 530	85 290	49 735	35 555
福建省	105 159	55 915	49 244	44 004	24 885	19 119
江西省	98 942	54 032	44 910	34 166	19 851	14 315
山东省	260 240	138 705	121 535	144 839	81 216	63 623
河南省	227 962	123 448	104 514	79 986	46 386	33 600
湖北省	170 230	91 252	78 978	89 385	51 310	38 075
湖南省	131 119	70 546	60 573	76 823	43 624	33 199
广东省	377 483	199 087	178 396	142 393	78 863	63 530
广西壮族自治区	201 505	107 975	93 530	43 882	27 478	16 404
海南省	32 517	17 906	14 611	5 091	3 022	2 069
四川省	222 956	114 941	108 015	133 901	78 885	55 016
贵州省	51 414	27 200	24 214	24 622	14 854	9 768
云南省	66 360	34 792	31 568	31 085	18 217	12 868
西藏自治区	7 781	3 901	3 880	3 532	2 057	1 475
陕西省	143 363	74 737	68 626	54 795	31 681	23 114
甘肃省	84 388	44 938	39 450	30 769	18 871	11 898
青海省	6 544	3 415	3 129	4 877	3 020	1 857
宁夏回族自治区	36 091	18 760	17 331	12 599	7 720	4 879
新疆维吾尔自治区	20 100	10 257	9 843	7 980	4 999	2 981

地 级 市 人 口 自 然 增 长 率

地 区 别	平 均 人 口 （人）	出 生 率 （‰）	死 亡 率 （‰）	自然增长率 （‰）
全国	333 053 390	10.26	4.959	5.30
河北省	12 672 260	10.12	4.329	5.79
山西省	9 621 549	10.95	3.582	7.37
内蒙古自治区	5 971 814	9.06	3.781	5.28
辽宁省	18 664 675	6.65	6.724	−0.08
吉林省	8 636 255	7.96	5.144	2.81
黑龙江省	13 615 189	6.84	5.641	1.20
江苏省	24 743 104	9.81	6.268	3.54
浙江省	14 842 133	9.04	5.927	3.11
安徽省	19 094 860	11.59	4.467	7.12
福建省	9 012 909	11.67	4.882	6.79
江西省	8 880 859	11.14	3.847	7.29
山东省	27 193 029	9.57	5.326	4.24
河南省	18 685 815	12.20	4.281	7.92
湖北省	19 409 552	8.77	4.605	4.17
湖南省	12 459 239	10.52	6.166	4.36
广东省	32 404 496	11.65	4.394	7.25
广西壮族自治区	13 271 218	15.18	3.307	11.88
海南省	2 121 886	15.32	2.399	12.93
四川省	23 720 512	9.40	5.645	3.75
贵州省	4 995 932	10.29	4.928	5.36
云南省	5 928 461	11.19	5.243	5.95
西藏自治区	212 088	36.69	16.653	20.03
陕西省	12 807 601	11.19	4.278	6.92
甘肃省	8 072 355	10.45	3.812	6.64
青海省	886 429	7.38	5.502	1.88
宁夏回族自治区	2 560 627	14.09	4.920	9.17
新疆维吾尔自治区	2 568 549	7.83	3.107	4.72

县 级 市 人 口 自 然 变 动

单位：人

地 区 别	出 生 人 口			死 亡 人 口		
	合 计	男	女	合 计	男	女
全国	2 768 067	1 476 860	1 291 207	1 500 594	853 710	646 884
河北省	191 259	101 595	89 664	85 036	47 013	38 023
山西省	56 368	29 534	26 834	21 996	12 752	9 244
内蒙古自治区	21 153	10 874	10 279	11 437	7 238	4 199
辽宁省	91 748	47 783	43 965	95 037	54 668	40 369
吉林省	90 603	46 650	43 953	48 779	29 450	19 329
黑龙江省	81 524	42 293	39 231	35 818	22 547	13 271
江苏省	228 905	121 177	107 728	191 614	101 778	89 836
浙江省	161 143	84 923	76 220	109 390	61 486	47 904
安徽省	33 491	17 626	15 865	18 883	10 720	8 163
福建省	101 457	55 406	46 051	48 750	28 534	20 216
江西省	97 830	54 424	43 406	23 127	14 033	9 094
山东省	227 296	120 449	106 847	183 447	103 023	80 424
河南省	226 915	123 933	102 982	100 231	56 104	44 127
湖北省	216 848	118 414	98 434	120 976	68 396	52 580
湖南省	137 576	76 228	61 348	109 858	62 920	46 938
广东省	308 230	164 587	143 643	105 504	59 537	45 967
广西壮族自治区	102 387	54 794	47 593	26 036	15 692	10 344
海南省	61 405	33 749	27 656	13 878	8 156	5 722
四川省	86 550	44 588	41 962	57 105	34 076	23 029
贵州省	75 037	39 870	35 167	26 882	15 698	11 184
云南省	57 144	29 492	27 652	26 654	15 795	10 859
西藏自治区	1 975	1 011	964	502	295	207
陕西省	14 781	7 847	6 934	7 289	4 043	3 246
甘肃省	7 145	3 769	3 376	2 095	1 332	763
青海省	1 881	1 005	876	574	398	176
宁夏回族自治区	8 642	4 738	3 904	1 944	1 223	721
新疆维吾尔自治区	78 774	40 101	38 673	27 752	16 803	10 949

县 级 市 人 口 自 然 增 长 率

地　区　别	平 均 人 口 （人）	出生率 （‰）	死亡率 （‰）	自然增长率 （‰）
全国	246 886 119	11.21	6.08	5.13
河北省	13 536 377	14.13	6.28	7.85
山西省	4 049 076	13.92	5.43	8.49
内蒙古自治区	2 764 124	7.65	4.14	3.52
辽宁省	11 524 001	7.96	8.25	−0.29
吉林省	10 045 400	9.02	4.86	4.16
黑龙江省	9 310 149	8.76	3.85	4.91
江苏省	25 316 266	9.04	7.57	1.47
浙江省	16 784 671	9.60	6.52	3.08
安徽省	3 197 409	10.47	5.91	4.57
福建省	8 813 079	11.51	5.53	5.98
江西省	6 518 309	15.01	3.55	11.46
山东省	26 231 454	8.67	6.99	1.67
河南省	17 192 917	13.20	5.83	7.37
湖北省	20 157 279	10.76	6.00	4.76
湖南省	20 157 279	12.09	9.65	2.43
广东省	24 055 430	12.81	4.39	8.43
广西壮族自治区	5 013 442	20.42	5.19	15.23
海南省	3 242 967	18.93	4.28	14.66
四川省	9 515 257	9.10	6.00	3.09
贵州省	5 297 777	14.16	5.07	9.09
云南省	4 374 860	13.06	6.09	6.97
西藏自治区	106 369	18.57	4.72	13.85
陕西省	1 243 961	11.88	5.86	6.02
甘肃省	610 938	11.70	3.43	8.27
青海省	191 528	9.82	3.00	6.82
宁夏回族自治区	504 425	17.13	3.85	13.28
新疆维吾尔自治区	5 904 932	13.34	4.70	8.64

县 人 口 自 然 变 动

单位：人

地 区 别	出 生 人 口			死 亡 人 口		
	合 计	男	女	合 计	男	女
全国	9 537 090	5 110 044	4 427 046	4 240 959	2 444 684	1 796 275
北京市	6 393	3 282	3 111	5 226	2 943	2 283
天津市	24 979	13 353	11 626	11 399	6 402	4 997
河北省	822 783	440 071	382 712	333 538	189 460	144 078
山西省	292 033	150 453	141 580	103 191	62 022	41 169
内蒙古自治区	173 484	90 090	83 394	81 430	51 134	30 296
辽宁省	106 219	55 523	50 696	70 421	42 001	28 420
吉林省	83 939	44 097	39 842	46 340	27 052	19 288
黑龙江省	150 781	77 740	73 041	66 730	41 603	25 127
上海市	3 521	1 716	1 805	6 300	3 350	2 950
江苏省	309 549	167 453	142 096	194 846	102 153	92 693
浙江省	169 767	90 246	79 521	102 297	59 463	42 834
安徽省	573 030	315 738	257 292	298 550	170 915	127 635
福建省	189 207	103 811	85 396	88 882	50 812	38 070
江西省	438 193	240 851	197 342	128 229	76 584	51 645
山东省	545 456	303 582	241 874	246 881	136 985	109 896
河南省	944 454	518 933	425 521	339 353	189 346	150 007
湖北省	230 858	124 057	106 801	116 348	67 875	48 473
湖南省	583 294	316 739	266 555	402 153	229 550	172 603
广东省	374 146	197 614	176 532	123 328	70 199	53 129
广西壮族自治区	529 400	284 291	245 109	192 916	118 616	74 300
海南省	60 898	33 065	27 833	13 894	8 661	5 233
重庆市	247 897	129 361	118 536	144 692	85 268	59 424
四川省	648 555	340 255	308 300	334 373	195 753	138 620
贵州省	384 223	206 702	177 521	174 413	101 149	73 264
云南省	586 938	308 184	278 754	239 552	137 389	102 163
西藏自治区	56 263	28 774	27 489	14 436	7 932	6 504
陕西省	306 045	162 943	143 102	147 201	84 573	62 628
甘肃省	273 023	143 953	129 070	100 829	58 428	42 401
青海省	77 827	40 338	37 489	24 614	14 341	10 273
宁夏回族自治区	66 519	34 381	32 138	17 050	10 094	6 956
新疆维吾尔自治区	277 416	142 448	134 968	71 547	42 631	28 916

县 人 口 自 然 增 长 率

地　区　别	平　均　人　口 （人）	出　生　率 （‰）	死　亡　率 （‰）	自然增长率 （‰）
全国	698 955 128	13.64	6.07	7.58
北京市	711 982	8.98	7.34	1.64
天津市	1 761 039	14.18	6.47	7.71
河北省	45 563 360	18.06	7.32	10.74
山西省	20 788 157	14.05	4.96	9.08
内蒙古自治区	15 708 856	11.04	5.18	5.86
辽宁省	12 321 878	8.62	5.72	2.91
吉林省	8 468 611	9.91	5.47	4.44
黑龙江省	15 452 225	9.76	4.32	5.44
上海市	691 820	5.09	9.11	−4.02
江苏省	23 979 954	12.91	8.13	4.78
浙江省	15 393 333	11.03	6.65	4.38
安徽省	45 384 604	12.63	6.58	6.05
福建省	17 053 108	11.10	5.21	5.88
江西省	30 678 749	14.28	4.18	10.10
山东省	40 786 306	13.37	6.05	7.32
河南省	70 015 226	13.49	4.85	8.64
湖北省	21 696 528	10.64	5.36	5.28
湖南省	45 920 440	12.70	8.76	3.94
广东省	26 705 424	14.01	4.62	9.39
广西壮族自治区	33 434 408	15.83	5.77	10.06
海南省	3 356 594	18.14	4.14	14.00
重庆市	17 276 958	14.35	8.37	5.97
四川省	56 226 605	11.53	5.95	5.59
贵州省	30 343 976	12.66	5.75	6.91
云南省	34 133 737	17.20	7.02	10.18
西藏自治区	2 537 356	22.17	5.69	16.48
陕西省	24 282 100	12.60	6.06	6.54
甘肃省	18 216 223	14.99	5.54	9.45
青海省	4 295 877	18.12	5.73	12.39
宁夏回族自治区	3 227 854	20.61	5.28	15.33
新疆维吾尔自治区	12 541 848	22.12	5.70	16.41

镇人口自然变动

单位：人

地 区 别	出 生 人 口			死 亡 人 口		
	合 计	男	女	合 计	男	女
全国	9 664 954	5 166 423	4 498 531	4 664 806	2 673 007	1 991 799
北京市	37 914	19 488	18 426	28 848	15 391	13 457
天津市	51 189	26 961	24 228	26 588	14 857	11 731
河北省	605 400	322 224	283 176	257 796	145 638	112 158
山西省	232 052	119 521	112 531	81 861	49 066	32 795
内蒙古自治区	159 647	83 191	76 456	69 974	44 550	25 424
辽宁省	140 573	73 374	67 199	121 733	70 725	51 008
吉林省	132 201	68 549	63 652	74 448	44 344	30 104
黑龙江省	153 875	79 486	74 389	68 379	42 840	25 539
上海市	42 378	21 285	21 093	44 381	23 577	20 804
江苏省	587 731	314 383	273 348	418 122	220 674	197 448
浙江省	273 639	144 342	129 297	192 549	108 848	83 701
安徽省	587 296	322 471	264 825	293 721	168 356	125 365
福建省	265 259	144 648	120 611	122 544	69 672	52 872
江西省	384 998	212 489	172 509	113 735	67 668	46 067
山东省	657 587	359 382	298 205	385 039	214 571	170 468
河南省	644 060	353 698	290 362	245 773	136 882	108 891
湖北省	384 344	208 571	175 773	196 344	113 141	83 203
湖南省	524 269	286 044	238 225	362 155	207 029	155 126
广东省	821 754	433 803	387 951	283 811	159 165	124 646
广西壮族自治区	631 064	338 756	292 308	188 411	117 402	71 009
海南省	125 464	68 605	56 859	25 226	15 017	10 209
重庆市	271 499	141 161	130 338	181 956	106 975	74 981
四川省	587 136	305 751	281 385	332 030	196 153	135 877
贵州省	291 732	155 890	135 842	129 195	74 796	54 399
云南省	391 296	203 658	187 638	158 355	91 923	66 432
西藏自治区	19 043	9 700	9 343	4 416	2 487	1 929
陕西省	279 467	148 587	130 880	131 840	75 862	55 978
甘肃省	180 532	96 139	84 393	60 958	36 119	24 839
青海省	41 826	21 827	19 999	15 389	9 258	6 131
宁夏回族自治区	63 972	33 367	30 605	16 644	10 150	6 494
新疆维吾尔自治区	95 757	49 072	46 685	32 585	19 871	12 714

镇人口自然增长率

地 区 别	平均人口 （人）	出生率 （‰）	死亡率 （‰）	自然增长率 （‰）
全国	770 367 408	12.55	6.06	6.49
北京市	3 822 356	9.92	7.55	2.37
天津市	4 000 859	12.79	6.65	6.15
河北省	37 413 037	16.18	6.89	9.29
山西省	16 462 371	14.10	4.97	9.12
内蒙古自治区	15 246 714	10.47	4.59	5.88
辽宁省	17 012 394	8.26	7.16	1.11
吉林省	13 750 391	9.61	5.41	4.20
黑龙江省	16 825 694	9.15	4.06	5.08
上海市	5 983 924	7.08	7.42	−0.33
江苏省	54 417 804	10.80	7.68	3.12
浙江省	28 095 040	9.74	6.85	2.89
安徽省	46 748 562	12.56	6.28	6.28
福建省	22 492 652	11.79	5.45	6.34
江西省	27 352 432	14.08	4.16	9.92
山东省	58 709 527	11.20	6.56	4.64
河南省	46 696 085	13.79	5.26	8.53
湖北省	37 048 369	10.37	5.30	5.07
湖南省	41 959 819	12.49	8.63	3.86
广东省	61 019 767	13.47	4.65	8.82
广西壮族自治区	37 212 270	16.96	5.06	11.90
海南省	6 571 154	19.09	3.84	15.25
重庆市	20 874 249	13.01	8.72	4.29
四川省	54 851 299	10.70	6.05	4.65
贵州省	22 879 025	12.75	5.65	7.10
云南省	25 301 277	15.47	6.26	9.21
西藏自治区	818 995	23.25	5.39	17.86
陕西省	22 139 260	12.62	5.96	6.67
甘肃省	12 609 044	14.32	4.83	9.48
青海省	2 744 474	15.24	5.61	9.63
宁夏回族自治区	3 258 073	19.63	5.11	14.53
新疆维吾尔自治区	6 050 499	15.83	5.39	10.44

人 口 机 械 变 动

全 国 人 口 机 械 变 动

单位：人

地 区 别	迁 入			迁 出		
	合 计	省内迁入	省外迁入	合 计	迁往省内	迁往省外
全国	16 766 706	12 321 334	4 445 372	14 841 530	10 652 038	4 189 492
北京市	199 980	10 231	189 749	87 686	10 103	77 583
天津市	318 658	178 273	140 385	248 539	178 272	70 267
河北省	844 530	597 743	246 787	745 490	513 979	231 511
山西省	548 755	456 049	92 706	498 725	375 462	123 263
内蒙古自治区	253 225	169 550	83 675	244 656	152 349	92 307
辽宁省	359 777	204 141	155 636	304 263	188 497	115 766
吉林省	344 139	258 203	85 936	375 976	243 789	132 187
黑龙江省	419 656	323 700	95 956	457 315	288 994	168 321
上海市	167 031	9 793	157 238	58 078	10 342	47 736
江苏省	881 249	609 825	271 424	816 111	585 372	230 739
浙江省	512 596	307 210	205 386	378 259	291 007	87 252
安徽省	802 773	657 511	145 262	771 411	562 018	209 393
福建省	567 812	433 744	134 068	558 852	439 456	119 396
江西省	590 527	432 274	158 253	589 162	394 223	194 939
山东省	842 807	622 897	219 910	807 846	590 407	217 439
河南省	1 229 234	1 026 482	202 752	939 448	705 067	234 381
湖北省	681 617	479 319	202 298	705 599	393 646	311 953
湖南省	683 434	489 591	193 843	570 843	353 268	217 575
广东省	968 018	608 305	359 713	649 258	517 965	131 293
广西壮族自治区	534 970	393 844	141 126	514 047	372 535	141 512
海南省	97 048	58 589	38 459	89 586	55 322	34 264
重庆市	650 960	511 788	139 172	625 740	508 229	117 511
四川省	1 318 895	1 108 052	210 843	1 184 174	944 577	239 597
贵州省	661 968	597 049	64 919	603 016	490 491	112 525
云南省	514 107	448 144	65 963	498 657	406 858	91 799
西藏自治区	35 612	26 868	8 744	19 178	14 257	4 921
陕西省	569 394	399 496	169 898	472 534	319 192	153 342
甘肃省	495 383	426 645	68 738	478 685	347 656	131 029
青海省	121 962	93 634	28 328	82 165	56 412	25 753
宁夏回族自治区	181 345	141 532	39 813	172 756	143 040	29 716
新疆维吾尔自治区	369 244	240 852	128 392	293 475	199 253	94 222

全 国 人 口 迁 移 率

地 区 别	平均人口 （人）	迁入率 （‰）	迁出率 （‰）	总迁移率 （‰）	净迁移率 （‰）
全国	1 327 268 665	12.63	11.18	23.81	1.45
北京市	12 399 024	16.13	7.07	23.20	9.06
天津市	9 794 838	32.53	25.37	57.91	7.16
河北省	71 771 996	11.77	10.39	22.15	1.38
山西省	34 458 782	15.92	14.47	30.40	1.45
内蒙古自治区	24 444 793	10.36	10.01	20.37	0.35
辽宁省	42 510 554	8.46	7.16	15.62	1.31
吉林省	27 150 265	12.68	13.85	26.52	−1.17
黑龙江省	38 377 563	10.93	11.92	22.85	−0.98
上海市	13 958 704	11.97	4.16	16.13	7.81
江苏省	74 039 324	11.90	11.02	22.93	0.88
浙江省	47 020 136	10.90	8.04	18.95	2.86
安徽省	67 676 873	11.86	11.40	23.26	0.46
福建省	34 879 095	16.28	16.02	32.30	0.26
江西省	46 077 916	12.82	12.79	25.60	0.03
山东省	94 210 788	8.95	8.57	17.52	0.37
河南省	105 893 958	11.61	8.87	20.48	2.74
湖北省	61 263 358	11.13	11.52	22.64	−0.39
湖南省	69 763 406	9.80	8.18	17.98	1.61
广东省	83 165 350	11.64	7.81	19.45	3.83
广西壮族自治区	51 719 068	10.34	9.94	20.28	0.40
海南省	8 721 446	11.13	10.27	21.40	0.86
重庆市	32 663 263	19.93	19.16	39.09	0.77
四川省	89 462 373	14.74	13.24	27.98	1.51
贵州省	40 637 684	16.29	14.84	31.13	1.45
云南省	44 437 058	11.57	11.22	22.79	0.35
西藏自治区	2 855 812	12.47	6.72	19.19	5.75
陕西省	38 333 662	14.85	12.33	27.18	2.53
甘肃省	26 899 516	18.42	17.80	36.21	0.62
青海省	5 373 834	22.70	15.29	37.99	7.41
宁夏回族自治区	6 292 905	28.82	27.45	56.27	1.36
新疆维吾尔自治区	21 015 328	17.57	13.96	31.54	3.61

市 人 口 机 械 变 动

单位：人

地 区 别	迁 入			迁 出		
	合 计	省内迁入	省外迁入	合 计	迁往省内	迁往省外
全国	10 007 922	7 009 797	2 998 125	8 537 928	5 989 930	2 547 998
北京市	190 645	3 962	186 683	78 532	1 324	77 208
天津市	291 949	162 437	129 512	227 378	161 099	66 279
河北省	485 560	352 468	133 092	424 460	295 357	129 103
山西省	302 112	244 999	57 113	257 012	186 924	70 088
内蒙古自治区	146 727	101 435	45 292	122 216	76 084	46 132
辽宁省	290 988	157 625	133 363	216 355	122 516	93 839
吉林省	261 593	192 203	69 390	275 551	174 539	101 012
黑龙江省	293 733	224 059	69 674	325 164	203 625	121 539
上海市	161 087	5 818	155 269	51 849	4 404	47 445
江苏省	699 348	475 172	224 176	607 261	444 041	163 220
浙江省	371 346	213 410	157 936	265 835	202 429	63 406
安徽省	357 738	289 194	68 544	335 658	239 589	96 069
福建省	374 297	294 151	80 146	360 754	286 156	74 598
江西省	274 939	200 120	74 819	305 590	199 008	106 582
山东省	525 187	367 005	158 182	521 374	372 369	149 005
河南省	531 661	439 886	91 775	403 984	290 446	113 538
湖北省	482 419	335 171	147 248	479 248	264 590	214 658
湖南省	327 997	252 553	75 444	317 041	204 746	112 295
广东省	737 236	426 063	311 173	456 200	351 898	104 302
广西壮族自治区	274 323	209 256	65 067	250 952	192 267	58 685
海南省	71 765	40 526	31 239	64 775	37 483	27 292
重庆市	458 909	360 327	98 582	422 495	349 399	73 096
四川省	661 397	549 174	112 223	558 314	445 407	112 907
贵州省	271 192	241 859	29 333	219 525	173 578	45 947
云南省	225 918	189 075	36 843	207 628	171 338	36 290
西藏自治区	12 358	8 312	4 046	4 778	2 730	2 048
陕西省	306 366	204 523	101 843	243 520	147 345	96 175
甘肃省	231 015	197 861	33 154	222 285	161 259	61 026
青海省	44 785	33 283	11 502	35 999	24 931	11 068
宁夏回族自治区	132 069	103 035	29 034	116 355	99 143	17 212
新疆维吾尔自治区	211 263	134 835	76 428	159 840	103 906	55 934

市 人 口 迁 移 率

地 区 别	平均人口 （人）	迁入率 （‰）	迁出率 （‰）	总迁移率 （‰）	净迁移率 （‰）
全国	628 313 537	15.93	13.59	29.52	2.34
北京市	11 687 042	16.31	6.72	23.03	9.59
天津市	8 033 799	36.34	28.30	64.64	8.04
河北省	26 208 636	18.53	16.20	34.72	2.33
山西省	13 670 625	22.10	18.80	40.90	3.30
内蒙古自治区	8 735 937	16.80	13.99	30.79	2.81
辽宁省	30 188 676	9.64	7.17	16.81	2.47
吉林省	18 681 655	14.00	14.75	28.75	−0.75
黑龙江省	22 925 338	12.81	14.18	27.00	−1.37
上海市	13 266 884	12.14	3.91	16.05	8.23
江苏省	50 059 370	13.97	12.13	26.10	1.84
浙江省	31 626 804	11.74	8.41	20.15	3.34
安徽省	22 292 269	16.05	15.06	31.10	0.99
福建省	17 825 987	21.00	20.24	41.23	0.76
江西省	15 399 167	17.85	19.84	37.70	−1.99
山东省	53 424 483	9.83	9.76	19.59	0.07
河南省	35 878 732	14.82	11.26	26.08	3.56
湖北省	39 566 830	12.19	12.11	24.30	0.08
湖南省	23 842 967	13.76	13.30	27.05	0.46
广东省	56 459 926	13.06	8.08	21.14	4.98
广西壮族自治区	18 284 660	15.00	13.72	28.73	1.28
海南省	5 364 853	13.38	12.07	25.45	1.30
重庆市	15 386 305	29.83	27.46	57.28	2.37
四川省	33 235 769	19.90	16.80	36.70	3.10
贵州省	10 293 708	26.35	21.33	47.67	5.02
云南省	10 303 321	21.93	20.15	42.08	1.78
西藏自治区	318 457	38.81	15.00	53.81	23.80
陕西省	14 051 562	21.80	17.33	39.13	4.47
甘肃省	8 683 293	26.60	25.60	52.20	1.01
青海省	1 077 957	41.55	33.40	74.94	8.15
宁夏回族自治区	3 065 051	43.09	37.96	81.05	5.13
新疆维吾尔自治区	8 473 480	24.93	18.86	43.80	6.07

地 级 市 人 口 机 械 变 动

单位：人

地 区 别	迁	入		迁	出	
	合 计	省内迁入	省外迁入	合 计	迁往省内	迁往省外
全国	6 552 955	4 733 477	1 819 478	5 501 189	3 803 245	1 697 944
河北省	353 983	266 838	87 145	305 125	212 404	92 721
山西省	251 873	203 516	48 357	213 507	154 367	59 140
内蒙古自治区	117 165	81 950	35 215	87 162	56 920	30 242
辽宁省	223 846	115 453	108 393	133 172	63 143	70 029
吉林省	142 430	95 125	47 305	139 481	72 041	67 440
黑龙江省	212 417	157 146	55 271	231 089	139 368	91 721
江苏省	456 704	303 203	153 501	408 750	294 015	114 735
浙江省	211 280	104 598	106 682	146 111	107 730	38 381
安徽省	331 238	268 756	62 482	311 732	224 809	86 923
福建省	275 680	221 125	54 555	257 009	215 984	41 025
江西省	189 726	135 566	54 160	221 551	136 372	85 179
山东省	352 531	248 126	104 405	328 360	218 847	109 513
河南省	402 647	332 455	70 192	303 102	216 746	86 356
湖北省	326 896	225 282	101 614	325 953	177 360	148 593
湖南省	248 170	197 536	50 634	250 141	163 927	86 214
广东省	559 117	289 647	269 470	272 710	197 263	75 447
广西壮族自治区	231 875	178 028	53 847	213 359	166 608	46 751
海南省	39 391	17 139	22 252	33 260	16 145	17 115
四川省	530 363	434 898	95 465	431 207	339 041	92 166
贵州省	186 556	165 814	20 742	142 987	112 528	30 459
云南省	170 910	141 630	29 280	151 906	123 076	28 830
西藏自治区	10 250	6 680	3 570	3 711	1 936	1 775
陕西省	291 657	193 353	98 304	232 154	138 501	93 653
甘肃省	211 635	179 646	31 989	172 019	112 822	59 197
青海省	37 511	28 563	8 948	30 822	22 293	8 529
宁夏回族自治区	124 925	98 287	26 638	108 038	92 709	15 329
新疆维吾尔自治区	62 179	43 117	19 062	46 771	26 290	20 481

地级市人口迁移率

地　区　别	平均人口 （人）	迁入率 （‰）	迁出率 （‰）	总迁移率 （‰）	净迁移率 （‰）
全国	333 053 390	19.68	16.52	36.19	3.16
河北省	12 672 260	27.93	24.08	52.01	3.86
山西省	9 621 549	26.18	22.19	48.37	3.99
内蒙古自治区	5 971 814	19.62	14.60	34.22	5.02
辽宁省	18 664 675	11.99	7.13	19.13	4.86
吉林省	8 636 255	16.49	16.15	32.64	0.34
黑龙江省	13 615 189	15.60	16.97	32.57	−1.37
江苏省	24 743 104	18.46	16.52	34.98	1.94
浙江省	14 842 133	14.24	9.84	24.08	4.39
安徽省	19 094 860	17.35	16.33	33.67	1.02
福建省	9 012 909	30.59	28.52	59.10	2.07
江西省	8 880 859	21.36	24.95	46.31	−3.58
山东省	27 193 029	12.96	12.08	25.04	0.89
河南省	18 685 815	21.55	16.22	37.77	5.33
湖北省	19 409 552	16.84	16.79	33.64	0.05
湖南省	12 459 239	19.92	20.08	40.00	−0.16
广东省	32 404 496	17.25	8.42	25.67	8.84
广西壮族自治区	13 271 218	17.47	16.08	33.55	1.40
海南省	2 121 886	18.56	15.67	34.24	2.89
四川省	23 720 512	22.36	18.18	40.54	4.18
贵州省	4 995 932	37.34	28.62	65.96	8.72
云南省	5 928 461	28.83	25.62	54.45	3.21
西藏自治区	212 088	48.33	17.50	65.83	30.83
陕西省	12 807 601	22.77	18.13	40.90	4.65
甘肃省	8 072 355	26.22	21.31	47.53	4.91
青海省	886 429	42.32	34.77	77.09	7.55
宁夏回族自治区	2 560 627	48.79	42.19	90.98	6.59
新疆维吾尔自治区	2 568 549	24.21	18.21	42.42	6.00

县 级 市 人 口 机 械 变 动

单位：人

地 区 别	迁	入		迁	出	
	合 计	省内迁入	省外迁入	合 计	迁往省内	迁往省外
全国	2 352 377	1 743 776	608 601	2 256 485	1 670 459	586 026
河北省	131 577	85 630	45 947	119 335	82 953	36 382
山西省	50 239	41 483	8 756	43 505	32 557	10 948
内蒙古自治区	29 562	19 485	10 077	35 054	19 164	15 890
辽宁省	67 142	42 172	24 970	83 183	59 373	23 810
吉林省	119 163	97 078	22 085	136 070	102 498	33 572
黑龙江省	81 316	66 913	14 403	94 075	64 257	29 818
江苏省	242 644	171 969	70 675	198 511	150 026	48 485
浙江省	160 066	108 812	51 254	119 724	94 699	25 025
安徽省	26 500	20 438	6 062	23 926	14 780	9 146
福建省	98 617	73 026	25 591	103 745	70 172	33 573
江西省	85 213	64 554	20 659	84 039	62 636	21 403
山东省	172 656	118 879	53 777	193 014	153 522	39 492
河南省	129 014	107 431	21 583	100 882	73 700	27 182
湖北省	155 523	109 889	45 634	153 295	87 230	66 065
湖南省	79 827	55 017	24 810	66 900	40 819	26 081
广东省	178 119	136 416	41 703	183 490	154 635	28 855
广西壮族自治区	42 448	31 228	11 220	37 593	25 659	11 934
海南省	32 374	23 387	8 987	31 515	21 338	10 177
四川省	131 034	114 276	16 758	127 107	106 366	20 741
贵州省	84 636	76 045	8 591	76 538	61 050	15 488
云南省	55 008	47 445	7 563	55 722	48 262	7 460
西藏自治区	2 108	1 632	476	1 067	794	273
陕西省	14 709	11 170	3 539	11 366	8 844	2 522
甘肃省	19 380	18 215	1 165	50 266	48 437	1 829
青海省	7 274	4 720	2 554	5 177	2 638	2 539
宁夏回族自治区	7 144	4 748	2 396	8 317	6 434	1 883
新疆维吾尔自治区	149 084	91 718	57 366	113 069	77 616	35 453

县 级 市 人 口 迁 移 率

地 区 别	平均人口 （人）	迁入率 （‰）	迁出率 （‰）	总迁移率 （‰）	净迁移率 （‰）
全国	246 886 119	9.53	9.14	18.67	0.39
河北省	13 536 377	9.72	8.82	18.54	0.90
山西省	4 049 076	12.41	10.74	23.15	1.66
内蒙古自治区	2 764 124	10.69	12.68	23.38	−1.99
辽宁省	11 524 001	5.83	7.22	13.04	−1.39
吉林省	10 045 400	11.86	13.55	25.41	−1.68
黑龙江省	9 310 149	8.73	10.10	18.84	−1.37
江苏省	25 316 266	9.58	7.84	17.43	1.74
浙江省	16 784 671	9.54	7.13	16.67	2.40
安徽省	3 197 409	8.29	7.48	15.77	0.81
福建省	8 813 079	11.19	11.77	22.96	−0.58
江西省	6 518 309	13.07	12.89	25.97	0.18
山东省	26 231 454	6.58	7.36	13.94	−0.78
河南省	17 192 917	7.50	5.87	13.37	1.64
湖北省	20 157 279	7.72	7.60	15.32	0.11
湖南省	20 157 279	3.96	3.32	7.28	0.64
广东省	24 055 430	7.40	7.63	15.03	−0.22
广西壮族自治区	5 013 442	8.47	7.50	15.97	0.97
海南省	3 242 967	9.98	9.72	19.70	0.26
四川省	9 515 257	13.77	13.36	27.13	0.41
贵州省	5 297 777	15.98	14.45	30.42	1.53
云南省	4 374 860	12.57	12.74	25.31	−0.16
西藏自治区	106 369	19.82	10.03	29.85	9.79
陕西省	1 243 961	11.82	9.14	20.96	2.69
甘肃省	610 938	31.72	82.28	114.00	−50.56
青海省	191 528	37.98	27.03	65.01	10.95
宁夏回族自治区	504 425	14.16	16.49	30.65	−2.33
新疆维吾尔自治区	5 904 932	25.25	19.15	44.40	6.10

县 人 口 机 械 变 动

单位：人

地 区 别	迁		入	迁		出
	合 计	省内迁入	省外迁入	合 计	迁往省内	迁往省外
全国	6 758 784	5 311 537	1 447 247	6 303 602	4 662 108	1 641 494
北京市	9 335	6 269	3 066	9 154	8 779	375
天津市	26 709	15 836	10 873	21 161	17 173	3 988
河北省	358 970	245 275	113 695	321 030	218 622	102 408
山西省	246 643	211 050	35 593	241 713	188 538	53 175
内蒙古自治区	106 498	68 115	38 383	122 440	76 265	46 175
辽宁省	68 789	46 516	22 273	87 908	65 981	21 927
吉林省	82 546	66 000	16 546	100 425	69 250	31 175
黑龙江省	125 923	99 641	26 282	132 151	85 369	46 782
上海市	5 944	3 975	1 969	6 229	5 938	291
江苏省	181 901	134 653	47 248	208 850	141 331	67 519
浙江省	141 250	93 800	47 450	112 424	88 578	23 846
安徽省	445 035	368 317	76 718	435 753	322 429	113 324
福建省	193 515	139 593	53 922	198 098	153 300	44 798
江西省	315 588	232 154	83 434	283 572	195 215	88 357
山东省	317 620	255 892	61 728	286 472	218 038	68 434
河南省	697 573	586 596	110 977	535 464	414 621	120 843
湖北省	199 198	144 148	55 050	226 351	129 056	97 295
湖南省	355 437	237 038	118 399	253 802	148 522	105 280
广东省	230 782	182 242	48 540	193 058	166 067	26 991
广西壮族自治区	260 647	184 588	76 059	263 095	180 268	82 827
海南省	25 283	18 063	7 220	24 811	17 839	6 972
重庆市	192 051	151 461	40 590	203 245	158 830	44 415
四川省	657 498	558 878	98 620	625 860	499 170	126 690
贵州省	390 776	355 190	35 586	383 491	316 913	66 578
云南省	288 189	259 069	29 120	291 029	235 520	55 509
西藏自治区	23 254	18 556	4 698	14 400	11 527	2 873
陕西省	263 028	194 973	68 055	229 014	171 847	57 167
甘肃省	264 368	228 784	35 584	256 400	186 397	70 003
青海省	77 177	60 351	16 826	46 166	31 481	14 685
宁夏回族自治区	49 276	38 497	10 779	56 401	43 897	12 504
新疆维吾尔自治区	157 981	106 017	51 964	133 635	95 347	38 288

县 人 口 迁 移 率

地 区 别	平均人口 （人）	迁入率 （‰）	迁出率 （‰）	总迁移率 （‰）	净迁移率 （‰）
全国	698 955 128	9.67	9.02	18.69	0.65
北京市	711 982	13.11	12.86	25.97	0.25
天津市	1 761 039	15.17	12.02	27.18	3.15
河北省	45 563 360	7.88	7.05	14.92	0.83
山西省	20 788 157	11.86	11.63	23.49	0.24
内蒙古自治区	15 708 856	6.78	7.79	14.57	−1.01
辽宁省	12 321 878	5.58	7.13	12.72	−1.55
吉林省	8 468 611	9.75	11.86	21.61	−2.11
黑龙江省	15 452 225	8.15	8.55	16.70	−0.40
上海市	691 820	8.59	9.00	17.60	−0.41
江苏省	23 979 954	7.59	8.71	16.29	−1.12
浙江省	15 393 333	9.18	7.30	16.48	1.87
安徽省	45 384 604	9.81	9.60	19.41	0.20
福建省	17 053 108	11.35	11.62	22.96	−0.27
江西省	30 678 749	10.29	9.24	19.53	1.04
山东省	40 786 306	7.79	7.02	14.81	0.76
河南省	70 015 226	9.96	7.65	17.61	2.32
湖北省	21 696 528	9.18	10.43	19.61	−1.25
湖南省	45 920 440	7.74	5.53	13.27	2.21
广东省	26 705 424	8.64	7.23	15.87	1.41
广西壮族自治区	33 434 408	7.80	7.87	15.66	−0.07
海南省	3 356 594	7.53	7.39	14.92	0.14
重庆市	17 276 958	11.12	11.76	22.88	−0.65
四川省	56 226 605	11.69	11.13	22.82	0.56
贵州省	30 343 976	12.88	12.64	25.52	0.24
云南省	34 133 737	8.44	8.53	16.97	−0.08
西藏自治区	2 537 356	9.16	5.68	14.84	3.49
陕西省	24 282 100	10.83	9.43	20.26	1.40
甘肃省	18 216 223	14.51	14.08	28.59	0.44
青海省	4 295 877	17.97	10.75	28.71	7.22
宁夏回族自治区	3 227 854	15.27	17.47	32.74	−2.21
新疆维吾尔自治区	12 541 848	12.60	10.66	23.25	1.94

镇 人 口 机 械 变 动

单位：人

地 区 别	迁 入			迁 出		
	合 计	省内迁入	省外迁入	合 计	迁往省内	迁往省外
全国	7 544 401	5 691 044	1 853 357	6 787 475	4 977 879	1 809 596
北京市	27 998	3 973	24 025	12 731	6 677	6 054
天津市	82 965	39 575	43 390	60 560	38 752	21 808
河北省	344 445	231 932	112 513	297 861	208 346	89 515
山西省	203 258	171 119	32 139	180 884	141 015	39 869
内蒙古自治区	111 953	71 636	40 317	125 573	77 304	48 269
辽宁省	91 261	58 386	32 875	110 096	80 001	30 095
吉林省	114 274	89 552	24 722	150 518	103 528	46 990
黑龙江省	147 136	117 764	29 372	173 773	119 338	54 435
上海市	52 519	6 648	45 871	19 261	7 389	11 872
江苏省	463 172	331 335	131 837	437 980	321 943	116 037
浙江省	231 567	140 369	91 198	166 326	124 934	41 392
安徽省	444 823	355 747	89 076	418 577	297 779	120 798
福建省	259 640	191 139	68 501	271 526	201 796	69 730
江西省	320 084	232 840	87 244	302 508	205 148	97 360
山东省	481 001	389 058	91 943	368 805	279 747	89 058
河南省	425 367	347 965	77 402	336 500	250 402	86 098
湖北省	307 245	221 644	85 601	326 191	188 658	137 533
湖南省	385 046	270 854	114 192	271 620	167 351	104 269
广东省	476 481	343 533	132 948	390 156	321 224	68 932
广西壮族自治区	323 354	236 697	86 657	306 360	212 736	93 624
海南省	66 662	46 152	20 510	58 464	42 245	16 219
重庆市	183 452	126 753	56 699	212 926	164 095	48 831
四川省	715 541	611 316	104 225	654 464	531 987	122 477
贵州省	333 530	302 673	30 857	321 847	266 100	55 747
云南省	249 212	221 312	27 900	232 931	192 892	40 039
西藏自治区	14 297	10 802	3 495	6 900	4 948	1 952
陕西省	261 421	193 405	68 016	213 754	160 351	53 403
甘肃省	196 467	167 380	29 087	171 236	122 547	48 689
青海省	56 239	41 447	14 792	32 275	20 685	11 590
宁夏回族自治区	70 997	57 837	13 160	70 796	60 497	10 299
新疆维吾尔自治区	102 994	60 201	42 793	84 076	57 464	26 612

镇 人 口 迁 移 率

地　区　别	平均人口 （人）	迁入率 （‰）	迁出率 （‰）	总迁移率 （‰）	净迁移率 （‰）
全国	770 367 408	9.79	8.81	18.60	0.98
北京市	3 822 356	7.32	3.33	10.66	3.99
天津市	4 000 859	20.74	15.14	35.87	5.60
河北省	37 413 037	9.21	7.96	17.17	1.25
山西省	16 462 371	12.35	10.99	23.33	1.36
内蒙古自治区	15 246 714	7.34	8.24	15.58	−0.89
辽宁省	17 012 394	5.36	6.47	11.84	−1.11
吉林省	13 750 391	8.31	10.95	19.26	−2.64
黑龙江省	16 825 694	8.74	10.33	19.07	−1.58
上海市	5 983 924	8.78	3.22	12.00	5.56
江苏省	54 417 804	8.51	8.05	16.56	0.46
浙江省	28 095 040	8.24	5.92	14.16	2.32
安徽省	46 748 562	9.52	8.95	18.47	0.56
福建省	22 492 652	11.54	12.07	23.62	−0.53
江西省	27 352 432	11.70	11.06	22.76	0.64
山东省	58 709 527	8.19	6.28	14.47	1.91
河南省	46 696 085	9.11	7.21	16.32	1.90
湖北省	37 048 369	8.29	8.80	17.10	−0.51
湖南省	41 959 819	9.18	6.47	15.65	2.70
广东省	61 019 767	7.81	6.39	14.20	1.41
广西壮族自治区	37 212 270	8.69	8.23	16.92	0.46
海南省	6 571 154	10.14	8.90	19.04	1.25
重庆市	20 874 249	8.79	10.20	18.99	−1.41
四川省	54 851 299	13.05	11.93	24.98	1.11
贵州省	22 879 025	14.58	14.07	28.65	0.51
云南省	25 301 277	9.85	9.21	19.06	0.64
西藏自治区	818 995	17.46	8.42	25.88	9.03
陕西省	22 139 260	11.81	9.65	21.46	2.15
甘肃省	12 609 044	15.58	13.58	29.16	2.00
青海省	2 744 474	20.49	11.76	32.25	8.73
宁夏回族自治区	3 258 073	21.79	21.73	43.52	0.06
新疆维吾尔自治区	6 050 499	17.02	13.90	30.92	3.13

全国市人口及分组

市 人 口

单位：人

地 区 别	总 户 数 （户）	总 人 口 合 计	平均 每户 人数	总人口中非农业人口数	
				人　数	占总人口％
全国	203 627 296	630 991 658	3.10	328 881 134	52.12
北京市	4 553 266	11 762 809	2.58	9 449 445	80.33
市辖区	4 553 266	11 762 809	2.58	9 449 445	80.33
东城区	218 069	621 271	2.85	621 258	100.00
西城区	264 064	793 317	3.00	793 317	100.00
崇文区	125 086	335 500	2.68	335 466	99.99
宣武区	200 190	537 582	2.69	537 580	100.00
朝阳区	718 564	1 858 959	2.59	1 712 598	92.13
丰台区	434 902	1 051 641	2.42	930 658	88.50
石景山区	135 171	359 851	2.66	359 851	100.00
海淀区	659 628	2 164 792	3.28	2 071 262	95.68
门头沟区	113 987	244 704	2.15	184 645	75.46
房山区	347 085	768 460	2.21	403 986	52.57
通州区	316 112	655 616	2.07	319 383	48.71
顺义区	259 213	578 136	2.23	273 140	47.24
昌平区	224 889	523 355	2.33	312 407	59.69
大兴区	237 644	593 394	2.50	283 890	47.84
怀柔区	132 459	278 564	2.10	118 973	42.71
平谷区	166 203	397 667	2.39	191 031	48.04
天津市	2 847 730	8 076 463	2.84	5 648 340	69.94
市辖区	2 847 730	8 076 463	2.84	5 648 340	69.94
和平区	132 845	396 617	2.99	395 137	99.63
河东区	266 583	715 576	2.68	712 091	99.51
河西区	273 949	784 947	2.87	782 251	99.66
南开区	294 016	846 326	2.88	832 832	98.41
河北区	237 284	634 743	2.68	633 764	99.85
红桥区	207 781	552 880	2.66	550 351	99.54
塘沽区	190 365	539 342	2.83	479 607	88.92
汉沽区	65 940	174 066	2.64	127 387	73.18
大港区	141 173	391 270	2.77	282 053	72.09
东丽区	134 198	349 219	2.60	144 994	41.52
西青区	126 524	366 459	2.90	116 792	31.87
津南区	146 322	414 412	2.83	121 753	29.38
北辰区	136 828	367 779	2.69	164 414	44.70
武清区	279 307	870 232	3.12	178 077	20.46
宝坻区	214 615	672 595	3.13	126 837	18.86
河北省	7 859 438	26 339 805	3.35	14 006 668	53.18
石家庄市	1 411 247	5 218 474	3.70	3 206 360	61.44
市辖区	618 849	2 427 832	3.92	2 427 832	100.00
长安区	115 725	423 249	3.66	423 249	100.00
桥东区	92 551	376 803	4.07	376 803	100.00
桥西区	122 232	516 852	4.23	516 852	100.00
新华区	133 483	493 032	3.69	493 032	100.00

市 人 口

单位：人

地 区 别	总 户 数 （户）	总 人 口 合 计	平均 每户 人数	总人口中非农业人口数	
				人　数	占总人口%
井陉矿区	28 888	97 332	3.37	97 332	100.00
裕华区	125 970	520 564	4.13	520 564	100.00
辛集市	195 761	618 901	3.16	251 317	40.61
藁城市	206 343	772 947	3.75	219 343	28.38
晋州市	149 557	532 941	3.56	92 256	17.31
新乐市	128 020	485 445	3.79	124 955	25.74
鹿泉市	112 717	380 408	3.37	90 657	23.83
唐山市	1 415 685	4 513 443	3.19	2 014 152	44.63
市辖区	964 173	3 069 973	3.18	1 767 333	57.57
路南区	76 398	239 116	3.13	205 008	85.74
路北区	216 686	673 757	3.11	669 160	99.32
古冶区	124 411	360 826	2.90	268 268	74.35
开平区	114 583	333 704	2.91	221 862	66.48
丰润区	276 760	921 187	3.33	266 368	28.92
丰南区	155 335	541 383	3.49	136 667	25.24
遵化市	228 456	722 842	3.16	107 280	14.84
迁安市	223 056	720 628	3.23	139 539	19.36
秦皇岛市	290 280	826 264	2.85	826 264	100.00
市辖区	290 280	826 264	2.85	826 264	100.00
海港区	206 491	612 401	2.97	612 401	100.00
山海关区	55 099	143 547	2.61	143 547	100.00
北戴河区	28 690	70 316	2.45	70 316	100.00
邯郸市	650 925	2 237 738	3.44	1 531 989	68.46
市辖区	419 742	1 473 999	3.51	1 278 068	86.71
邯山区	97 768	358 772	3.67	358 010	99.79
丛台区	96 528	351 427	3.64	351 267	99.95
复兴区	72 116	254 482	3.53	254 289	99.92
峰峰矿区	153 330	509 318	3.32	314 502	61.75
武安市	231 183	763 739	3.30	253 921	33.25
邢台市	460 484	1 557 072	3.38	816 984	52.47
市辖区	199 395	614 798	3.08	614 798	100.00
桥东区	82 485	234 453	2.84	234 453	100.00
桥西区	116 910	380 345	3.25	380 345	100.00
南宫市	124 828	469 550	3.76	84 798	18.06
沙河市	136 261	472 724	3.47	117 388	24.83
保定市	1 147 827	3 918 642	3.41	1 636 515	41.76
市辖区	310 812	1 062 471	3.42	938 704	88.35
新市区	137 559	453 919	3.30	429 742	94.67
北市区	90 923	324 509	3.57	278 852	85.93
南市区	82 330	284 043	3.45	230 110	81.01
涿州市	217 516	635 210	2.92	186 114	29.30
定州市	324 432	1 205 783	3.72	279 949	23.22
安国市	127 010	412 336	3.25	99 901	24.23
高碑店市	168 057	602 842	3.59	131 847	21.87

市 人 口

单位：人

地 区 别	总 户 数（户）	总 人 口 合 计	平均每户人数	总人口中非农业人口数	
				人 数	占总人口%
张家口市	323 969	896 501	2.77	750 429	83.71
市辖区	323 969	896 501	2.77	750 429	83.71
桥东区	96 209	277 143	2.88	235 888	85.11
桥西区	86 643	238 106	2.75	206 721	86.82
宣化区	111 886	312 950	2.80	267 181	85.37
下花园区	29 231	68 302	2.34	40 639	59.50
承德市	200 108	545 131	2.72	374 922	68.78
市辖区	200 108	545 131	2.72	374 922	68.78
双桥区	121 702	335 526	2.76	250 819	74.75
双滦区	53 048	142 036	2.68	69 588	48.99
鹰手营子矿区	25 358	67 569	2.66	54 515	80.68
沧州市	991 531	3 265 770	3.29	1 400 928	42.90
市辖区	156 981	532 887	3.39	505 101	94.79
新华区	70 679	243 042	3.44	215 256	88.57
运河区	86 302	289 845	3.36	289 845	100.00
泊头市	182 347	585 478	3.21	189 412	32.35
任丘市	272 634	824 377	3.02	366 085	44.41
黄骅市	149 672	522 057	3.49	163 811	31.38
河间市	229 897	800 971	3.48	176 519	22.04
廊坊市	526 679	1 937 821	3.68	948 870	48.97
市辖区	210 920	810 302	3.84	511 478	63.12
安次区	94 844	361 591	3.81	112 106	31.00
广阳区	116 076	448 711	3.87	399 372	89.00
霸州市	168 980	596 978	3.53	247 043	41.38
三河市	146 779	530 541	3.61	190 349	35.88
衡水市	440 703	1 422 949	3.23	499 255	35.09
市辖区	142 440	483 662	3.40	325 184	67.23
桃城区	142 440	483 662	3.40	325 184	67.23
冀州市	123 554	367 247	2.97	76 198	20.75
深州市	174 709	572 040	3.27	97 873	17.11
山西省	4 568 167	13 743 751	3.01	7 725 740	56.21
太原市	834 850	3 071 558	3.68	2 527 344	82.28
市辖区	756 031	2 851 598	3.77	2 384 488	83.62
小店区	154 304	613 676	3.98	479 232	78.09
迎泽区	140 458	524 080	3.73	500 630	95.53
杏花岭区	164 501	581 273	3.53	551 214	94.83
尖草坪区	100 383	367 258	3.66	269 524	73.39
万柏林区	139 926	561 922	4.02	495 381	88.16
晋源区	56 459	203 389	3.60	88 507	43.52
古交市	78 819	219 960	2.79	142 856	64.95
大同市	549 905	1 546 932	2.81	1 198 106	77.45
市辖区	549 905	1 546 932	2.81	1 198 106	77.45
城区	238 533	670 653	2.81	670 522	99.98
矿区	159 576	478 182	3.00	478 182	100.00
南郊区	108 524	291 718	2.69	33 561	11.50

市 人 口

単位：人

地 区 别	总 户 数 （户）	总 人 口 合 计	平均 每户 人数	总人口中非农业人口数	
				人　数	占总人口%
新荣区	43 272	106 379	2.46	15 841	14.89
阳泉市	235 958	687 555	2.91	553 384	80.49
市辖区	235 958	687 555	2.91	553 384	80.49
城区	70 897	226 837	3.20	226 837	100.00
矿区	71 193	248 247	3.49	248 247	100.00
郊区	93 868	212 471	2.26	78 300	36.85
长治市	282 666	944 456	3.34	609 795	64.57
市辖区	210 849	721 240	3.42	563 269	78.10
城区	114 165	416 413	3.65	416 413	100.00
郊区	96 684	304 827	3.15	146 856	48.18
潞城市	71 817	223 216	3.11	46 526	20.84
晋城市	263 751	819 017	3.11	358 082	43.72
市辖区	124 046	343 033	2.77	281 879	82.17
城区	124 046	343 033	2.77	281 879	82.17
高平市	139 705	475 984	3.41	76 203	16.01
朔州市	237 522	640 897	2.70	200 444	31.28
市辖区	237 522	640 897	2.70	200 444	31.28
朔城区	161 555	419 391	2.60	163 427	38.97
平鲁区	75 967	221 506	2.92	37 017	16.71
晋中市	341 376	990 620	2.90	432 953	43.71
市辖区	191 892	588 856	3.07	313 423	53.23
榆次区	191 892	588 856	3.07	313 423	53.23
介休市	149 484	401 764	2.69	119 530	29.75
运城市	455 960	1 484 819	3.26	428 666	28.87
市辖区	205 546	658 914	3.21	234 804	35.63
盐湖区	205 546	658 914	3.21	234 804	35.63
永济市	131 579	434 724	3.30	89 934	20.69
河津市	118 835	391 181	3.29	103 928	26.57
忻州市	382 666	1 016 071	2.66	328 048	32.29
市辖区	208 145	528 630	2.54	196 186	37.11
忻府区	208 145	528 630	2.54	196 186	37.11
原平市	174 521	487 441	2.79	131 862	27.05
临汾市	570 502	1 384 020	2.43	628 653	45.42
市辖区	373 006	833 007	2.23	377 963	45.37
尧都区	373 006	833 007	2.23	377 963	45.37
侯马市	82 129	244 678	2.98	131 539	53.76
霍州市	115 367	306 335	2.66	119 151	38.90
吕梁市	413 011	1 157 806	2.80	460 265	39.75
市辖区	104 669	274 498	2.62	155 670	56.71
离石区	104 669	274 498	2.62	155 670	56.71
孝义市	168 751	467 025	2.77	217 173	46.50
汾阳市	139 591	416 283	2.98	87 422	21.00
内蒙古自治区	3 020 677	8 772 528	2.90	6 095 995	69.49

市 人 口

单位：人

地 区 别	总 户 数 （户）	总 人 口 合 计	平均 每户 人数	总人口中非农业人口数	
				人　　数	占总人口％
呼和浩特市	411 326	1 187 869	2.89	907 921	76.43
市辖区	411 326	1 187 869	2.89	907 921	76.43
新城区	121 228	355 366	2.93	305 771	86.04
回民区	83 296	235 278	2.82	204 437	86.89
玉泉区	73 956	195 539	2.64	146 297	74.82
赛罕区	132 846	401 686	3.02	251 416	62.59
包头市	509 037	1 500 583	2.95	1 234 593	82.27
市辖区	509 037	1 500 583	2.95	1 234 593	82.27
东河区	153 227	433 518	2.83	354 146	81.69
昆都伦区	154 872	484 204	3.13	445 203	91.95
青山区	114 585	352 893	3.08	330 137	93.55
石拐区	26 904	66 456	2.47	42 377	63.77
白云矿区	6 679	19 334	2.89	19 182	99.21
九原区	52 770	144 178	2.73	43 548	30.20
乌海市	158 147	443 713	2.81	443 587	99.97
市辖区	158 147	443 713	2.81	443 587	99.97
海勃湾区	71 357	218 837	3.07	218 837	100.00
海南区	36 334	95 864	2.64	95 864	100.00
乌达区	50 456	129 012	2.56	128 886	99.90
赤峰市	408 967	1 214 412	2.97	547 890	45.12
市辖区	408 967	1 214 412	2.97	547 890	45.12
红山区	131 645	353 432	2.68	269 638	76.29
元宝山区	111 228	325 909	2.93	178 638	54.81
松山区	166 094	535 071	3.22	99 614	18.62
通辽市	301 184	914 450	3.04	533 630	58.36
市辖区	274 284	832 039	3.03	453 293	54.48
科尔沁区	274 284	832 039	3.03	453 293	54.48
霍林郭勒市	26 900	82 411	3.06	80 337	97.48
鄂尔多斯市	82 102	253 127	3.08	174 080	68.77
市辖区	82 102	253 127	3.08	174 080	68.77
东胜区	82 102	253 127	3.08	174 080	68.77
呼伦贝尔市	543 295	1 486 770	2.74	1 186 603	79.81
市辖区	81 600	269 152	3.30	253 040	94.01
海拉尔区	81 600	269 152	3.30	253 040	94.01
满洲里市	68 630	166 968	2.43	166 793	99.90
扎兰屯市	151 245	429 895	2.84	167 216	38.90
牙克石市	151 820	374 907	2.47	361 028	96.30
根河市	56 077	160 909	2.87	160 838	99.96
额尔古纳市	33 923	84 939	2.50	77 688	91.46
乌兰察布市	232 808	646 672	2.78	357 098	55.22
市辖区	102 031	303 693	2.98	259 974	85.60
集宁区	102 031	303 693	2.98	259 974	85.60
丰镇市	130 777	342 979	2.62	97 124	28.32
兴安盟	130 573	365 598	2.80	286 588	78.39

市 人 口

地 区 别	总 户 数（户）	总 人 口 合 计	平均每户人数	总人口中非农业人口数 人 数	占总人口%
乌兰浩特市	110 549	317 416	2.87	238 443	75.12
阿尔山市	20 024	48 182	2.41	48 145	99.92
锡林郭勒盟	69 695	195 550	2.81	171 128	87.51
二连浩特市	8 872	25 989	2.93	24 305	93.52
锡林浩特市	60 823	169 561	2.79	146 823	86.59
巴彦淖尔盟	· 173 543	563 784	3.25	252 877	44.85
临河市	173 543	563 784	3.25	252 877	44.85
辽宁省	10 689 424	30 228 380	2.83	18 577 994	61.46
沈阳市	2 031 544	5 821 870	2.87	4 374 941	75.15
市辖区	1 793 362	5 122 311	2.86	4 234 698	82.67
和平区	215 381	629 334	2.92	622 706	98.95
沈河区	205 688	604 461	2.94	604 189	99.96
大东区	242 075	661 502	2.73	656 735	99.28
皇姑区	259 292	762 563	2.94	759 043	99.54
铁西区	301 821	844 983	2.80	809 115	95.76
苏家屯区	154 346	428 260	2.77	220 271	51.43
东陵区	160 819	454 969	2.83	227 700	50.05
沈北新区	109 507	318 544	2.91	135 131	42.42
于洪区	144 433	417 695	2.89	199 808	47.84
新民市	238 182	699 559	2.94	140 243	20.05
大连市	2 029 108	5 774 212	2.85	3 509 791	60.78
市辖区	1 099 741	3 020 097	2.75	2 698 775	89.36
中山区	133 631	357 632	2.68	357 632	100.00
西岗区	114 795	306 139	2.67	306 139	100.00
沙河口区	230 919	657 021	2.85	657 021	100.00
甘井子区	266 842	743 795	2.79	743 795	100.00
旅顺口区	84 523	213 850	2.53	163 660	76.53
金州区	269 031	741 660	2.76	470 528	63.44
瓦房店市	365 701	1 026 189	2.81	335 169	32.66
普兰店市	279 039	819 486	2.94	240 098	29.30
庄河市	284 627	908 440	3.19	235 749	25.95
鞍山市	890 817	2 619 355	2.94	1 597 267	60.98
市辖区	522 145	1 472 444	2.82	1 300 101	88.30
铁东区	165 927	496 821	2.99	492 594	99.15
铁西区	111 778	291 244	2.61	290 712	99.82
立山区	152 810	424 143	2.78	408 935	96.41
千山区	91 630	260 236	2.84	107 860	41.45
海城市	368 672	1 146 911	3.11	297 166	25.91
抚顺市	536 601	1 390 526	2.59	1 244 097	89.47
市辖区	536 601	1 390 526	2.59	1 244 097	89.47
新抚区	101 012	269 461	2.67	263 642	97.84
东洲区	138 375	327 864	2.37	292 710	89.28
望花区	138 630	370 065	2.67	315 122	85.15
顺城区	158 584	423 136	2.67	372 623	88.06

市 人 口

单位：人

地 区 别	总 户 数（户）	总 人 口 合 计	平均每户人数	总人口中非农业人口数	
				人 数	占总人口％
本溪市	358 264	955 409	2.67	838 024	87.71
市辖区	358 264	955 409	2.67	838 024	87.71
平山区	122 275	334 107	2.73	314 264	94.06
溪湖区	85 224	211 140	2.48	179 673	85.10
明山区	118 882	329 557	2.77	292 603	88.79
南芬区	31 883	80 605	2.53	51 484	63.87
丹东市	682 713	1 988 866	2.91	914 658	45.99
市辖区	292 723	789 302	2.70	602 739	76.36
元宝区	73 101	185 714	2.54	168 118	90.53
振兴区	156 669	425 830	2.72	358 124	84.10
振安区	62 953	177 758	2.82	76 497	43.03
东港市	192 343	612 499	3.18	132 788	21.68
凤城市	197 647	587 065	2.97	179 131	30.51
锦州市	684 509	2 034 138	2.97	992 470	48.79
市辖区	336 349	933 762	2.78	757 687	81.14
古塔区	90 452	253 447	2.80	249 324	98.37
凌河区	167 838	459 696	2.74	392 312	85.34
太和区	78 059	220 619	2.83	116 051	52.60
凌海市	189 632	573 605	3.02	123 191	21.48
北镇市	158 528	526 771	3.32	111 592	21.18
营口市	882 148	2 350 429	2.66	1 101 918	46.88
市辖区	374 508	892 791	2.38	706 726	79.16
站前区	126 384	267 104	2.11	267 104	100.00
西市区	65 193	156 577	2.40	156 577	100.00
鲅鱼圈区	131 926	342 946	2.60	236 905	69.08
老边区	51 005	126 164	2.47	46 140	36.57
盖州市	249 580	732 265	2.93	182 006	24.86
大石桥市	258 060	725 373	2.81	213 186	29.39
阜新市	286 375	775 876	2.71	687 131	88.56
市辖区	286 375	775 876	2.71	687 131	88.56
海州区	102 203	272 426	2.67	258 028	94.71
新邱区	36 218	88 800	2.45	70 911	79.85
太平区	57 957	168 575	2.91	156 516	92.85
清河门区	28 234	72 749	2.58	48 429	66.57
细河区	61 763	173 326	2.81	153 247	88.42
辽阳市	466 581	1 242 450	2.66	703 588	56.63
市辖区	281 586	727 008	2.58	606 656	83.45
白塔区	84 057	209 798	2.50	202 362	96.46
文圣区	75 869	185 422	2.44	179 491	96.80
宏伟区	44 950	119 824	2.67	96 747	80.74
弓长岭区	34 692	88 005	2.54	61 685	70.09
太子河区	42 018	123 959	2.95	66 371	53.54
灯塔市	184 995	515 442	2.79	96 932	18.81
盘锦市	219 418	606 193	2.76	553 876	91.37

市 人 口

单位：人

地 区 别	总 户 数 （户）	总 人 口 合 计	平均 每户 人数	总人口中非农业人口数	
				人　　数	占总人口%
市辖区	219 418	606 193	2.76	553 876	91.37
双台子区	71 184	196 243	2.76	167 924	85.57
兴隆台区	148 234	409 950	2.77	385 952	94.15
铁岭市	448 549	1 278 979	2.85	683 925	53.47
市辖区	160 797	446 872	2.78	363 660	81.38
银州区	127 770	348 579	2.73	328 571	94.26
清河区	33 027	98 293	2.98	35 089	35.70
调兵山市	89 574	241 477	2.70	178 874	74.07
开原市	198 178	590 630	2.98	141 391	23.94
朝阳市	613 751	1 842 296	3.00	692 799	37.61
市辖区	193 984	597 646	3.08	351 852	58.87
双塔区	128 870	389 833	3.03	296 945	76.17
龙城区	65 114	207 813	3.19	54 907	26.42
北票市	220 067	595 587	2.71	207 001	34.76
凌源市	199 700	649 063	3.25	133 946	20.64
葫芦岛市	559 046	1 547 781	2.77	683 509	44.16
市辖区	364 883	991 824	2.72	548 537	55.31
连山区	231 271	632 412	2.73	304 091	48.08
龙港区	79 892	213 310	2.67	179 634	84.21
南票区	53 720	146 102	2.72	64 812	44.36
兴城市	194 163	555 957	2.86	134 972	24.28
吉林省	6 489 382	18 710 689	2.88	9 983 318	53.36
长春市	2 108 115	6 464 810	3.07	3 106 260	48.05
市辖区	1 205 131	3 623 220	3.01	2 574 479	71.06
南关区	211 331	654 225	3.10	552 557	84.46
宽城区	220 804	625 366	2.83	392 090	62.70
朝阳区	235 656	773 389	3.28	669 861	86.61
二道区	195 305	560 963	2.87	346 666	61.80
绿园区	211 962	617 668	2.91	509 072	82.42
双阳区	130 073	391 609	3.01	104 233	26.62
九台市	235 654	710 480	3.01	181 642	25.57
榆树市	414 921	1 296 962	3.13	202 138	15.59
德惠市	252 409	834 148	3.30	148 001	17.74
吉林市	1 354 333	3 949 336	2.92	2 029 629	51.39
市辖区	633 777	1 835 712	2.90	1 291 016	70.33
昌邑区	219 659	621 993	2.83	471 584	75.82
龙潭区	167 177	487 280	2.91	298 642	61.29
船营区	160 416	463 352	2.89	351 794	75.92
丰满区	86 525	263 087	3.04	168 996	64.24
蛟河市	146 289	453 238	3.10	171 715	37.89
桦甸市	163 964	456 374	2.78	193 453	42.39
舒兰市	232 082	662 617	2.86	198 395	29.94
磐石市	178 221	541 395	3.04	175 050	32.33
四平市	725 047	2 114 496	2.92	1 015 277	48.02

市 人 口

单位：人

地 区 别	总 户 数 （户）	总 人 口 合 计	平均 每户 人数	总人口中非农业人口数	
				人 数	占总人口%
市辖区	247 547	609 522	2.46	552 815	90.70
铁西区	106 170	277 338	2.61	277 338	100.00
铁东区	141 377	332 184	2.35	275 477	82.93
公主岭市	339 227	1 087 617	3.21	320 666	29.48
双辽市	138 273	417 357	3.02	141 796	33.97
辽源市	179 437	477 918	2.66	386 715	80.92
市辖区	179 437	477 918	2.66	386 715	80.92
龙山区	104 969	296 356	2.82	234 473	79.12
西安区	74 468	181 562	2.44	152 242	83.85
通化市	440 972	1 293 069	2.93	732 622	56.66
市辖区	156 216	449 343	2.88	391 690	87.17
东昌区	105 159	317 700	3.02	283 319	89.18
二道江区	51 057	131 643	2.58	108 371	82.32
梅河口市	201 896	619 024	3.07	259 689	41.95
集安市	82 860	224 702	2.71	81 243	36.16
白山市	326 624	765 710	2.34	575 645	75.18
市辖区	255 615	593 264	2.32	467 259	78.76
八道江区	146 506	343 550	2.34	278 084	80.94
江源区	109 109	249 714	2.29	189 175	75.76
临江市	71 009	172 446	2.43	108 386	62.85
松原市	223 102	552 617	2.48	345 830	62.58
市辖区	223 102	552 617	2.48	345 830	62.58
宁江区	223 102	552 617	2.48	345 830	62.58
白城市	533 397	1 366 840	2.56	588 731	43.07
市辖区	205 997	508 893	2.47	286 418	56.28
洮北区	205 997	508 893	2.47	286 418	56.28
洮南市	174 908	437 927	2.50	154 031	35.17
大安市	152 492	420 020	2.75	148 282	35.30
延边朝鲜族自治州	598 355	1 725 893	2.88	1 202 609	69.68
延吉市	171 213	503 798	2.94	431 107	85.57
图们市	45 822	129 921	2.84	103 374	79.57
敦化市	168 718	483 929	2.87	267 055	55.18
珲春市	69 711	223 416	3.20	160 454	71.82
龙井市	68 031	183 386	2.70	114 615	62.50
和龙市	74 860	201 443	2.69	126 004	62.55
黑龙江省	8 317 238	22 953 861	2.76	13 712 429	59.74
哈尔滨市	2 472 423	7 169 097	2.90	4 064 870	56.70
市辖区	1 681 508	4 746 801	2.82	3 426 202	72.18
道里区	278 274	713 264	2.56	603 926	84.67
南岗区	333 511	1 010 924	3.03	970 273	95.98
道外区	266 767	688 847	2.58	566 559	82.25
松北区	67 936	202 683	2.98	66 007	32.57
香坊区	256 829	768 162	2.99	681 184	88.68

市 人 口

单位：人

地 区 别	总 户 数（户）	总 人 口 合 计	平均每户人数	总人口中非农业人口数 人 数	占总人口%
平房区	63 308	160 781	2.54	137 430	85.48
呼兰区	204 948	620 008	3.03	160 555	25.90
阿城区	209 935	582 132	2.77	240 268	41.27
双城市	265 149	821 660	3.10	170 752	20.78
尚志市	203 135	616 046	3.03	242 047	39.29
五常市	322 631	984 590	3.05	225 869	22.94
齐齐哈尔市	798 229	2 160 857	2.71	1 247 558	57.73
市辖区	556 141	1 419 869	2.55	1 111 353	78.27
龙沙区	114 623	295 239	2.58	273 633	92.68
建华区	92 306	246 915	2.67	234 480	94.96
铁锋区	114 145	294 407	2.58	268 255	91.12
昂昂溪区	33 925	81 494	2.40	44 471	54.57
富拉尔基区	105 145	250 030	2.38	209 471	83.78
碾子山区	33 287	79 670	2.39	55 177	69.26
梅里斯达斡尔族区	62 710	172 114	2.74	25 866	15.03
讷河市	242 088	740 988	3.06	136 205	18.38
鸡西市	634 973	1 609 929	2.54	1 101 225	68.40
市辖区	363 479	880 960	2.42	731 368	83.02
鸡冠区	125 429	334 524	2.67	304 532	91.03
恒山区	74 507	169 974	2.28	130 770	76.94
滴道区	48 886	116 257	2.38	85 491	73.54
梨树区	38 309	86 480	2.26	74 935	86.65
城子河区	62 066	139 682	2.25	119 004	85.20
麻山区	14 282	34 043	2.38	16 636	48.87
虎林市	116 618	294 297	2.52	187 086	63.57
密山市	154 876	434 672	2.81	182 771	42.05
鹤岗市	325 514	678 774	2.09	610 107	89.88
市辖区	325 514	678 774	2.09	610 107	89.88
向阳区	51 079	97 698	1.91	97 665	99.97
工农区	82 101	172 535	2.10	153 236	88.81
南山区	66 564	130 483	1.96	129 353	99.13
兴安区	65 702	146 440	2.23	117 489	80.23
东山区	33 799	81 569	2.41	64 442	79.00
兴山区	26 269	50 049	1.91	47 922	95.75
双鸭山市	209 419	501 814	2.40	457 857	91.24
市辖区	209 419	501 814	2.40	457 857	91.24
尖山区	86 604	230 944	2.67	212 402	91.97
岭东区	35 733	77 458	2.17	72 142	93.14
四方台区	30 902	67 084	2.17	50 451	75.21
宝山区	56 180	126 328	2.25	122 862	97.26
大庆市	475 307	1 325 311	2.79	1 067 756	80.57
市辖区	475 307	1 325 311	2.79	1 067 756	80.57
萨尔图区	114 149	320 932	2.81	320 932	100.00
龙凤区	65 690	177 374	2.70	150 599	84.90

市 人 口

单位：人

地 区 别	总 户 数 （户）	总 人 口 合 计	平均 每户 人数	总人口中非农业人口数	
				人 数	占总人口％
让胡路区	156 059	440 907	2.83	415 409	94.22
红岗区	52 166	134 875	2.59	104 962	77.82
大同区	87 243	251 223	2.88	75 854	30.19
伊春市	475 718	1 197 197	2.52	1 057 663	88.34
市辖区	324 214	810 328	2.50	779 734	96.22
伊春区	60 836	160 076	2.63	158 920	99.28
南岔区	54 593	132 561	2.43	115 939	87.46
友好区	27 526	65 735	2.39	64 333	97.87
西林区	19 154	49 843	2.60	48 300	96.90
翠峦区	19 176	50 593	2.64	50 219	99.26
新青区	19 289	47 953	2.49	47 884	99.86
美溪区	16 791	43 098	2.57	41 954	97.35
金山屯区	16 690	45 434	2.72	44 481	97.90
五营区	16 095	37 734	2.34	37 455	99.26
乌马河区	13 451	34 833	2.59	33 004	94.75
汤旺河区	15 029	34 875	2.32	33 789	96.89
带岭区	13 964	35 688	2.56	33 270	93.22
乌伊岭区	10 302	24 591	2.39	23 285	94.69
红星区	11 597	25 246	2.18	24 971	98.91
上甘岭区	9 721	22 068	2.27	21 930	99.37
铁力市	151 504	386 869	2.55	277 929	71.84
佳木斯市	543 957	1 468 197	2.70	889 630	60.59
市辖区	313 817	822 038	2.62	603 736	73.44
向阳区	89 512	231 514	2.59	220 608	95.29
前进区	60 594	158 944	2.62	156 780	98.64
东风区	59 544	150 821	2.53	109 132	72.36
郊区	104 167	280 759	2.70	117 216	41.75
同江市	66 753	175 988	2.64	101 429	57.63
富锦市	163 387	470 171	2.88	184 465	39.23
七台河市	200 902	553 163	2.75	388 887	70.30
市辖区	200 902	553 163	2.75	388 887	70.30
新兴区	72 020	209 163	2.90	161 978	77.44
桃山区	76 887	188 464	2.45	170 985	90.73
茄子河区	51 995	155 536	2.99	55 924	35.96
牡丹江市	748 350	2 057 072	2.75	1 254 461	60.98
市辖区	291 572	799 052	2.74	669 266	83.76
东安区	68 916	195 099	2.83	158 536	81.26
阳明区	56 702	151 200	2.67	110 130	72.84
爱民区	83 853	233 871	2.79	212 109	90.69
西安区	82 101	218 882	2.67	188 491	86.12
绥芬河市	24 524	64 016	2.61	53 756	83.97
海林市	162 293	427 754	2.64	249 004	58.21
宁安市	155 652	440 709	2.83	147 796	33.54
穆棱市	114 309	325 541	2.85	134 639	41.36

市 人 口

单位：人

地 区 别	总 户 数 （户）	总 人 口 合 计	平均 每户 人数	总人口中非农业人口数	
				人 数	占总人口%
黑河市	385 460	1 031 339	2.68	613 010	59.44
市辖区	72 984	192 154	2.63	134 536	70.01
爱辉区	72 984	192 154	2.63	134 536	70.01
北安市	173 236	470 249	2.71	275 730	58.63
五大连池市	139 240	368 936	2.65	202 744	54.95
绥化市	1 046 986	3 201 111	3.06	959 405	29.97
市辖区	294 813	899 088	3.05	288 860	32.13
北林区	294 813	899 088	3.05	288 860	32.13
安达市	181 544	519 569	2.86	196 062	37.74
肇东市	333 873	934 895	2.80	300 010	32.09
海伦市	236 756	847 559	3.58	174 473	20.59
上海市	4 803 706	13 316 773	2.77	12 109 264	90.93
市辖区	4 803 706	13 316 773	2.77	12 109 264	90.93
黄浦区	187 302	602 522	3.22	602 520	100.00
卢湾区	103 413	307 361	2.97	307 361	100.00
徐汇区	321 632	906 382	2.82	906 256	99.99
长宁区	212 232	613 895	2.89	613 878	100.00
静安区	103 531	308 405	2.98	308 403	100.00
普陀区	324 222	872 665	2.69	872 095	99.93
闸北区	249 615	691 409	2.77	691 365	99.99
虹口区	276 420	792 781	2.87	792 778	100.00
杨浦区	376 955	1 086 292	2.88	1 086 144	99.99
闵行区	361 411	942 794	2.61	865 406	91.79
宝山区	334 350	864 346	2.59	804 468	93.07
嘉定区	190 574	550 228	2.89	453 598	82.44
浦东区	1 033 960	2 722 824	2.63	2 400 226	88.15
金山区	176 123	517 309	2.94	325 691	62.96
松江区	185 929	559 442	3.01	455 362	81.40
青浦区	158 779	459 351	2.89	294 002	64.00
奉贤区	207 258	518 767	2.50	329 711	63.56
江苏省	16 814 456	50 184 578	2.98	29 146 592	58.08
南京市	1 772 187	5 459 758	3.08	4 951 928	90.70
市辖区	1 772 187	5 459 758	3.08	4 951 928	90.70
玄武区	139 361	515 253	3.70	515 253	100.00
白下区	158 474	466 483	2.94	466 483	100.00
秦淮区	101 051	253 275	2.51	253 275	100.00
建邺区	83 504	227 200	2.72	227 200	100.00
鼓楼区	186 798	673 653	3.61	673 653	100.00
下关区	113 019	306 493	2.71	306 493	100.00
浦口区	176 204	548 718	3.11	453 327	82.62
栖霞区	135 519	431 977	3.19	431 977	100.00
雨花台区	78 534	221 799	2.82	221 799	100.00
江宁区	312 337	927 292	2.97	927 292	100.00

市 人 口

地 区 别	总 户 数 （户）	总 人 口 合 计	平均 每户 人数	总人口中非农业人口数	
				人　数	占总人口%
六合区	287 386	887 615	3.09	475 176	53.53
无锡市	1 545 254	4 656 474	3.01	3 298 188	70.83
市辖区	800 332	2 381 121	2.98	2 243 623	94.23
崇安区	69 363	187 007	2.70	187 007	100.00
南长区	120 884	335 778	2.78	335 778	100.00
北塘区	97 387	256 877	2.64	256 877	100.00
锡山区	123 462	410 558	3.33	273 060	66.51
惠山区	126 916	411 663	3.24	411 663	100.00
滨湖区	262 320	779 238	2.97	779 238	100.00
江阴市	365 363	1 203 516	3.29	489 625	40.68
宜兴市	379 559	1 071 837	2.82	564 940	52.71
徐州市	1 383 228	4 656 670	3.37	2 289 541	49.17
市辖区	598 445	1 917 802	3.20	1 648 657	85.97
鼓楼区	138 633	431 556	3.11	431 404	99.96
云龙区	99 013	302 866	3.06	302 810	99.98
九里区	75 805	238 628	3.15	238 583	99.98
贾汪区	144 146	491 827	3.41	223 102	45.36
泉山区	140 848	452 925	3.22	452 758	99.96
新沂市	336 078	1 019 538	3.03	196 516	19.28
邳州市	448 705	1 719 330	3.83	444 368	25.85
常州市	1 254 678	3 598 216	2.87	1 783 089	49.55
市辖区	778 593	2 266 727	2.91	1 185 484	52.30
天宁区	133 825	388 655	2.90	388 360	99.92
钟楼区	122 630	365 656	2.98	364 394	99.65
戚墅堰区	28 147	80 375	2.86	57 053	70.98
新北区	138 398	442 324	3.20	137 485	31.08
武进区	355 593	989 717	2.78	238 192	24.07
溧阳市	263 841	781 314	2.96	292 390	37.42
金坛市	212 244	550 175	2.59	305 215	55.48
苏州市	2 106 918	6 332 903	3.01	4 530 591	71.54
市辖区	791 479	2 402 061	3.03	2 402 061	100.00
沧浪区	116 683	325 542	2.79	325 542	100.00
平江区	84 757	228 913	2.70	228 913	100.00
金阊区	76 705	207 926	2.71	207 926	100.00
虎丘区	205 950	670 761	3.26	670 761	100.00
吴中区	184 014	599 650	3.26	599 650	100.00
相城区	123 370	369 269	2.99	369 269	100.00
常熟市	336 867	1 066 417	3.17	509 372	47.76
张家港市	341 565	900 132	2.64	444 064	49.33
昆山市	233 599	699 885	3.00	699 885	100.00
吴江市	254 863	797 240	3.13	272 057	34.12
太仓市	148 545	467 168	3.14	203 152	43.49
南通市	2 068 675	5 636 795	2.72	2 862 761	50.79
市辖区	314 144	873 797	2.78	873 676	99.99

市 人 口

地 区 别	总 户 数 （户）	总 人 口 合 计	平均 每户 人数	总人口中非农业人口数	
				人 数	占总人口%
崇川区	240 491	687 049	2.86	687 002	99.99
港闸区	73 653	186 748	2.54	186 674	99.96
启东市	460 244	1 115 791	2.42	208 816	18.71
如皋市	454 555	1 407 203	3.10	812 399	57.73
通州市	486 177	1 241 628	2.55	476 742	38.40
海门市	353 555	998 376	2.82	491 128	49.19
连云港市	272 863	886 862	3.25	659 758	74.39
市辖区	272 863	886 862	3.25	659 758	74.39
连云区	67 991	204 178	3.00	184 154	90.19
新浦区	136 079	450 260	3.31	358 064	79.52
海州区	68 793	232 424	3.38	117 540	50.57
淮安市	843 560	2 745 223	3.25	1 105 520	40.27
市辖区	843 560	2 745 223	3.25	1 105 520	40.27
清河区	122 061	365 177	2.99	365 037	99.96
楚州区	341 694	1 162 324	3.40	178 571	15.36
淮阴区	275 624	899 989	3.27	244 179	27.13
清浦区	104 181	317 733	3.05	317 733	100.00
盐城市	1 263 274	3 487 398	2.76	1 554 188	44.57
市辖区	562 046	1 625 541	2.89	830 164	51.07
亭湖区	292 450	873 197	2.99	463 851	53.12
盐都区	269 596	752 344	2.79	366 313	48.69
东台市	414 149	1 137 710	2.75	459 092	40.35
大丰市	287 079	724 147	2.52	264 932	36.59
扬州市	1 246 105	3 671 880	2.95	2 029 081	55.26
市辖区	395 832	1 187 647	3.00	948 042	79.83
广陵区	116 668	315 890	2.71	315 890	100.00
邗江区	173 767	560 995	3.23	321 390	57.29
维扬区	105 397	310 762	2.95	310 762	100.00
仪征市	205 665	598 221	2.91	280 912	46.96
高邮市	268 757	820 104	3.05	282 747	34.48
江都市	375 851	1 065 908	2.84	517 380	48.54
镇江市	903 732	2 417 341	2.67	1 135 081	46.96
市辖区	294 093	753 049	2.56	583 780	77.52
京口区	196 034	508 267	2.59	380 480	74.86
润州区	98 059	244 782	2.50	203 300	83.05
丹阳市	281 355	808 223	2.87	202 175	25.01
扬中市	109 689	276 571	2.52	75 201	27.19
句容市	218 595	579 498	2.65	273 925	47.27
泰州市	1 723 351	5 039 848	2.92	1 737 522	34.48
市辖区	284 760	820 821	2.88	427 948	52.14
海陵区	200 859	559 373	2.78	292 956	52.37
高港区	83 901	261 448	3.12	134 992	51.63
兴化市	539 903	1 559 423	2.89	287 158	18.41
靖江市	221 469	667 071	3.01	316 927	47.51

市 人 口

单位：人

地 区 别	总 户 数 （户）	总 人 口 合 计	平均 每户 人数	总人口中非农业人口数	
				人 数	占总人口%
泰兴市	402 118	1 197 181	2.98	409 705	34.22
姜堰市	275 101	795 352	2.89	295 784	37.19
宿迁市	430 631	1 595 210	3.70	1 209 344	75.81
市辖区	430 631	1 595 210	3.70	1 209 344	75.81
宿城区	239 804	889 994	3.71	889 994	100.00
宿豫区	190 827	705 216	3.70	319 350	45.28
浙江省	10 889 417	31 722 266	2.91	11 198 488	35.30
杭州市	1 851 451	5 980 347	3.23	3 349 309	56.01
市辖区	1 269 197	4 294 353	3.38	2 978 281	69.35
上城区	115 167	325 216	2.82	325 205	100.00
下城区	124 603	398 440	3.20	398 388	99.99
江干区	112 170	442 479	3.94	415 417	93.88
拱墅区	103 704	307 409	2.96	305 186	99.28
西湖区	161 567	617 784	3.82	542 871	87.87
滨江区	37 153	144 711	3.90	131 243	90.69
萧山区	376 651	1 209 935	3.21	440 946	36.44
余杭区	238 182	848 379	3.56	419 025	49.39
建德市	174 903	513 422	2.94	128 731	25.07
富阳市	218 754	646 713	2.96	132 885	20.55
临安市	188 597	525 859	2.79	109 412	20.81
宁波市	1 809 725	4 568 080	2.52	1 815 253	39.74
市辖区	888 107	2 218 263	2.50	1 344 194	60.60
海曙区	113 416	304 633	2.69	304 573	99.98
江东区	104 732	276 341	2.64	276 341	100.00
江北区	98 149	236 691	2.41	151 146	63.86
北仑区	152 988	373 171	2.44	191 911	51.43
镇海区	92 201	224 642	2.44	161 257	71.78
鄞州区	326 621	802 785	2.46	258 966	32.26
余姚市	311 421	832 456	2.67	181 755	21.83
慈溪市	427 496	1 035 224	2.42	182 770	17.66
奉化市	182 701	482 137	2.64	106 534	22.10
温州市	1 134 557	3 860 044	3.40	1 012 849	26.24
市辖区	432 884	1 447 681	3.34	671 047	46.35
鹿城区	226 880	706 966	3.12	539 053	76.25
龙湾区	85 805	334 140	3.89	61 727	18.47
瓯海区	120 199	406 575	3.38	70 267	17.28
瑞安市	320 157	1 187 484	3.71	214 799	18.09
乐清市	381 516	1 224 879	3.21	127 003	10.37
嘉兴市	783 364	2 642 367	3.37	1 146 395	43.39
市辖区	271 242	831 207	3.06	424 214	51.04
南湖区	162 632	471 625	2.90	324 011	68.70
秀洲区	108 610	359 582	3.31	100 203	27.87
海宁市	182 675	655 049	3.59	226 783	34.62
平湖市	146 522	485 113	3.31	232 323	47.89

市　人　口

地　区　别	总　户　数 （户）	总　人　口 合　计	平均 每户 人数	总人口中非农业人口数	
				人　　数	占总人口％
桐乡市	182 925	670 998	3.67	263 075	39.21
湖州市	344 871	1 085 624	3.15	435 130	40.08
市辖区	344 871	1 085 624	3.15	435 130	40.08
吴兴区	199 422	595 223	2.98	314 695	52.87
南浔区	145 449	490 401	3.37	120 435	24.56
绍兴市	1 202 160	3 223 615	2.68	1 050 726	32.59
市辖区	238 765	648 996	2.72	473 802	73.01
越城区	238 765	648 996	2.72	473 802	73.01
诸暨市	401 538	1 066 744	2.66	161 227	15.11
上虞市	292 858	774 207	2.64	251 443	32.48
嵊州市	268 999	733 668	2.73	164 254	22.39
金华市	1 457 148	3 701 352	2.54	916 239	24.75
市辖区	372 233	927 045	2.49	317 244	34.22
婺城区	241 253	618 112	2.56	285 237	46.15
金东区	130 980	308 933	2.36	32 007	10.36
兰溪市	230 805	659 663	2.86	128 159	19.43
义乌市	313 461	730 183	2.33	226 589	31.03
东阳市	321 374	816 248	2.54	146 237	17.92
永康市	219 275	568 213	2.59	98 010	17.25
衢州市	486 889	1 415 597	2.91	371 948	26.27
市辖区	291 662	821 815	2.82	272 908	33.21
柯城区	157 308	418 687	2.66	231 600	55.32
衢江区	134 354	403 128	3.00	41 308	10.25
江山市	195 227	593 782	3.04	99 040	16.68
舟山市	255 378	696 600	2.73	277 487	39.83
市辖区	255 378	696 600	2.73	277 487	39.83
定海区	143 312	375 274	2.62	158 168	42.15
普陀区	112 066	321 326	2.87	119 319	37.13
台州市	1 315 142	3 876 941	2.95	653 321	16.85
市辖区	501 711	1 537 696	3.06	307 565	20.00
椒江区	173 605	503 993	2.90	136 505	27.08
黄岩区	192 054	594 115	3.09	108 939	18.34
路桥区	136 052	439 588	3.23	62 121	14.13
温岭市	428 955	1 184 510	2.76	196 054	16.55
临海市	384 476	1 154 735	3.00	149 702	12.96
丽水市	248 732	671 699	2.70	169 831	25.28
市辖区	158 817	384 561	2.42	126 181	32.81
莲都区	158 817	384 561	2.42	126 181	32.81
龙泉市	89 915	287 138	3.19	43 650	15.20
安徽省	7 042 573	22 406 976	3.18	9 554 122	42.64
合肥市	640 203	2 085 774	3.26	1 763 036	84.53
市辖区	640 203	2 085 774	3.26	1 763 036	84.53
瑶海区	175 021	496 981	2.84	414 349	83.37
庐阳区	138 804	464 085	3.34	427 274	92.07

市 人 口

单位：人

地 区 别	总 户 数 （户）	总 人 口 合 计	平均 每户 人数	总人口中非农业人口数	
				人 数	占总人口％
蜀山区	172 704	630 240	3.65	563 409	89.40
包河区	153 674	494 468	3.22	358 004	72.40
芜湖市	315 589	898 436	2.85	898 436	100.00
市辖区	315 589	898 436	2.85	898 436	100.00
镜湖区	63 354	181 399	2.86	181 399	100.00
马塘区	75 245	228 753	3.04	228 753	100.00
新芜区	86 386	243 838	2.82	243 838	100.00
鸠江区	90 604	244 446	2.70	244 446	100.00
蚌埠市	295 659	925 155	3.13	658 325	71.16
市辖区	295 659	925 155	3.13	658 325	71.16
龙子湖区	76 851	231 629	3.01	175 909	75.94
蚌山区	87 313	284 786	3.26	256 035	89.90
禹会区	80 367	237 387	2.95	188 361	79.35
淮上区	51 128	171 353	3.35	38 020	22.19
淮南市	515 879	1 675 823	3.25	973 529	58.09
市辖区	515 879	1 675 823	3.25	973 529	58.09
大通区	62 256	183 932	2.95	76 065	41.35
田家庵区	163 387	541 237	3.31	432 969	80.00
谢家集区	105 068	337 188	3.21	231 911	68.78
八公山区	54 626	170 517	3.12	143 498	84.15
潘集区	130 542	442 949	3.39	89 086	20.11
马鞍山市	202 548	636 147	3.14	527 884	82.98
市辖区	202 548	636 147	3.14	527 884	82.98
金家庄区	35 284	106 369	3.01	88 410	83.12
花山区	83 942	263 172	3.14	233 930	88.89
雨山区	83 322	266 606	3.20	205 544	77.10
淮北市	345 999	1 090 231	3.15	788 960	72.37
市辖区	345 999	1 090 231	3.15	788 960	72.37
杜集区	116 279	336 908	2.90	275 654	81.82
相山区	120 809	403 498	3.34	329 111	81.56
烈山区	108 911	349 825	3.21	184 195	52.65
铜陵市	146 222	449 477	3.07	390 251	86.82
市辖区	146 222	449 477	3.07	390 251	86.82
铜官山区	86 800	275 097	3.17	274 976	99.96
狮子山区	34 907	102 860	2.95	72 276	70.27
郊区	24 515	71 520	2.92	42 999	60.12
安庆市	465 104	1 493 618	3.21	578 418	38.73
市辖区	255 923	739 603	2.89	463 574	62.68
迎江区	75 107	210 557	2.80	166 242	78.95
大观区	93 794	274 375	2.93	210 232	76.62
宜秀区	87 022	254 671	2.93	87 100	34.20
桐城市	209 181	754 015	3.60	114 844	15.23
黄山市	145 740	436 640	3.00	199 945	45.79
市辖区	145 740	436 640	3.00	199 945	45.79

市 人 口

单位：人

地 区 别	总户数 （户）	总人口 合 计	平均 每户 人数	总人口中非农业人口数	
				人　数	占总人口%
屯溪区	55 463	173 131	3.12	135 300	78.15
黄山区	56 340	163 169	2.90	38 488	23.59
徽州区	33 937	100 340	2.96	26 157	26.07
滁州市	589 528	1 819 015	3.09	543 794	29.89
市辖区	187 329	532 412	2.84	251 566	47.25
琅琊区	101 070	269 307	2.66	218 534	81.15
南谯区	86 259	263 105	3.05	33 032	12.55
天长市	192 068	631 735	3.29	168 450	26.66
明光市	210 131	654 868	3.12	123 778	18.90
阜阳市	803 002	2 823 271	3.52	641 235	22.71
市辖区	575 809	2 042 341	3.55	493 054	24.14
颍州区	216 774	719 272	3.32	255 768	35.56
颍东区	167 480	632 550	3.78	128 233	20.27
颍泉区	191 555	690 519	3.60	109 053	15.79
界首市	227 193	780 930	3.44	148 181	18.97
宿州市	529 551	1 838 627	3.47	414 621	22.55
市辖区	529 551	1 838 627	3.47	414 621	22.55
埇桥区	529 551	1 838 627	3.47	414 621	22.55
巢湖市	312 071	886 426	2.84	234 580	26.46
市辖区	312 071	886 426	2.84	234 580	26.46
居巢区	312 071	886 426	2.84	234 580	26.46
六安市	613 709	1 851 452	3.02	337 273	18.22
市辖区	613 709	1 851 452	3.02	337 273	18.22
金安区	295 203	860 389	2.91	185 735	21.59
裕安区	318 506	991 063	3.11	151 538	15.29
亳州市	483 404	1 595 240	3.30	215 034	13.48
市辖区	483 404	1 595 240	3.30	215 034	13.48
谯城区	483 404	1 595 240	3.30	215 034	13.48
池州市	226 635	658 120	2.90	140 927	21.41
市辖区	226 635	658 120	2.90	140 927	21.41
贵池区	226 635	658 120	2.90	140 927	21.41
宣城市	411 730	1 243 524	3.02	247 874	19.93
市辖区	280 043	857 615	3.06	168 707	19.67
宣州区	280 043	857 615	3.06	168 707	19.67
宁国市	131 687	385 909	2.93	79 167	20.51
福建省	5 172 064	17 885 830	3.46	8 097 956	45.28
福州市	1 199 487	3 798 819	3.17	2 167 058	57.05
市辖区	605 627	1 873 340	3.09	1 568 132	83.71
鼓楼区	171 617	584 775	3.41	584 775	100.00
台江区	119 412	328 038	2.75	328 038	100.00
仓山区	141 613	450 930	3.18	283 155	62.79
马尾区	51 125	165 126	3.23	56 035	33.93
晋安区	121 860	344 471	2.83	316 129	91.77
福清市	381 250	1 251 762	3.28	359 515	28.72

市 人 口

单位：人

地 区 别	总 户 数 （户）	总 人 口 合 计	平均 每户 人数	总人口中非农业人口数	
				人 数	占总人口%
长乐市	212 610	673 717	3.17	239 411	35.54
厦门市	560 352	1 769 983	3.16	1 421 034	80.29
市辖区	560 352	1 769 983	3.16	1 421 034	80.29
思明区	197 355	620 919	3.15	620 919	100.00
海沧区	36 594	118 040	3.23	90 137	76.36
湖里区	70 166	209 525	2.99	209 525	100.00
集美区	58 003	209 272	3.61	149 207	71.30
同安区	103 272	320 109	3.10	143 603	44.86
翔安区	94 962	292 118	3.08	207 643	71.08
莆田市	509 202	2 129 771	4.18	413 583	19.42
市辖区	509 202	2 129 771	4.18	413 583	19.42
城厢区	97 046	382 164	3.94	131 319	34.36
涵江区	112 706	431 798	3.83	104 969	24.31
荔城区	116 610	496 816	4.26	125 699	25.30
秀屿区	182 840	818 993	4.48	51 596	6.30
三明市	187 060	605 875	3.24	389 704	64.32
市辖区	91 350	283 639	3.10	220 612	77.78
梅列区	44 786	139 830	3.12	123 649	88.43
三元区	46 564	143 809	3.09	96 963	67.42
永安市	95 710	322 236	3.37	169 092	52.47
泉州市	1 045 860	3 902 610	3.73	1 468 475	37.63
市辖区	283 678	1 029 421	3.63	629 635	61.16
鲤城区	77 110	255 501	3.31	255 501	100.00
丰泽区	62 818	216 619	3.45	216 619	100.00
洛江区	44 551	176 684	3.97	43 336	24.53
泉港区	99 199	380 617	3.84	114 179	30.00
石狮市	84 052	314 945	3.75	97 434	30.94
晋江市	284 620	1 056 929	3.71	365 933	34.62
南安市	393 510	1 501 315	3.82	375 473	25.01
漳州市	389 353	1 359 735	3.49	516 184	37.96
市辖区	170 638	550 092	3.22	356 867	64.87
芗城区	137 281	425 418	3.10	327 766	77.05
龙文区	33 357	124 674	3.74	29 101	23.34
龙海市	218 715	809 643	3.70	159 317	19.68
南平市	557 499	1 897 038	3.40	804 402	42.40
市辖区	144 811	492 658	3.40	261 156	53.01
延平区	144 811	492 658	3.40	261 156	53.01
邵武市	93 914	303 074	3.23	136 435	45.02
武夷山市	64 873	228 364	3.52	96 666	42.33
建瓯市	159 908	534 243	3.34	163 607	30.62
建阳市	93 993	338 699	3.60	146 538	43.26
龙岩市	236 688	755 107	3.19	391 047	51.79
市辖区	156 435	478 098	3.06	314 263	65.73
新罗区	156 435	478 098	3.06	314 263	65.73

市 人 口

地 区 别	总 户 数（户）	总 人 口合 计	平均每户人数	总人口中非农业人口数	
				人 数	占总人口%
漳平市	80 253	277 009	3.45	76 784	27.72
宁德市	486 563	1 666 892	3.43	526 469	31.58
市辖区	135 172	443 349	3.28	135 623	30.59
蕉城区	135 172	443 349	3.28	135 623	30.59
福安市	188 265	647 637	3.44	187 492	28.95
福鼎市	163 126	575 906	3.53	203 354	35.31
江西省	4 774 475	15 480 993	3.24	6 680 689	43.15
南昌市	609 741	2 198 253	3.61	1 735 378	78.94
市辖区	609 741	2 198 253	3.61	1 735 378	78.94
东湖区	152 155	589 357	3.87	564 563	95.79
西湖区	138 449	436 455	3.15	431 309	98.82
青云谱区	78 252	261 265	3.34	240 183	91.93
湾里区	31 575	85 725	2.71	37 832	44.13
青山湖区	209 310	825 451	3.94	461 491	55.91
景德镇市	424 474	1 319 221	3.11	566 669	42.95
市辖区	169 132	457 891	2.71	371 197	81.07
昌江区	63 923	175 209	2.74	88 515	50.52
珠山区	105 209	282 682	2.69	282 682	100.00
乐平市	255 342	861 330	3.37	195 472	22.69
萍乡市	278 236	849 688	3.05	442 327	52.06
市辖区	278 236	849 688	3.05	442 327	52.06
安源区	148 509	450 066	3.03	334 916	74.41
湘东区	129 727	399 622	3.08	107 411	26.88
九江市	372 546	1 082 538	2.91	598 879	55.32
市辖区	226 713	637 996	2.81	480 774	75.36
庐山区	113 151	317 933	2.81	162 741	51.19
浔阳区	113 562	320 063	2.82	318 033	99.37
瑞昌市	145 833	444 542	3.05	118 105	26.57
新余市	272 510	840 920	3.09	332 127	39.50
市辖区	272 510	840 920	3.09	332 127	39.50
渝水区	272 510	840 920	3.09	332 127	39.50
鹰潭市	245 298	803 271	3.27	262 489	32.68
市辖区	80 912	207 705	2.57	144 312	69.48
月湖区	80 912	207 705	2.57	144 312	69.48
贵溪市	164 386	595 566	3.62	118 177	19.84
赣州市	614 367	2 102 379	3.42	644 141	30.64
市辖区	185 819	645 674	3.47	381 464	59.08
章贡区	185 819	645 674	3.47	381 464	59.08
瑞金市	171 904	653 688	3.80	126 854	19.41
南康市	256 644	803 017	3.13	135 823	16.91
吉安市	196 423	695 003	3.54	285 903	41.14
市辖区	148 744	536 608	3.61	243 504	45.38
吉州区	90 664	333 984	3.68	205 731	61.60
青原区	58 080	202 624	3.49	37 773	18.64

市 人 口

地 区 别	总 户 数 （户）	总 人 口 合 计	平均 每户 人数	总人口中非农业人口数	
				人 数	占总人口%
井冈山市	47 679	158 395	3.32	42 399	26.77
宜春市	1 175 422	3 766 556	3.20	1 145 128	30.40
市辖区	307 970	1 042 230	3.38	274 201	26.31
袁州区	307 970	1 042 230	3.38	274 201	26.31
丰城市	414 014	1 361 213	3.29	521 470	38.31
樟树市	161 586	542 592	3.36	151 549	27.93
高安市	291 852	820 521	2.81	197 908	24.12
抚州市	357 241	1 111 131	3.11	333 624	30.03
市辖区	357 241	1 111 131	3.11	333 624	30.03
临川区	357 241	1 111 131	3.11	333 624	30.03
上饶市	228 217	712 033	3.12	334 024	46.91
市辖区	119 790	394 753	3.30	209 673	53.11
信州区	119 790	394 753	3.30	209 673	53.11
德兴市	108 427	317 280	2.93	124 351	39.19
山东省	17 259 173	53 518 641	3.10	28 171 533	52.64
济南市	1 412 345	4 494 181	3.18	3 893 662	86.64
市辖区	1 110 733	3 482 427	3.14	3 482 427	100.00
历下区	164 751	550 663	3.34	550 663	100.00
市中区	190 683	569 246	2.99	569 246	100.00
槐荫区	129 761	377 967	2.91	377 967	100.00
天桥区	175 411	501 093	2.86	501 093	100.00
历城区	285 697	919 662	3.22	919 662	100.00
长清区	164 430	563 796	3.43	563 796	100.00
章丘市	301 612	1 011 754	3.35	411 235	40.65
青岛市	2 447 379	7 629 161	3.12	4 784 189	62.71
市辖区	921 462	2 754 745	2.99	2 754 745	100.00
市南区	167 851	551 342	3.28	551 342	100.00
市北区	182 239	485 276	2.66	485 276	100.00
四方区	132 905	380 860	2.87	380 860	100.00
黄岛区	86 304	315 722	3.66	315 722	100.00
崂山区	73 059	236 071	3.23	236 071	100.00
李沧区	111 515	301 975	2.71	301 975	100.00
城阳区	167 589	483 499	2.89	483 499	100.00
胶州市	244 169	800 327	3.28	379 070	47.36
即墨市	339 863	1 126 082	3.31	492 627	43.75
平度市	426 010	1 375 751	3.23	443 615	32.25
胶南市	267 005	837 359	3.14	389 588	46.53
莱西市	248 870	734 897	2.95	324 544	44.16
淄博市	955 664	2 787 717	2.92	1 546 414	55.47
市辖区	955 664	2 787 717	2.92	1 546 414	55.47
淄川区	237 289	672 995	2.84	262 112	38.95
张店区	249 697	724 799	2.90	567 839	78.34
博山区	165 987	461 389	2.78	206 410	44.74
临淄区	195 298	608 246	3.11	314 728	51.74

市 人 口

单位：人

地 区 别	总 户 数（户）	总 人 口 合 计	平均每户人数	总人口中非农业人口数	
				人 数	占总人口%
周村区	107 393	320 288	2.98	195 325	60.98
枣庄市	1 199 742	3 867 938	3.22	1 325 674	34.27
市辖区	663 317	2 195 910	3.31	818 712	37.28
市中区	156 604	514 957	3.29	302 363	58.72
薛城区	143 302	494 028	3.45	193 223	39.11
峄城区	129 505	382 998	2.96	122 608	32.01
台儿庄区	108 119	308 013	2.85	81 224	26.37
山亭区	125 787	495 914	3.94	119 294	24.06
滕州市	536 425	1 672 028	3.12	506 962	30.32
东营市	285 031	832 791	2.92	656 298	78.81
市辖区	285 031	832 791	2.92	656 298	78.81
东营区	209 010	618 570	2.96	503 136	81.34
河口区	76 021	214 221	2.82	153 162	71.50
烟台市	2 300 456	6 476 885	2.82	3 093 128	47.76
市辖区	641 739	1 792 426	2.79	1 371 900	76.54
芝罘区	243 076	683 531	2.81	683 531	100.00
福山区	154 721	433 046	2.80	293 368	67.75
牟平区	169 998	456 315	2.68	175 467	38.45
莱山区	73 944	219 534	2.97	219 534	100.00
龙口市	230 508	633 028	2.75	294 208	46.48
莱阳市	282 915	876 068	3.10	294 118	33.57
莱州市	269 798	859 128	3.18	364 004	42.37
蓬莱市	169 464	449 528	2.65	176 735	39.32
招远市	207 625	570 571	2.75	191 950	33.64
栖霞市	249 944	629 494	2.52	189 183	30.05
海阳市	248 463	666 642	2.68	211 030	31.66
潍坊市	2 195 476	7 204 763	3.28	3 516 837	48.81
市辖区	565 687	1 812 453	3.20	1 259 910	69.51
潍城区	115 748	365 755	3.16	213 609	58.40
寒亭区	144 854	426 302	2.94	275 860	64.71
坊子区	156 357	525 410	3.36	275 455	52.43
奎文区	148 728	494 986	3.33	494 986	100.00
青州市	271 198	908 882	3.35	312 194	34.35
诸城市	316 714	1 073 947	3.39	479 733	44.67
寿光市	310 106	1 032 783	3.33	480 980	46.57
安丘市	281 423	938 855	3.34	398 240	42.42
高密市	268 535	857 129	3.19	369 475	43.11
昌邑市	181 813	580 714	3.19	216 305	37.25
济宁市	1 063 478	3 523 419	3.31	1 414 260	40.14
市辖区	340 686	1 110 311	3.26	631 334	56.86
市中区	195 631	588 344	3.01	356 460	60.59
任城区	145 055	521 967	3.60	274 874	52.66
曲阜市	188 671	636 938	3.38	182 600	28.67
兖州市	192 700	628 506	3.26	206 902	32.92

市 人 口

地 区 别	总 户 数（户）	总 人 口合 计	平均每户人数	总人口中非农业人口数	
				人 数	占总人口%
邹城市	341 421	1 147 664	3.36	393 424	34.28
泰安市	1 295 283	3 951 708	3.05	1 328 065	33.61
市辖区	519 041	1 592 536	3.07	652 639	40.98
泰山区	221 023	622 716	2.82	494 329	79.38
岱岳区	298 018	969 820	3.25	158 310	16.32
新泰市	464 760	1 384 094	2.98	400 720	28.95
肥城市	311 482	975 078	3.13	274 706	28.17
威海市	919 869	2 529 677	2.75	1 229 007	48.58
市辖区	212 199	645 361	3.04	479 969	74.37
环翠区	212 199	645 361	3.04	479 969	74.37
文登市	249 373	642 599	2.58	251 677	39.17
荣成市	245 057	668 530	2.73	335 703	50.22
乳山市	213 240	573 187	2.69	161 658	28.20
日照市	418 528	1 228 263	2.93	604 385	49.21
市辖区	418 528	1 228 263	2.93	604 385	49.21
东港区	276 163	807 429	2.92	500 236	61.95
岚山区	142 365	420 834	2.96	104 149	24.75
莱芜市	451 627	1 263 761	2.80	504 048	39.88
市辖区	451 627	1 263 761	2.80	504 048	39.88
莱城区	348 075	963 729	2.77	406 619	42.19
钢城区	103 552	300 032	2.90	97 429	32.47
临沂市	604 629	1 994 565	3.30	1 420 431	71.22
市辖区	604 629	1 994 565	3.30	1 420 431	71.22
兰山区	271 796	924 539	3.40	566 572	61.28
罗庄区	141 985	433 658	3.05	433 658	100.00
河东区	190 848	636 368	3.33	420 201	66.03
德州市	549 062	1 807 791	3.29	769 919	42.59
市辖区	194 582	597 375	3.07	425 058	71.15
德城区	194 582	597 375	3.07	425 058	71.15
乐陵市	203 257	690 036	3.39	181 079	26.24
禹城市	151 223	520 380	3.44	163 782	31.47
聊城市	532 813	1 797 702	3.37	895 517	49.81
市辖区	302 350	1 050 238	3.47	587 530	55.94
东昌府区	302 350	1 050 238	3.47	587 530	55.94
临清市	230 463	747 464	3.24	307 987	41.20
滨州市	199 501	632 332	3.17	493 954	78.12
市辖区	199 501	632 332	3.17	493 954	78.12
滨城区	199 501	632 332	3.17	493 954	78.12
菏泽市	428 290	1 495 987	3.49	695 745	46.51
市辖区	428 290	1 495 987	3.49	695 745	46.51
牡丹区	428 290	1 495 987	3.49	695 745	46.51
河南省	10 511 567	36 150 310	3.44	14 619 089	40.44
郑州市	1 782 441	6 546 539	3.67	2 950 486	45.07
市辖区	821 902	2 850 050	3.47	2 134 340	74.89

市 人 口

地 区 别	总 户 数（户）	总 人 口合 计	平均每户人数	总人口中非农业人口数	
				人 数	占总人口%
中原区	177 054	668 564	3.78	507 821	75.96
二七区	156 142	533 785	3.42	419 737	78.63
管城回族区	126 601	405 909	3.21	276 886	68.21
金水区	268 077	942 519	3.52	808 231	85.75
上街区	38 184	115 616	3.03	72 716	62.89
惠济区	55 844	183 657	3.29	48 949	26.65
巩义市	217 578	814 786	3.74	157 269	19.30
荥阳市	174 357	644 674	3.70	110 096	17.08
新密市	209 202	866 303	4.14	187 307	21.62
新郑市	186 122	682 762	3.67	158 900	23.27
登封市	173 280	687 964	3.97	202 574	29.45
开封市	283 332	853 832	3.01	596 125	69.82
市辖区	283 332	853 832	3.01	596 125	69.82
龙亭区	39 824	118 550	2.98	66 436	56.04
顺河回族区	85 182	254 880	2.99	193 905	76.08
鼓楼区	55 918	157 568	2.82	133 970	85.02
禹王台区	47 957	135 584	2.83	97 611	71.99
金明区	54 451	187 250	3.44	104 203	55.65
洛阳市	755 948	2 459 580	3.25	1 251 900	50.90
市辖区	513 006	1 600 689	3.12	1 146 888	71.65
老城区	54 469	142 927	2.62	99 598	69.68
西工区	108 574	353 390	3.25	319 849	90.51
瀍河回族区	63 230	171 729	2.72	144 594	84.20
涧西区	164 222	526 268	3.20	440 456	83.69
吉利区	21 621	68 228	3.16	34 329	50.32
洛龙区	100 890	338 147	3.35	108 062	31.96
偃师市	242 942	858 891	3.54	105 012	12.23
平顶山市	671 346	2 396 653	3.57	1 005 383	41.95
市辖区	281 525	1 018 553	3.62	787 827	77.35
新华区	101 878	398 189	3.91	325 267	81.69
卫东区	85 444	313 622	3.67	275 251	87.77
石龙区	23 211	62 948	2.71	42 259	67.13
湛河区	70 992	243 794	3.43	145 050	59.50
舞钢市	103 839	334 093	3.22	104 400	31.25
汝州市	285 982	1 044 007	3.65	113 156	10.84
安阳市	653 035	2 120 233	3.25	892 839	42.11
市辖区	343 126	1 075 300	3.13	717 488	66.72
文峰区	120 863	384 910	3.18	263 449	68.44
北关区	82 022	243 581	2.97	206 889	84.94
殷都区	76 062	246 693	3.24	190 844	77.36
龙安区	64 179	200 116	3.12	56 306	28.14
林州市	309 909	1 044 933	3.37	175 351	16.78
鹤壁市	205 669	609 710	2.96	382 884	62.80
市辖区	205 669	609 710	2.96	382 884	62.80

市 人 口

单位：人

地 区 别	总 户 数 （户）	总 人 口 合 计	平均 每户 人数	总人口中非农业人口数	
				人 数	占总人口%
鹤山区	44 174	126 319	2.86	77 499	61.35
山城区	82 126	237 999	2.90	171 842	72.20
淇滨区	79 369	245 392	3.09	133 543	54.42
新乡市	693 579	2 333 563	3.36	1 226 261	52.55
市辖区	300 519	1 013 951	3.37	747 556	73.73
红旗区	96 410	320 934	3.33	230 609	71.86
卫滨区	69 722	232 339	3.33	217 529	93.63
凤泉区	38 780	143 058	3.69	38 380	26.83
牧野区	95 607	317 620	3.32	261 038	82.19
卫辉市	139 832	502 995	3.60	120 436	23.94
辉县市	253 228	816 617	3.22	358 269	43.87
焦作市	444 831	1 708 941	3.84	802 606	46.97
市辖区	228 335	835 170	3.66	651 169	77.97
解放区	83 660	290 183	3.47	290 183	100.00
中站区	34 339	119 186	3.47	75 929	63.71
马村区	36 910	147 242	3.99	67 948	46.15
山阳区	73 426	278 559	3.79	217 109	77.94
沁阳市	105 899	494 599	4.67	93 914	18.99
孟州市	110 597	379 172	3.43	57 523	15.17
濮阳市	216 968	671 445	3.09	429 144	63.91
市辖区	216 968	671 445	3.09	429 144	63.91
华龙区	216 968	671 445	3.09	429 144	63.91
许昌市	696 948	2 425 073	3.48	772 449	31.85
市辖区	136 068	411 689	3.03	411 689	100.00
魏都区	136 068	411 689	3.03	411 689	100.00
禹州市	360 215	1 256 898	3.49	200 407	15.94
长葛市	200 665	756 486	3.77	160 353	21.20
漯河市	405 338	1 391 727	3.43	469 418	33.73
市辖区	405 338	1 391 727	3.43	469 418	33.73
源汇区	104 689	335 839	3.21	170 274	50.70
郾城区	148 487	516 795	3.48	169 705	32.84
召陵区	152 162	539 093	3.54	129 439	24.01
三门峡市	361 443	1 209 283	3.35	482 406	39.89
市辖区	86 984	292 003	3.36	225 669	77.28
湖滨区	86 984	292 003	3.36	225 669	77.28
义马市	55 725	169 017	3.03	134 129	79.36
灵宝市	218 734	748 263	3.42	122 608	16.39
南阳市	1 048 659	3 563 843	3.40	744 414	20.89
市辖区	586 071	1 853 204	3.16	574 461	31.00
宛城区	281 775	878 698	3.12	257 540	29.31
卧龙区	304 296	974 506	3.20	316 921	32.52
邓州市	462 588	1 710 639	3.70	169 953	9.94
商丘市	877 592	3 221 418	3.67	1 129 667	35.07
市辖区	458 849	1 731 959	3.77	928 450	53.61

市 人 口

地 区 别	总 户 数（户）	总 人 口合 计	平均每户人数	总人口中非农业人口数	
				人 数	占总人口%
梁园区	236 957	870 935	3.68	589 017	67.63
睢阳区	221 892	861 024	3.88	339 433	39.42
永城市	418 743	1 489 459	3.56	201 217	13.51
信阳市	480 949	1 457 516	3.03	450 277	30.89
市辖区	480 949	1 457 516	3.03	450 277	30.89
浉河区	220 319	634 861	2.88	276 369	43.53
平桥区	260 630	822 655	3.16	173 908	21.14
周口市	538 667	1 837 527	3.41	490 391	26.69
市辖区	157 282	527 257	3.35	256 030	48.56
川汇区	157 282	527 257	3.35	256 030	48.56
项城市	381 385	1 310 270	3.44	234 361	17.89
驻马店市	200 451	661 444	3.30	280 178	42.36
市辖区	200 451	661 444	3.30	280 178	42.36
驿城区	200 451	661 444	3.30	280 178	42.36
省直辖行政单位	194 371	681 983	3.51	262 261	38.46
济源市	194 371	681 983	3.51	262 261	38.46
湖北省	12 882 639	39 675 812	3.08	20 841 563	52.53
武汉市	2 699 029	8 355 473	3.10	8 338 046	99.79
市辖区	2 699 029	8 355 473	3.10	8 338 046	99.79
江岸区	245 502	672 791	2.74	670 635	99.68
江汉区	176 012	476 780	2.71	475 773	99.79
硚口区	196 885	531 673	2.70	531 487	99.97
汉阳区	192 361	521 214	2.71	520 707	99.90
武昌区	323 947	1 174 179	3.62	1 173 109	99.91
青山区	145 227	454 634	3.13	454 634	100.00
洪山区	188 141	821 847	4.37	821 847	100.00
东西湖区	96 407	263 763	2.74	263 763	100.00
汉南区	41 662	107 338	2.58	106 585	99.30
蔡甸区	154 871	477 045	3.08	474 742	99.52
江夏区	234 564	734 416	3.13	732 481	99.74
黄陂区	375 917	1 129 090	3.00	1 123 590	99.51
新洲区	327 533	990 703	3.02	988 693	99.80
黄石市	473 807	1 574 205	3.32	1 569 945	99.73
市辖区	206 733	636 531	3.08	635 066	99.77
黄石港区	65 780	204 575	3.11	204 275	99.85
西塞山区	71 600	222 717	3.11	222 217	99.78
下陆区	48 737	152 915	3.14	152 291	99.59
铁山区	20 616	56 324	2.73	56 283	99.93
大冶市	267 074	937 674	3.51	934 879	99.70
十堰市	362 427	1 024 458	2.83	674 171	65.81
市辖区	193 778	527 757	2.72	480 448	91.04
茅箭区	96 516	263 896	2.73	248 406	94.13
张湾区	97 262	263 861	2.71	232 042	87.94
丹江口市	168 649	496 701	2.95	193 723	39.00

市 人 口

单位：人

地　区　别	总 户 数 （户）	总 人 口 合　计	平均 每户 人数	总人口中非农业人口数	
				人　数	占总人口%
宜昌市	982 767	2 630 790	2.68	1 101 207	41.86
市辖区	449 841	1 247 944	2.77	722 504	57.90
西陵区	139 376	418 298	3.00	410 915	98.23
伍家岗区	57 387	152 302	2.65	135 232	88.79
点军区	39 949	105 698	2.65	17 983	17.01
猇亭区	20 054	50 282	2.51	31 105	61.86
夷陵区	193 075	521 364	2.70	127 269	24.41
宜都市	148 292	395 282	2.67	115 583	29.24
当阳市	189 687	485 336	2.56	125 283	25.81
枝江市	194 947	502 228	2.58	137 837	27.45
襄樊市	1 528 820	4 431 272	2.90	2 181 813	49.24
市辖区	743 746	2 217 462	2.98	1 212 890	54.70
襄城区	157 718	463 880	2.94	250 145	53.92
樊城区	253 392	716 138	2.83	507 917	70.92
襄阳区	332 636	1 037 444	3.12	454 828	43.84
老河口市	183 362	531 788	2.90	243 525	45.79
枣阳市	413 140	1 118 562	2.71	503 356	45.00
宜城市	188 572	563 460	2.99	222 042	39.41
鄂州市	361 270	1 075 512	2.98	359 779	33.45
市辖区	361 270	1 075 512	2.98	359 779	33.45
梁子湖区	50 183	182 427	3.64	21 299	11.68
华容区	85 112	250 851	2.95	27 597	11.00
鄂城区	225 975	642 234	2.84	310 883	48.41
荆门市	607 106	1 761 903	2.90	576 669	32.73
市辖区	280 111	714 028	2.55	354 630	49.67
东宝区	149 651	379 206	2.53	190 704	50.29
掇刀区	130 460	334 822	2.57	163 926	48.96
钟祥市	326 995	1 047 875	3.20	222 039	21.19
孝感市	1 055 730	3 372 023	3.19	1 619 743	48.03
市辖区	317 538	948 596	2.99	948 402	99.98
孝南区	317 538	948 596	2.99	948 402	99.98
应城市	210 500	672 103	3.19	302 698	45.04
安陆市	200 767	630 436	3.14	115 958	18.39
汉川市	326 925	1 120 888	3.43	252 685	22.54
荆州市	1 176 460	3 581 938	3.04	1 149 050	32.08
市辖区	386 094	1 135 786	2.94	651 166	57.33
沙市区	188 845	550 726	2.92	401 068	72.83
荆州区	197 249	585 060	2.97	250 098	42.75
石首市	220 511	663 840	3.01	159 850	24.08
洪湖市	288 277	931 628	3.23	177 650	19.07
松滋市	281 578	850 684	3.02	160 384	18.85
黄冈市	776 653	2 311 101	2.98	942 250	40.77
市辖区	152 122	365 222	2.40	365 222	100.00
黄州区	152 122	365 222	2.40	365 222	100.00

市 人 口

单位：人

地 区 别	总 户 数 （户）	总 人 口 合 计	平均每户人数	总人口中非农业人口数	
				人 数	占总人口%
麻城市	382 700	1 179 902	3.08	306 579	25.98
武穴市	241 831	765 977	3.17	270 449	35.31
咸宁市	349 163	1 113 654	3.19	407 407	36.58
市辖区	195 722	597 840	3.05	243 114	40.67
咸安区	195 722	597 840	3.05	243 114	40.67
赤壁市	153 441	515 814	3.36	164 293	31.85
随州市	755 906	2 577 746	3.41	511 093	19.83
市辖区	463 499	1 635 062	3.53	331 544	20.28
曾都区	463 499	1 635 062	3.53	331 544	20.28
广水市	292 407	942 684	3.22	179 549	19.05
恩施土家族苗族自治州	530 265	1 676 747	3.16	331 178	19.75
恩施市	252 530	794 147	3.14	203 127	25.58
利川市	277 735	882 600	3.18	128 051	14.51
省直辖行政单位	1 223 236	4 188 990	3.42	1 079 212	25.76
仙桃市	405 729	1 517 641	3.74	415 018	27.35
潜江市	329 303	1 016 254	3.09	310 240	30.53
天门市	488 204	1 655 095	3.39	353 954	21.39
湖南省	7 786 730	23 935 267	3.07	9 286 019	38.80
长沙市	1 171 722	3 815 024	3.26	2 030 550	53.23
市辖区	767 055	2 421 523	3.16	1 876 531	77.49
芙蓉区	124 436	406 271	3.26	363 195	89.40
天心区	132 018	407 537	3.09	370 610	90.94
岳麓区	193 947	655 375	3.38	363 991	55.54
开福区	155 052	414 841	2.68	328 791	79.26
雨花区	161 602	537 499	3.33	449 944	83.71
浏阳市	404 667	1 393 501	3.44	154 019	11.05
株洲市	545 676	1 847 428	3.39	746 418	40.40
市辖区	265 948	801 932	3.02	593 692	74.03
荷塘区	69 394	212 078	3.06	159 819	75.36
芦淞区	65 371	191 097	2.92	164 916	86.30
石峰区	82 334	245 804	2.99	178 984	72.82
天元区	48 849	152 953	3.13	89 973	58.82
醴陵市	279 728	1 045 496	3.74	152 726	14.61
湘潭市	558 321	1 729 603	3.10	716 563	41.43
市辖区	231 453	703 497	3.04	568 979	80.88
雨湖区	116 136	356 920	3.07	310 981	87.13
岳塘区	115 317	346 577	3.01	257 998	74.44
湘乡市	295 157	920 723	3.12	131 157	14.25
韶山市	31 711	105 383	3.32	16 427	15.59
衡阳市	958 169	3 208 441	3.35	1 059 518	33.02
市辖区	325·115	968 913	2.98	674 706	69.64
珠晖区	90 846	283 085	3.12	180 969	63.93
雁峰区	67 033	198 233	2.96	161 037	81.24
石鼓区	72 048	206 147	2.86	154 508	74.95

市 人 口

单位：人

地 区 别	总 户 数（户）	总 人 口 合 计	平均每户人数	总人口中非农业人口数	
				人 数	占总人口%
蒸湘区	75 118	226 894	3.02	156 871	69.14
南岳区	20 070	54 554	2.72	21 321	39.08
耒阳市	362 144	1 329 135	3.67	216 413	16.28
常宁市	270 910	910 393	3.36	168 399	18.50
邵阳市	440 452	1 452 302	3.30	511 459	35.22
市辖区	211 300	667 924	3.16	410 553	61.47
双清区	88 684	270 458	3.05	185 201	68.48
大祥区	92 972	309 752	3.33	182 830	59.02
北塔区	29 644	87 714	2.96	42 522	48.48
武冈市	229 152	784 378	3.42	100 906	12.86
岳阳市	833 347	2 331 992	2.80	1 006 500	43.16
市辖区	435 080	1 075 148	2.47	707 849	65.84
岳阳楼区	282 514	660 647	2.34	486 730	73.67
云溪区	59 461	166 782	2.80	81 039	48.59
君山区	93 105	247 719	2.66	140 080	56.55
汨罗市	235 445	746 674	3.17	174 365	23.35
临湘市	162 822	510 170	3.13	124 286	24.36
常德市	575 217	1 666 129	2.90	641 598	38.51
市辖区	469 210	1 405 642	3.00	526 990	37.49
武陵区	189 480	530 733	2.80	390 737	73.62
鼎城区	279 730	874 909	3.13	136 253	15.57
津市市	106 007	260 487	2.46	114 608	44.00
张家界市	183 494	511 080	2.79	158 645	31.04
市辖区	183 494	511 080	2.79	158 645	31.04
永定区	165 256	458 804	2.78	132 140	28.80
武陵源区	18 238	52 276	2.87	26 505	50.70
益阳市	658 162	2 045 594	3.11	513 417	25.10
市辖区	407 938	1 314 806	3.22	339 939	25.85
资阳区	131 543	415 317	3.16	88 893	21.40
赫山区	276 395	899 489	3.25	251 046	27.91
沅江市	250 224	730 788	2.92	173 478	23.74
郴州市	380 436	1 070 499	2.81	459 457	42.92
市辖区	250 068	698 167	2.79	333 443	47.76
北湖区	126 439	338 977	2.68	190 001	56.05
苏仙区	123 629	359 190	2.91	143 442	39.93
资兴市	130 368	372 332	2.86	126 014	33.84
永州市	375 615	1 142 929	3.04	310 679	27.18
市辖区	375 615	1 142 929	3.04	310 679	27.18
芝山区	194 067	611 596	3.15	135 727	22.19
冷水滩区	181 548	531 333	2.93	174 952	32.93
怀化市	299 285	862 310	2.88	365 436	42.38
市辖区	135 920	356 671	2.62	241 060	67.59
鹤城区	135 920	356 671	2.62	241 060	67.59
洪江市	163 365	505 639	3.10	124 376	24.60

市 人 口

地 区 别	总 户 数 （户）	总 人 口 合 计	平均 每户 人数	总人口中非农业人口数	
				人 数	占总人口%
娄底市	710 443	1 958 348	2.76	637 509	32.55
市辖区	184 719	450 698	2.44	284 303	63.08
娄星区	184 719	450 698	2.44	284 303	63.08
冷水江市	143 572	359 023	2.50	186 980	52.08
涟源市	382 152	1 148 627	3.01	166 226	14.47
湘西土家族苗族自治州	96 391	293 588	3.05	128 270	43.69
吉首市	96 391	293 588	3.05	128 270	43.69
广东省	15 817 035	56 858 501	3.59	37 848 774	66.57
广州市	2 474 396	7 946 154	3.21	7 140 014	89.85
市辖区	2 079 996	6 546 788	3.15	6 546 788	100.00
荔湾区	241 200	706 470	2.93	706 470	100.00
越秀区	350 921	1 166 881	3.33	1 166 881	100.00
海珠区	318 767	937 346	2.94	937 346	100.00
天河区	206 544	745 321	3.61	745 321	100.00
白云区	266 643	806 483	3.02	806 483	100.00
黄埔区	64 422	198 462	3.08	198 462	100.00
番禺区	320 770	999 244	3.12	999 244	100.00
花都区	213 367	651 585	3.05	651 585	100.00
南沙区	47 704	152 326	3.19	152 326	100.00
萝岗区	49 658	182 670	3.68	182 670	100.00
增城市	221 752	833 611	3.76	343 321	41.18
从化市	172 648	565 755	3.28	249 905	44.17
韶关市	595 600	1 915 844	3.22	1 281 392	66.88
市辖区	305 290	920 922	3.02	920 922	100.00
武江区	84 877	252 035	2.97	252 035	100.00
浈江区	121 979	354 297	2.90	354 297	100.00
曲江区	98 434	314 590	3.20	314 590	100.00
乐昌市	159 495	526 645	3.30	241 914	45.93
南雄市	130 815	468 277	3.58	118 556	25.32
深圳市	711 174	2 459 581	3.46	2 459 581	100.00
市辖区	711 174	2 459 581	3.46	2 459 581	100.00
罗湖区	118 047	443 325	3.76	443 325	100.00
福田区	167 561	627 190	3.74	627 190	100.00
南山区	127 986	507 918	3.97	507 918	100.00
宝安区	153 623	459 007	2.99	459 007	100.00
龙岗区	131 496	379 527	2.89	379 527	100.00
盐田区	12 461	42 614	3.42	42 614	100.00
珠海市	287 398	1 026 504	3.57	1 026 504	100.00
市辖区	287 398	1 026 504	3.57	1 026 504	100.00
香洲区	159 755	556 105	3.48	556 105	100.00
斗门区	92 932	335 626	3.61	335 626	100.00
金湾区	34 711	134 773	3.88	134 773	100.00
汕头市	1 117 666	5 034 256	4.50	5 034 256	100.00
市辖区	1 117 666	5 034 256	4.50	5 034 256	100.00

市 人 口

地 区 别	总 户 数 （户）	总 人 口 合 计	平均每户人数	总人口中非农业人口数	
				人 数	占总人口%
龙湖区	104 504	387 154	3.70	387 154	100.00
金平区	208 484	747 844	3.59	747 844	100.00
濠江区	65 985	277 830	4.21	277 830	100.00
潮阳区	326 071	1 631 752	5.00	1 631 752	100.00
潮南区	231 370	1 258 953	5.44	1 258 953	100.00
澄海区	181 252	730 723	4.03	730 723	100.00
佛山市	1 104 627	3 676 325	3.33	3 676 325	100.00
市辖区	1 104 627	3 676 325	3.33	3 676 325	100.00
禅城区	186 276	603 105	3.24	603 105	100.00
南海区	374 013	1 175 075	3.14	1 175 075	100.00
顺德区	339 342	1 213 243	3.58	1 213 243	100.00
三水区	124 329	391 773	3.15	391 773	100.00
高明区	80 667	293 129	3.63	293 129	100.00
江门市	1 210 673	3 915 152	3.23	2 202 966	56.27
市辖区	440 203	1 375 667	3.13	1 375 667	100.00
蓬江区	148 142	465 896	3.14	465 896	100.00
江海区	51 820	158 143	3.05	158 143	100.00
新会区	240 241	751 628	3.13	751 628	100.00
台山市	291 487	985 863	3.38	266 271	27.01
开平市	206 122	687 189	3.33	242 599	35.30
鹤山市	109 284	365 065	3.34	144 640	39.62
恩平市	163 577	501 368	3.07	173 789	34.66
湛江市	1 557 591	5 868 137	3.77	2 488 790	42.41
市辖区	442 325	1 518 074	3.43	1 518 074	100.00
赤坎区	68 800	237 288	3.45	237 288	100.00
霞山区	129 513	388 869	3.00	388 869	100.00
坡头区	114 534	391 556	3.42	391 556	100.00
麻章区	129 478	500 361	3.86	500 361	100.00
廉江市	419 584	1 635 835	3.90	357 334	21.84
雷州市	436 559	1 631 474	3.74	305 048	18.70
吴川市	259 123	1 082 754	4.18	308 334	28.48
茂名市	1 606 520	5 943 735	3.70	2 414 600	40.62
市辖区	337 161	1 306 827	3.88	1 306 827	100.00
茂南区	230 806	818 112	3.54	818 112	100.00
茂港区	106 355	488 715	4.60	488 715	100.00
高州市	432 405	1 688 829	3.91	484 534	28.69
化州市	412 279	1 578 220	3.83	252 792	16.02
信宜市	424 675	1 369 859	3.23	370 447	27.04
肇庆市	522 850	1 696 247	3.24	833 402	49.13
市辖区	161 812	504 540	3.12	504 540	100.00
端州区	109 361	350 731	3.21	350 731	100.00
鼎湖区	52 451	153 809	2.93	153 809	100.00
高要市	214 119	751 010	3.51	114 948	15.31
四会市	146 919	440 697	3.00	213 914	48.54

市 人 口

单位：人

地 区 别	总 户 数 （户）	总 人 口 合 计	平均 每户 人数	总人口中非农业人口数	
				人 数	占总人口%
惠州市	413 414	1 290 151	3.12	1 290 151	100.00
市辖区	413 414	1 290 151	3.12	1 290 151	100.00
惠城区	254 520	854 167	3.36	854 167	100.00
惠阳区	158 894	435 984	2.74	435 984	100.00
梅州市	408 980	1 464 710	3.58	637 609	43.53
市辖区	95 851	314 861	3.28	314 861	100.00
梅江区	95 851	314 861	3.28	314 861	100.00
兴宁市	313 129	1 149 849	3.67	322 748	28.07
汕尾市	437 823	2 241 111	5.12	1 173 188	52.35
市辖区	109 468	506 172	4.62	506 172	100.00
城 区	109 468	506 172	4.62	506 172	100.00
陆丰市	328 355	1 734 939	5.28	667 016	38.45
河源市	96 426	298 324	3.09	298 324	100.00
市辖区	96 426	298 324	3.09	298 324	100.00
源城区	96 426	298 324	3.09	298 324	100.00
阳江市	509 852	1 775 538	3.48	964 903	54.34
市辖区	201 513	668 052	3.32	668 052	100.00
江城区	201 513	668 052	3.32	668 052	100.00
阳春市	308 339	1 107 486	3.59	296 851	26.80
清远市	635 978	2 267 108	3.56	932 337	41.12
市辖区	184 125	643 741	3.50	643 741	100.00
清城区	184 125	643 741	3.50	643 741	100.00
英德市	310 080	1 097 952	3.54	199 875	18.20
连州市	141 773	525 415	3.71	88 721	16.89
东莞市	521 190	1 787 288	3.43	809 571	45.30
中山市	413 790	1 478 600	3.57	784 296	53.04
潮州市	95 765	349 688	3.65	349 688	100.00
市辖区	95 765	349 688	3.65	349 688	100.00
湘桥区	95 765	349 688	3.65	349 688	100.00
揭阳市	673 292	2 951 522	4.38	1 362 459	46.16
市辖区	165 835	694 834	4.19	694 834	100.00
榕城区	165 835	694 834	4.19	694 834	100.00
普宁市	507 457	2 256 688	4.45	667 625	29.58
云浮市	422 030	1 472 526	3.49	688 418	46.75
市辖区	85 551	296 339	3.46	296 339	100.00
云城区	85 551	296 339	3.46	296 339	100.00
罗定市	336 479	1 176 187	3.50	392 079	33.33
广西壮族自治区	5 402 272	18 413 625	3.41	5 722 709	31.08
南宁市	800 301	2 671 388	3.34	1 368 922	51.24
市辖区	800 301	2 671 388	3.34	1 368 922	51.24
兴宁区	88 439	297 856	3.37	166 199	55.80
青秀区	173 781	589 830	3.39	409 317	69.40
江南区	141 204	440 659	3.12	198 745	45.10
西乡塘区	225 065	779 696	3.46	517 613	66.39

市 人 口

单位：人

地 区 别	总 户 数 （户）	总 人 口 合 计	平均 每户 人数	总人口中非农业人口数	
				人 数	占总人口%
良庆区	73 311	231 922	3.16	30 573	13.18
邕宁区	98 501	331 425	3.36	46 475	14.02
柳州市	329 362	1 038 319	3.15	887 530	85.48
市辖区	329 362	1 038 319	3.15	887 530	85.48
城中区	39 999	130 469	3.26	113 270	86.82
鱼峰区	73 588	233 127	3.17	222 100	95.27
柳南区	107 907	333 826	3.09	272 747	81.70
柳北区	107 868	340 897	3.16	279 413	81.96
桂林市	241 647	757 942	3.14	637 034	84.05
市辖区	241 647	757 942	3.14	637 034	84.05
秀峰区	36 860	110 056	2.99	92 322	83.89
叠彩区	42 806	136 486	3.19	134 465	98.52
象山区	84 631	231 120	2.73	229 620	99.35
七星区	58 798	203 116	3.45	172 302	84.83
雁山区	18 552	77 164	4.16	8 325	10.79
梧州市	422 483	1 376 017	3.26	428 852	31.17
市辖区	155 331	500 578	3.22	289 073	57.75
万秀区	50 653	161 928	3.20	103 726	64.06
蝶山区	62 321	197 289	3.17	139 571	70.74
长洲区	42 357	141 361	3.34	45 776	32.38
岑溪市	267 152	875 439	3.28	139 779	15.97
北海市	178 187	604 240	3.39	279 794	46.31
市辖区	178 187	604 240	3.39	279 794	46.31
海城区	92 321	285 500	3.09	233 640	81.84
银海区	41 954	148 228	3.53	24 864	16.77
铁山港区	43 912	170 512	3.88	21 290	12.49
防城港市	182 618	643 491	3.52	248 443	38.61
市辖区	145 137	518 607	3.57	195 549	37.71
港口区	40 080	123 284	3.08	66 401	53.86
防城区	105 057	395 323	3.76	129 148	32.67
东兴市	37 481	124 884	3.33	52 894	42.35
钦州市	328 194	1 347 928	4.11	214 393	15.91
市辖区	328 194	1 347 928	4.11	214 393	15.91
钦南区	158 089	626 826	3.97	175 069	27.93
钦北区	170 105	721 102	4.24	39 324	5.45
贵港市	1 125 872	3 680 625	3.27	453 005	12.31
市辖区	591 597	1 858 421	3.14	285 614	15.37
港北区	214 640	636 923	2.97	222 042	34.86
港南区	197 383	649 940	3.29	40 312	6.20
覃塘区	179 574	571 558	3.18	23 260	4.07
桂平市	534 275	1 822 204	3.41	167 391	9.19
玉林市	658 940	2 311 406	3.51	356 256	15.41
市辖区	278 006	978 077	3.52	219 078	22.40
玉州区	278 006	978 077	3.52	219 078	22.40

市 人 口

单位：人

地 区 别	总 户 数（户）	总 人 口 合 计	平均每户人数	总人口中非农业人口数 人　数	占总人口％
北流市	380 934	1 333 329	3.50	137 178	10.29
百色市	88 106	347 678	3.95	126 168	36.29
市辖区	88 106	347 678	3.95	126 168	36.29
右江区	88 106	347 678	3.95	126 168	36.29
贺州市	285 780	994 283	3.48	154 954	15.58
市辖区	285 780	994 283	3.48	154 954	15.58
八步区	285 780	994 283	3.48	154 954	15.58
河池市	304 624	980 032	3.22	220 303	22.48
市辖区	108 833	331 165	3.04	116 264	35.11
金城江区	108 833	331 165	3.04	116 264	35.11
宜州市	195 791	648 867	3.31	104 039	16.03
来宾市	320 452	1 191 954	3.72	226 248	18.98
市辖区	279 188	1 052 711	3.77	167 097	15.87
兴宾区	279 188	1 052 711	3.77	167 097	15.87
合山市	41 264	139 243	3.37	59 151	42.48
崇左市	135 706	468 322	3.45	120 807	25.80
市辖区	103 145	357 970	3.47	88 350	24.68
江州区	103 145	357 970	3.47	88 350	24.68
凭祥市	32 561	110 352	3.39	32 457	29.41
海南省	1 496 073	5 409 630	3.62	2 279 507	42.14
海口市	480 342	1 582 686	3.29	955 895	60.40
市辖区	480 342	1 582 686	3.29	955 895	60.40
美兰区	152 641	495 055	3.24	359 869	72.69
龙华区	132 521	430 634	3.25	302 286	70.20
秀英区	83 539	275 875	3.30	95 832	34.74
琼山区	111 641	381 122	3.41	197 908	51.93
三亚市	137 124	557 054	4.06	282 104	50.64
市辖区	137 124	557 054	4.06	282 104	50.64
三亚区	137 124	557 054	4.06	282 104	50.64
省直辖行政单位	878 607	3 269 890	3.72	1 041 508	31.85
五指山市	36 796	114 075	3.10	55 368	48.54
琼海市	142 950	488 333	3.42	150 072	30.73
儋州市	236 465	1 054 816	4.46	416 167	39.45
文昌市	161 940	576 774	3.56	124 517	21.59
万宁市	180 684	601 012	3.33	181 248	30.16
东方市	119 772	434 880	3.63	114 136	26.25
重庆市	5 615 636	15 427 585	2.75	6 615 847	42.88
市辖区	5 615 636	15 427 585	2.75	6 615 847	42.88
万州区	612 175	1 728 189	2.82	546 044	31.60
涪陵区	410 345	1 145 105	2.79	351 734	30.72
渝中区	231 398	585 018	2.53	585 018	100.00
大渡口区	97 484	232 667	2.39	189 322	81.37
江北区	215 945	535 390	2.48	472 551	88.26
沙坪坝区	262 768	766 951	2.92	593 302	77.36

市 人 口

地 区 别	总 户 数 （户）	总 人 口 合 计	平均每户人数	总人口中非农业人口数	
				人 数	占总人口％
九龙坡区	311 849	806 158	2.59	599 728	74.39
南岸区	209 931	583 689	2.78	489 487	83.86
北碚区	239 809	635 817	2.65	312 398	49.13
万盛区	90 906	269 031	2.96	134 570	50.02
双桥区	19 217	50 060	2.60	31 097	62.12
渝北区	382 240	984 758	2.58	483 951	49.14
巴南区	329 892	874 977	2.65	298 513	34.12
黔江区	180 988	526 783	2.91	117 206	22.25
长寿区	334 504	901 007	2.69	226 678	25.16
江津区	567 595	1 491 625	2.63	413 331	27.71
合川区	536 341	1 542 701	2.88	342 738	22.22
永川区	361 491	1 103 438	3.05	303 931	27.54
南川区	220 758	664 221	3.01	124 248	18.71
四川省	11 638 712	33 362 040	2.87	13 347 591	40.01
成都市	2 894 030	7 955 586	2.75	4 954 425	62.28
市辖区	1 901 369	5 208 580	2.74	4 167 808	80.02
锦江区	148 675	411 414	2.77	411 414	100.00
青羊区	187 931	553 995	2.95	553 995	100.00
金牛区	259 876	711 736	2.74	711 736	100.00
武侯区	296 192	862 218	2.91	862 218	100.00
成华区	234 850	632 135	2.69	632 135	100.00
龙泉驿区	207 751	588 043	2.83	233 113	39.64
青白江区	159 152	408 594	2.57	144 555	35.38
新都区	260 845	675 545	2.59	333 533	49.37
温江区	146 097	364 900	2.50	285 109	78.13
都江堰市	235 264	609 578	2.59	167 313	27.45
彭州市	283 976	803 368	2.83	256 362	31.91
邛崃市	225 650	659 966	2.92	187 562	28.42
崇州市	247 771	674 094	2.72	175 380	26.02
自贡市	495 321	1 505 800	3.04	641 094	42.57
市辖区	495 321	1 505 800	3.04	641 094	42.57
自流井区	116 611	354 862	3.04	284 381	80.14
贡井区	103 942	298 277	2.87	101 406	34.00
大安区	156 791	459 766	2.93	173 178	37.67
沿滩区	117 977	392 895	3.33	82 129	20.90
攀枝花市	217 057	692 029	3.19	537 283	77.64
市辖区	217 057	692 029	3.19	537 283	77.64
东区	96 578	319 245	3.31	309 862	97.06
西区	53 980	155 234	2.88	144 752	93.25
仁和区	66 499	217 550	3.27	82 669	38.00
泸州市	440 621	1 455 341	3.30	490 269	33.69
市辖区	440 621	1 455 341	3.30	490 269	33.69
江阳区	187 814	630 042	3.35	261 828	41.56

市 人 口

单位：人

地 区 别	总 户 数（户）	总 人 口 合 计	平均每户人数	总人口中非农业人口数 人 数	占总人口%
纳溪区	149 662	482 886	3.23	92 120	19.08
龙马潭区	103 145	342 413	3.32	136 321	39.81
德阳市	845 874	2 208 660	2.61	769 757	34.85
市辖区	254 622	658 471	2.59	363 089	55.14
旌阳区	254 622	658 471	2.59	363 089	55.14
广汉市	212 713	600 566	2.82	186 981	31.13
什邡市	159 998	434 898	2.72	97 167	22.34
绵竹市	218 541	514 725	2.36	122 520	23.80
绵阳市	757 875	2 109 861	2.78	910 988	43.18
市辖区	442 787	1 223 139	2.76	660 430	53.99
涪城区	243 854	672 199	2.76	469 396	69.83
游仙区	198 933	550 940	2.77	191 034	34.67
江油市	315 088	886 722	2.81	250 558	28.26
广元市	323 112	932 371	2.89	321 729	34.51
市辖区	323 112	932 371	2.89	321 729	34.51
市中区	189 174	479 188	2.53	284 121	59.29
元坝区	73 412	241 326	3.29	22 880	9.48
朝天区	60 526	211 857	3.50	14 728	6.95
遂宁市	509 036	1 508 219	2.96	391 890	25.98
市辖区	509 036	1 508 219	2.96	391 890	25.98
船山区	264 130	689 853	2.61	336 691	48.81
安居区	244 906	818 366	3.34	55 199	6.75
内江市	468 571	1 417 205	3.02	357 319	25.21
市辖区	468 571	1 417 205	3.02	357 319	25.21
市中区	180 615	536 946	2.97	227 161	42.31
东兴区	287 956	880 259	3.06	130 158	14.79
乐山市	580 701	1 585 053	2.73	652 007	41.13
市辖区	427 752	1 150 199	2.69	485 598	42.22
市中区	207 950	582 038	2.80	276 406	47.49
沙湾区	72 825	194 253	2.67	67 977	34.99
五通桥区	127 639	320 537	2.51	127 589	39.80
金口河区	19 338	53 371	2.76	13 626	25.53
峨眉山市	152 949	434 854	2.84	166 409	38.27
南充市	949 132	2 816 746	2.97	838 941	29.78
市辖区	633 098	1 933 490	3.05	619 853	32.06
顺庆区	221 665	640 891	2.89	368 124	57.44
高坪区	189 395	591 131	3.12	152 269	25.76
嘉陵区	222 038	701 468	3.16	99 460	14.18
阆中市	316 034	883 256	2.79	219 088	24.80
眉山市	318 044	855 038	2.69	320 397	37.47
市辖区	318 044	855 038	2.69	320 397	37.47
东坡区	318 044	855 038	2.69	320 397	37.47
宜宾市	259 192	800 349	3.09	368 978	46.10
市辖区	259 192	800 349	3.09	368 978	46.10

市 人 口

单位：人

地 区 别	总 户 数 （户）	总 人 口 合 计	平均 每户 人数	总人口中非农业人口数	
				人　数	占总人口％
翠屏区	259 192	800 349	3.09	368 978	46.10
广安市	529 248	1 619 494	3.06	362 255	22.37
市辖区	397 430	1 260 965	3.17	260 383	20.65
广安区	397 430	1 260 965	3.17	260 383	20.65
华蓥市	131 818	358 529	2.72	101 872	28.41
达州市	375 112	1 024 582	2.73	362 269	35.36
市辖区	180 213	420 839	2.34	264 255	62.79
通川区	180 213	420 839	2.34	264 255	62.79
万源市	194 899	603 743	3.10	98 014	16.23
雅安市	123 994	351 949	2.84	157 991	44.89
市辖区	123 994	351 949	2.84	157 991	44.89
雨城区	123 994	351 949	2.84	157 991	44.89
巴中市	434 950	1 366 456	3.14	266 202	19.48
市辖区	434 950	1 366 456	3.14	266 202	19.48
巴州区	434 950	1 366 456	3.14	266 202	19.48
资阳市	908 380	2 543 416	2.80	445 448	17.51
市辖区	446 085	1 086 517	2.44	213 452	19.65
雁江区	446 085	1 086 517	2.44	213 452	19.65
简阳市	462 295	1 456 899	3.15	231 996	15.92
凉山彝族自治州	208 462	613 885	2.94	198 349	32.31
西昌市	208 462	613 885	2.94	198 349	32.31
贵州省	2 915 079	10 350 844	3.55	3 835 796	37.06
贵阳市	783 287	2 691 725	3.44	1 687 909	62.71
市辖区	634 402	2 187 951	3.45	1 581 602	72.29
南明区	166 506	562 524	3.38	505 511	89.86
云岩区	198 025	648 405	3.27	598 120	92.24
花溪区	75 779	324 479	4.28	105 420	32.49
乌当区	91 488	297 005	3.25	111 108	37.41
白云区	54 885	202 376	3.69	132 821	65.63
小河区	47 719	153 162	3.21	128 622	83.98
清镇市	148 885	503 774	3.38	106 307	21.10
六盘水市	304 070	1 135 643	3.73	450 499	39.67
市辖区	304 070	1 135 643	3.73	450 499	39.67
钟山区	125 948	477 425	3.79	314 083	65.79
六枝特区	178 122	658 218	3.70	136 416	20.73
遵义市	533 620	1 800 914	3.37	596 505	33.12
市辖区	275 221	850 310	3.09	431 653	50.76
红花岗区	166 409	502 384	3.02	292 431	58.21
汇川区	108 812	347 926	3.20	139 222	40.01
赤水市	96 752	301 780	3.12	72 433	24.00
仁怀市	161 647	648 824	4.01	92 419	14.24
安顺市	237 361	847 015	3.57	222 860	26.31
市辖区	237 361	847 015	3.57	222 860	26.31
西秀区	237 361	847 015	3.57	222 860	26.31

市 人 口

单位：人

地 区 别	总 户 数 （户）	总 人 口 合 计	平均 每户 人数	总人口中非农业人口数	
				人 数	占总人口%
铜仁地区	109 050	377 057	3.46	133 501	35.41
铜仁市	109 050	377 057	3.46	133 501	35.41
黔西南州	213 765	796 343	3.73	146 731	18.43
兴义市	213 765	796 343	3.73	146 731	18.43
毕节地区	350 168	1 415 638	4.04	184 367	13.02
毕节市	350 168	1 415 638	4.04	184 367	13.02
黔东南苗族侗族自治州	131 368	485 228	3.69	180 108	37.12
凯里市	131 368	485 228	3.69	180 108	37.12
黔南布依族苗族自治州	252 390	801 281	3.17	233 316	29.12
都匀市	141 967	481 356	3.39	170 750	35.47
福泉市	110 423	319 925	2.90	62 566	19.56
云南省	3 330 280	10 382 750	3.12	3 959 065	38.13
昆明市	1 016 530	2 769 268	2.72	1 966 236	71.00
市辖区	909 664	2 502 374	2.75	1 825 675	72.96
五华区	221 931	656 833	2.96	603 864	91.94
盘龙区	176 649	509 406	2.88	402 453	79.00
官渡区	203 736	527 762	2.59	355 993	67.45
西山区	208 756	494 512	2.37	390 085	78.88
东川区	98 592	313 861	3.18	73 280	23.35
安宁市	106 866	266 894	2.50	140 561	52.67
曲靖市	665 926	2 153 708	3.23	399 992	18.57
市辖区	231 977	694 738	2.99	255 801	36.82
麒麟区	231 977	694 738	2.99	255 801	36.82
宣威市	433 949	1 458 970	3.36	144 191	9.88
玉溪市	149 025	420 553	2.82	141 356	33.61
市辖区	149 025	420 553	2.82	141 356	33.61
红塔区	149 025	420 553	2.82	141 356	33.61
保山市	242 242	890 491	3.68	130 709	14.68
市辖区	242 242	890 491	3.68	130 709	14.68
隆阳区	242 242	890 491	3.68	130 709	14.68
昭通市	245 110	816 883	3.33	122 091	14.95
市辖区	245 110	816 883	3.33	122 091	14.95
昭阳区	245 110	816 883	3.33	122 091	14.95
丽江市	44 804	153 314	3.42	68 434	44.64
市辖区	44 804	153 314	3.42	68 434	44.64
古城区	44 804	153 314	3.42	68 434	44.64
普洱市	68 438	217 584	3.18	92 452	42.49
市辖区	68 438	217 584	3.18	92 452	42.49
思茅区	68 438	217 584	3.18	92 452	42.49
临沧市	83 002	294 549	3.55	58 120	19.73
市辖区	83 002	294 549	3.55	58 120	19.73
临翔区	83 002	294 549	3.55	58 120	19.73
楚雄彝族自治州	157 510	509 514	3.23	155 134	30.45
楚雄市	157 510	509 514	3.23	155 134	30.45

市 人 口

地 区 别	总 户 数（户）	总 人 口合 计	平均每户人数	总人口中非农业人口数	
				人 数	占总人口％
红河哈尼族彝族自治州	221 482	661 060	2.98	323 788	48.98
个旧市	132 759	391 073	2.95	216 354	55.32
开远市	88 723	269 987	3.04	107 434	39.79
西双版纳傣族自治州	119 299	396 256	3.32	158 967	40.12
景洪市	119 299	396 256	3.32	158 967	40.12
大理白族自治州	187 549	615 728	3.28	214 640	34.86
大理市	187 549	615 728	3.28	214 640	34.86
德宏傣族景颇族自治州	129 363	483 842	3.74	127 146	26.28
瑞丽市	38 579	123 687	3.21	47 241	38.19
潞西市	90 784	360 155	3.97	79 905	22.19
西藏自治区	109 387	324 207	2.96	228 993	70.63
拉萨市	82 229	216 676	2.64	188 727	87.10
市辖区	82 229	216 676	2.64	188 727	87.10
城关区	82 229	216 676	2.64	188 727	87.10
日喀则地区	27 158	107 531	3.96	40 266	37.45
日喀则市	27 158	107 531	3.96	40 266	37.45
陕西省	4 263 280	14 150 104	3.32	7 211 128	50.96
西安市	1 606 357	5 615 760	3.50	3 410 211	60.73
市辖区	1 606 357	5 615 760	3.50	3 410 211	60.73
新城区	164 039	503 282	3.07	503 282	100.00
碑林区	200 321	748 465	3.74	748 465	100.00
莲湖区	210 534	638 537	3.03	638 537	100.00
灞桥区	157 656	505 306	3.21	230 278	45.57
未央区	153 299	500 409	3.26	317 250	63.40
雁塔区	202 887	789 390	3.89	627 761	79.52
阎良区	70 653	252 318	3.57	87 995	34.87
临潼区	186 755	702 484	3.76	117 766	16.76
长安区	260 213	975 569	3.75	138 877	14.24
铜川市	241 056	757 190	3.14	395 675	52.26
市辖区	241 056	757 190	3.14	395 675	52.26
王益区	72 282	209 239	2.89	170 159	81.32
印台区	70 396	230 437	3.27	141 022	61.20
耀州区	98 378	317 514	3.23	84 494	26.61
宝鸡市	421 368	1 413 718	3.36	848 499	60.02
市辖区	421 368	1 413 718	3.36	848 499	60.02
渭滨区	139 189	434 476	3.12	434 476	100.00
金台区	123 094	378 540	3.08	288 145	76.12
陈仓区	159 085	600 702	3.78	125 878	20.96
咸阳市	465 744	1 676 500	3.60	749 644	44.71
市辖区	308 053	1 087 193	3.53	625 321	57.52
秦都区	143 192	486 243	3.40	309 090	63.57
杨陵区	46 202	190 175	4.12	62 053	32.63
渭城区	118 659	410 775	3.46	254 178	61.88
兴平市	157 691	589 307	3.74	124 323	21.10

市 人 口

単位：人

地 区 别	总 户 数（户）	总 人 口合 计	平均每户人数	总人口中非农业人口数	
				人 数	占总人口％
渭南市	519 041	1 628 484	3.14	740 816	45.49
市辖区	312 107	967 696	3.10	391 724	40.48
临渭区	312 107	967 696	3.10	391 724	40.48
韩城市	123 449	396 370	3.21	202 161	51.00
华阴市	83 485	264 418	3.17	146 931	55.57
延安市	167 729	448 736	2.68	221 386	49.34
市辖区	167 729	448 736	2.68	221 386	49.34
宝塔区	167 729	448 736	2.68	221 386	49.34
汉中市	193 443	552 638	2.86	257 128	46.53
市辖区	193 443	552 638	2.86	257 128	46.53
汉台区	193 443	552 638	2.86	257 128	46.53
榆林市	187 339	509 284	2.72	182 512	35.84
市辖区	187 339	509 284	2.72	182 512	35.84
榆阳区	187 339	509 284	2.72	182 512	35.84
安康市	312 954	998 900	3.19	219 172	21.94
市辖区	312 954	998 900	3.19	219 172	21.94
汉滨区	312 954	998 900	3.19	219 172	21.94
商洛市	148 249	548 894	3.70	186 085	33.90
市辖区	148 249	548 894	3.70	186 085	33.90
商州区	148 249	548 894	3.70	186 085	33.90
甘肃省	2 615 766	8 716 497	3.33	4 505 915	51.69
兰州市	665 138	2 104 696	3.16	1 879 858	89.32
市辖区	665 138	2 104 696	3.16	1 879 858	89.32
城关区	294 800	931 536	3.16	917 896	98.54
七里河区	151 569	473 464	3.12	388 751	82.11
西固区	111 105	331 837	2.99	272 379	82.08
安宁区	59 124	226 774	3.84	207 590	91.54
红古区	48 540	141 085	2.91	93 242	66.09
嘉峪关市	59 466	187 343	3.15	166 492	88.87
市辖区	59 466	187 343	3.15	166 492	88.87
嘉峪关区	59 466	187 343	3.15	166 492	88.87
金昌市	73 224	202 906	2.77	156 163	76.96
市辖区	73 224	202 906	2.77	156 163	76.96
金川区	73 224	202 906	2.77	156 163	76.96
白银市	158 045	496 606	3.14	318 412	64.12
市辖区	158 045	496 606	3.14	318 412	64.12
白银区	95 252	287 097	3.01	210 848	73.44
平川区	62 793	209 509	3.34	107 564	51.34
天水市	359 207	1 285 368	3.58	633 758	49.31
市辖区	359 207	1 285 368	3.58	633 758	49.31
秦州区	187 458	674 081	3.60	332 575	49.34
麦积区	171 749	611 287	3.56	301 183	49.27
武威市	280 737	1 015 002	3.62	222 317	21.90
市辖区	280 737	1 015 002	3.62	222 317	21.90

市 人 口

单位：人

地 区 别	总 户 数（户）	总 人 口合 计	平均每户人数	总人口中非农业人口数	
				人 数	占总人口%
凉州区	280 737	1 015 002	3.62	222 317	21.90
张掖市	163 157	518 658	3.18	191 076	36.84
市辖区	163 157	518 658	3.18	191 076	36.84
甘州区	163 157	518 658	3.18	191 076	36.84
平凉市	157 882	506 627	3.21	166 306	32.83
市辖区	157 882	506 627	3.21	166 306	32.83
崆峒区	157 882	506 627	3.21	166 306	32.83
酒泉市	219 849	679 605	3.09	264 696	38.95
市辖区	125 414	401 191	3.20	175 126	43.65
肃州区	125 414	401 191	3.20	175 126	43.65
玉门市	46 102	136 913	2.97	49 287	36.00
敦煌市	48 333	141 501	2.93	40 283	28.47
庆阳市	104 713	355 717	3.40	104 825	29.47
市辖区	104 713	355 717	3.40	104 825	29.47
西峰区	104 713	355 717	3.40	104 825	29.47
定西市	119 206	467 262	3.92	90 431	19.35
市辖区	119 206	467 262	3.92	90 431	19.35
安宁区	119 206	467 262	3.92	90 431	19.35
陇南市	161 027	577 101	3.58	131 504	22.79
市辖区	161 027	577 101	3.58	131 504	22.79
武都区	161 027	577 101	3.58	131 504	22.79
临夏回族自治州	67 067	227 690	3.39	124 440	54.65
临夏市	67 067	227 690	3.39	124 440	54.65
甘南藏族自治州	27 048	91 916	3.40	55 637	60.53
合作市	27 048	91 916	3.40	55 637	60.53
青海省	345 566	1 083 227	3.13	876 941	80.96
西宁市	274 135	890 019	3.25	738 164	82.94
市辖区	274 135	890 019	3.25	738 164	82.94
城东区	74 274	241 281	3.25	208 097	86.25
城中区	72 723	229 276	3.15	189 609	82.70
城西区	62 052	207 457	3.34	188 584	90.90
城北区	65 086	212 005	3.26	151 874	71.64
海西州	71 431	193 208	2.70	138 777	71.83
格尔木市	46 307	121 278	2.62	96 014	79.17
德令哈市	25 124	71 930	2.86	42 763	59.45
宁夏回族自治区	1 019 939	3 089 777	3.03	1 777 389	57.52
银川市	395 177	1 151 331	2.91	898 303	78.02
市辖区	309 758	914 247	2.95	788 198	86.21
兴庆区	172 011	496 993	2.89	441 443	88.82
西夏区	71 522	233 251	3.26	203 520	87.25
金凤区	66 225	184 003	2.78	143 235	77.84
灵武市	85 419	237 084	2.78	110 105	46.44
石嘴山市	155 206	454 295	2.93	367 315	80.85
市辖区	155 206	454 295	2.93	367 315	80.85

市 人 口

地 区 别	总 户 数（户）	总 人 口 合 计	平均每户人数	总人口中非农业人口数	
				人 数	占总人口%
大武口区	85 358	262 698	3.08	229 930	87.53
惠农区	69 848	191 597	2.74	137 385	71.71
吴忠市	209 126	651 203	3.11	259 091	39.79
市辖区	115 474	381 100	3.30	180 758	47.43
利通区	115 474	381 100	3.30	180 758	47.43
青铜峡市	93 652	270 103	2.88	78 333	29.00
固原市	133 792	440 568	3.29	114 870	26.07
市辖区	133 792	440 568	3.29	114 870	26.07
原州区	133 792	440 568	3.29	114 870	26.07
中卫市	126 638	392 380	3.10	137 810	35.12
市辖区	126 638	392 380	3.10	137 810	35.12
城区	126 638	392 380	3.10	137 810	35.12
新疆维吾尔自治区	2 776 149	8 557 139	3.08	5 766 235	67.39
乌鲁木齐市	753 617	2 318 846	3.08	1 755 403	75.70
市辖区	753 617	2 318 846	3.08	1 755 403	75.70
天山区	171 421	550 116	3.21	457 220	83.11
沙依巴克区	173 938	524 875	3.02	438 714	83.58
新市区	164 073	518 241	3.16	391 811	75.60
水磨沟区	90 373	262 527	2.90	179 302	68.30
头屯河区	49 427	137 401	2.78	118 247	86.06
达坂城区	15 140	45 807	3.03	19 658	42.91
米东区	89 245	279 879	3.14	150 451	53.76
克拉玛依市	**102 098**	**276 087**	**2.70**	**271 819**	**98.45**
市辖区	102 098	276 087	2.70	271 819	98.45
独山子区	19 865	54 923	2.76	54 866	99.90
克拉玛依区	64 993	174 121	2.68	171 780	98.66
白碱滩区	16 432	44 807	2.73	44 441	99.18
乌尔禾区	808	2 236	2.77	732	32.74
吐鲁番地区	77 256	274 491	3.55	86 613	31.55
吐鲁番市	77 256	274 491	3.55	86 613	31.55
哈密地区	148 580	443 266	2.98	295 185	66.59
哈密市	148 580	443 266	2.98	295 185	66.59
昌吉回族自治州	188 077	551 238	2.93	326 544	59.24
昌吉市	129 074	383 241	2.97	230 816	60.23
阜康市	59 003	167 997	2.85	95 728	56.98
博尔塔拉蒙古自治州	91 645	261 026	2.85	159 505	61.11
博乐市	91 645	261 026	2.85	159 505	61.11
巴音郭楞蒙古自治州	181 700	513 672	2.83	319 480	62.20
库尔勒市	181 700	513 672	2.83	319 480	62.20
阿克苏地区	137 063	476 437	3.48	256 127	53.76
阿克苏市	137 063	476 437	3.48	256 127	53.76
克孜勒苏柯尔克孜自治州	55 149	240 567	4.36	79 356	32.99
阿图什市	55 149	240 567	4.36	79 356	32.99
喀什地区	131 225	458 949	3.50	270 444	58.93

市 人 口

单位：人

地 区 别	总 户 数 （户）	总 人 口 合 计	平均 每户 人数	总人口中非农业人口数	
				人　数	占总人口%
喀什市	131 225	458 949	3.50	270 444	58.93
和田地区	79 934	295 048	3.69	128 159	43.44
和田市	79 934	295 048	3.69	128 159	43.44
伊犁哈萨克自治州	254 971	768 771	3.02	589 151	76.64
奎屯市	111 043	309 599	2.79	277 406	89.60
伊宁市	143 928	459 172	3.19	311 745	67.89
塔城地区	125 690	390 718	3.11	184 875	47.32
塔城市	54 546	167 207	3.07	105 710	63.22
乌苏市	71 144	223 511	3.14	79 165	35.42
阿勒泰地区	72 348	232 803	3.22	151 171	64.94
阿勒泰市	72 348	232 803	3.22	151 171	64.94
直辖行政单位	376 796	1 055 220	2.80	892 403	84.57
石河子市	231 811	635 230	2.74	548 543	86.35
阿拉尔市	65 282	176 882	2.71	118 223	66.84
图木舒克市	44 779	152 833	3.41	138 605	90.69
五家渠市	34 924	90 275	2.58	87 032	96.41

全 国 市 按 人 口 数 分 组

单位：人

地 区 别	市数合计	400万以上	200万至400万	100万至200万	80万至100万	50万至80万	30万至50万	10万至30万	10万以下
全国	655	13	29	149	89	192	110	65	8
北京市	1	1	—	—	—	—	—	—	—
天津市	1	1	—	—	—	—	—	—	—
河北省	33	—	2	3	5	16	7	—	—
山西省	22	—	1	1	1	6	9	4	—
内蒙古自治区	20	—	—	3	1	1	6	5	4
辽宁省	31	1	1	4	6	17	1	1	—
吉林省	28	—	1	3	1	8	9	6	—
黑龙江省	30	1	—	2	8	7	8	3	1
上海市	1	1	—	—	—	—	—	—	—
江苏省	40	1	4	17	6	10	1	1	—
浙江省	33	1	1	10	4	13	3	1	—
安徽省	22	—	2	5	4	8	3	—	—
福建省	23	—	1	6	1	5	7	3	—
江西省	21	—	1	3	5	6	4	2	—
山东省	48	—	4	17	9	17	1	—	—
河南省	38	—	1	14	6	11	4	2	—
湖北省	36	1	1	11	6	13	4	—	—
湖南省	29	—	1	8	4	9	4	3	—
广东省	44	2	3	16	5	12	4	2	—
广西壮族自治区	21	—	1	6	3	5	3	3	—
海南省	8	—	—	2	—	3	2	1	—
重庆市	1	1	—	—	—	—	—	—	—
四川省	32	1	—	11	6	9	5	—	—
贵州省	13	—	1	2	2	3	5	—	—
云南省	17	—	1	1	2	3	4	6	—
西藏自治区	2	—	—	—	—	—	—	2	—
陕西省	13	1	—	2	2	5	2	1	—
甘肃省	16	—	1	2	—	3	4	5	1
青海省	3	—	—	—	1	—	1	1	1
宁夏回族自治区	7	—	—	—	—	1	4	2	—
新疆维吾尔自治区	21	—	1	—	—	2	6	11	1

全国市按非农业人口数分组

单位：人

地 区 别	市数合计	400万以上	200万至400万	100万至200万	80万至100万	50万至80万	30万至50万	10万至30万	10万以下
全国	655	10	14	35	19	73	118	327	59
北京市	1	1	—	—	—	—	—	—	—
天津市	1	1	—	—	—	—	—	—	—
河北省	33	—	1	2	2	4	3	15	6
山西省	22	—	1	1	—	2	2	12	4
内蒙古自治区	20	—	—	1	1	1	3	9	5
辽宁省	31	1	1	2	1	7	3	15	1
吉林省	28	—	1	1	—	1	6	18	1
黑龙江省	30	—	1	2	—	5	3	18	1
上海市	1	1	—	—	—	—	—	—	—
江苏省	40	1	2	4	4	5	12	11	1
浙江省	33	—	1	1	—	1	5	22	3
安徽省	22	—	—	2	2	3	4	10	1
福建省	23	—	—	2	—	1	6	11	3
江西省	21	—	—	1	—	1	6	12	1
山东省	48	—	2	4	1	8	18	15	—
河南省	38	—	1	1	1	6	6	21	2
湖北省	36	1	—	—	2	4	10	19	—
湖南省	29	—	—	1	—	5	4	18	1
广东省	44	2	2	5	2	8	10	14	1
广西壮族自治区	21	—	—	1	1	1	—	14	4
海南省	8	—	—	—	1	—	1	5	1
重庆市	1	1	—	—	—	—	—	—	—
四川省	32	1	—	—	—	4	8	17	2
贵州省	13	—	—	1	—	—	2	7	3
云南省	17	—	—	1	—	—	—	11	5
西藏自治区	2	—	—	—	—	—	—	1	1
陕西省	13	—	1	—	1	2	2	7	—
甘肃省	16	—	—	1	—	1	1	9	4
青海省	3	—	—	—	—	1	—	—	2
宁夏回族自治区	7	—	—	—	—	1	1	4	1
新疆维吾尔自治区	21	—	—	1	—	1	2	12	5

市 总 人 口 分 组 一 览 表

单位：人

组　　别	城市个数	城市名称	人　数	组　　别	城市个数	城市名称	人　数
全国	655		630 991 658			阜阳市	2 042 341
400万以上	13		98 967 710	100万—200万	149		199 370 770
		重庆市	15 427 585			临沂市	1 994 565
		上海市	13 316 773			南充市	1 933 490
		北京市	11 762 809			徐州市	1 917 802
		武汉市	8 355 473			福州市	1 873 340
		天津市	8 076 463			贵港市	1 858 421
		广州市	6 546 788			南阳市	1 853 204
		西安市	5 615 760			六安市	1 851 452
		南京市	5 459 758			宿州市	1 838 627
		成都市	5 208 580			吉林市	1 835 712
		沈阳市	5 122 311			桂平市	1 822 204
		汕头市	5 034 256			潍坊市	1 812 453
		哈尔滨市	4 746 801			烟台市	1 792 426
		杭州市	4 294 353			东莞市	1 787 288
200万—400万	29		74 349 937			厦门市	1 769 983
		佛山市	3 676 325			陆丰市	1 734 939
		长春市	3 623 220			商丘市	1 731 959
		济南市	3 482 427			邳州市	1 719 330
		唐山市	3 069 973			邓州市	1 710 639
		大连市	3 020 097			高州市	1 688 829
		太原市	2 851 598			淮南市	1 675 823
		郑州市	2 850 050			滕州市	1 672 028
		淄博市	2 787 717			天门市	1 655 095
		青岛市	2 754 745			廉江市	1 635 835
		淮安市	2 745 223			随州市	1 635 062
		南宁市	2 671 388			雷州市	1 631 474
		昆明市	2 502 374			盐城市	1 625 541
		深圳市	2 459 581			洛阳市	1 600 689
		石家庄市	2 427 832			亳州市	1 595 240
		长沙市	2 421 523			宿迁市	1 595 210
		苏州市	2 402 061			泰安市	1 592 536
		无锡市	2 381 121			海口市	1 582 686
		乌鲁木齐市	2 318 846			化州市	1 578 220
		常州市	2 266 727			兴化市	1 559 423
		普宁市	2 256 688			大同市	1 546 932
		宁波市	2 218 263			台州市	1 537 696
		襄樊市	2 217 462			湛江市	1 518 074
		南昌市	2 198 253			仙桃市	1 517 641
		枣庄市	2 195 910			遂宁市	1 508 219
		贵阳市	2 187 951			自贡市	1 505 800
		莆田市	2 129 771			南安市	1 501 315
		兰州市	2 104 696			包头市	1 500 583
		合肥市	2 085 774			菏泽市	1 495 987

市 总 人 口 分 组 一 览 表

单位：人

组　别	城市个数	城市名称	人　数	组　别	城市个数	城市名称	人　数
		永城市	1 489 459			定州市	1 205 783
		中山市	1 478 600			江阴市	1 203 516
		邯郸市	1 473 999			泰兴市	1 197 181
		鞍山市	1 472 444			呼和浩特市	1 187 869
		宣威市	1 458 970			扬州市	1 187 647
		信阳市	1 457 516			瑞安市	1 187 484
		简阳市	1 456 899			温岭市	1 184 510
		泸州市	1 455 341			麻城市	1 179 902
		温州市	1 447 681			罗定市	1 176 187
		齐齐哈尔市	1 419 869			临海市	1 154 735
		内江市	1 417 205			乐山市	1 150 199
		毕节市	1 415 638			兴宁市	1 149 849
		宝鸡市	1 413 718			涟源市	1 148 627
		如皋市	1 407 203			邹城市	1 147 664
		常德市	1 405 642			海城市	1 146 911
		浏阳市	1 393 501			永州市	1 142 929
		漯河市	1 391 727			东台市	1 137 710
		抚顺市	1 390 526			荆州市	1 135 786
		新泰市	1 384 094			六盘水市	1 135 643
		平度市	1 375 751			即墨市	1 126 082
		江门市	1 375 667			汉川市	1 120 888
		信宜市	1 369 859			枣阳市	1 118 562
		巴中市	1 366 456			启东市	1 115 791
		丰城市	1 361 213			抚州市	1 111 131
		钦州市	1 347 928			济宁市	1 110 311
		北流市	1 333 329			阳春市	1 107 486
		耒阳市	1 329 135			英德市	1 097 952
		大庆市	1 325 311			淮北市	1 090 231
		益阳市	1 314 806			公主岭市	1 087 617
		项城市	1 310 270			咸阳市	1 087 193
		茂名市	1 306 827			资阳市	1 086 517
		榆树市	1 296 962			湖州市	1 085 624
		惠州市	1 290 151			吴川市	1 082 754
		天水市	1 285 368			鄂州市	1 075 512
		莱芜市	1 263 761			安阳市	1 075 300
		广安市	1 260 965			岳阳市	1 075 148
		禹州市	1 256 898			诸城市	1 073 947
		福清市	1 251 762			宜兴市	1 071 837
		宜昌市	1 247 944			诸暨市	1 066 744
		通州市	1 241 628			常熟市	1 066 417
		日照市	1 228 263			江都市	1 065 908
		乐清市	1 224 879			保定市	1 062 471
		绵阳市	1 223 139			晋江市	1 056 929
		赤峰市	1 214 412			儋州市	1 054 816

市 总 人 口 分 组 一 览 表

单位：人

组　　别	城市个数	城市名称	人　　数	组　　别	城市个数	城市名称	人　　数
		来宾市	1 052 711			常宁市	910 393
		聊城市	1 050 238			青州市	908 882
		钟祥市	1 047 875			庄河市	908 440
		醴陵市	1 045 496			张家港市	900 132
		林州市	1 044 933			绥化市	899 088
		汝州市	1 044 007			芜湖市	898 436
		宜春市	1 042 230			张家口市	896 501
		柳州市	1 038 319			营口市	892 791
		慈溪市	1 035 224			保山市	890 491
		寿光市	1 032 783			西宁市	890 019
		泉州市	1 029 421			连云港市	886 862
		珠海市	1 026 504			江油市	886 722
		瓦房店市	1 026 189			巢湖市	886 426
		新沂市	1 019 538			阆中市	883 256
		平顶山市	1 018 553			利川市	882 600
		潜江市	1 016 254			鸡西市	880 960
		武威市	1 015 002			莱阳市	876 068
		新乡市	1 013 951			岑溪市	875 439
		章丘市	1 011 754			南通市	873 797
80万—100万	89		78 002 179			新密市	866 303
		安康市	998 900			乐平市	861 330
		海门市	998 376			莱州市	859 128
		贺州市	994 283			偃师市	858 891
		葫芦岛市	991 824			宣城市	857 615
		台山市	985 863			高密市	857 129
		五常市	984 590			眉山市	855 038
		玉林市	978 077			开封市	853 832
		肥城市	975 078			松滋市	850 684
		衡阳市	968 913			遵义市	850 310
		渭南市	967 696			萍乡市	849 688
		本溪市	955 409			海伦市	847 559
		孝感市	948 596			安顺市	847 015
		广水市	942 684			新余市	840 920
		安丘市	938 855			胶南市	837 359
		大冶市	937 674			焦作市	835 170
		肇东市	934 895			德惠市	834 148
		锦州市	933 762			增城市	833 611
		广元市	932 371			临汾市	833 007
		洪湖市	931 628			东营市	832 791
		金华市	927 045			余姚市	832 456
		蚌埠市	925 155			通辽市	832 039
		韶关市	920 922			嘉兴市	831 207
		湘乡市	920 723			秦皇岛市	826 264
		银川市	914 247			任丘市	824 377

市 总 人 口 分 组 一 览 表

单位：人

组　　别	城市个数	城市名称	人　数	组　　别	城市个数	城市名称	人　数
		佳木斯市	822 038			汨罗市	746 674
		衢州市	821 815			讷河市	740 988
		双城市	821 660			安庆市	739 603
		泰州市	820 821			莱西市	734 897
		高安市	820 521			嵊州市	733 668
		高邮市	820 104			盖州市	732 265
		普兰店市	819 486			沅江市	730 788
		昭通市	816 883			义乌市	730 183
		辉县市	816 617			辽阳市	727 008
		东阳市	816 248			大石桥市	725 373
		巩义市	814 786			大丰市	724 147
		伊春市	810 328			遵化市	722 842
		廊坊市	810 302			长治市	721 240
		龙海市	809 643			迁安市	720 628
		丹阳市	808 223			荆门市	714 028
		彭州市	803 368			九台市	710 480
		南康市	803 017			湘潭市	703 497
		株洲市	801 932			昆山市	699 885
		河间市	800 971			新民市	699 559
		宜宾市	800 349			郴州市	698 167
		胶州市	800 327			舟山市	696 600
50万—80万	192		120 567 224			揭阳市	694 834
		牡丹江市	799 052			曲靖市	694 738
		吴江市	797 240			攀枝花市	692 029
		兴义市	796 343			乐陵市	690 036
		姜堰市	795 352			登封市	687 964
		恩施市	794 147			阳泉市	687 555
		丹东市	789 302			开平市	687 189
		武冈市	784 378			新郑市	682 762
		溧阳市	781 314			济源市	681 983
		界首市	780 930			鹤岗市	678 774
		阜新市	775 876			崇州市	674 094
		上虞市	774 207			长乐市	673 717
		藁城市	772 947			应城市	672 103
		武穴市	765 977			濮阳市	671 445
		武安市	763 739			桐乡市	670 998
		桂林市	757 942			荣成市	668 530
		铜川市	757 190			阳江市	668 052
		长葛市	756 486			邵阳市	667 924
		桐城市	754 015			靖江市	667 071
		镇江市	753 049			海阳市	666 642
		高要市	751 010			石首市	663 840
		灵宝市	748 263			舒兰市	662 617
		临清市	747 464			驻马店市	661 444

市 总 人 口 分 组 一 览 表

单位：人

组　别	城市个数	城市名称	人　数	组　别	城市个数	城市名称	人　数
		邛崃市	659 966			万源市	603 743
		兰溪市	659 663			高碑店市	602 842
		运城市	658 914			万宁市	601 012
		德阳市	658 471			广汉市	600 566
		池州市	658 120			仪征市	598 221
		海宁市	655 049			咸宁市	597 840
		明光市	654 868			朝阳市	597 646
		瑞金市	653 688			德州市	597 375
		凌源市	649 063			霸州市	596 978
		绍兴市	648 996			北票市	595 587
		宜州市	648 867			贵溪市	595 566
		仁怀市	648 824			江山市	593 782
		福安市	647 637			白山市	593 264
		富阳市	646 713			开原市	590 630
		赣州市	645 674			兴平市	589 307
		威海市	645 361			晋中市	588 856
		荥阳市	644 674			凤城市	587 065
		清远市	643 741			泊头市	585 478
		文登市	642 599			昌邑市	580 714
		朔州市	640 897			句容市	579 498
		九江市	637 996			陇南市	577 101
		曲阜市	636 938			文昌市	576 774
		黄石市	636 531			福鼎市	575 906
		马鞍山市	636 147			凌海市	573 605
		石河子市	635 230			乳山市	573 187
		涿州市	635 210			深州市	572 040
		龙口市	633 028			招远市	570 571
		滨州市	632 332			永康市	568 213
		天长市	631 735			从化市	565 755
		安陆市	630 436			临河市	563 784
		栖霞市	629 494			宜城市	563 460
		兖州市	628 506			三亚市	557 054
		梅河口市	619 024			兴城市	555 957
		辛集市	618 901			七台河市	553 163
		尚志市	616 046			汉中市	552 638
		大理市	615 728			松原市	552 617
		邢台市	614 798			金坛市	550 175
		西昌市	613 885			漳州市	550 092
		东港市	612 499			商洛市	548 894
		鹤壁市	609 710			承德市	545 131
		都江堰市	609 578			樟树市	542 592
		四平市	609 522			磐石市	541 395
		盘锦市	606 193			吉安市	536 608
		北海市	604 240			建瓯市	534 243

市 总 人 口 分 组 一 览 表

单位：人

组　别	城市个数	城市名称	人　数	组　别	城市个数	城市名称	人　数
		晋州市	532 941			原平市	487 441
		沧州市	532 887			新乐市	485 445
		滁州市	532 412			当阳市	485 336
		老河口市	531 788			凯里市	485 228
		三河市	530 541			平湖市	485 113
		忻州市	528 630			敦化市	483 929
		十堰市	527 757			衡水市	483 662
		周口市	527 257			奉化市	482 137
		北镇市	526 771			都匀市	481 356
		乐昌市	526 645			龙岩市	478 098
		临安市	525 859			辽源市	477 918
		连州市	525 415			阿克苏市	476 437
		黄骅市	522 057			高平市	475 984
		禹城市	520 380			沙河市	472 724
		安达市	519 569			北安市	470 249
		张掖市	518 658			富锦市	470 171
		防城港市	518 607			南宫市	469 550
		赤壁市	515 814			南雄市	468 277
		灯塔市	515 442			定西市	467 262
		绵竹市	514 725			太仓市	467 168
		库尔勒市	513 672			孝义市	467 025
		建德市	513 422			伊宁市	459 172
		张家界市	511 080			喀什市	458 949
		临湘市	510 170			景德镇市	457 891
		楚雄市	509 514			桦甸市	456 374
		榆林市	509 284			石嘴山市	454 295
		白城市	508 893			蛟河市	453 238
		平凉市	506 627			娄底市	450 698
		汕尾市	506 172			蓬莱市	449 528
		洪江市	505 639			铜陵市	449 477
		肇庆市	504 540			通化市	449 343
		延吉市	503 798			延安市	448 736
		清镇市	503 774			铁岭市	446 872
		卫辉市	502 995			瑞昌市	444 542
		枝江市	502 228			乌海市	443 713
		双鸭山市	501 814			宁德市	443 349
		恩平市	501 368			哈密市	443 266
		梧州市	500 578			宁安市	440 709
30万—50万	110		45 322 455			四会市	440 697
		丹江口市	496 701			固原市	440 568
		白银市	496 606			洮南市	437 927
		沁阳市	494 599			黄山市	436 640
		南平市	492 658			什邡市	434 898
		琼海市	488 333			东方市	434 880

市总人口分组一览表

单位：人

组　　别	城市个数	城市名称	人　数	组　　别	城市个数	城市名称	人　数
		峨眉山市	434 854			晋城市	343 033
		永济市	434 724			丰镇市	342 979
		密山市	434 672			建阳市	338 699
		扎兰屯市	429 895			舞钢市	334 093
		海林市	427 754			河池市	331 165
		达州市	420 839			穆棱市	325 541
		玉溪市	420 553			永安市	322 236
		大安市	420 020			福泉市	319 925
		双辽市	417 357			乌兰浩特市	317 416
		汾阳市	416 283			德兴市	317 280
		安国市	412 336			石狮市	314 945
		许昌市	411 689			梅州市	314 861
		介休市	401 764			奎屯市	309 599
		酒泉市	401 191			霍州市	306 335
		韩城市	396 370			乌兰察布市	303 693
		景洪市	396 256			邵武市	303 074
		宜都市	395 282			赤水市	301 780
		上饶市	394 753	10万—30万	65		13 851 725
		中卫市	392 380			河源市	298 324
		河津市	391 181			云浮市	296 339
		个旧市	391 073			和田市	295 048
		铁力市	386 869			临沧市	294 549
		宁国市	385 909			虎林市	294 297
		丽水市	384 561			吉首市	293 588
		昌吉市	383 241			三门峡市	292 003
		吴忠市	381 100			龙泉市	287 138
		鹿泉市	380 408			三明市	283 639
		孟州市	379 172			漳平市	277 009
		铜仁市	377 057			扬中市	276 571
		牙克石市	374 907			克拉玛依市	276 087
		资兴市	372 332			吕梁市	274 498
		五大连池市	368 936			吐鲁番市	274 491
		冀州市	367 247			青铜峡市	270 103
		黄冈市	365 222			开远市	269 987
		鹤山市	365 065			呼伦贝尔市	269 152
		潞西市	360 155			安宁市	266 894
		冷水江市	359 023			华阴市	264 418
		华蓥市	358 529			博乐市	261 026
		崇左市	357 970			津市市	260 487
		怀化市	356 671			鄂尔多斯市	253 127
		庆阳市	355 717			侯马市	244 678
		雅安市	351 949			调兵山市	241 477
		潮州市	349 688			阿图什市	240 567
		百色市	347 678			灵武市	237 084

市 总 人 口 分 组 一 览 表

单位：人

组　别	城市个数	城市名称	人　数	组　别	城市个数	城市名称	人　数
		阿勒泰市	232 803			德令哈市	71 930
		武夷山市	228 364			绥芬河市	64 016
		临夏市	227 690			阿尔山市	48 182
		集安市	224 702			二连浩特市	25 989
		乌苏市	223 511				
		珲春市	223 416				
		潞城市	223 216				
		古交市	219 960				
		普洱市	217 584				
		拉萨市	216 676				
		鹰潭市	207 705				
		金昌市	202 906				
		和龙市	201 443				
		黑河市	192 154				
		嘉峪关市	187 343				
		龙井市	183 386				
		阿拉尔市	176 882				
		同江市	175 988				
		临江市	172 446				
		锡林浩特市	169 561				
		义马市	169 017				
		阜康市	167 997				
		塔城市	167 207				
		满洲里市	166 968				
		根河市	160 909				
		井冈山市	158 395				
		丽江市	153 314				
		图木舒克市	152 833				
		敦煌市	141 501				
		合山市	139 243				
		玉门市	136 913				
		图们市	129 921				
		东兴市	124 884				
		瑞丽市	123 687				
		格尔木市	121 278				
		五指山市	114 075				
		凭祥市	110 352				
		日喀则市	107 531				
		韶山市	105 383				
10万以下	8		559 658				
		合作市	91 916				
		五家渠市	90 275				
		额尔古纳市	84 939				
		霍林郭勒市	82 411				

市 非 农 业 人 口 分 组 一 览 表

单位：人

组　　　别	城市个数	城市名称	人　　数	组　　　别	城市个数	城市名称	人　　数
全国	655		328 881 134			南宁市	1 368 922
400 万以上	10		67 096 420			宁波市	1 344 194
		上海市	12 109 264			茂名市	1 306 827
		北京市	9 449 445			鞍山市	1 300 101
		武汉市	8 338 046			吉林市	1 291 016
		重庆市	6 615 847			惠州市	1 290 151
		广州市	6 546 788			邯郸市	1 278 068
		天津市	5 648 340			潍坊市	1 259 910
		汕头市	5 034 256			抚顺市	1 244 097
		南京市	4 951 928			包头市	1 234 593
		沈阳市	4 234 698			襄樊市	1 212 890
		成都市	4 167 808			宿迁市	1 209 344
200 万—400 万	14		39 053 370			大同市	1 198 106
		佛山市	3 676 325			常州市	1 185 484
		济南市	3 482 427			洛阳市	1 146 888
		哈尔滨市	3 426 202			齐齐哈尔市	1 111 353
		西安市	3 410 211			淮安市	1 105 520
		杭州市	2 978 281			大庆市	1 067 756
		青岛市	2 754 745			珠海市	1 026 504
		大连市	2 698 775	80 万—100 万	19		16 900 019
		长春市	2 574 479			淮南市	973 529
		深圳市	2 459 581			海口市	955 895
		石家庄市	2 427 832			孝感市	948 402
		苏州市	2 402 061			扬州市	948 042
		太原市	2 384 488			保定市	938 704
		无锡市	2 243 623			大冶市	934 879
		郑州市	2 134 340			商丘市	928 450
100 万—200 万	35		49 236 849			韶关市	920 922
		兰州市	1 879 858			呼和浩特市	907 921
		长沙市	1 876 531			芜湖市	898 436
		昆明市	1 825 675			柳州市	887 530
		唐山市	1 767 333			南通市	873 676
		合肥市	1 763 036			宝鸡市	848 499
		乌鲁木齐市	1 755 403			本溪市	838 024
		南昌市	1 735 378			盐城市	830 164
		徐州市	1 648 657			秦皇岛市	826 264
		贵阳市	1 581 602			枣庄市	818 712
		福州市	1 568 132			如皋市	812 399
		淄博市	1 546 414			东莞市	809 571
		湛江市	1 518 074	50 万—80 万	73		45 852 992
		厦门市	1 421 034			淮北市	788 960
		临沂市	1 420 431			银川市	788 198
		江门市	1 375 667			平顶山市	787 827
		烟台市	1 371 900			中山市	784 296

市 非 农 业 人 口 分 组 一 览 表

单位：人

组　别	城市个数	城市名称	人　　数	组　别	城市个数	城市名称	人　　数
		伊春市	779 734			聊城市	587 530
		锦州市	757 687			镇江市	583 780
		张家口市	750 429			南阳市	574 461
		新乡市	747 556			湘潭市	568 979
		西宁市	738 164			宜兴市	564 940
		鸡西市	731 368			长治市	563 269
		宜昌市	722 504			盘锦市	553 876
		安阳市	717 488			阳泉市	553 384
		岳阳市	707 849			四平市	552 815
		营口市	706 726			石河子市	548 543
		昆山市	699 885			葫芦岛市	548 537
		菏泽市	695 745			赤峰市	547 890
		揭阳市	694 834			攀枝花市	537 283
		阜新市	687 131			马鞍山市	527 884
		衡阳市	674 706			常德市	526 990
		温州市	671 047			丰城市	521 470
		牡丹江市	669 266			江都市	517 380
		阳江市	668 052			廊坊市	511 478
		普宁市	667 625			常熟市	509 372
		陆丰市	667 016			滕州市	506 962
		绵阳市	660 430			汕尾市	506 172
		连云港市	659 758			沧州市	505 101
		蚌埠市	658 325			肇庆市	504 540
		东营市	656 298			莱芜市	504 048
		泰安市	652 639			枣阳市	503 356
		焦作市	651 169	30万—50万	118		45 613 736
		荆州市	651 166			滨州市	493 954
		清远市	643 741			阜阳市	493 054
		自贡市	641 094			即墨市	492 627
		桂林市	637 034			海门市	491 128
		黄石市	635 066			泸州市	490 269
		天水市	633 758			江阴市	489 625
		济宁市	631 334			乐山市	485 598
		泉州市	629 635			高州市	484 534
		咸阳市	625 321			寿光市	480 980
		南充市	619 853			九江市	480 774
		邢台市	614 798			十堰市	480 448
		鹤岗市	610 107			威海市	479 969
		辽阳市	606 656			诸城市	479 733
		日照市	604 385			通州市	476 742
		佳木斯市	603 736			绍兴市	473 802
		丹东市	602 739			漯河市	469 418
		开封市	596 125			白山市	467 259
		株洲市	593 692			安庆市	463 574

市 非 农 业 人 口 分 组 一 览 表

单位：人

组　别	城市个数	城市名称	人　数	组　别	城市个数	城市名称	人　数
		东台市	459 092			信宜市	370 447
		双鸭山市	457 857			高密市	369 475
		通辽市	453 293			宜宾市	368 978
		六盘水市	450 499			石嘴山市	367 315
		信阳市	450 277			任丘市	366 085
		邳州市	444 368			晋江市	365 933
		张家港市	444 064			黄冈市	365 222
		平度市	443 615			莱州市	364 004
		乌海市	443 587			铁岭市	363 660
		萍乡市	442 327			德阳市	363 089
		湖州市	435 130			牙克石市	361 028
		遵义市	431 653			鄂州市	359 779
		延吉市	431 107			福清市	359 515
		濮阳市	429 144			辉县市	358 269
		泰州市	427 948			廉江市	357 334
		德州市	425 058			内江市	357 319
		嘉兴市	424 214			漳州市	356 867
		儋州市	416 167			荆门市	354 630
		仙桃市	415 018			天门市	353 954
		宿州市	414 621			朝阳市	351 852
		莆田市	413 583			潮州市	349 688
		许昌市	411 689			松原市	345 830
		章丘市	411 235			增城市	343 321
		邵阳市	410 553			益阳市	339 939
		泰兴市	409 705			六安市	337 273
		新泰市	400 720			荣成市	335 703
		安丘市	398 240			瓦房店市	335 169
		铜川市	395 675			抚州市	333 624
		邹城市	393 424			郴州市	333 443
		罗定市	392 079			新余市	332 127
		遂宁市	391 890			随州市	331 544
		渭南市	391 724			衡水市	325 184
		通化市	391 690			莱西市	324 544
		铜陵市	390 251			兴宁市	322 748
		胶南市	389 588			广元市	321 729
		七台河市	388 887			公主岭市	320 666
		辽源市	386 715			眉山市	320 397
		鹤壁市	382 884			库尔勒市	319 480
		赣州市	381 464			白银市	318 412
		胶州市	379 070			金华市	317 244
		临汾市	377 963			靖江市	316 927
		南安市	375 473			梅州市	314 861
		承德市	374 922			龙岩市	314 263
		景德镇市	371 197			晋中市	313 423

市 非 农 业 人 口 分 组 一 览 表

单位：人

组　　别	城市个数	城市名称	人　　数	组　　别	城市个数	城市名称	人　　数
		青州市	312 194			克拉玛依市	271 819
		伊宁市	311 745			武穴市	270 449
		永州市	310 679			喀什市	270 444
		潜江市	310 240			敦化市	267 055
		吴川市	308 334			台山市	266 271
		临清市	307 987			巴中市	266 202
		台州市	307 565			大丰市	264 932
		麻城市	306 579			达州市	264 255
		金坛市	305 215			桐乡市	263 075
		雷州市	305 048			济源市	262 261
		应城市	302 698			南平市	261 156
		肇东市	300 010			广安市	260 383
10万—30万	327		60 783 635			乌兰察布市	259 974
		河源市	298 324			梅河口市	259 689
		海城市	297 166			汉中市	257 128
		阳春市	296 851			彭州市	256 362
		云浮市	296 339			阿克苏市	256 127
		姜堰市	295 784			周口市	256 030
		哈密市	295 185			曲靖市	255 801
		龙口市	294 208			武安市	253 921
		莱阳市	294 118			呼伦贝尔市	253 040
		溧阳市	292 390			临河市	252 877
		梧州市	289 073			化州市	252 792
		绥化市	288 860			汉川市	252 685
		兴化市	287 158			文登市	251 677
		白城市	286 418			滁州市	251 566
		贵港市	285 614			上虞市	251 443
		娄底市	284 303			辛集市	251 317
		高邮市	282 747			江油市	250 558
		三亚市	282 104			从化市	249 905
		晋城市	281 879			海林市	249 004
		仪征市	280 912			霸州市	247 043
		驻马店市	280 178			老河口市	243 525
		定州市	279 949			吉安市	243 504
		北海市	279 794			咸宁市	243 114
		铁力市	277 929			开平市	242 599
		舟山市	277 487			尚志市	242 047
		奎屯市	277 406			乐昌市	241 914
		北安市	275 730			怀化市	241 060
		肥城市	274 706			普兰店市	240 098
		宜春市	274 201			长乐市	239 411
		句容市	273 925			乌兰浩特市	238 443
		衢州市	272 908			庄河市	235 749
		吴江市	272 057			运城市	234 804

市 非 农 业 人 口 分 组 一 览 表

单位：人

组　　别	城市个数	城市名称	人　　数	组　　别	城市个数	城市名称	人　　数
		巢湖市	234 580			朔州市	200 444
		项城市	234 361			禹州市	200 407
		平湖市	232 323			黄山市	199 945
		简阳市	231 996			英德市	199 875
		昌吉市	230 816			舒兰市	198 395
		海宁市	226 783			西昌市	198 349
		义乌市	226 589			高安市	197 908
		五常市	225 869			新沂市	196 516
		三门峡市	225 669			忻州市	196 186
		安顺市	222 860			安达市	196 062
		武威市	222 317			温岭市	196 054
		宜城市	222 042			防城港市	195 549
		钟祥市	222 039			乐平市	195 472
		延安市	221 386			丹江口市	193 723
		三明市	220 612			桦甸市	193 453
		藁城市	219 343			招远市	191 950
		安康市	219 172			张掖市	191 076
		阆中市	219 088			三河市	190 349
		玉林市	219 078			泊头市	189 412
		孝义市	217 173			栖霞市	189 183
		耒阳市	216 413			拉萨市	188 727
		个旧市	216 354			邛崃市	187 562
		昌邑市	216 305			福安市	187 492
		亳州市	215 034			新密市	187 307
		瑞安市	214 799			虎林市	187 086
		大理市	214 640			广汉市	186 981
		钦州市	214 393			冷水江市	186 980
		四会市	213 914			涿州市	186 114
		资阳市	213 452			商洛市	186 085
		大石桥市	213 186			富锦市	184 465
		海阳市	211 030			毕节市	184 367
		上饶市	209 673			密山市	182 771
		启东市	208 816			慈溪市	182 770
		北票市	207 001			曲阜市	182 600
		兖州市	206 902			榆林市	182 512
		福鼎市	203 354			盖州市	182 006
		太仓市	203 152			余姚市	181 755
		恩施市	203 127			九台市	181 642
		五大连池市	202 744			万宁市	181 248
		登封市	202 574			乐陵市	181 079
		丹阳市	202 175			吴忠市	180 758
		韩城市	202 161			凯里市	180 108
		榆树市	202 138			广水市	179 549
		永城市	201 217			凤城市	179 131

市非农业人口分组一览表

单位：人

组　别	城市个数	城市名称	人　数	组　别	城市个数	城市名称	人　数
		调兵山市	178 874			景洪市	158 967
		洪湖市	177 650			新郑市	158 900
		蓬莱市	176 735			张家界市	158 645
		河间市	176 519			雅安市	157 991
		崇州市	175 380			巩义市	157 269
		林州市	175 351			金昌市	156 163
		酒泉市	175 126			吕梁市	155 670
		磐石市	175 050			楚雄市	155 134
		海伦市	174 473			贺州市	154 954
		汨罗市	174 365			洮南市	154 031
		鄂尔多斯市	174 080			浏阳市	154 019
		恩平市	173 789			醴陵市	152 726
		沅江市	173 478			樟树市	151 549
		蛟河市	171 715			阿勒泰市	151 171
		双城市	170 752			琼海市	150 072
		都匀市	170 750			临海市	149 702
		邓州市	169 953			大安市	148 282
		永安市	169 092			界首市	148 181
		宣城市	168 707			德惠市	148 001
		天长市	168 450			宁安市	147 796
		常宁市	168 399			华阴市	146 931
		桂平市	167 391			锡林浩特市	146 823
		都江堰市	167 313			兴义市	146 731
		扎兰屯市	167 216			建阳市	146 538
		来宾市	167 097			东阳市	146 237
		满洲里市	166 793			鹤山市	144 640
		嘉峪关市	166 492			鹰潭市	144 312
		峨眉山市	166 409			宣威市	144 191
		平凉市	166 306			古交市	142 856
		涟源市	166 226			双辽市	141 796
		赤壁市	164 293			开原市	141 391
		嵊州市	164 254			玉溪市	141 356
		黄骅市	163 811			池州市	140 927
		禹城市	163 782			安宁市	140 561
		建瓯市	163 607			新民市	140 243
		乳山市	161 658			岑溪市	139 779
		诸暨市	161 227			迁安市	139 539
		根河市	160 838			图木舒克市	138 605
		珲春市	160 454			枝江市	137 837
		松滋市	160 384			中卫市	137 810
		长葛市	160 353			北流市	137 178
		石首市	159 850			邵武市	136 435
		博乐市	159 505			讷河市	136 205
		龙海市	159 317			南康市	135 823

市 非 农 业 人 口 分 组 一 览 表

单位：人

组别	城市个数	城市名称	人数	组别	城市个数	城市名称	人数
		宁德市	135 623			贵溪市	118 177
		兴城市	134 972			瑞昌市	118 105
		穆棱市	134 639			沙河市	117 388
		黑河市	134 536			河池市	116 264
		义马市	134 129			安陆市	115 958
		凌源市	133 946			宜都市	115 583
		铜仁市	133 501			高要市	114 948
		富阳市	132 885			固原市	114 870
		东港市	132 788			桐城市	114 844
		原平市	131 862			龙井市	114 615
		高碑店市	131 847			津市市	114 608
		侯马市	131 539			东方市	114 136
		陇南市	131 504			汝州市	113 156
		湘乡市	131 157			北镇市	111 592
		保山市	130 709			灵武市	110 105
		建德市	128 731			荥阳市	110 096
		吉首市	128 270			临安市	109 412
		兰溪市	128 159			临江市	108 386
		和田市	128 159			开远市	107 434
		利川市	128 051			遵化市	107 280
		乐清市	127 003			奉化市	106 534
		瑞金市	126 854			清镇市	106 307
		丽水市	126 181			塔城市	105 710
		百色市	126 168			偃师市	105 012
		资兴市	126 014			庆阳市	104 825
		和龙市	126 004			舞钢市	104 400
		当阳市	125 283			宜州市	104 039
		新乐市	124 955			河津市	103 928
		文昌市	124 517			图们市	103 374
		临夏市	124 440			华蓥市	101 872
		洪江市	124 376			同江市	101 429
		德兴市	124 351			武冈市	100 906
		兴平市	124 323	10万以下	59		4 344 113
		临湘市	124 286			安国市	99 901
		明光市	123 778			江山市	99 040
		凌海市	123 191			万源市	98 014
		灵宝市	122 608			永康市	98 010
		绵竹市	122 520			深州市	97 873
		昭通市	122 091			石狮市	97 434
		卫辉市	120 436			什邡市	97 167
		介休市	119 530			丰镇市	97 124
		霍州市	119 151			灯塔市	96 932
		南雄市	118 556			武夷山市	96 666
		阿拉尔市	118 223			格尔木市	96 014

市 非 农 业 人 口 分 组 一 览 表

单位：人

组　　别	城市个数	城市名称	人　　数	组　　别	城市个数	城市名称	人　　数
		阜康市	95 728			日喀则市	40 266
		沁阳市	93 914			凭祥市	32 457
		普洱市	92 452			二连浩特市	24 305
		仁怀市	92 419			韶山市	16 427
		晋州市	92 256				
		鹿泉市	90 657				
		定西市	90 431				
		永济市	89 934				
		连州市	88 721				
		崇左市	88 350				
		汾阳市	87 422				
		五家渠市	87 032				
		吐鲁番市	86 613				
		南宫市	84 798				
		集安市	81 243				
		霍林郭勒市	80 337				
		潞西市	79 905				
		阿图什市	79 356				
		宁国市	79 167				
		乌苏市	79 165				
		青铜峡市	78 333				
		额尔古纳市	77 688				
		漳平市	76 784				
		高平市	76 203				
		冀州市	76 198				
		扬中市	75 201				
		赤水市	72 433				
		丽江市	68 434				
		福泉市	62 566				
		合山市	59 151				
		临沧市	58 120				
		孟州市	57 523				
		合作市	55 637				
		五指山市	55 368				
		绥芬河市	53 756				
		东兴市	52 894				
		玉门市	49 287				
		阿尔山市	48 145				
		瑞丽市	47 241				
		潞城市	46 526				
		龙泉市	43 650				
		德令哈市	42 763				
		井冈山市	42 399				
		敦煌市	40 283				

全国县人口分组

全 国 县 按 人 口 数 分 组

单位：人

地 区 别	县数合计	100 万 以上	80 万 至 100 万	50 万 至 80 万	30 万 至 50 万	10 万 至 30 万	10 万 以下
全国	1634	124	93	277	463	476	201
北京市	2	—	—	—	1	1	—
天津市	3	—	1	1	1	—	—
河北省	114	—	3	25	54	32	—
山西省	85	—	—	4	20	56	5
内蒙古自治区	69	—	—	3	20	30	16
辽宁省	27	1	—	9	13	3	1
吉林省	20	1	—	4	9	5	1
黑龙江省	46	—	—	8	17	18	3
上海市	1	—	—	1	—	—	—
江苏省	26	14	4	3	4	1	—
浙江省	36	1	2	5	19	8	1
安徽省	56	16	8	15	9	7	1
福建省	44	2	2	7	15	18	—
江西省	70	2	5	12	30	21	—
山东省	60	10	7	25	15	2	1
河南省	88	19	20	31	17	1	—
湖北省	39	5	1	11	16	5	1
湖南省	72	11	12	20	18	11	—
广东省	44	8	5	12	10	8	1
广西壮族自治区	68	6	3	10	31	18	—
海南省	10	—	—	2	3	5	—
重庆市	21	4	9	6	1	1	—
四川省	124	18	7	19	20	31	29
贵州省	68	5	2	13	27	20	1
云南省	108	1	2	10	33	58	4
西藏自治区	71	—	—	—	—	—	71
陕西省	80	—	—	11	26	33	10
甘肃省	65	—	—	9	17	30	9
青海省	37	—	—	—	4	9	24
宁夏回族自治区	12	—	—	—	4	8	—
新疆维吾尔自治区	68	—	—	1	9	36	22

各省、自治区、直辖市
分区、市、县人口

北 京 市 市 县 人 口

单位：人

地 区 别	总 户 数 （户）	总 人 口 合 计	总 人 口 男	总 人 口 女	总人口中 非农业人口
北京市	4 887 495	12 475 247	6 283 733	6 191 514	9 733 234
市辖区	4 553 266	11 762 809	5 924 717	5 838 092	9 449 445
东城区	218 069	621 271	306 385	314 886	621 258
西城区	264 064	793 317	396 069	397 248	793 317
崇文区	125 086	335 500	167 477	168 023	335 466
宣武区	200 190	537 582	268 559	269 023	537 580
朝阳区	718 564	1 858 959	935 828	923 131	1 712 598
丰台区	434 902	1 051 641	534 854	516 787	930 658
石景山区	135 171	359 851	186 731	173 120	359 851
海淀区	659 628	2 164 792	1 101 006	1 063 786	2 071 262
门头沟区	113 987	244 704	126 046	118 658	184 645
房山区	347 085	768 460	386 497	381 963	403 986
通州区	316 112	655 616	325 826	329 790	319 383
顺义区	259 213	578 136	286 707	291 429	273 140
昌平区	224 889	523 355	265 002	258 353	312 407
大兴区	237 644	593 394	297 101	296 293	283 890
怀柔区	132 459	278 564	140 296	138 268	118 973
平谷区	166 203	397 667	200 333	197 334	191 031
县	334 229	712 438	359 016	353 422	283 789
密云县	201 557	431 586	216 648	214 938	169 202
延庆县	132 672	280 852	142 368	138 484	114 587

天 津 市 市 县 人 口

单位：人

地 区 别	总户数 （户）	总　人　口			总人口中 非农业人口
		合　计	男	女	
天津市	3 420 507	9 846 933	4 954 874	4 892 059	5 996 991
市辖区	2 847 730	8 076 463	4 053 383	4 023 080	5 648 340
和平区	132 845	396 617	190 992	205 625	395 137
河东区	266 583	715 576	361 030	354 546	712 091
河西区	273 949	784 947	386 814	398 133	782 251
南开区	294 016	846 326	427 345	418 981	832 832
河北区	237 284	634 743	319 851	314 892	633 764
红桥区	207 781	552 880	279 655	273 225	550 351
塘沽区	190 365	539 342	278 681	260 661	479 607
汉沽区	65 940	174 066	87 692	86 374	127 387
大港区	141 173	391 270	201 904	189 366	282 053
东丽区	134 198	349 219	176 440	172 779	144 994
西青区	126 524	366 459	178 653	187 806	116 792
津南区	146 322	414 412	206 409	208 003	121 753
北辰区	136 828	367 779	184 065	183 714	164 414
武清区	279 307	870 232	434 977	435 255	178 077
宝坻区	214 615	672 595	338 875	333 720	126 837
县	572 777	1 770 470	901 491	868 979	348 651
宁河县	124 670	379 599	192 866	186 733	98 434
静海县	191 155	555 096	282 832	272 264	107 776
蓟　县	256 952	835 775	425 793	409 982	142 441

河 北 省 市 县 人 口

单位：人

地 区 别	总户数 （户）	总 人 口			总人口中 非农业人口
		合 计	男	女	
河北省	21 534 069	72 165 441	36 751 467	35 413 974	22 573 501
石家庄市	2 712 379	9 774 106	4 923 508	4 850 598	4 044 830
市辖区	618 849	2 427 832	1 195 732	1 232 100	2 427 832
长安区	115 725	423 249	208 839	214 410	423 249
桥东区	92 551	376 803	192 395	184 408	376 803
桥西区	122 232	516 852	249 616	267 236	516 852
新华区	133 483	493 032	240 689	252 343	493 032
井陉矿区	28 888	97 332	50 907	46 425	97 332
裕华区	125 970	520 564	253 286	267 278	520 564
井陉县	106 040	328 145	168 714	159 431	72 894
正定县	124 945	458 737	227 080	231 657	111 361
栾城县	91 177	342 417	172 650	169 767	81 066
行唐县	136 073	438 970	222 458	216 512	61 319
灵寿县	97 901	326 620	166 033	160 587	72 289
高邑县	50 628	184 132	94 517	89 615	51 723
深泽县	75 474	255 002	129 683	125 319	36 889
赞皇县	77 524	247 654	128 937	118 717	31 552
无极县	136 451	500 776	254 633	246 143	76 808
平山县	147 835	475 353	244 417	230 936	69 553
元氏县	96 081	414 332	212 770	201 562	78 056
赵县	161 003	583 494	301 986	281 508	94 960
辛集市	195 761	618 901	310 525	308 376	251 317
藁城市	206 343	772 947	387 257	385 690	219 343
晋州市	149 557	532 941	271 665	261 276	92 256
新乐市	128 020	485 445	245 838	239 607	124 955
鹿泉市	112 717	380 408	188 613	191 795	90 657
唐山市	2 272 587	7 338 997	3 723 442	3 615 555	2 453 428
市辖区	964 173	3 069 973	1 550 926	1 519 047	1 767 333
路南区	76 398	239 116	122 694	116 422	205 008
路北区	216 686	673 757	337 816	335 941	669 160
古冶区	124 411	360 826	181 734	179 092	268 268
开平区	114 583	333 704	166 928	166 776	221 862
丰润区	276 760	921 187	468 685	452 502	266 368
丰南区	155 335	541 383	273 069	268 314	136 667
滦县	164 376	552 628	282 260	270 368	94 081
滦南县	172 935	582 861	295 450	287 411	85 617
乐亭县	163 823	496 930	250 674	246 256	84 881
迁西县	105 857	380 169	195 007	185 162	50 059
玉田县	202 130	670 753	341 505	329 248	106 455
唐海县	47 781	142 213	70 526	71 687	18 183
遵化市	228 456	722 842	365 675	357 167	107 280
迁安市	223 056	720 628	371 419	349 209	139 539

河北省市县人口

单位：人

地 区 别	总户数（户）	总 人 口 合 计	男	女	总人口中非农业人口
秦皇岛市	991 771	2 872 431	1 464 917	1 407 514	1 245 125
市辖区	290 280	826 264	412 193	414 071	826 264
海港区	206 491	612 401	307 308	305 093	612 401
山海关区	55 099	143 547	71 773	71 774	143 547
北戴河区	28 690	70 316	33 112	37 204	70 316
青龙满族自治县	167 952	542 707	287 949	254 758	77 203
昌黎县	202 184	555 911	281 242	274 669	153 159
抚宁县	185 846	525 952	266 625	259 327	99 861
卢龙县	145 509	421 597	216 908	204 689	88 638
邯郸市	2 506 034	9 427 682	4 816 312	4 611 370	3 145 105
市辖区	419 742	1 473 999	779 210	694 789	1 278 068
邯山区	97 768	358 772	186 377	172 395	358 010
丛台区	96 528	351 427	176 179	175 248	351 267
复兴区	72 116	254 482	146 090	108 392	254 289
峰峰矿区	153 330	509 318	270 564	238 754	314 502
邯郸县	102 056	403 229	199 659	203 570	84 605
临漳县	164 108	654 162	334 434	319 728	224 103
成安县	115 806	408 252	204 627	203 625	139 153
大名县	206 205	826 057	421 434	404 623	54 068
涉县	143 047	397 245	206 742	190 503	41 039
磁县	192 046	703 791	355 855	347 936	270 614
肥乡县	86 350	356 875	179 503	177 372	24 118
永年县	241 624	975 334	496 894	478 440	385 170
丘县	59 514	236 532	119 131	117 401	76 580
鸡泽县	64 217	275 743	138 433	137 310	82 976
广平县	69 493	277 990	139 269	138 721	20 282
馆陶县	75 908	330 053	167 591	162 462	100 867
魏县	222 457	899 381	457 440	441 941	73 352
曲周县	112 278	445 300	227 204	218 096	36 189
武安市	231 183	763 739	388 886	374 853	253 921
邢台市	2 105 803	7 186 316	3 666 699	3 519 617	1 662 249
市辖区	199 395	614 798	315 679	299 119	614 798
桥东区	82 485	234 453	117 692	116 761	234 453
桥西区	116 910	380 345	197 987	182 358	380 345
邢台县	151 455	474 151	239 113	235 038	67 606
临城县	67 021	206 422	105 538	100 884	27 301
内邱县	78 939	269 848	137 706	132 142	43 022
柏乡县	59 660	192 034	98 945	93 089	29 668
隆尧县	144 027	515 413	263 257	252 156	89 084
任县	91 541	344 093	176 310	167 783	81 964
南和县	102 573	345 788	176 946	168 842	53 749
宁晋县	235 559	777 392	399 103	378 289	125 826

河 北 省 市 县 人 口

单位：人

地 区 别	总户数（户）	总　人　口			总人口中非农业人口
		合　计	男	女	
巨鹿县	112 378	387 222	196 322	190 900	28 998
新河县	55 250	173 239	87 137	86 102	16 462
广宗县	86 465	297 793	151 506	146 287	40 481
平乡县	81 629	315 664	160 734	154 930	17 820
威县	166 233	576 578	294 963	281 615	105 926
清河县	107 859	388 480	199 755	188 725	49 928
临西县	104 730	365 127	187 701	177 426	67 430
南宫市	124 828	469 550	236 395	233 155	84 798
沙河市	136 261	472 724	239 589	233 135	117 388
保定市	3 326 873	11 552 813	5 864 769	5 688 044	3 054 198
市辖区	310 812	1 062 471	528 748	533 723	938 704
新市区	137 559	453 919	227 203	226 716	429 742
北市区	90 923	324 509	159 935	164 574	278 852
南市区	82 330	284 043	141 610	142 433	230 110
满城县	120 191	406 849	205 947	200 902	70 821
清苑县	156 045	650 527	331 550	318 977	113 750
涞水县	123 005	352 618	179 840	172 778	40 450
阜平县	74 286	223 374	114 105	109 269	37 494
徐水县	170 317	583 705	295 598	288 107	117 487
定兴县	155 004	584 167	296 212	287 955	114 507
唐县	164 764	593 028	299 804	293 224	91 995
高阳县	96 234	335 057	170 527	164 530	40 766
容城县	74 745	265 049	134 897	130 152	48 436
涞源县	93 695	280 175	148 491	131 684	75 353
望都县	74 699	267 219	135 083	132 136	61 803
安新县	132 074	433 944	220 913	213 031	69 737
易县	182 732	572 260	294 314	277 946	111 079
曲阳县	158 236	608 428	310 631	297 797	151 107
蠡县	136 214	524 210	268 650	255 560	101 037
顺平县	92 763	315 560	162 002	153 558	49 102
博野县	69 604	268 638	136 621	132 017	50 035
雄县	104 438	369 363	187 671	181 692	72 724
涿州市	217 516	635 210	321 960	313 250	186 114
定州市	324 432	1 205 783	608 913	596 870	279 949
安国市	127 010	412 336	207 657	204 679	99 901
高碑店市	168 057	602 842	304 635	298 207	131 847
张家口市	1 698 188	4 623 078	2 397 206	2 225 872	1 495 075
市辖区	323 969	896 501	454 027	442 474	750 429
桥东区	96 209	277 143	140 794	136 349	235 888
桥西区	86 643	238 106	117 598	120 508	206 721
宣化区	111 886	312 950	160 319	152 631	267 181
下花园区	29 231	68 302	35 316	32 986	40 639

河 北 省 市 县 人 口

单位：人

地 区 别	总户数（户）	总 合 计	人 男	口 女	总人口中非农业人口
宣化县	115 074	304 940	160 485	144 455	48 496
张北县	150 604	380 473	196 500	183 973	76 482
康保县	104 501	280 238	144 066	136 172	45 142
沽源县	79 735	230 388	119 630	110 758	29 509
尚义县	74 808	195 290	100 544	94 746	44 526
蔚县	165 258	476 892	254 185	222 707	74 594
阳原县	101 245	276 826	144 098	132 728	77 130
怀安县	91 758	246 551	126 821	119 730	76 315
万全县	81 077	223 969	115 249	108 720	40 586
怀来县	125 886	349 326	179 899	169 427	103 019
涿鹿县	125 233	343 259	180 570	162 689	54 683
赤城县	111 278	293 483	156 326	137 157	47 943
崇礼县	47 762	124 942	64 806	60 136	26 221
承德市	1 249 412	3 719 107	1 926 796	1 792 311	999 811
市辖区	200 108	545 131	272 780	272 351	374 922
双桥区	121 702	335 526	165 241	170 285	250 819
双滦区	53 048	142 036	73 073	68 963	69 588
鹰手营子矿区	25 358	67 569	34 466	33 103	54 515
承德县	150 411	454 983	238 946	216 037	69 101
兴隆县	110 373	323 901	166 679	157 222	74 204
平泉县	152 031	474 858	246 047	228 811	130 584
滦平县	108 513	313 675	161 913	151 762	67 472
隆化县	139 373	433 793	228 506	205 287	79 549
丰宁满族自治县	139 442	394 904	205 464	189 440	66 574
宽城满族自治县	76 572	245 861	129 063	116 798	48 298
围场满族蒙古族自治县	172 589	532 001	277 398	254 603	89 107
沧州市	2 187 363	7 174 953	3 665 261	3 509 692	2 170 291
市辖区	156 981	532 887	268 254	264 633	505 101
新华区	70 679	243 042	125 505	117 537	215 256
运河区	86 302	289 845	142 749	147 096	289 845
沧县	184 154	677 714	346 525	331 189	69 903
青县	126 486	404 851	206 117	198 734	88 690
东光县	115 465	363 651	185 014	178 637	77 233
海兴县	73 813	227 609	116 138	111 471	57 245
盐山县	127 086	440 865	228 072	212 793	102 831
肃宁县	130 115	340 225	173 559	166 666	71 458
南皮县	109 775	370 754	191 037	179 717	57 976
吴桥县	100 280	285 018	142 963	142 055	60 345
献县	164 077	593 046	303 124	289 922	122 160
孟村回族自治县	64 581	205 450	106 041	99 409	61 522
泊头市	182 347	585 478	298 440	287 038	189 412
任丘市	272 634	824 377	418 898	405 479	366 085

河北省市县人口

单位：人

地 区 别	总户数（户）	总　人　口			总人口中非农业人口
		合　计	男	女	
黄骅市	149 672	522 057	270 919	251 138	163 811
河间市	229 897	800 971	410 160	390 811	176 519
廊坊市	1 173 299	4 133 282	2 094 304	2 038 978	1 281 477
市辖区	210 920	810 302	407 170	403 132	511 478
安次区	94 844	361 591	181 268	180 323	112 106
广阳区	116 076	448 711	225 902	222 809	399 372
固安县	122 436	424 589	214 901	209 688	61 606
永清县	103 712	381 635	194 264	187 371	40 282
香河县	103 420	311 416	155 701	155 715	88 299
大城县	132 812	474 847	244 806	230 041	58 172
文安县	141 487	484 477	248 079	236 398	51 787
大厂回族自治县	42 753	118 497	58 847	59 650	32 461
霸州市	168 980	596 978	303 618	293 360	247 043
三河市	146 779	530 541	266 918	263 623	190 349
衡水市	1 310 360	4 362 676	2 208 253	2 154 423	1 021 912
市辖区	142 440	483 662	242 357	241 305	325 184
桃城区	142 440	483 662	242 357	241 305	325 184
枣强县	117 043	397 220	200 775	196 445	72 118
武邑县	94 279	325 486	164 998	160 488	49 131
武强县	65 472	217 900	110 246	107 654	34 376
饶阳县	81 423	290 146	147 293	142 853	51 122
安平县	96 010	325 184	165 253	159 931	101 206
故城县	149 264	502 291	255 470	246 821	92 798
景县	154 328	530 046	268 720	261 326	75 766
阜城县	111 838	351 454	178 511	172 943	46 140
冀州市	123 554	367 247	183 722	183 525	76 198
深州市	174 709	572 040	290 908	281 132	97 873

山 西 省 市 县 人 口

单位：人

地 区 别	总户数 （户）	总 合 计	人 男	口 女	总人口中 非农业人口
山西省	11 591 391	34 630 900	17 784 168	16 846 732	11 241 603
太原市	1 034 984	3 651 151	1 871 637	1 779 514	2 636 946
市辖区	756 031	2 851 598	1 459 476	1 392 122	2 384 488
小店区	154 304	613 676	308 256	305 420	479 232
迎泽区	140 458	524 080	253 865	270 215	500 630
杏花岭区	164 501	581 273	298 458	282 815	551 214
尖草坪区	100 383	367 258	195 293	171 965	269 524
万柏林区	139 926	561 922	300 095	261 827	495 381
晋源区	56 459	203 389	103 509	99 880	88 507
清徐县	102 232	309 475	155 119	154 356	52 332
阳曲县	55 792	145 299	75 679	69 620	31 362
娄烦县	42 110	124 819	65 781	59 038	25 908
古交市	78 819	219 960	115 582	104 378	142 856
大同市	1 162 069	3 156 130	1 622 047	1 534 083	1 482 817
市辖区	549 905	1 546 932	793 036	753 896	1 198 106
城区	238 533	670 653	335 892	334 761	670 522
矿区	159 576	478 182	255 363	222 819	478 182
南郊区	108 524	291 718	145 898	145 820	33 561
新荣区	43 272	106 379	55 883	50 496	15 841
阳高县	113 139	285 373	146 147	139 226	46 410
天镇县	82 659	216 235	109 958	106 277	35 326
广灵县	64 393	178 642	94 798	83 844	28 092
灵邱县	85 929	243 217	126 306	116 911	35 030
浑源县	128 191	358 338	181 785	176 553	60 547
左云县	64 028	148 705	76 110	72 595	40 136
大同县	73 825	178 688	93 907	84 781	39 170
阳泉市	481 871	1 302 657	678 476	624 181	687 715
市辖区	235 958	687 555	363 601	323 954	553 384
城区	70 897	226 837	117 140	109 697	226 837
矿区	71 193	248 247	134 359	113 888	248 247
郊区	93 868	212 471	112 102	100 369	78 300
平定县	126 538	316 034	161 352	154 682	71 943
盂县	119 375	299 068	153 523	145 545	62 388
长治市	1 043 192	3 296 265	1 695 310	1 600 955	990 541
市辖区	210 849	721 240	365 808	355 432	563 269
城区	114 165	416 413	208 894	207 519	416 413
郊区	96 684	304 827	156 914	147 913	146 856
长治县	108 522	335 831	167 647	168 184	44 185
襄垣县	77 292	256 754	140 864	115 890	70 566
屯留县	78 502	262 131	133 889	128 242	43 399
平顺县	53 247	155 865	79 865	76 000	18 197
黎城县	59 437	165 808	86 344	79 464	37 457

山 西 省 市 县 人 口

单位：人

地 区 别	总户数（户）	总 人 口 合 计	男	女	总人口中非农业人口
壶关县	94 439	290 756	147 207	143 549	30 229
长子县	110 837	353 847	179 561	174 286	35 325
武乡县	69 095	207 486	110 580	96 906	30 978
沁县	56 196	167 001	88 078	78 923	43 742
沁源县	52 959	156 330	82 302	74 028	26 668
潞城市	71 817	223 216	113 165	110 051	46 526
晋城市	734 358	2 165 264	1 090 695	1 074 569	551 664
市辖区	124 046	343 033	173 681	169 352	281 879
城区	124 046	343 033	173 681	169 352	281 879
沁水县	78 115	206 757	105 318	101 439	42 781
阳城县	154 876	383 165	192 119	191 046	69 323
陵川县	79 869	256 617	132 662	123 955	29 610
泽洲县	157 747	499 708	252 685	247 023	51 868
高平市	139 705	475 984	234 230	241 754	76 203
朔州市	586 954	1 573 690	812 891	760 799	410 333
市辖区	237 522	640 897	328 530	312 367	200 444
朔城区	161 555	419 391	215 431	203 960	163 427
平鲁区	75 967	221 506	113 099	108 407	37 017
山阴县	97 239	239 594	122 538	117 056	57 914
应县	105 224	306 533	159 396	147 137	40 185
右玉县	42 150	111 745	57 551	54 194	18 293
怀仁县	104 819	274 921	144 876	130 045	93 497
晋中市	1 150 774	3 199 095	1 651 958	1 547 137	904 749
市辖区	191 892	588 856	300 838	288 018	313 423
榆次区	191 892	588 856	300 838	288 018	313 423
榆社县	49 921	141 772	75 113	66 659	26 825
左权县	58 760	163 204	84 859	78 345	32 495
和顺县	52 826	144 159	74 933	69 226	29 983
昔阳县	93 414	238 239	125 713	112 526	35 916
寿阳县	80 879	213 294	112 761	100 533	46 745
太谷县	106 006	289 110	146 686	142 424	77 490
祁县	101 272	267 402	137 093	130 309	62 522
平遥县	169 953	499 702	258 224	241 478	76 317
灵石县	96 367	251 593	130 058	121 535	83 503
介休市	149 484	401 764	205 680	196 084	119 530
运城市	1 498 977	5 036 163	2 571 274	2 464 889	909 082
市辖区	205 546	658 914	332 312	326 602	234 804
盐湖区	205 546	658 914	332 312	326 602	234 804
芮城县	125 899	382 658	194 718	187 940	46 531
临猗县	157 532	547 539	275 886	271 653	55 795
万荣县	123 289	430 063	219 336	210 727	35 901
新绛县	89 015	325 108	165 366	159 742	41 930·

山 西 省 市 县 人 口

单位：人

地 区 别	总户数 （户）	总 人 口 合 计	男	女	总人口中 非农业人口
稷山县	96 733	347 632	179 163	168 469	38 054
闻喜县	116 912	399 293	203 575	195 718	64 907
夏县	96 950	357 682	185 641	172 041	34 733
绛县	81 891	287 694	146 184	141 510	57 133
平陆县	78 396	247 418	126 886	120 532	34 318
垣曲县	76 400	226 257	117 543	108 714	71 114
永济市	131 579	434 724	220 290	214 434	89 934
河津市	118 835	391 181	204 374	186 807	103 928
忻州市	1 169 382	3 069 105	1 597 028	1 472 077	699 165
市辖区	208 145	528 630	268 309	260 321	196 186
忻府区	208 145	528 630	268 309	260 321	196 186
定襄县	85 767	218 241	111 671	106 570	37 974
五台县	125 432	315 115	162 340	152 775	49 626
代县	77 382	203 421	106 460	96 961	43 241
繁峙县	96 165	270 527	142 383	128 144	35 597
宁武县	65 067	164 033	87 593	76 440	45 767
静乐县	51 565	157 813	84 970	72 843	23 236
神池县	40 861	104 281	55 350	48 931	18 775
五寨县	49 420	115 782	60 119	55 663	22 996
岢岚县	30 494	83 432	44 450	38 982	15 291
河曲县	61 597	145 492	76 175	69 317	30 000
保德县	60 204	164 567	85 495	79 072	25 305
偏关县	42 762	110 330	57 711	52 619	23 309
原平市	174 521	487 441	254 002	233 439	131 862
临汾市	1 470 596	4 370 449	2 224 196	2 146 253	1 113 108
市辖区	373 006	833 007	414 422	418 585	377 963
尧都区	373 006	833 007	414 422	418 585	377 963
曲沃县	61 387	235 157	119 568	115 589	35 577
翼城县	99 326	319 804	160 279	159 525	65 697
襄汾县	140 180	500 549	252 094	248 455	53 874
洪洞县	229 426	763 463	387 728	375 735	94 567
古县	34 185	93 342	47 988	45 354	22 252
安泽县	32 040	83 993	43 147	40 846	18 533
浮山县	44 622	138 289	70 970	67 319	29 386
吉县	33 153	108 710	56 038	52 672	16 181
乡宁县	68 395	238 970	124 216	114 754	41 049
大宁县	21 450	69 319	36 062	33 257	22 093
隰县	36 239	113 549	58 414	55 135	27 366
永和县	20 705	64 855	34 232	30 623	12 408
蒲县	31 450	108 639	55 893	52 746	22 981
汾西县	47 536	147 790	77 184	70 606	22 491
侯马市	82 129	244 678	125 947	118 731	131 539

山 西 省 市 县 人 口

单位：人

地 区 别	总户数（户）	总 人 口 合 计			总人口中非农业人口
		合 计	男	女	
霍州市	115 367	306 335	160 014	146 321	119 151
吕梁市	1 258 234	3 810 931	1 968 656	1 842 275	855 483
市辖区	104 669	274 498	139 024	135 474	155 670
离石区	104 669	274 498	139 024	135 474	155 670
文水县	132 212	437 855	223 390	214 465	50 418
交城县	75 884	219 899	112 798	107 101	59 607
兴县	105 076	324 876	169 050	155 826	35 393
临县	193 127	620 708	323 857	296 851	53 156
柳林县	107 821	329 378	170 914	158 464	54 632
石楼县	33 948	119 162	62 230	56 932	17 834
岚县	58 882	187 824	97 956	89 868	22 597
方山县	51 964	147 666	78 196	69 470	27 490
中阳县	47 711	146 594	76 792	69 802	49 928
交口县	38 598	119 163	61 913	57 250	24 163
孝义市	168 751	467 025	240 710	226 315	217 173
汾阳市	139 591	416 283	211 826	204 457	87 422

内 蒙 古 自 治 区 市 县 人 口

单位：人

地 区 别	总户数 （户）	总 人 口			总人口中 非农业人口
		合 计	男	女	
内蒙古自治区	8 486 525	24 529 201	12 547 227	11 981 974	9 971 956
呼和浩特市	769 016	2 273 675	1 167 374	1 106 301	1 080 060
市辖区	411 326	1 187 869	599 235	588 634	907 921
新城区	121 228	355 366	178 091	177 275	305 771
回民区	83 296	235 278	118 457	116 821	204 437
玉泉区	73 956	195 539	98 791	96 748	146 297
赛罕区	132 846	401 686	203 896	197 790	251 416
土默特左旗	113 851	362 940	190 655	172 285	48 117
托克托县	71 231	204 667	104 812	99 855	43 489
和林格尔县	68 274	196 918	103 670	93 248	28 330
清水河县	47 357	145 250	75 512	69 738	22 388
武川县	56 977	176 031	93 490	82 541	29 815
包头市	761 889	2 195 899	1 116 880	1 079 019	1 360 670
市辖区	509 037	1 500 583	754 737	745 846	1 234 593
东河区	153 227	433 518	216 947	216 571	354 146
昆都伦区	154 872	484 204	243 632	240 572	445 203
青山区	114 585	352 893	176 698	176 195	330 137
石拐区	26 904	66 456	34 106	32 350	42 377
白云矿区	6 679	19 334	10 078	9 256	19 182
九原区	52 770	144 178	73 276	70 902	43 548
土默特右旗	135 618	364 559	188 957	175 602	58 138
固阳县	76 834	215 613	113 572	102 041	36 257
达尔罕茂明安联合旗	40 400	115 144	59 614	55 530	31 682
乌海市	158 147	443 713	226 877	216 836	443 587
市辖区	158 147	443 713	226 877	216 836	443 587
海勃湾区	71 357	218 837	111 031	107 806	218 837
海南区	36 334	95 864	50 136	45 728	95 864
乌达区	50 456	129 012	65 710	63 302	128 886
赤峰市	1 565 059	4 591 948	2 357 821	2 234 127	1 085 166
市辖区	408 967	1 214 412	619 074	595 338	547 890
红山区	131 645	353 432	175 755	177 677	269 638
元宝山区	111 228	325 909	165 733	160 176	178 638
松山区	166 094	535 071	277 586	257 485	99 614
阿鲁科尔沁旗	115 388	300 957	153 015	147 942	54 183
巴林左旗	121 416	359 754	183 185	176 569	57 053
巴林右旗	69 093	183 507	93 609	89 898	57 565
林西县	91 251	241 301	122 057	119 244	58 331
克什克腾旗	84 343	256 412	131 356	125 056	51 971
翁牛特旗	157 068	481 584	248 188	233 396	67 096
喀喇沁旗	118 939	349 186	181 857	167 329	43 622
宁城县	200 590	604 454	314 310	290 144	78 730
敖汉旗	198 004	600 381	311 170	289 211	68 725

内 蒙 古 自 治 区 市 县 人 口

单位：人

地 区 别	总户数（户）	总　合　计	人　男	口　女	总人口中非农业人口
通辽市	1 019 985	3 188 549	1 618 483	1 570 066	1 231 418
市辖区	274 284	832 039	416 698	415 341	453 293
科尔沁区	274 284	832 039	416 698	415 341	453 293
科尔沁左翼中旗	161 581	535 344	272 872	262 472	119 770
科尔沁左翼后旗	128 322	406 457	208 197	198 260	128 664
开鲁县	126 901	402 419	204 662	197 757	133 576
库伦旗	53 226	174 031	90 270	83 761	66 784
奈曼旗	135 018	441 144	224 107	217 037	131 280
扎鲁特旗	113 753	314 704	158 848	155 856	117 714
霍林郭勒市	26 900	82 411	42 829	39 582	80 337
鄂尔多斯市	582 677	1 494 844	767 963	726 881	475 376
市辖区	82 102	253 127	127 154	125 973	174 080
东胜区	82 102	253 127	127 154	125 973	174 080
达拉特旗	144 607	359 528	185 555	173 973	65 938
准格尔旗	125 140	298 663	155 165	143 498	77 852
鄂托克前旗	27 705	75 782	38 676	37 106	22 771
鄂托克旗	38 072	97 130	49 423	47 707	38 372
杭锦旗	56 676	143 884	74 325	69 559	29 714
乌审旗	40 464	106 978	54 900	52 078	26 629
伊金霍洛旗	67 911	159 752	82 765	76 987	40 020
呼伦贝尔市	973 120	2 717 614	1 388 514	1 329 100	1 800 770
市辖区	81 600	269 152	133 944	135 208	253 040
海拉尔区	81 600	269 152	133 944	135 208	253 040
阿荣旗	108 088	331 752	170 665	161 087	98 473
莫力达瓦达斡尔族自治旗	113 856	338 209	174 962	163 247	81 694
鄂伦春自治旗	100 687	280 672	143 911	136 761	212 497
鄂温克族自治旗	54 392	144 236	75 231	69 005	128 237
新巴尔虎右旗	12 942	34 484	17 378	17 106	19 922
新巴尔虎左旗	16 404	42 094	21 854	20 240	24 281
陈巴尔虎旗	23 456	59 397	30 719	28 678	49 063
满洲里市	68 630	166 968	84 151	82 817	166 793
扎兰屯市	151 245	429 895	220 793	209 102	167 216
牙克石市	151 820	374 907	189 936	184 971	361 028
根河市	56 077	160 909	81 743	79 166	160 838
额尔古纳市	33 923	84 939	43 227	41 712	77 688
乌兰察布市	1 085 800	2 897 195	1 502 514	1 394 681	731 411
市辖区	102 031	303 693	154 219	149 474	259 974
集宁区	102 031	303 693	154 219	149 474	259 974
卓资县	89 614	226 628	120 880	105 748	43 573
化德县	70 063	178 798	91 264	87 534	26 744
商都县	135 318	350 052	180 181	169 871	56 945
兴和县	116 465	327 295	169 399	157 896	48 576

内 蒙 古 自 治 区 市 县 人 口

单位：人

地 区 别	总 户 数（户）	总 人 口			总人口中非农业人口
		合 计	男	女	
凉城县	94 766	250 898	133 223	117 675	40 528
察哈尔右翼前旗	100 652	253 017	130 319	122 698	44 169
察哈尔右翼中旗	87 628	224 546	118 263	106 283	31 642
察哈尔右翼后旗	81 770	222 299	113 839	108 460	38 031
四子王旗	76 716	216 990	112 956	104 034	44 105
丰镇市	130 777	342 979	177 971	165 008	97 124
兴安盟	533 930	1 685 694	860 621	825 073	562 694
乌兰浩特市	110 549	317 416	157 557	159 859	238 443
阿尔山市	20 024	48 182	24 361	23 821	48 145
科尔沁右翼前旗	108 026	341 787	176 871	164 916	42 615
科尔沁右翼中旗	68 883	264 419	133 233	131 186	84 559
扎赉特旗	130 568	399 289	207 305	191 984	80 259
突泉县	95 880	314 601	161 294	153 307	68 673
锡林郭勒盟	363 742	996 526	506 753	489 773	454 592
二连浩特市	8 872	25 989	13 368	12 621	24 305
锡林浩特市	60 823	169 561	85 055	84 506	146 823
阿巴嘎旗	15 569	44 778	22 663	22 115	22 183
苏尼特左旗	10 726	33 859	16 946	16 913	15 244
苏尼特右旗	25 662	69 198	34 897	34 301	38 908
东乌珠穆沁旗	24 288	75 714	38 480	37 234	37 577
西乌珠穆沁旗	25 241	76 387	38 338	38 049	33 720
太仆寺旗	83 549	210 482	108 462	102 020	39 676
镶黄旗	11 310	30 783	15 345	15 438	14 185
正镶白旗	26 485	72 827	37 412	35 415	17 355
正蓝旗	30 968	81 799	41 625	40 174	30 733
多伦县	40 249	105 149	54 162	50 987	33 883
巴彦淖尔盟	600 075	1 858 887	939 688	919 199	631 110
临河市	173 543	563 784	280 336	283 448	252 877
五原县	96 280	296 644	151 280	145 364	71 715
磴口县	40 743	124 501	63 369	61 132	54 763
乌拉特前旗	113 069	340 071	174 460	165 611	96 187
乌拉特中旗	51 354	143 667	73 091	70 576	39 178
乌拉特后旗	24 217	64 877	33 402	31 475	33 719
杭锦后旗	100 869	325 343	163 750	161 593	82 671
阿拉善盟	73 085	184 657	93 739	90 918	115 102
阿拉善左旗	56 680	142 972	72 839	70 133	87 992
阿拉善右旗	9 405	24 577	12 332	12 245	15 372
额济纳旗	7 000	17 108	8 568	8 540	11 738

辽宁省市县人口

单位：人

地 区 别	总户数（户）	总 人 口 合 计	男	女	总人口中非农业人口
辽宁省	14 733 291	42 559 735	21 499 161	21 060 574	21 440 254
沈阳市	2 476 117	7 165 490	3 573 438	3 592 052	4 640 956
市辖区	1 793 362	5 122 311	2 532 974	2 589 337	4 234 698
和平区	215 381	629 334	308 148	321 186	622 706
沈河区	205 688	604 461	294 784	309 677	604 189
大东区	242 075	661 502	326 959	334 543	656 735
皇姑区	259 292	762 563	375 427	387 136	759 043
铁西区	301 821	844 983	418 781	426 202	809 115
苏家屯区	154 346	428 260	214 391	213 869	220 271
东陵区	160 819	454 969	226 306	228 663	227 700
沈北新区	109 507	318 544	159 884	158 660	135 131
于洪区	144 433	417 695	208 294	209 401	199 808
辽中县	189 530	540 261	275 272	264 989	102 595
康平县	116 798	353 177	178 320	174 857	80 273
法库县	138 245	450 182	230 832	219 350	83 147
新民市	238 182	699 559	356 040	343 519	140 243
大连市	2 055 511	5 848 049	2 937 776	2 910 273	3 578 253
市辖区	1 099 741	3 020 097	1 508 336	1 511 761	2 698 775
中山区	133 631	357 632	175 913	181 719	357 632
西岗区	114 795	306 139	151 561	154 578	306 139
沙河口区	230 919	657 021	326 149	330 872	657 021
甘井子区	266 842	743 795	382 593	361 202	743 795
旅顺口区	84 523	213 850	105 825	108 025	163 660
金州区	269 031	741 660	366 295	375 365	470 528
长海县	26 403	73 837	36 835	37 002	68 462
瓦房店市	365 701	1 026 189	520 124	506 065	335 169
普兰店市	279 039	819 486	414 781	404 705	240 098
庄河市	284 627	908 440	457 700	450 740	235 749
鞍山市	1 168 676	3 520 264	1 783 145	1 737 119	1 775 396
市辖区	522 145	1 472 444	732 522	739 922	1 300 101
铁东区	165 927	496 821	244 591	252 230	492 594
铁西区	111 778	291 244	145 371	145 873	290 712
立山区	152 810	424 143	213 851	210 292	408 935
千山区	91 630	260 236	128 709	131 527	107 860
台安县	129 315	379 795	193 267	186 528	73 572
岫岩县	148 544	521 114	267 592	253 522	104 557
海城市	368 672	1 146 911	589 764	557 147	297 166
抚顺市	822 054	2 226 142	1 119 263	1 106 879	1 464 056
市辖区	536 601	1 390 526	692 182	698 344	1 244 097
新抚区	101 012	269 461	131 631	137 830	263 642
东洲区	138 375	327 864	163 870	163 994	292 710
望花区	138 630	370 065	186 183	183 882	315 122

辽 宁 省 市 县 人 口

单位：人

地 区 别	总户数 （户）	总 人 口			总人口中 非农业人口
		合 计	男	女	
顺城区	158 584	423 136	210 498	212 638	372 623
抚顺县	65 338	191 167	98 089	93 078	25 761
新宾县	100 564	305 467	155 824	149 643	85 668
清原县	119 551	338 982	173 168	165 814	108 530
本溪市	564 377	1 554 589	781 488	773 101	1 040 155
市辖区	358 264	955 409	475 112	480 297	838 024
平山区	122 275	334 107	165 839	168 268	314 264
溪湖区	85 224	211 140	105 580	105 560	179 673
明山区	118 882	329 557	163 180	166 377	292 603
南芬区	31 883	80 605	40 513	40 092	51 484
本溪满族自治县	101 981	296 895	151 450	145 445	116 832
桓仁满族自治县	104 132	302 285	154 926	147 359	85 299
丹东市	822 167	2 426 424	1 222 587	1 203 837	1 019 277
市辖区	292 723	789 302	389 902	399 400	602 739
元宝区	73 101	185 714	90 799	94 915	168 118
振兴区	156 669	425 830	209 100	216 730	358 124
振安区	62 953	177 758	90 003	87 755	76 497
宽甸县	139 454	437 558	224 226	213 332	104 619
东港市	192 343	612 499	309 318	303 181	132 788
凤城市	197 647	587 065	299 141	287 924	179 131
锦州市	1 033 319	3 101 882	1 563 820	1 538 062	1 241 357
市辖区	336 349	933 762	460 920	472 842	757 687
古塔区	90 452	253 447	123 827	129 620	249 324
凌河区	167 838	459 696	226 161	233 535	392 312
太和区	78 059	220 619	110 932	109 687	116 051
黑山县	215 903	628 506	318 413	310 093	168 585
义县	132 907	439 238	225 455	213 783	80 302
凌海市	189 632	573 605	291 093	282 512	123 191
北镇市	158 528	526 771	267 939	258 832	111 592
营口市	882 148	2 350 429	1 197 541	1 152 888	1 101 918
市辖区	374 508	892 791	448 155	444 636	706 726
站前区	126 384	267 104	132 409	134 695	267 104
西市区	65 193	156 577	77 527	79 050	156 577
鲅鱼圈区	131 926	342 946	174 547	168 399	236 905
老边区	51 005	126 164	63 672	62 492	46 140
盖州市	249 580	732 265	377 415	354 850	182 006
大石桥市	258 060	725 373	371 971	353 402	213 186
阜新市	644 876	1 922 718	963 917	958 801	858 254
市辖区	286 375	775 876	380 132	395 744	687 131
海州区	102 203	272 426	133 012	139 414	258 028
新邱区	36 218	88 800	43 649	45 151	70 911
太平区	57 957	168 575	82 594	85 981	156 516

辽 宁 省 市 县 人 口

单位：人

地 区 别	总户数（户）	总 人 口 合 计	男	女	总人口中非农业人口
清河门区	28 234	72 749	35 976	36 773	48 429
细河区	61 763	173 326	84 901	88 425	153 247
阜新蒙古族自治县	219 664	730 687	373 023	357 664	91 079
彰武县	138 837	416 155	210 762	205 393	80 044
辽阳市	676 715	1 834 813	932 981	901 832	800 351
市辖区	281 586	727 008	362 843	364 165	606 656
白塔区	84 057	209 798	105 134	104 664	202 362
文圣区	75 869	185 422	91 994	93 428	179 491
宏伟区	44 950	119 824	58 910	60 914	96 747
弓长岭区	34 692	88 005	44 515	43 490	61 685
太子河区	42 018	123 959	62 290	61 669	66 371
辽阳县	210 134	592 363	305 642	286 721	96 763
灯塔市	184 995	515 442	264 496	250 946	96 932
盘锦市	466 604	1 300 122	656 323	643 799	1 067 750
市辖区	219 418	606 193	307 530	298 663	553 876
双台子区	71 184	196 243	98 696	97 547	167 924
兴隆台区	148 234	409 950	208 834	201 116	385 952
大洼县	149 476	397 431	200 352	197 079	354 048
盘山县	97 710	296 498	148 441	148 057	159 826
铁岭市	1 043 256	3 060 620	1 558 422	1 502 198	980 929
市辖区	160 797	446 872	223 501	223 371	363 660
银州区	127 770	348 579	173 305	175 274	328 571
清河区	33 027	98 293	50 196	48 097	35 089
铁岭县	133 405	391 655	200 950	190 705	28 106
西丰县	119 112	349 727	179 473	170 254	68 160
昌图县	342 190	1 040 259	529 889	510 370	200 738
调兵山市	89 574	241 477	122 031	119 446	178 874
开原市	198 178	590 630	302 578	288 052	141 391
朝阳市	1 116 348	3 425 513	1 761 071	1 664 442	990 815
市辖区	193 984	597 646	299 630	298 016	351 852
双塔区	128 870	389 833	194 291	195 542	296 945
龙城区	65 114	207 813	105 339	102 474	54 907
朝阳县	170 837	569 801	295 988	273 813	86 040
建平县	196 946	586 224	301 306	284 918	127 273
喀喇沁左翼蒙古族自治县	134 814	427 192	221 212	205 980	84 703
北票市	220 067	595 587	303 242	292 345	207 001
凌源市	199 700	649 063	339 693	309 370	133 946
葫芦岛市	961 123	2 822 680	1 447 389	1 375 291	880 787
市辖区	364 883	991 824	499 578	492 246	548 537
连山区	231 271	632 412	317 383	315 029	304 091
龙港区	79 892	213 310	106 145	107 165	179 634
南票区	53 720	146 102	76 050	70 052	64 812

辽 宁 省 市 县 人 口

地 区 别	总户数 （户）	总 人 口			总人口中 非农业人口
		合 计	男	女	
绥中县	216 637	644 768	332 894	311 874	118 745
建昌县	185 440	630 131	331 928	298 203	78 533
兴城市	194 163	555 957	282 989	272 968	134 972

吉 林 省 市 县 人 口

单位：人

地 区 别	总户数（户）	总 人 口			总人口中非农业人口
		合 计	男	女	
吉林省	9 247 022	27 194 885	13 760 872	13 434 013	12 267 538
长春市	2 437 362	7 565 065	3 815 302	3 749 763	3 336 005
市辖区	1 205 131	3 623 220	1 804 085	1 819 135	2 574 479
南关区	211 331	654 225	317 984	336 241	552 557
宽城区	220 804	625 366	311 974	313 392	392 090
朝阳区	235 656	773 389	388 041	385 348	669 861
二道区	195 305	560 963	276 911	284 052	346 666
绿园区	211 962	617 668	310 008	307 660	509 072
双阳区	130 073	391 609	199 167	192 442	104 233
农安县	329 247	1 100 255	563 460	536 795	229 745
九台市	235 654	710 480	363 142	347 338	181 642
榆树市	414 921	1 296 962	660 903	636 059	202 138
德惠市	252 409	834 148	423 712	410 436	148 001
吉林市	1 484 030	4 341 817	2 199 545	2 142 272	2 120 449
市辖区	633 777	1 835 712	917 928	917 784	1 291 016
昌邑区	219 659	621 993	309 094	312 899	471 584
龙潭区	167 177	487 280	246 032	241 248	298 642
船营区	160 416	463 352	232 638	230 714	351 794
丰满区	86 525	263 087	130 164	132 923	168 996
永吉县	129 697	392 481	200 795	191 686	90 820
蛟河市	146 289	453 238	231 499	221 739	171 715
桦甸市	163 964	456 374	233 202	223 172	193 453
舒兰市	232 082	662 617	338 452	324 165	198 395
磐石市	178 221	541 395	277 669	263 726	175 050
四平市	1 138 952	3 391 153	1 719 049	1 672 104	1 266 297
市辖区	247 547	609 522	301 857	307 665	552 815
铁西区	106 170	277 338	134 201	143 137	277 338
铁东区	141 377	332 184	167 656	164 528	275 477
梨树县	256 773	796 604	408 901	387 703	164 966
伊通满族自治县	157 132	480 053	245 877	234 176	86 054
公主岭市	339 227	1 087 617	550 218	537 399	320 666
双辽市	138 273	417 357	212 196	205 161	141 796
辽源市	424 692	1 237 827	630 294	607 533	558 626
市辖区	179 437	477 918	238 491	239 427	386 715
龙山区	104 969	296 356	147 053	149 303	234 473
西安区	74 468	181 562	91 438	90 124	152 242
东丰县	126 542	405 346	209 084	196 262	102 811
东辽县	118 713	354 563	182 719	171 844	69 100
通化市	766 617	2 268 149	1 154 008	1 114 141	1 043 757
市辖区	156 216	449 343	222 997	226 346	391 690
东昌区	105 159	317 700	156 676	161 024	283 319
二道江区	51 057	131 643	66 321	65 322	108 371

吉 林 省 市 县 人 口

单位：人

地 区 别	总户数（户）	总 人 口 合 计	男	女	总人口中非农业人口
通化县	84 203	245 331	126 033	119 298	78 854
辉南县	118 773	355 188	181 121	174 067	128 239
柳河县	122 669	374 561	193 266	181 295	104 042
梅河口市	201 896	619 024	316 021	303 003	259 689
集安市	82 860	224 702	114 570	110 132	81 243
白山市	538 782	1 297 233	659 934	637 299	880 545
市辖区	255 615	593 264	302 322	290 942	467 259
八道江区	146 506	343 550	174 928	168 622	278 084
江源区	109 109	249 714	127 394	122 320	189 175
抚松县	116 637	301 105	152 079	149 026	190 784
靖宇县	60 039	146 280	74 811	71 469	68 218
长白县	35 482	84 138	42 804	41 334	45 898
临江市	71 009	172 446	87 918	84 528	108 386
松原市	911 601	2 883 334	1 464 796	1 418 538	805 554
市辖区	223 102	552 617	276 258	276 359	345 830
宁江区	223 102	552 617	276 258	276 359	345 830
前郭尔罗斯县	180 042	592 656	300 848	291 808	151 896
长岭县	171 466	635 909	322 657	313 252	111 277
乾安县	109 686	308 564	161 692	146 872	88 055
扶余县	227 305	793 588	403 341	390 247	108 496
白城市	790 370	2 031 728	1 029 630	1 002 098	809 964
市辖区	205 997	508 893	253 162	255 731	286 418
洮北区	205 997	508 893	253 162	255 731	286 418
镇赉县	116 666	295 440	153 327	142 113	104 019
通榆县	140 307	369 448	187 928	181 520	117 214
洮南市	174 908	437 927	222 014	215 913	154 031
大安市	152 492	420 020	213 199	206 821	148 282
延边朝鲜族自治州	754 616	2 178 579	1 088 314	1 090 265	1 446 341
延吉市	171 213	503 798	245 360	258 438	431 107
图们市	45 822	129 921	64 225	65 696	103 374
敦化市	168 718	483 929	245 186	238 743	267 055
珲春市	69 711	223 416	112 924	110 492	160 454
龙井市	68 031	183 386	90 902	92 484	114 615
和龙市	74 860	201 443	101 242	100 201	126 004
汪清县	83 938	235 754	118 607	117 147	132 936
安图县	72 323	216 932	109 868	107 064	110 796

黑 龙 江 省 市 县 人 口

单位：人

地 区 别	总户数（户）	总 人 口			总人口中非农业人口
		合 计	男	女	
黑龙江省	13 573 103	38 448 419	19 485 407	18 963 012	18 556 002
哈尔滨市	3 397 029	9 915 892	5 026 200	4 889 692	4 770 108
市辖区	1 681 508	4 746 801	2 386 532	2 360 269	3 426 202
道里区	278 274	713 264	351 071	362 193	603 926
南岗区	333 511	1 010 924	505 982	504 942	970 273
道外区	266 767	688 847	342 358	346 489	566 559
松北区	67 936	202 683	103 718	98 965	66 007
香坊区	256 829	768 162	393 586	374 576	681 184
平房区	63 308	160 781	81 037	79 744	137 430
呼兰区	204 948	620 008	315 379	304 629	160 555
阿城区	209 935	582 132	293 401	288 731	240 268
依兰县	138 043	406 108	208 085	198 023	129 594
方正县	81 585	222 893	114 024	108 869	100 433
宾县	208 102	626 783	319 387	307 396	108 976
巴彦县	218 035	706 485	360 753	345 732	116 322
木兰县	93 168	276 284	141 405	134 879	66 845
通河县	93 249	238 744	121 535	117 209	107 890
延寿县	92 424	269 498	138 397	131 101	75 178
双城市	265 149	821 660	417 873	403 787	170 752
尚志市	203 135	616 046	314 864	301 182	242 047
五常市	322 631	984 590	503 345	481 245	225 869
齐齐哈尔市	1 954 339	5 715 628	2 899 309	2 816 319	2 038 370
市辖区	556 141	1 419 869	705 110	714 759	1 111 353
龙沙区	114 623	295 239	144 372	150 867	273 633
建华区	92 306	246 915	121 066	125 849	234 480
铁锋区	114 145	294 407	145 545	148 862	268 255
昂昂溪区	33 925	81 494	41 316	40 178	44 471
富拉尔基区	105 145	250 030	124 892	125 138	209 471
碾子山区	33 287	79 670	40 072	39 598	55 177
梅里斯达斡尔族区	62 710	172 114	87 847	84 267	25 866
龙江县	202 102	616 894	315 151	301 743	110 931
依安县	159 044	501 894	256 501	245 393	89 633
泰来县	107 736	328 653	170 332	158 321	82 956
甘南县	132 354	397 370	202 697	194 673	133 928
富裕县	106 311	301 120	153 563	147 557	116 080
克山县	168 459	503 917	256 794	247 123	113 576
克东县	97 668	299 255	152 814	146 441	62 015
拜泉县	182 436	605 668	310 686	294 982	81 693
讷河市	242 088	740 988	375 661	365 327	136 205
鸡西市	740 932	1 907 114	965 091	942 023	1 199 837
市辖区	363 479	880 960	444 354	436 606	731 368

黑 龙 江 省 市 县 人 口

单位：人

地 区 别	总户数 （户）	总 人 口			总人口中 非农业人口
		合 计	男	女	
鸡冠区	125 429	334 524	166 752	167 772	304 532
恒山区	74 507	169 974	86 006	83 968	130 770
滴道区	48 886	116 257	59 142	57 115	85 491
梨树区	38 309	86 480	43 961	42 519	74 935
城子河区	62 066	139 682	71 124	68 558	119 004
麻山区	14 282	34 043	17 369	16 674	16 636
鸡东县	105 959	297 185	151 090	146 095	98 612
虎林市	116 618	294 297	149 027	145 270	187 086
密山市	154 876	434 672	220 620	214 052	182 771
鹤岗市	480 485	1 094 110	551 965	542 145	882 323
市辖区	325 514	678 774	342 047	336 727	610 107
向阳区	51 079	97 698	47 702	49 996	97 665
工农区	82 101	172 535	87 007	85 528	153 236
南山区	66 564	130 483	65 329	65 154	129 353
兴安区	65 702	146 440	74 696	71 744	117 489
东山区	33 799	81 569	41 126	40 443	64 442
兴山区	26 269	50 049	26 187	23 862	47 922
萝北县	85 444	224 847	113 449	111 398	177 403
绥滨县	69 527	190 489	96 469	94 020	94 813
双鸭山市	580 671	1 508 071	763 348	744 723	942 266
市辖区	209 419	501 814	253 539	248 275	457 857
尖山区	86 604	230 944	114 882	116 062	212 402
岭东区	35 733	77 458	39 307	38 151	72 142
四方台区	30 902	67 084	34 664	32 420	50 451
宝山区	56 180	126 328	64 686	61 642	122 862
集贤县	110 709	317 657	161 815	155 842	121 091
友谊县	51 425	124 106	61 604	62 502	108 544
宝清县	153 112	420 838	213 107	207 731	177 287
饶河县	56 006	143 656	73 283	70 373	77 487
大庆市	985 685	2 801 708	1 409 865	1 391 843	1 389 351
市辖区	475 307	1 325 311	656 998	668 313	1 067 756
萨尔图区	114 149	320 932	158 397	162 535	320 932
龙凤区	65 690	177 374	87 343	90 031	150 599
让胡路区	156 059	440 907	217 741	223 166	415 409
红岗区	52 166	134 875	66 994	67 881	104 962
大同区	87 243	251 223	126 523	124 700	75 854
肇州县	152 195	465 253	238 133	227 120	88 535
肇源县	164 091	477 402	242 891	234 511	98 697
林甸县	99 028	276 886	141 368	135 518	63 032
杜尔伯特蒙古族自治县	95 064	256 856	130 475	126 381	71 331
伊春市	503 747	1 273 084	638 186	634 898	1 091 928

黑 龙 江 省 市 县 人 口

单位：人

地 区 别	总户数（户）	总 人 口 合 计	总 人 口 男	总 人 口 女	总人口中非农业人口
市辖区	324 214	810 328	404 207	406 121	779 734
伊春区	60 836	160 076	78 490	81 586	158 920
南岔区	54 593	132 561	66 609	65 952	115 939
友好区	27 526	65 735	32 766	32 969	64 333
西林区	19 154	49 843	25 305	24 538	48 300
翠峦区	19 176	50 593	25 158	25 435	50 219
新青区	19 289	47 953	23 915	24 038	47 884
美溪区	16 791	43 098	21 303	21 795	41 954
金山屯区	16 690	45 434	22 734	22 700	44 481
五营区	16 095	37 734	19 009	18 725	37 455
乌马河区	13 451	34 833	17 315	17 518	33 004
汤旺河区	15 029	34 875	17 582	17 293	33 789
带岭区	13 964	35 688	17 920	17 768	33 270
乌伊岭区	10 302	24 591	12 548	12 043	23 285
红星区	11 597	25 246	12 648	12 598	24 971
上甘岭区	9 721	22 068	10 905	11 163	21 930
嘉荫县	28 029	75 887	39 187	36 700	34 265
铁力市	151 504	386 869	194 792	192 077	277 929
佳木斯市	897 634	2 529 739	1 283 863	1 245 876	1 244 935
市辖区	313 817	822 038	412 868	409 170	603 736
向阳区	89 512	231 514	115 526	115 988	220 608
前进区	60 594	158 944	78 317	80 627	156 780
东风区	59 544	150 821	76 065	74 756	109 132
郊区	104 167	280 759	142 960	137 799	117 216
桦南县	147 954	465 186	237 383	227 803	144 139
桦川县	76 674	220 362	111 172	109 190	56 368
汤原县	94 616	267 644	136 702	130 942	103 950
抚远县	34 433	108 350	56 502	51 848	50 848
同江市	66 753	175 988	90 194	85 794	101 429
富锦市	163 387	470 171	239 042	231 129	184 465
七台河市	325 607	927 654	478 378	449 276	526 479
市辖区	200 902	553 163	288 341	264 822	388 887
新兴区	72 020	209 163	110 141	99 022	161 978
桃山区	76 887	188 464	96 508	91 956	170 985
茄子河区	51 995	155 536	81 692	73 844	55 924
勃利县	124 705	374 491	190 037	184 454	137 592
牡丹江市	973 612	2 705 719	1 362 937	1 342 782	1 481 153
市辖区	291 572	799 052	396 548	402 504	669 266
东安区	68 916	195 099	98 532	96 567	158 536
阳明区	56 702	151 200	75 430	75 770	110 130
爱民区	83 853	233 871	114 734	119 137	212 109

黑 龙 江 省 市 县 人 口

单位：人

地 区 别	总 户 数（户）	总 人 口			总人口中非农业人口
		合 计	男	女	
西安区	82 101	218 882	107 852	111 030	188 491
东宁县	78 298	213 295	107 800	105 495	100 533
林口县	146 964	435 352	222 863	212 489	126 159
绥芬河市	24 524	64 016	32 480	31 536	53 756
海林市	162 293	427 754	215 736	212 018	249 004
宁安市	155 652	440 709	221 900	218 809	147 796
穆棱市	114 309	325 541	165 610	159 931	134 639
黑河市	647 761	1 742 102	886 233	855 869	976 825
市辖区	72 984	192 154	95 335	96 819	134 536
爱辉区	72 984	192 154	95 335	96 819	134 536
嫩江县	184 528	503 703	255 441	248 262	267 416
逊克县	39 269	103 065	52 383	50 682	47 390
孙吴县	38 504	103 995	52 634	51 361	49 009
北安市	173 236	470 249	240 180	230 069	275 730
五大连池市	139 240	368 936	190 260	178 676	202 744
绥化市	1 882 817	5 801 502	2 952 875	2 848 627	1 554 956
市辖区	294 813	899 088	452 199	446 889	288 860
北林区	294 813	899 088	452 199	446 889	288 860
安达市	181 544	519 569	265 438	254 131	196 062
肇东市	333 873	934 895	473 742	461 153	300 010
海伦市	236 756	847 559	431 166	416 393	174 473
望奎县	147 783	484 426	246 209	238 217	84 046
兰西县	165 485	537 228	275 667	261 561	93 885
青冈县	152 485	465 546	240 876	224 670	118 359
庆安县	137 257	413 623	209 864	203 759	93 072
明水县	115 248	367 092	188 789	178 303	74 695
绥棱县	117 573	332 476	168 925	163 551	131 494
大兴安岭地区	202 784	526 096	267 157	258 939	457 471
呼玛县	133 528	343 193	171 893	171 300	293 066
塔河县	36 883	96 451	50 052	46 399	84 987
漠河县	32 373	86 452	45 212	41 240	79 418

上 海 市 市 县 人 口

单位：人

地 区 别	总 户 数 （户）	总 人 口			总人口中 非农业人口
		合 计	男	女	
上海市	5 097 912	14 006 980	6 992 530	7 014 450	12 361 586
市辖区	4 803 706	13 316 773	6 652 727	6 664 046	12 109 264
黄浦区	187 302	602 522	295 812	306 710	602 520
卢湾区	103 413	307 361	151 416	155 945	307 361
徐汇区	321 632	906 382	450 247	456 135	906 256
长宁区	212 232	613 895	306 581	307 314	613 878
静安区	103 531	308 405	149 631	158 774	308 403
普陀区	324 222	872 665	436 090	436 575	872 095
闸北区	249 615	691 409	346 844	344 565	691 365
虹口区	276 420	792 781	390 831	401 950	792 778
杨浦区	376 955	1 086 292	553 122	533 170	1 086 144
闵行区	361 411	942 794	478 730	464 064	865 406
宝山区	334 350	864 346	444 015	420 331	804 468
嘉定区	190 574	550 228	273 750	276 478	453 598
浦东区	1 033 960	2 722 824	1 359 974	1 362 850	2 400 226
金山区	176 123	517 309	257 151	260 158	325 691
松江区	185 929	559 442	276 022	283 420	455 362
青浦区	158 779	459 351	226 560	232 791	294 002
奉贤区	207 258	518 767	255 951	262 816	329 711
县	294 206	690 207	339 803	350 404	252 322
崇明县	294 206	690 207	339 803	350 404	252 322

江 苏 省 市 县 人 口

单位：人

地 区 别	总户数 （户）	总 人 口			总人口中 非农业人口
		合 计	男	女	
江苏省	24 038 912	74 192 318	37 653 207	36 539 111	37 050 803
南京市	2 056 372	6 297 730	3 191 601	3 106 129	5 238 033
市辖区	1 772 187	5 459 758	2 761 116	2 698 642	4 951 928
玄武区	139 361	515 253	267 076	248 177	515 253
白下区	158 474	466 483	235 236	231 247	466 483
秦淮区	101 051	253 275	125 412	127 863	253 275
建邺区	83 504	227 200	112 454	114 746	227 200
鼓楼区	186 798	673 653	342 137	331 516	673 653
下关区	113 019	306 493	158 508	147 985	306 493
浦口区	176 204	548 718	275 342	273 376	453 327
栖霞区	135 519	431 977	218 949	213 028	431 977
雨花台区	78 534	221 799	115 932	105 867	221 799
江宁区	312 337	927 292	461 528	465 764	927 292
六合区	287 386	887 615	448 542	439 073	475 176
溧水县	140 438	413 690	211 167	202 523	142 947
高淳县	143 747	424 282	219 318	204 964	143 158
无锡市	1 545 254	4 656 474	2 325 077	2 331 397	3 298 188
市辖区	800 332	2 381 121	1 184 423	1 196 698	2 243 623
崇安区	69 363	187 007	94 002	93 005	187 007
南长区	120 884	335 778	168 534	167 244	335 778
北塘区	97 387	256 877	128 380	128 497	256 877
锡山区	123 462	410 558	201 724	208 834	273 060
惠山区	126 916	411 663	203 357	208 306	411 663
滨湖区	262 320	779 238	388 426	390 812	779 238
江阴市	365 363	1 203 516	604 598	598 918	489 625
宜兴市	379 559	1 071 837	536 056	535 781	564 940
徐州市	2 784 637	9 576 104	4 945 529	4 630 575	3 785 247
市辖区	598 445	1 917 802	996 012	921 790	1 648 657
鼓楼区	138 633	431 556	219 837	211 719	431 404
云龙区	99 013	302 866	151 627	151 239	302 810
九里区	75 805	238 628	137 803	100 825	238 583
贾汪区	144 146	491 827	255 971	235 856	223 102
泉山区	140 848	452 925	230 774	222 151	452 758
丰县	317 851	1 145 752	593 580	552 172	494 766
沛县	360 435	1 202 499	614 399	588 100	392 134
铜山县	378 196	1 242 111	635 883	606 228	386 571
睢宁县	344 927	1 329 072	689 706	639 366	222 235
新沂市	336 078	1 019 538	525 013	494 525	196 516
邳州市	448 705	1 719 330	890 936	828 394	444 368
常州市	1 254 678	3 598 216	1 803 220	1 794 996	1 783 089
市辖区	778 593	2 266 727	1 129 698	1 137 029	1 185 484
天宁区	133 825	388 655	193 532	195 123	388 360

江 苏 省 市 县 人 口

单位：人

地 区 别	总户数 （户）	总 人 口			总人口中 非农业人口
		合 计	男	女	
钟楼区	122 630	365 656	184 813	180 843	364 394
戚墅堰区	28 147	80 375	41 200	39 175	57 053
新北区	138 398	442 324	220 713	221 611	137 485
武进区	355 593	989 717	489 440	500 277	238 192
溧阳市	263 841	781 314	397 985	383 329	292 390
金坛市	212 244	550 175	275 537	274 638	305 215
苏州市	2 106 918	6 332 903	3 125 028	3 207 875	4 530 591
市辖区	791 479	2 402 061	1 188 338	1 213 723	2 402 061
沧浪区	116 683	325 542	160 083	165 459	325 542
平江区	84 757	228 913	115 345	113 568	228 913
金阊区	76 705	207 926	102 081	105 845	207 926
虎丘区	205 950	670 761	335 025	335 736	670 761
吴中区	184 014	599 650	294 712	304 938	599 650
相城区	123 370	369 269	181 092	188 177	369 269
常熟市	336 867	1 066 417	519 872	546 545	509 372
张家港市	341 565	900 132	444 740	455 392	444 064
昆山市	233 599	699 885	349 992	349 893	699 885
吴江市	254 863	797 240	394 734	402 506	272 057
太仓市	148 545	467 168	227 352	239 816	203 152
南通市	2 790 261	7 626 561	3 775 957	3 850 604	3 576 520
市辖区	314 144	873 797	431 297	442 500	873 676
崇川区	240 491	687 049	339 782	347 267	687 002
港闸区	73 653	186 748	91 515	95 233	186 674
海安县	343 557	936 785	465 332	471 453	534 880
如东县	378 029	1 052 981	521 671	531 310	178 879
启东市	460 244	1 115 791	548 737	567 054	208 816
如皋市	454 555	1 407 203	704 343	702 860	812 399
通州市	486 177	1 241 628	611 736	629 892	476 742
海门市	353 555	998 376	492 841	505 535	491 128
连云港市	1 388 593	4 906 397	2 556 484	2 349 913	2 351 126
市辖区	272 863	886 862	452 358	434 504	659 758
连云区	67 991	204 178	103 855	100 323	184 154
新浦区	136 079	450 260	230 445	219 815	358 064
海州区	68 793	232 424	118 058	114 366	117 540
赣榆县	340 544	1 108 016	580 906	527 110	491 204
东海县	290 441	1 131 601	586 692	544 909	461 272
灌云县	273 345	1 015 229	534 502	480 727	415 488
灌南县	211 400	764 689	402 026	362 663	323 404
淮安市	1 590 007	5 341 595	2 748 739	2 592 856	1 693 542
市辖区	843 560	2 745 223	1 418 685	1 326 538	1 105 520
清河区	122 061	365 177	184 728	180 449	365 037
楚州区	341 694	1 162 324	606 109	556 215	178 571

江苏省市县人口

单位：人

地 区 别	总户数（户）	总 人 口 合 计	男	女	总人口中非农业人口
淮阴区	275 624	899 989	466 402	433 587	244 179
清浦区	104 181	317 733	161 446	156 287	317 733
涟水县	273 195	1 085 532	563 100	522 432	149 926
洪泽县	125 105	388 673	196 942	191 731	147 880
盱眙县	217 285	759 453	388 181	371 272	177 391
金湖县	130 862	362 714	181 831	180 883	112 825
盐城市	2 784 093	8 123 719	4 179 829	3 943 890	3 149 101
市辖区	562 046	1 625 541	835 978	789 563	830 164
亭湖区	292 450	873 197	445 543	427 654	463 851
盐都区	269 596	752 344	390 435	361 909	366 313
响水县	176 932	609 333	320 478	288 855	144 126
滨海县	347 531	1 161 506	602 066	559 440	261 433
阜宁县	355 063	1 093 970	570 904	523 066	378 192
射阳县	335 061	965 817	494 560	471 257	443 472
建湖县	306 232	805 695	417 433	388 262	367 690
东台市	414 149	1 137 710	575 084	562 626	459 092
大丰市	287 079	724 147	363 326	360 821	264 932
扬州市	1 545 886	4 587 967	2 302 680	2 285 287	2 349 147
市辖区	395 832	1 187 647	592 237	595 410	948 042
广陵区	116 668	315 890	157 580	158 310	315 890
邗江区	173 767	560 995	279 479	281 516	321 390
维扬区	105 397	310 762	155 178	155 584	310 762
宝应县	299 781	916 087	462 710	453 377	320 066
仪征市	205 665	598 221	303 090	295 131	280 912
高邮市	268 757	820 104	409 101	411 003	282 747
江都市	375 851	1 065 908	535 542	530 366	517 380
镇江市	1 005 163	2 698 757	1 351 912	1 346 845	1 205 901
市辖区	294 093	753 049	384 150	368 899	583 780
京口区	196 034	508 267	259 596	248 671	380 480
润州区	98 059	244 782	124 554	120 228	203 300
丹徒县	101 431	281 416	138 816	142 600	70 820
丹阳市	281 355	808 223	402 149	406 074	202 175
扬中市	109 689	276 571	136 559	140 012	75 201
句容市	218 595	579 498	290 238	289 260	273 925
泰州市	1 723 351	5 039 848	2 564 830	2 475 018	1 737 522
市辖区	284 760	820 821	412 441	408 380	427 948
海陵区	200 859	559 373	279 673	279 700	292 956
高港区	83 901	261 448	132 768	128 680	134 992
兴化市	539 903	1 559 423	810 368	749 055	287 158
靖江市	221 469	667 071	331 543	335 528	316 927
泰兴市	402 118	1 197 181	607 773	589 408	409 705
姜堰市	275 101	795 352	402 705	392 647	295 784

江 苏 省 市 县 人 口

单位：人

地 区 别	总户数 （户）	总 人 口			总人口中 非农业人口
		合 计	男	女	
宿迁市	1 463 699	5 406 047	2 782 321	2 623 726	2 352 796
市辖区	430 631	1 595 210	819 854	775 356	1 209 344
宿城区	239 804	889 994	456 881	433 113	889 994
宿豫区	190 827	705 216	362 973	342 243	319 350
沭阳县	482 923	1 792 602	922 039	870 563	408 954
泗阳县	269 842	1 003 985	520 360	483 625	418 949
泗洪县	280 303	1 014 250	520 068	494 182	315 549

浙 江 省 市 县 人 口

单位：人

地 区 别	总户数（户）	总 合 计	人 男	口 女	总人口中非农业人口
浙江省	16 041 687	47 161 790	24 001 598	23 160 192	14 339 485
杭州市	2 152 774	6 833 754	3 445 100	3 388 654	3 544 784
市辖区	1 269 197	4 294 353	2 155 609	2 138 744	2 978 281
上城区	115 167	325 216	163 969	161 247	325 205
下城区	124 603	398 440	203 231	195 209	398 388
江干区	112 170	442 479	223 765	218 714	415 417
拱墅区	103 704	307 409	156 963	150 446	305 186
西湖区	161 567	617 784	318 684	299 100	542 871
滨江区	37 153	144 711	73 316	71 395	131 243
萧山区	376 651	1 209 935	596 692	613 243	440 946
余杭区	238 182	848 379	418 989	429 390	419 025
桐庐县	150 742	400 689	202 458	198 231	119 219
淳安县	150 581	452 718	232 086	220 632	76 256
建德市	174 903	513 422	263 313	250 109	128 731
富阳市	218 754	646 713	327 892	318 821	132 885
临安市	188 597	525 859	263 742	262 117	109 412
宁波市	2 224 625	5 710 172	2 859 646	2 850 526	2 020 381
市辖区	888 107	2 218 263	1 100 176	1 118 087	1 344 194
海曙区	113 416	304 633	150 503	154 130	304 573
江东区	104 732	276 341	137 082	139 259	276 341
江北区	98 149	236 691	117 192	119 499	151 146
北仑区	152 988	373 171	185 672	187 499	191 911
镇海区	92 201	224 642	113 593	111 049	161 257
鄞州区	326 621	802 785	396 134	406 651	258 966
象山县	190 806	537 135	274 378	262 757	111 333
宁海县	224 094	604 957	314 134	290 823	93 795
余姚市	311 421	832 456	414 701	417 755	181 755
慈溪市	427 496	1 035 224	511 745	523 479	182 770
奉化市	182 701	482 137	244 512	237 625	106 534
温州市	2 281 051	7 791 135	4 050 690	3 740 445	1 671 205
市辖区	432 884	1 447 681	732 780	714 901	671 047
鹿城区	226 880	706 966	352 794	354 172	539 053
龙湾区	85 805	334 140	172 895	161 245	61 727
瓯海区	120 199	406 575	207 091	199 484	70 267
洞头县	38 562	127 425	65 885	61 540	16 639
永嘉县	280 607	934 482	492 686	441 796	114 067
平阳县	244 368	862 638	450 245	412 393	164 994
苍南县	343 703	1 275 919	672 942	602 977	294 735
文成县	125 150	373 739	199 490	174 249	33 557
泰顺县	114 104	356 888	188 479	168 409	34 364
瑞安市	320 157	1 187 484	609 658	577 826	214 799
乐清市	381 516	1 224 879	638 525	586 354	127 003

浙 江 省 市 县 人 口

单位：人

| 地 区 别 | 总户数
（户） | 总 人 口 | | | 总人口中
非农业人口 |
		合 计	男	女	
嘉兴市	1 028 260	3 395 976	1 683 294	1 712 682	1 399 201
市辖区	271 242	831 207	412 825	418 382	424 214
南湖区	162 632	471 625	234 826	236 799	324 011
秀洲区	108 610	359 582	177 999	181 583	100 203
嘉善县	124 390	382 907	189 686	193 221	179 330
海盐县	120 506	370 702	183 984	186 718	73 476
海宁市	182 675	655 049	323 339	331 710	226 783
平湖市	146 522	485 113	238 870	246 243	232 323
桐乡市	182 925	670 998	334 590	336 408	263 075
湖州市	850 017	2 591 694	1 297 842	1 293 852	818 438
市辖区	344 871	1 085 624	540 276	545 348	435 130
吴兴区	199 422	595 223	296 510	298 713	314 695
南浔区	145 449	490 401	243 766	246 635	120 435
德清县	135 659	428 494	213 477	215 017	125 084
长兴县	213 807	620 516	314 923	305 593	161 489
安吉县	155 680	457 060	229 166	227 894	96 735
绍兴市	1 623 857	4 377 377	2 201 896	2 175 481	1 434 632
市辖区	238 765	648 996	320 092	328 904	473 802
越城区	238 765	648 996	320 092	328 904	473 802
绍兴县	256 612	717 845	354 506	363 339	294 281
新昌县	165 085	435 917	226 031	209 886	89 625
诸暨市	401 538	1 066 744	536 969	529 775	161 227
上虞市	292 858	774 207	384 794	389 413	251 443
嵊州市	268 999	733 668	379 504	354 164	164 254
金华市	1 819 590	4 636 775	2 376 245	2 260 530	1 070 627
市辖区	372 233	927 045	470 431	456 614	317 244
婺城区	241 253	618 112	314 078	304 034	285 237
金东区	130 980	308 933	156 353	152 580	32 007
武义县	133 239	336 323	173 090	163 233	54 040
浦江县	149 206	389 488	202 828	186 660	70 677
磐安县	79 997	209 612	109 103	100 509	29 671
兰溪市	230 805	659 663	344 114	315 549	128 159
义乌市	313 461	730 183	372 124	358 059	226 589
东阳市	321 374	816 248	414 381	401 867	146 237
永康市	219 275	568 213	290 174	278 039	98 010
衢州市	851 701	2 498 601	1 292 325	1 206 276	524 292
市辖区	291 662	821 815	423 761	398 054	272 908
柯城区	157 308	418 687	213 507	205 180	231 600
衢江区	134 354	403 128	210 254	192 874	41 308
常山县	102 994	329 342	172 533	156 809	43 264
开化县	109 361	350 576	181 590	168 986	43 913
龙游县	152 457	403 086	206 183	196 903	65 167

浙 江 省 市 县 人 口

单位：人

地 区 别	总户数（户）	总 人 口 合 计	男	女	总人口中非农业人口
江山市	195 227	593 782	308 258	285 524	99 040
舟山市	366 895	967 721	483 692	484 029	360 992
市辖区	255 378	696 600	349 676	346 924	277 487
定海区	143 312	375 274	188 737	186 537	158 168
普陀区	112 066	321 326	160 939	160 387	119 319
岱山县	81 361	191 403	94 925	96 478	48 845
嵊泗县	30 156	79 718	39 091	40 627	34 660
台州市	1 933 378	5 784 732	2 975 436	2 809 296	1 043 947
市辖区	501 711	1 537 696	778 281	759 415	307 565
椒江区	173 605	503 993	255 380	248 613	136 505
黄岩区	192 054	594 115	301 207	292 908	108 939
路桥区	136 052	439 588	221 694	217 894	62 121
玉环县	140 745	414 664	211 097	203 567	192 562
三门县	132 031	426 038	223 579	202 459	43 829
天台县	195 679	574 990	301 397	273 593	104 245
仙居县	149 781	492 099	256 333	235 766	49 990
温岭市	428 955	1 184 510	602 901	581 609	196 054
临海市	384 476	1 154 735	601 848	552 887	149 702
丽水市	909 539	2 573 853	1 335 432	1 238 421	450 986
市辖区	158 817	384 561	195 774	188 787	126 181
莲都区	158 817	384 561	195 774	188 787	126 181
青田县	155 585	498 648	259 249	239 399	82 596
缙云县	177 403	450 240	232 875	217 365	45 462
遂昌县	81 004	231 197	120 986	110 211	38 292
松阳县	84 474	236 907	123 901	113 006	29 504
云和县	35 425	112 621	58 610	54 011	20 838
庆元县	73 367	202 370	104 928	97 442	33 811
景宁畲族自治县	53 549	170 171	90 395	79 776	30 652
龙泉市	89 915	287 138	148 714	138 424	43 650

安 徽 省 市 县 人 口

单位：人

地 区 别	总户数（户）	总 人 口 合 计	男	女	总人口中非农业人口
安徽省	20 405 322	67 945 286	35 282 529	32 662 757	15 172 765
合肥市	1 529 327	4 914 294	2 567 611	2 346 683	2 136 961
市辖区	640 203	2 085 774	1 085 971	999 803	1 763 036
瑶海区	175 021	496 981	254 348	242 633	414 349
庐阳区	138 804	464 085	236 621	227 464	427 274
蜀山区	172 704	630 240	330 599	299 641	563 409
包河区	153 674	494 468	264 403	230 065	358 004
长丰县	244 193	806 258	419 443	386 815	102 788
肥东县	352 012	1 092 676	575 626	517 050	131 331
肥西县	292 919	929 586	486 571	443 015	139 806
芜湖市	783 797	2 300 977	1 186 664	1 114 313	1 130 972
市辖区	315 589	898 436	460 325	438 111	898 436
镜湖区	63 354	181 399	92 999	88 400	181 399
马塘区	75 245	228 753	116 436	112 317	228 753
新芜区	86 386	243 838	122 931	120 907	243 838
鸠江区	90 604	244 446	127 959	116 487	244 446
芜湖县	124 710	383 677	199 966	183 711	60 284
繁昌县	161 688	465 553	240 585	224 968	89 293
南陵县	181 810	553 311	285 788	267 523	82 959
蚌埠市	1 033 807	3 606 431	1 868 161	1 738 270	1 014 523
市辖区	295 659	925 155	470 788	454 367	658 325
龙子湖区	76 851	231 629	118 210	113 419	175 909
蚌山区	87 313	284 786	144 017	140 769	256 035
禹会区	80 367	237 387	121 047	116 340	188 361
淮上区	51 128	171 353	87 514	83 839	38 020
怀远县	353 358	1 336 321	700 556	635 765	177 719
五河县	207 639	725 460	376 432	349 028	89 198
固镇县	177 151	619 495	320 385	299 110	89 281
淮南市	751 653	2 425 162	1 264 931	1 160 231	1 133 320
市辖区	515 879	1 675 823	868 114	807 709	973 529
大通区	62 256	183 932	94 010	89 922	76 065
田家庵区	163 387	541 237	280 849	260 388	432 969
谢家集区	105 068	337 188	172 738	164 450	231 911
八公山区	54 626	170 517	87 106	83 411	143 498
潘集区	130 542	442 949	233 411	209 538	89 086
凤台县	235 774	749 339	396 817	352 522	159 791
马鞍山市	399 504	1 286 113	661 830	624 283	640 949
市辖区	202 548	636 147	324 912	311 235	527 884
金家庄区	35 284	106 369	54 202	52 167	88 410
花山区	83 942	263 172	132 950	130 222	233 930
雨山区	83 322	266 606	137 760	128 846	205 544
当涂县	196 956	649 966	336 918	313 048	113 065

安 徽 省 市 县 人 口

单位：人

地 区 别	总户数 （户）	总 合 计	人 男	口 女	总人口中 非农业人口
淮北市	645 816	2 177 442	1 115 185	1 062 257	943 395
市辖区	345 999	1 090 231	558 490	531 741	788 960
杜集区	116 279	336 908	172 123	164 785	275 654
相山区	120 809	403 498	204 473	199 025	329 111
烈山区	108 911	349 825	181 894	167 931	184 195
濉溪县	299 817	1 087 211	556 695	530 516	154 435
铜陵市	248 738	739 920	379 056	360 864	434 767
市辖区	146 222	449 477	229 665	219 812	390 251
铜官山区	86 800	275 097	140 609	134 488	274 976
狮子山区	34 907	102 860	53 288	49 572	72 276
郊区	24 515	71 520	35 768	35 752	42 999
铜陵县	102 516	290 443	149 391	141 052	44 516
安庆市	1 776 889	6 158 832	3 182 574	2 976 258	1 101 166
市辖区	255 923	739 603	370 894	368 709	463 574
迎江区	75 107	210 557	105 612	104 945	166 242
大观区	93 794	274 375	137 560	136 815	210 232
宜秀区	87 022	254 671	127 722	126 949	87 100
怀宁县	194 704	692 277	356 721	335 556	78 827
枞阳县	275 933	969 697	501 969	467 728	108 264
潜山县	160 235	583 584	301 038	282 546	57 124
太湖县	166 449	564 043	293 921	270 122	64 151
宿松县	226 816	825 523	439 210	386 313	105 139
望江县	171 412	625 499	321 049	304 450	64 291
岳西县	116 236	404 591	212 459	192 132	44 952
桐城市	209 181	754 015	385 313	368 702	114 844
黄山市	499 711	1 486 033	761 274	724 759	360 464
市辖区	145 740	436 640	221 839	214 801	199 945
屯溪区	55 463	173 131	86 197	86 934	135 300
黄山区	56 340	163 169	83 998	79 171	38 488
徽州区	33 937	100 340	51 644	48 696	26 157
歙县	170 656	490 623	253 514	237 109	64 341
休宁县	86 484	275 334	140 623	134 711	36 750
黟县	35 193	95 970	49 143	46 827	19 189
祁门县	61 638	187 466	96 155	91 311	40 239
滁州市	1 398 349	4 502 525	2 330 549	2 171 976	989 310
市辖区	187 329	532 412	270 257	262 155	251 566
琅琊区	101 070	269 307	135 540	133 767	218 534
南谯区	86 259	263 105	134 717	128 388	33 032
来安县	158 607	501 538	257 519	244 019	85 147
全椒县	157 697	465 845	241 012	224 833	113 301
定远县	274 441	966 986	512 450	454 536	138 036
凤阳县	218 076	749 141	391 535	357 606	109 032

安 徽 省 市 县 人 口

单位：人

地 区 别	总户数 （户）	总　　人　　口			总人口中 非农业人口
		合　计	男	女	
天长市	192 068	631 735	321 746	309 989	168 450
明光市	210 131	654 868	336 030	318 838	123 778
阜阳市	2 799 123	10 004 976	5 193 147	4 811 829	1 252 167
市辖区	575 809	2 042 341	1 052 134	990 207	493 054
颍州区	216 774	719 272	363 684	355 588	255 768
颍东区	167 480	632 550	330 655	301 895	128 233
颍泉区	191 555	690 519	357 795	332 724	109 053
临泉县	553 287	2 173 456	1 117 321	1 056 135	143 004
太和县	527 390	1 693 702	889 010	804 692	150 357
阜南县	447 149	1 642 826	851 159	791 667	128 196
颍上县	468 295	1 671 721	879 631	792 090	189 375
界首市	227 193	780 930	403 892	377 038	148 181
宿州市	1 720 561	6 351 871	3 267 005	3 084 866	849 272
市辖区	529 551	1 838 627	942 830	895 797	414 621
埇桥区	529 551	1 838 627	942 830	895 797	414 621
砀山县	266 883	977 010	507 854	469 156	125 882
萧县	388 278	1 413 102	726 190	686 912	146 436
灵璧县	299 919	1 212 186	624 980	587 206	90 670
泗县	235 930	910 946	465 151	445 795	71 663
巢湖市	1 442 734	4 585 997	2 391 156	2 194 841	751 872
市辖区	312 071	886 426	456 884	429 542	234 580
居巢区	312 071	886 426	456 884	429 542	234 580
庐江县	351 560	1 173 691	609 988	563 703	158 319
无为县	425 581	1 424 261	743 840	680 421	177 658
含山县	149 617	443 244	234 677	208 567	86 348
和县	203 905	658 375	345 767	312 608	94 967
六安市	2 249 181	7 058 912	3 726 182	3 332 730	993 409
市辖区	613 709	1 851 452	976 061	875 391	337 273
金安区	295 203	860 389	448 845	411 544	185 735
裕安区	318 506	991 063	527 216	463 847	151 538
寿县	426 172	1 364 498	723 142	641 356	167 005
霍邱县	572 426	1 803 733	955 267	848 466	220 153
舒城县	312 591	999 001	519 621	479 380	129 590
金寨县	206 433	670 246	359 631	310 615	85 096
霍山县	117 850	369 982	192 460	177 522	54 292
亳州市	1 675 282	5 969 300	3 125 510	2 843 790	657 358
市辖区	483 404	1 595 240	827 864	767 376	215 034
谯城区	483 404	1 595 240	827 864	767 376	215 034
涡阳县	350 019	1 489 910	777 025	712 885	154 917
蒙城县	388 172	1 310 826	687 678	623 148	150 496
利辛县	453 687	1 573 324	832 943	740 381	136 911
池州市	536 266	1 598 775	818 487	780 288	281 804

安徽省市县人口

单位：人

地 区 别	总户数（户）	总 人 口			总人口中非农业人口
		合 计	男	女	
市辖区	226 635	658 120	335 770	322 350	140 927
贵池区	226 635	658 120	335 770	322 350	140 927
东至县	180 423	544 120	278 233	265 887	71 275
石台县	35 192	109 237	56 605	52 632	21 379
青阳县	94 016	287 298	147 879	139 419	48 223
宣城市	914 584	2 777 726	1 443 207	1 334 519	501 056
市辖区	280 043	857 615	443 680	413 935	168 707
宣州区	280 043	857 615	443 680	413 935	168 707
郎溪县	104 101	338 995	176 118	162 877	58 865
广德县	160 785	511 415	268 064	243 351	63 158
泾县	125 322	356 031	185 804	170 227	70 033
绩溪县	66 910	177 029	91 402	85 627	36 753
旌德县	45 736	150 732	78 107	72 625	24 373
宁国市	131 687	385 909	200 032	185 877	79 167

福建省市县人口

单位：人

地 区 别	总户数（户）	总　人　口			总人口中非农业人口
		合　计	男	女	
福建省	9 988 443	34 986 792	18 004 914	16 981 878	11 881 198
福州市	1 973 172	6 379 177	3 293 233	3 085 944	2 642 903
市辖区	605 627	1 873 340	945 949	927 391	1 568 132
鼓楼区	171 617	584 775	296 515	288 260	584 775
台江区	119 412	328 038	165 361	162 677	328 038
仓山区	141 613	450 930	226 789	224 141	283 155
马尾区	51 125	165 126	83 816	81 310	56 035
晋安区	121 860	344 471	173 468	171 003	316 129
闽侯县	198 931	643 753	334 695	309 058	64 396
连江县	182 929	625 135	324 406	300 729	142 386
罗源县	75 825	254 588	133 480	121 108	66 548
闽清县	95 094	306 471	162 226	144 245	67 140
永泰县	110 063	360 689	191 807	168 882	60 605
平潭县	110 843	389 722	199 625	190 097	74 770
福清市	381 250	1 251 762	645 954	605 808	359 515
长乐市	212 610	673 717	355 091	318 626	239 411
厦门市	560 352	1 769 983	889 212	880 771	1 421 034
市辖区	560 352	1 769 983	889 212	880 771	1 421 034
思明区	197 355	620 919	309 880	311 039	620 919
海沧区	36 594	118 040	58 235	59 805	90 137
湖里区	70 166	209 525	107 068	102 457	209 525
集美区	58 003	209 272	106 955	102 317	149 207
同安区	103 272	320 109	160 487	159 622	143 603
翔安区	94 962	292 118	146 587	145 531	207 643
莆田市	810 081	3 196 128	1 615 561	1 580 567	611 156
市辖区	509 202	2 129 771	1 068 598	1 061 173	413 583
城厢区	97 046	382 164	191 672	190 492	131 319
涵江区	112 706	431 798	213 451	218 347	104 969
荔城区	116 610	496 816	246 938	249 878	125 699
秀屿区	182 840	818 993	416 537	402 456	51 596
仙游县	300 879	1 066 357	546 963	519 394	197 573
三明市	768 832	2 710 608	1 412 436	1 298 172	870 083
市辖区	91 350	283 639	144 695	138 944	220 612
梅列区	44 786	139 830	71 007	68 823	123 649
三元区	46 564	143 809	73 688	70 121	96 963
明溪县	33 964	116 359	60 177	56 182	32 754
清流县	42 903	145 232	75 196	70 036	35 109
宁化县	90 490	354 759	184 482	170 277	51 421
大田县	100 778	367 182	194 468	172 714	69 520
尤溪县	115 026	419 744	223 329	196 415	66 653
沙县	74 436	250 735	130 376	120 359	117 404
将乐县	46 624	172 461	89 453	83 008	46 392

福建省市县人口

单位：人

地　区　别	总户数 （户）	总　　人　　口			总人口中 非农业人口
		合　计	男	女	
泰宁县	37 197	130 593	67 432	63 161	35 131
建宁县	40 354	147 668	75 424	72 244	25 995
永安市	95 710	322 236	167 404	154 832	169 092
泉州市	1 833 263	6 808 476	3 477 317	3 331 159	1 963 253
市辖区	283 678	1 029 421	518 460	510 961	629 635
鲤城区	77 110	255 501	127 008	128 493	255 501
丰泽区	62 818	216 619	106 598	110 021	216 619
洛江区	44 551	176 684	91 635	85 049	43 336
泉港区	99 199	380 617	193 219	187 398	114 179
惠安县	253 906	953 805	472 261	481 544	138 535
安溪县	285 343	1 077 656	559 995	517 661	137 128
永春县	161 030	558 996	290 631	268 365	152 583
德化县	87 124	315 409	164 954	150 455	66 532
石狮市	84 052	314 945	160 073	154 872	97 434
晋江市	284 620	1 056 929	537 800	519 129	365 933
南安市	393 510	1 501 315	773 143	728 172	375 473
漳州市	1 300 890	4 717 677	2 422 970	2 294 707	1 412 653
市辖区	170 638	550 092	275 199	274 893	356 867
芗城区	137 281	425 418	212 097	213 321	327 766
龙文区	33 357	124 674	63 102	61 572	29 101
云霄县	111 646	430 906	225 227	205 679	69 612
漳浦县	224 512	843 149	432 466	410 683	252 164
诏安县	152 336	592 915	308 039	284 876	86 049
长泰县	55 505	194 637	98 962	95 675	39 998
东山县	59 683	207 324	104 006	103 318	108 867
南靖县	95 684	349 978	179 116	170 862	93 371
平和县	162 348	577 382	307 643	269 739	190 407
华安县	49 823	161 651	83 966	77 685	56 001
龙海市	218 715	809 643	408 346	401 297	159 317
南平市	911 893	3 101 033	1 607 602	1 493 431	1 098 861
市辖区	144 811	492 658	255 070	237 588	261 156
延平区	144 811	492 658	255 070	237 588	261 156
顺昌县	72 474	240 045	123 394	116 651	64 122
浦城县	125 161	421 183	218 464	202 719	96 474
光泽县	45 470	158 326	82 576	75 750	37 092
松溪县	48 267	162 904	84 816	78 088	40 793
政和县	63 022	221 537	118 427	103 110	55 978
邵武市	93 914	303 074	156 034	147 040	136 435
武夷山市	64 873	228 364	117 428	110 936	96 666
建瓯市	159 908	534 243	276 177	258 066	163 607
建阳市	93 993	338 699	175 216	163 483	146 538
龙岩市	847 852	2 933 469	1 505 807	1 427 662	844 214

福 建 省 市 县 人 口

单位：人

地 区 别	总户数 （户）	总　　人　　口			总人口中 非农业人口
		合　计	男	女	
市辖区	156 435	478 098	242 476	235 622	314 263
新罗区	156 435	478 098	242 476	235 622	314 263
长汀县	140 479	503 956	259 154	244 802	144 323
永定县	136 100	476 079	245 972	230 107	102 672
上杭县	131 297	494 864	250 609	244 255	82 697
武平县	102 706	371 409	190 286	181 123	74 004
连城县	100 582	332 054	171 594	160 460	49 471
漳平市	80 253	277 009	145 716	131 293	76 784
宁德市	982 108	3 370 241	1 780 776	1 589 465	1 017 041
市辖区	135 172	443 349	230 836	212 513	135 623
蕉城区	135 172	443 349	230 836	212 513	135 623
霞浦县	154 134	524 135	277 422	246 713	171 270
古田县	129 035	426 358	225 129	201 229	143 846
屏南县	52 839	184 122	98 885	85 237	30 948
寿宁县	72 882	264 126	140 535	123 591	50 778
周宁县	54 621	201 103	108 655	92 448	64 235
柘荣县	32 034	103 505	54 862	48 643	29 495
福安市	188 265	647 637	343 411	304 226	187 492
福鼎市	163 126	575 906	301 041	274 865	203 354

江 西 省 市 县 人 口

单位：人

地 区 别	总户数 （户）	总 人 口 合 计	男	女	总人口中 非农业人口
江西省	13 879 820	46 333 425	24 277 747	22 055 678	12 592 985
南昌市	1 406 102	4 973 325	2 607 689	2 365 636	2 341 273
市辖区	609 741	2 198 253	1 144 870	1 053 383	1 735 378
东湖区	152 155	589 357	302 616	286 741	564 563
西湖区	138 449	436 455	219 245	217 210	431 309
青云谱区	78 252	261 265	136 690	124 575	240 183
湾里区	31 575	85 725	45 684	40 041	37 832
青山湖区	209 310	825 451	440 635	384 816	461 491
南昌县	281 543	969 831	511 516	458 315	182 643
新建县	191 340	715 133	375 984	339 149	176 294
安义县	88 028	276 595	147 106	129 489	72 435
进贤县	235 450	813 513	428 213	385 300	174 523
景德镇市	524 525	1 602 187	840 663	761 524	630 811
市辖区	169 132	457 891	234 635	223 256	371 197
昌江区	63 923	175 209	89 814	85 395	88 515
珠山区	105 209	282 682	144 821	137 861	282 682
浮梁县	100 051	282 966	148 008	134 958	64 142
乐平市	255 342	861 330	458 020	403 310	195 472
萍乡市	580 021	1 869 257	957 417	911 840	581 418
市辖区	278 236	849 688	431 284	418 404	442 327
安源区	148 509	450 066	224 816	225 250	334 916
湘东区	129 727	399 622	206 468	193 154	107 411
莲花县	78 426	260 011	132 951	127 060	40 063
上栗县	132 744	469 718	243 241	226 477	52 712
芦溪县	90 615	289 840	149 941	139 899	46 316
九江市	1 535 397	4 910 432	2 553 836	2 356 596	1 336 123
市辖区	226 713	637 996	323 632	314 364	480 774
庐山区	113 151	317 933	164 173	153 760	162 741
浔阳区	113 562	320 063	159 459	160 604	318 033
九江县	115 178	322 792	169 512	153 280	75 672
武宁县	110 124	377 150	195 008	182 142	78 418
修水县	212 618	805 213	420 166	385 047	99 582
永修县	129 941	377 585	195 284	182 301	113 559
德安县	86 820	231 444	120 249	111 195	83 655
星子县	71 599	257 009	135 885	121 124	43 200
都昌县	239 315	796 301	415 477	380 824	114 962
湖口县	87 148	289 462	150 288	139 174	66 602
彭泽县	110 108	370 938	194 774	176 164	61 594
瑞昌市	145 833	444 542	233 561	210 981	118 105
新余市	378 637	1 164 585	613 295	551 290	414 718
市辖区	272 510	840 920	442 381	398 539	332 127
渝水区	272 510	840 920	442 381	398 539	332 127

江 西 省 市 县 人 口

单位：人

地 区 别	总户数 （户）	总　　　人　　　口			总人口中 非农业人口
		合　计	男	女	
分宜县	106 127	323 665	170 914	152 751	82 591
鹰潭市	346 303	1 179 484	625 609	553 875	341 866
市辖区	80 912	207 705	107 920	99 785	144 312
月湖区	80 912	207 705	107 920	99 785	144 312
余江县	101 005	376 213	199 787	176 426	79 377
贵溪市	164 386	595 566	317 902	277 664	118 177
赣州市	2 607 758	8 969 895	4 658 311	4 311 584	1 874 575
市辖区	185 819	645 674	329 392	316 282	381 464
章贡区	185 819	645 674	329 392	316 282	381 464
赣县	169 168	611 833	321 718	290 115	100 483
信丰县	218 741	721 969	372 628	349 341	108 105
大余县	109 373	300 456	155 713	144 743	89 870
上犹县	90 695	300 628	156 659	143 969	43 913
崇义县	62 397	206 159	107 433	98 726	37 550
安远县	86 744	366 522	191 231	175 291	63 591
龙南县	91 494	311 163	158 222	152 941	54 826
定南县	57 445	206 022	105 988	100 034	40 644
全南县	58 247	189 375	98 067	91 308	58 350
宁都县	258 053	772 162	407 727	364 435	139 296
于都县	259 425	1 004 175	520 259	483 916	187 946
兴国县	224 411	773 088	404 017	369 071	124 857
会昌县	128 861	484 043	250 074	233 969	78 049
寻乌县	92 132	307 838	160 910	146 928	51 673
石城县	86 205	312 083	164 140	147 943	51 281
瑞金市	171 904	653 688	340 290	313 398	126 854
南康市	256 644	803 017	413 843	389 174	135 823
吉安市	1 486 629	4 891 038	2 559 153	2 331 885	1 106 742
市辖区	148 744	536 608	277 124	259 484	243 504
吉州区	90 664	333 984	170 889	163 095	205 731
青原区	58 080	202 624	106 235	96 389	37 773
吉安县	138 809	464 194	244 189	220 005	96 471
吉水县	169 811	510 688	273 642	237 046	128 713
峡江县	54 121	177 694	91 265	86 429	44 241
新干县	105 907	320 939	170 762	150 177	69 599
永丰县	126 777	440 890	235 078	205 812	77 362
泰和县	177 636	539 919	279 447	260 472	108 115
遂川县	161 511	551 983	290 555	261 428	62 970
万安县	95 266	302 743	154 952	147 791	52 053
安福县	116 964	392 428	202 168	190 260	87 444
永新县	143 404	494 557	258 747	235 810	93 871
井冈山市	47 679	158 395	81 224	77 171	42 399
宜春市	1 728 829	5 499 180	2 915 229	2 583 951	1 624 689

江 西 省 市 县 人 口

单位：人

地 区 别	总户数 （户）	总 合 计	人 男	口 女	总人口中 非农业人口
市辖区	307 970	1 042 230	548 346	493 884	274 201
袁州区	307 970	1 042 230	548 346	493 884	274 201
奉新县	98 435	312 291	163 999	148 292	83 736
万载县	145 506	504 600	266 513	238 087	133 136
上高县	114 295	348 941	184 719	164 222	96 552
宜丰县	99 108	283 319	149 258	134 061	84 951
靖安县	46 637	144 594	75 546	69 048	42 927
铜鼓县	49 426	138 879	72 336	66 543	38 259
丰城市	414 014	1 361 213	731 710	629 503	521 470
樟树市	161 586	542 592	284 466	258 126	151 549
高安市	291 852	820 521	438 336	382 185	197 908
抚州市	1 234 527	3 991 372	2 115 142	1 876 230	974 653
市辖区	357 241	1 111 131	593 487	517 644	333 624
临川区	357 241	1 111 131	593 487	517 644	333 624
南城县	85 740	314 320	163 805	150 515	69 990
黎川县	77 335	242 384	127 444	114 940	57 492
南丰县	87 122	289 335	150 578	138 757	59 689
崇仁县	92 705	353 174	189 722	163 452	69 595
乐安县	121 979	358 551	195 195	163 356	72 165
宜黄县	64 827	224 131	116 853	107 278	40 504
金溪县	92 188	294 320	154 341	139 979	64 093
资溪县	36 929	111 064	57 719	53 345	27 697
东乡县	146 207	452 753	239 941	212 812	112 698
广昌县	72 254	240 209	126 057	114 152	67 106
上饶市	2 051 092	7 282 670	3 831 403	3 451 267	1 366 117
市辖区	119 790	394 753	199 552	195 201	209 673
信州区	119 790	394 753	199 552	195 201	209 673
上饶县	212 150	770 908	403 847	367 061	93 433
广丰县	227 257	876 658	460 228	416 430	153 496
玉山县	169 940	593 178	314 047	279 131	96 485
铅山县	121 729	443 289	232 901	210 388	83 447
横峰县	62 341	213 298	113 182	100 116	39 070
弋阳县	108 329	387 279	207 226	180 053	87 690
余干县	277 154	978 541	519 137	459 404	132 433
鄱阳县	411 486	1 556 670	821 752	734 918	213 014
万年县	117 739	394 879	209 155	185 724	75 239
婺源县	114 750	355 937	183 813	172 124	57 786
德兴市	108 427	317 280	166 563	150 717	124 351

山 东 省 市 县 人 口

单位：人

地 区 别	总户数（户）	总 人 口 合 计	男	女	总人口中非农业人口
山东省	29 520 156	94 494 508	47 918 749	46 575 759	35 477 488
济南市	1 876 983	6 032 748	3 012 622	3 020 126	4 302 397
市辖区	1 110 733	3 482 427	1 737 091	1 745 336	3 482 427
历下区	164 751	550 663	275 820	274 843	550 663
市中区	190 683	569 246	280 306	288 940	569 246
槐荫区	129 761	377 967	186 331	191 636	377 967
天桥区	175 411	501 093	249 703	251 390	501 093
历城区	285 697	919 662	462 539	457 123	919 662
长清区	164 430	563 796	282 392	281 404	563 796
平阴县	132 577	372 385	186 501	185 884	101 415
济阳县	158 114	548 083	275 467	272 616	99 480
商河县	173 947	618 099	312 300	305 799	207 840
章丘市	301 612	1 011 754	501 263	510 491	411 235
青岛市	2 447 379	7 629 161	3 823 534	3 805 627	4 784 189
市辖区	921 462	2 754 745	1 372 341	1 382 404	2 754 745
市南区	167 851	551 342	272 081	279 261	551 342
市北区	182 239	485 276	240 693	244 583	485 276
四方区	132 905	380 860	195 183	185 677	380 860
黄岛区	86 304	315 722	162 281	153 441	315 722
崂山区	73 059	236 071	117 102	118 969	236 071
李沧区	111 515	301 975	150 016	151 959	301 975
城阳区	167 589	483 499	234 985	248 514	483 499
胶州市	244 169	800 327	399 971	400 356	379 070
即墨市	339 863	1 126 082	563 325	562 757	492 627
平度市	426 010	1 375 751	695 223	680 528	443 615
胶南市	267 005	837 359	422 650	414 709	389 588
莱西市	248 870	734 897	370 024	364 873	324 544
淄博市	1 420 231	4 214 057	2 109 683	2 104 374	1 817 389
市辖区	955 664	2 787 717	1 393 181	1 394 536	1 546 414
淄川区	237 289	672 995	335 851	337 144	262 112
张店区	249 697	724 799	366 483	358 316	567 839
博山区	165 987	461 389	229 360	232 029	206 410
临淄区	195 298	608 246	304 226	304 020	314 728
周村区	107 393	320 288	157 261	163 027	195 325
桓台县	156 345	496 868	247 786	249 082	93 860
高青县	103 645	365 793	183 351	182 442	55 499
沂源县	204 577	563 679	285 365	278 314	121 616
枣庄市	1 199 742	3 867 938	2 011 749	1 856 189	1 325 674
市辖区	663 317	2 195 910	1 137 023	1 058 887	818 712
市中区	156 604	514 957	262 979	251 978	302 363
薛城区	143 302	494 028	255 847	238 181	193 223
峄城区	129 505	382 998	197 545	185 453	122 608

山 东 省 市 县 人 口

单位：人

地 区 别	总户数 （户）	总 人 口			总人口中 非农业人口
		合 计	男	女	
台儿庄区	108 119	308 013	160 045	147 968	81 224
山亭区	125 787	495 914	260 607	235 307	119 294
滕州市	536 425	1 672 028	874 726	797 302	506 962
东营市	590 300	1 845 881	932 054	913 827	793 231
市辖区	285 031	832 791	423 377	409 414	656 298
东营区	209 010	618 570	315 905	302 665	503 136
河口区	76 021	214 221	107 472	106 749	153 162
垦利县	69 499	219 523	109 940	109 583	36 173
利津县	84 647	298 143	149 527	148 616	46 117
广饶县	151 123	495 424	249 210	246 214	54 643
烟台市	2 316 259	6 520 049	3 268 153	3 251 896	3 110 050
市辖区	641 739	1 792 426	893 832	898 594	1 371 900
芝罘区	243 076	683 531	338 491	345 040	683 531
福山区	154 721	433 046	217 995	215 051	293 368
牟平区	169 998	456 315	229 547	226 768	175 467
莱山区	73 944	219 534	107 799	111 735	219 534
长岛县	15 803	43 164	21 244	21 920	16 922
龙口市	230 508	633 028	314 122	318 906	294 208
莱阳市	282 915	876 068	445 376	430 692	294 118
莱州市	269 798	859 128	429 051	430 077	364 004
蓬莱市	169 464	449 528	224 497	225 031	176 735
招远市	207 625	570 571	283 679	286 892	191 950
栖霞市	249 944	629 494	318 957	310 537	189 183
海阳市	248 463	666 642	337 395	329 247	211 030
潍坊市	2 675 178	8 678 489	4 383 335	4 295 154	4 071 650
市辖区	565 687	1 812 453	913 981	898 472	1 259 910
潍城区	115 748	365 755	183 740	182 015	213 609
寒亭区	144 854	426 302	215 385	210 917	275 860
坊子区	156 357	525 410	266 489	258 921	275 455
奎文区	148 728	494 986	248 367	246 619	494 986
临朐县	291 637	867 361	442 657	424 704	303 846
昌乐县	188 065	606 365	306 063	300 302	250 967
青州市	271 198	908 882	457 792	451 090	312 194
诸城市	316 714	1 073 947	543 509	530 438	479 733
寿光市	310 106	1 032 783	521 124	511 659	480 980
安丘市	281 423	938 855	478 136	460 719	398 240
高密市	268 535	857 129	430 229	426 900	369 475
昌邑市	181 813	580 714	289 844	290 870	216 305
济宁市	2 418 572	8 313 061	4 259 667	4 053 394	2 525 250
市辖区	340 686	1 110 311	561 773	548 538	631 334
市中区	195 631	588 344	298 894	289 450	356 460
任城区	145 055	521 967	262 879	259 088	274 874

山 东 省 市 县 人 口

单位：人

地 区 别	总户数 （户）	总　　　人　　　口			总人口中 非农业人口
		合　计	男	女	
微山县	189 709	719 017	377 604	341 413	153 378
鱼台县	129 662	466 935	239 039	227 896	79 135
金乡县	181 829	634 113	321 897	312 216	97 964
嘉祥县	232 730	834 161	431 234	402 927	106 628
汶上县	207 283	768 551	394 171	374 380	397 186
泗水县	190 648	615 445	317 185	298 260	162 868
梁山县	223 233	751 420	383 867	367 553	113 831
曲阜市	188 671	636 938	321 297	315 641	182 600
兖州市	192 700	628 506	318 168	310 338	206 902
邹城市	341 421	1 147 664	593 432	554 232	393 424
泰安市	1 775 325	5 558 284	2 812 944	2 745 340	1 577 409
市辖区	519 041	1 592 536	801 548	790 988	652 639
泰山区	221 023	622 716	313 428	309 288	494 329
岱岳区	298 018	969 820	488 120	481 700	158 310
宁阳县	242 240	817 906	416 784	401 122	164 402
东平县	237 802	788 670	397 858	390 812	84 942
新泰市	464 760	1 384 094	705 909	678 185	400 720
肥城市	311 482	975 078	490 845	484 233	274 706
威海市	919 869	2 529 677	1 270 063	1 259 614	1 229 007
市辖区	212 199	645 361	321 209	324 152	479 969
环翠区	212 199	645 361	321 209	324 152	479 969
文登市	249 373	642 599	323 331	319 268	251 677
荣成市	245 057	668 530	334 997	333 533	335 703
乳山市	213 240	573 187	290 526	282 661	161 658
日照市	984 480	2 857 644	1 448 514	1 409 130	1 007 641
市辖区	418 528	1 228 263	618 732	609 531	604 385
东港区	276 163	807 429	406 712	400 717	500 236
岚山区	142 365	420 834	212 020	208 814	104 149
五莲县	174 706	511 085	260 719	250 366	173 491
莒县	391 246	1 118 296	569 063	549 233	229 765
莱芜市	451 627	1 263 761	641 909	621 852	504 048
市辖区	451 627	1 263 761	641 909	621 852	504 048
莱城区	348 075	963 729	485 468	478 261	406 619
钢城区	103 552	300 032	156 441	143 591	97 429
临沂市	3 227 772	10 415 435	5 336 255	5 079 180	2 168 113
市辖区	604 629	1 994 565	1 019 888	974 677	1 420 431
兰山区	271 796	924 539	471 306	453 233	566 572
罗庄区	141 985	433 658	224 416	209 242	433 658
河东区	190 848	636 368	324 166	312 202	420 201
沂南县	309 957	924 281	469 240	455 041	91 334
郯城县	273 413	1 006 445	514 791	491 654	65 802
沂水县	372 892	1 124 350	572 425	551 925	135 046

山 东 省 市 县 人 口

单位：人

地 区 别	总户数 （户）	总 人 口 合 计	男	女	总人口中 非农业人口
苍山县	322 160	1 222 555	631 006	591 549	51 542
费县	310 432	951 190	490 330	460 860	59 421
平邑县	301 856	1 003 818	520 046	483 772	113 988
莒南县	354 699	1 001 668	510 695	490 973	95 062
蒙阴县	178 155	538 222	274 241	263 981	39 062
临沭县	199 579	648 341	333 593	314 748	96 425
德州市	1 680 391	5 690 063	2 874 795	2 815 268	1 665 916
市辖区	194 582	597 375	300 047	297 328	425 058
德城区	194 582	597 375	300 047	297 328	425 058
陵县	171 391	584 900	294 194	290 706	116 767
宁津县	138 501	466 878	236 588	230 290	57 962
庆云县	87 603	308 135	158 235	149 900	59 573
临邑县	149 023	537 952	271 267	266 685	198 089
齐河县	187 108	625 379	315 324	310 055	112 658
平原县	141 674	459 899	230 836	229 063	128 464
夏津县	147 320	514 507	259 799	254 708	144 714
武城县	108 709	384 622	194 118	190 504	77 770
乐陵市	203 257	690 036	352 930	337 106	181 079
禹城市	151 223	520 380	261 457	258 923	163 782
聊城市	1 822 999	5 908 928	2 994 945	2 913 983	1 702 384
市辖区	302 350	1 050 238	530 320	519 918	587 530
东昌府区	302 350	1 050 238	530 320	519 918	587 530
阳谷县	236 383	796 971	405 500	391 471	176 094
莘县	293 472	1 011 188	515 573	495 615	121 192
茌平县	201 878	598 678	303 030	295 648	153 958
东阿县	147 309	436 964	221 117	215 847	123 312
冠县	236 916	779 015	396 342	382 673	68 770
高唐县	174 228	488 410	245 789	242 621	163 541
临清市	230 463	747 464	377 274	370 190	307 987
滨州市	1 139 274	3 774 960	1 902 586	1 872 374	1 052 551
市辖区	199 501	632 332	315 988	316 344	493 954
滨城区	199 501	632 332	315 988	316 344	493 954
惠民县	172 259	638 896	321 655	317 241	63 634
阳信县	136 266	449 456	228 264	221 192	34 067
无棣县	147 666	450 771	230 719	220 052	55 775
沾化县	129 751	389 179	196 079	193 100	43 561
博兴县	151 844	486 124	245 568	240 556	167 124
邹平县	201 987	728 202	364 313	363 889	194 436
菏泽市	2 573 775	9 394 372	4 835 941	4 558 431	1 840 589
市辖区	428 290	1 495 987	767 354	728 633	695 745
牡丹区	428 290	1 495 987	767 354	728 633	695 745
曹县	401 666	1 543 724	794 752	748 972	200 064

山 东 省 市 县 人 口

地 区 别	总户数（户）	总 人 口			总人口中非农业人口
		合 计	男	女	
单县	314 349	1 214 070	618 934	595 136	165 560
成武县	196 024	670 387	342 101	328 286	111 395
巨野县	280 837	988 369	508 660	479 709	229 417
郓城县	332 055	1 192 112	618 902	573 210	132 964
鄄城县	228 989	839 272	434 915	404 357	100 535
定陶县	174 689	660 412	339 582	320 830	99 581
东明县	216 876	790 039	410 741	379 298	105 328

河 南 省 市 县 人 口

单位：人

地 区 别	总户数 （户）	总 人 口			总人口中 非农业人口
		合 计	男	女	
河南省	29 861 665	106 634 344	55 098 367	51 535 977	23 244 655
郑州市	1 955 366	7 314 705	3 716 785	3 597 920	3 073 790
市辖区	821 902	2 850 050	1 421 161	1 428 889	2 134 340
中原区	177 054	668 564	335 463	333 101	507 821
二七区	156 142	533 785	265 763	268 022	419 737
管城回族区	126 601	405 909	203 260	202 649	276 886
金水区	268 077	942 519	467 918	474 601	808 231
上街区	38 184	115 616	57 802	57 814	72 716
惠济区	55 844	183 657	90 955	92 702	48 949
中牟县	172 925	768 166	400 311	367 855	123 304
巩义市	217 578	814 786	412 960	401 826	157 269
荥阳市	174 357	644 674	327 511	317 163	110 096
新密市	209 202	866 303	450 793	415 510	187 307
新郑市	186 122	682 762	352 005	330 757	158 900
登封市	173 280	687 964	352 044	335 920	202 574
开封市	1 435 513	5 271 427	2 720 004	2 551 423	981 836
市辖区	283 332	853 832	425 557	428 275	596 125
龙亭区	39 824	118 550	59 041	59 509	66 436
顺河回族区	85 182	254 880	126 318	128 562	193 905
鼓楼区	55 918	157 568	77 317	80 251	133 970
禹王台区	47 957	135 584	66 924	68 660	97 611
金明区	54 451	187 250	95 957	91 293	104 203
杞县	316 831	1 160 649	601 063	559 586	91 779
通许县	165 811	652 680	338 178	314 502	56 100
尉氏县	243 636	962 787	505 603	457 184	82 460
开封县	195 432	770 542	400 168	370 374	55 051
兰考县	230 471	870 937	449 435	421 502	100 321
洛阳市	1 988 732	6 948 871	3 565 150	3 383 721	1 896 530
市辖区	513 006	1 600 689	810 903	789 786	1 146 888
老城区	54 469	142 927	70 208	72 719	99 598
西工区	108 574	353 390	183 436	169 954	319 849
瀍河回族区	63 230	171 729	88 610	83 119	144 594
涧西区	164 222	526 268	265 383	260 885	440 456
吉利区	21 621	68 228	34 051	34 177	34 329
洛龙区	100 890	338 147	169 215	168 932	108 062
孟津县	141 104	472 599	238 112	234 487	59 823
新安县	151 139	532 437	273 333	259 104	120 972
栾川县	100 350	338 993	176 961	162 032	44 933
嵩县	160 938	581 173	304 765	276 408	56 688
汝阳县	122 689	474 429	247 124	227 305	60 659
宜阳县	191 630	743 308	383 226	360 082	98 669
洛宁县	132 656	510 420	263 588	246 832	60 341

河 南 省 市 县 人 口

单位：人

地 区 别	总户数（户）	总 人 口			总人口中非农业人口
		合 计	男	女	
伊川县	232 278	835 932	429 833	406 099	142 545
偃师市	242 942	858 891	437 305	421 586	105 012
平顶山市	1 491 077	5 323 553	2 783 240	2 540 313	1 317 029
市辖区	281 525	1 018 553	530 934	487 619	787 827
新华区	101 878	398 189	206 534	191 655	325 267
卫东区	85 444	313 622	163 066	150 556	275 251
石龙区	23 211	62 948	35 376	27 572	42 259
湛河区	70 992	243 794	125 958	117 836	145 050
宝丰县	154 223	518 646	269 478	249 168	71 386
叶县	248 418	881 278	459 655	421 623	83 642
鲁山县	246 181	909 086	477 723	431 363	99 658
郏县	170 909	617 890	325 519	292 371	56 960
舞钢市	103 839	334 093	175 627	158 466	104 400
汝州市	285 982	1 044 007	544 304	499 703	113 156
安阳市	1 649 791	5 731 565	2 930 078	2 801 487	1 260 251
市辖区	343 126	1 075 300	548 354	526 946	717 488
文峰区	120 863	384 910	193 528	191 382	263 449
北关区	82 022	243 581	121 464	122 117	206 889
殷都区	76 062	246 693	130 870	115 823	190 844
龙安区	64 179	200 116	102 492	97 624	56 306
安阳县	280 715	985 870	502 791	483 079	124 309
汤阴县	146 103	482 124	245 276	236 848	75 843
滑县	383 104	1 390 066	711 612	678 454	110 974
内黄县	186 834	753 272	385 578	367 694	56 286
林州市	309 909	1 044 933	536 467	508 466	175 351
鹤壁市	470 989	1 597 943	825 863	772 080	518 334
市辖区	205 669	609 710	315 558	294 152	382 884
鹤山区	44 174	126 319	66 529	59 790	77 499
山城区	82 126	237 999	123 658	114 341	171 842
淇滨区	79 369	245 392	125 371	120 021	133 543
浚县	183 064	707 923	364 808	343 115	71 418
淇县	82 256	280 310	145 497	134 813	64 032
新乡市	1 638 766	5 972 475	3 050 114	2 922 361	1 634 897
市辖区	300 519	1 013 951	517 393	496 558	747 556
红旗区	96 410	320 934	161 934	159 000	230 609
卫滨区	69 722	232 339	116 186	116 153	217 529
凤泉区	38 780	143 058	76 875	66 183	38 380
牧野区	95 607	317 620	162 398	155 222	261 038
新乡县	87 317	333 984	170 262	163 722	28 951
获嘉县	117 910	417 415	212 583	204 832	72 618
原阳县	173 628	727 285	375 759	351 526	53 822
延津县	127 509	480 409	245 204	235 205	71 784

河 南 省 市 县 人 口

单位：人

地 区 别	总户数（户）	总 人 口 合 计	男	女	总人口中非农业人口
封丘县	202 439	775 694	393 102	382 592	97 232
长垣县	236 384	904 125	465 330	438 795	84 229
卫辉市	139 832	502 995	256 568	246 427	120 436
辉县市	253 228	816 617	413 913	402 704	358 269
焦作市	980 956	3 648 616	1 858 507	1 790 109	1 064 093
市辖区	228 335	835 170	427 680	407 490	651 169
解放区	83 660	290 183	145 794	144 389	290 183
中站区	34 339	119 186	61 522	57 664	75 929
马村区	36 910	147 242	78 269	68 973	67 948
山阳区	73 426	278 559	142 095	136 464	217 109
修武县	83 601	305 031	157 639	147 392	57 306
博爱县	120 457	435 556	224 688	210 868	71 868
武陟县	195 574	735 530	376 822	358 708	63 485
温县	136 493	463 558	233 404	230 154	68 828
沁阳市	105 899	494 599	249 127	245 472	93 914
孟州市	110 597	379 172	189 147	190 025	57 523
濮阳市	1 003 721	4 042 170	2 073 939	1 968 231	752 134
市辖区	216 968	671 445	336 024	335 421	429 144
华龙区	216 968	671 445	336 024	335 421	429 144
清丰县	172 630	713 820	368 809	345 011	71 177
南乐县	116 436	540 677	274 038	266 639	42 372
范县	143 306	566 966	294 370	272 596	63 135
台前县	89 251	389 882	200 702	189 180	32 370
濮阳县	265 130	1 159 380	599 996	559 384	113 936
许昌市	1 362 176	4 852 117	2 508 991	2 343 126	1 237 842
市辖区	136 068	411 689	205 055	206 634	411 689
魏都区	136 068	411 689	205 055	206 634	411 689
许昌县	243 210	880 976	456 163	424 813	230 029
鄢陵县	177 271	673 040	349 690	323 350	120 565
襄城县	244 747	873 028	454 267	418 761	114 799
禹州市	360 215	1 256 898	655 351	601 547	200 407
长葛市	200 665	756 486	388 465	368 021	160 353
漯河市	772 398	2 760 698	1 418 775	1 341 923	668 638
市辖区	405 338	1 391 727	711 007	680 720	469 418
源汇区	104 689	335 839	168 136	167 703	170 274
郾城区	148 487	516 795	266 416	250 379	169 705
召陵区	152 162	539 093	276 455	262 638	129 439
舞阳县	170 687	609 763	313 299	296 464	70 530
临颍县	196 373	759 208	394 469	364 739	128 690
三门峡市	715 034	2 295 621	1 182 810	1 112 811	680 115
市辖区	86 984	292 003	147 430	144 573	225 669
湖滨区	86 984	292 003	147 430	144 573	225 669

河 南 省 市 县 人 口

单位：人

地 区 别	总户数（户）	总 人 口 合 计	总 人 口 男	总 人 口 女	总人口中非农业人口
渑池县	119 751	360 567	184 043	176 524	101 454
陕县	108 374	345 346	177 901	167 445	54 162
卢氏县	125 466	380 425	199 588	180 837	42 093
义马市	55 725	169 017	89 533	79 484	134 129
灵宝市	218 734	748 263	384 315	363 948	122 608
南阳市	3 547 683	11 675 118	6 122 572	5 552 546	1 814 120
市辖区	586 071	1 853 204	952 209	900 995	574 461
宛城区	281 775	878 698	451 446	427 252	257 540
卧龙区	304 296	974 506	500 763	473 743	316 921
南召县	212 855	640 264	341 631	298 633	97 980
方城县	334 103	1 079 379	568 463	510 916	102 752
西峡县	160 697	467 253	246 784	220 469	87 317
镇平县	296 353	1 033 549	549 675	483 874	115 072
内乡县	225 528	689 780	363 339	326 441	123 234
淅川县	243 142	833 135	434 268	398 867	113 918
社旗县	218 255	716 275	374 296	341 979	80 047
唐河县	411 213	1 365 995	719 087	646 908	134 107
新野县	225 162	806 339	419 558	386 781	114 287
桐柏县	171 716	479 306	252 316	226 990	100 992
邓州市	462 588	1 710 639	900 946	809 693	169 953
商丘市	2 526 986	9 108 680	4 690 679	4 418 001	1 702 481
市辖区	458 849	1 731 959	878 992	852 967	928 450
梁园区	236 957	870 935	447 401	423 534	589 017
睢阳区	221 892	861 024	431 591	429 433	339 433
民权县	265 051	958 316	488 640	469 676	111 065
睢县	220 144	874 085	446 422	427 663	83 269
宁陵县	175 963	665 123	339 206	325 917	81 463
柘城县	281 933	1 003 326	515 979	487 347	103 062
虞城县	350 731	1 201 769	620 297	581 472	90 435
夏邑县	355 572	1 184 643	625 097	559 546	103 520
永城市	418 743	1 489 459	776 046	713 413	201 217
信阳市	2 644 901	8 609 861	4 515 788	4 094 073	1 536 920
市辖区	480 949	1 457 516	750 203	707 313	450 277
浉河区	220 319	634 861	324 507	310 354	276 369
平桥区	260 630	822 655	425 696	396 959	173 908
罗山县	223 791	760 129	400 272	359 857	120 784
光山县	277 702	895 505	477 724	417 781	138 087
新县	139 303	383 330	205 865	177 465	85 406
商城县	225 678	754 526	398 517	356 009	90 126
固始县	532 803	1 703 514	909 338	794 176	215 297
潢川县	240 293	858 189	446 456	411 733	124 885
淮滨县	218 496	736 547	379 896	356 651	188 044

河 南 省 市 县 人 口

单位：人

地 区 别	总户数 （户）	总 人 口			总人口中 非农业人口
		合 计	男	女	
息县	305 886	1 060 605	547 517	513 088	124 014
周口市	3 205 246	12 067 602	6 258 998	5 808 604	1 510 901
市辖区	157 282	527 257	265 117	262 140	256 030
川汇区	157 282	527 257	265 117	262 140	256 030
扶沟县	213 705	759 960	394 921	365 039	88 543
西华县	273 824	990 683	515 156	475 527	142 791
商水县	317 910	1 239 683	648 684	590 999	86 225
沈丘县	342 381	1 342 638	693 209	649 429	162 213
郸城县	419 862	1 520 402	792 475	727 927	148 486
淮阳县	398 748	1 529 566	774 164	755 402	139 686
太康县	371 354	1 547 143	797 409	749 734	128 777
鹿邑县	328 795	1 300 000	674 593	625 407	123 789
项城市	381 385	1 310 270	703 270	607 000	234 361
驻马店市	2 277 959	8 731 339	4 529 866	4 201 473	1 332 483
市辖区	200 451	661 444	337 438	324 006	280 178
驿城区	200 451	661 444	337 438	324 006	280 178
西平县	208 405	860 863	447 618	413 245	102 112
上蔡县	353 885	1 479 611	764 424	715 187	105 380
平舆县	250 215	966 312	502 495	463 817	231 094
正阳县	224 486	781 606	406 275	375 331	83 658
确山县	153 149	516 995	268 362	248 633	146 469
泌阳县	252 307	990 910	517 419	473 491	115 922
汝南县	210 764	834 676	435 668	399 008	96 038
遂平县	155 240	555 000	287 242	267 758	72 995
新蔡县	269 057	1 083 922	562 925	520 997	98 637
省直辖行政单位	194 371	681 983	346 208	335 775	262 261
济源市	194 371	681 983	346 208	335 775	262 261

湖 北 省 市 县 人 口

单位：人

地 区 别	总户数（户）	总 人 口 合 计	男	女	总人口中非农业人口
湖北省	19 730 045	61 418 808	31 854 639	29 564 169	25 497 367
武汉市	2 699 029	8 355 473	4 296 751	4 058 722	8 338 046
市辖区	2 699 029	8 355 473	4 296 751	4 058 722	8 338 046
江岸区	245 502	672 791	335 426	337 365	670 635
江汉区	176 012	476 780	243 024	233 756	475 773
硚口区	196 885	531 673	266 326	265 347	531 487
汉阳区	192 361	521 214	266 928	254 286	520 707
武昌区	323 947	1 174 179	602 191	571 988	1 173 109
青山区	145 227	454 634	236 278	218 356	454 634
洪山区	188 141	821 847	444 358	377 489	821 847
东西湖区	96 407	263 763	133 928	129 835	263 763
汉南区	41 662	107 338	55 024	52 314	106 585
蔡甸区	154 871	477 045	243 750	233 295	474 742
江夏区	234 564	734 416	375 304	359 112	732 481
黄陂区	375 917	1 129 090	576 702	552 388	1 123 590
新洲区	327 533	990 703	517 512	473 191	988 693
黄石市	769 958	2 585 575	1 359 609	1 225 966	2 581 315
市辖区	206 733	636 531	327 701	308 830	635 066
黄石港区	65 780	204 575	102 364	102 211	204 275
西塞山区	71 600	222 717	114 660	108 057	222 217
下陆区	48 737	152 915	81 269	71 646	152 291
铁山区	20 616	56 324	29 408	26 916	56 283
阳新县	296 151	1 011 370	536 351	475 019	1 011 370
大冶市	267 074	937 674	495 557	442 117	934 879
十堰市	1 155 000	3 532 151	1 869 601	1 662 550	1 030 891
市辖区	193 778	527 757	269 542	258 215	480 448
茅箭区	96 516	263 896	134 056	129 840	248 406
张湾区	97 262	263 861	135 486	128 375	232 042
郧县	191 286	658 152	347 122	311 030	137 995
郧西县	163 626	514 481	274 602	239 879	60 277
竹山县	144 465	470 633	258 544	212 089	69 590
竹溪县	123 345	375 231	202 052	173 179	49 075
房县	169 851	489 196	259 621	229 575	39 783
丹江口市	168 649	496 701	258 118	238 583	193 723
宜昌市	1 478 081	4 013 699	2 058 759	1 954 940	1 342 971
市辖区	449 841	1 247 944	641 811	606 133	722 504
西陵区	139 376	418 298	217 282	201 016	410 915
伍家岗区	57 387	152 302	76 999	75 303	135 232
点军区	39 949	105 698	53 737	51 961	17 983
猇亭区	20 054	50 282	25 284	24 998	31 105
夷陵区	193 075	521 364	268 509	252 855	127 269
远安县	71 989	194 920	101 070	93 850	38 733

湖 北 省 市 县 人 口

单位：人

地 区 别	总户数（户）	总 人 口 合 计	男	女	总人口中非农业人口
兴山县	68 538	181 151	94 444	86 707	43 062
秭归县	139 417	383 488	198 347	185 141	67 253
长阳土家族自治县	143 942	413 874	217 144	196 730	65 828
五峰土家族自治县	71 428	209 476	109 236	100 240	26 888
宜都市	148 292	395 282	200 499	194 783	115 583
当阳市	189 687	485 336	244 896	240 440	125 283
枝江市	194 947	502 228	251 312	250 916	137 837
襄樊市	2 040 305	5 888 786	3 021 344	2 867 442	2 569 989
市辖区	743 746	2 217 462	1 133 485	1 083 977	1 212 890
襄城区	157 718	463 880	237 592	226 288	250 145
樊城区	253 392	716 138	363 266	352 872	507 917
襄阳区	332 636	1 037 444	532 627	504 817	454 828
南漳县	193 155	591 754	307 421	284 333	113 841
谷城县	210 266	578 295	298 454	279 841	221 055
保康县	108 064	287 465	152 991	134 474	53 280
老河口市	183 362	531 788	269 308	262 480	243 525
枣阳市	413 140	1 118 562	574 575	543 987	503 356
宜城市	188 572	563 460	285 110	278 350	222 042
鄂州市	361 270	1 075 512	559 472	516 040	359 779
市辖区	361 270	1 075 512	559 472	516 040	359 779
梁子湖区	50 183	182 427	95 810	86 617	21 299
华容区	85 112	250 851	129 718	121 133	27 597
鄂城区	225 975	642 234	333 944	308 290	310 883
荆门市	1 007 210	3 010 458	1 535 500	1 474 958	806 334
市辖区	280 111	714 028	365 421	348 607	354 630
东宝区	149 651	379 206	192 048	187 158	190 704
掇刀区	130 460	334 822	173 373	161 449	163 926
京山县	216 098	654 869	337 801	317 068	153 967
沙洋县	184 006	593 686	301 241	292 445	75 698
钟祥市	326 995	1 047 875	531 037	516 838	222 039
孝感市	1 622 456	5 287 315	2 766 361	2 520 954	1 987 225
市辖区	317 538	948 596	490 280	458 316	948 402
孝南区	317 538	948 596	490 280	458 316	948 402
孝昌县	190 108	664 720	346 863	317 857	94 792
大悟县	185 236	644 316	339 343	304 973	147 101
云梦县	191 382	606 256	316 669	289 587	125 589
应城市	210 500	672 103	350 635	321 468	302 698
安陆市	200 767	630 436	337 408	293 028	115 958
汉川市	326 925	1 120 888	585 163	535 725	252 685
荆州市	2 040 809	6 571 213	3 358 506	3 212 707	1 656 197
市辖区	386 094	1 135 786	572 565	563 221	651 166
沙市区	188 845	550 726	275 684	275 042	401 068

— 174 —

湖 北 省 市 县 人 口

单位：人

地 区 别	总户数 （户）	总 人 口			总人口中 非农业人口
		合 计	男	女	
荆州区	197 249	585 060	296 881	288 179	250 098
公安县	330 947	1 047 971	527 769	520 202	182 242
监利县	415 695	1 534 050	793 894	740 156	261 683
江陵县	117 707	407 254	205 690	201 564	63 222
石首市	220 511	663 840	339 958	323 882	159 850
洪湖市	288 277	931 628	488 321	443 307	177 650
松滋市	281 578	850 684	430 309	420 375	160 384
黄冈市	2 412 674	7 396 068	3 885 766	3 510 302	1 877 603
市辖区	152 122	365 222	188 646	176 576	365 222
黄州区	152 122	365 222	188 646	176 576	365 222
团风县	121 900	368 412	193 453	174 959	45 395
红安县	208 252	663 593	347 689	315 904	134 638
罗田县	205 962	622 948	331 826	291 122	79 114
英山县	138 756	399 152	209 842	189 310	70 741
浠水县	339 492	1 035 901	542 428	493 473	152 304
蕲春县	301 603	991 315	518 670	472 645	281 287
黄梅县	320 056	1 003 646	525 404	478 242	171 874
麻城市	382 700	1 179 902	620 727	559 175	306 579
武穴市	241 831	765 977	407 081	358 896	270 449
咸宁市	868 365	2 906 252	1 526 180	1 380 072	776 137
市辖区	195 722	597 840	318 329	279 511	243 114
咸安区	195 722	597 840	318 329	279 511	243 114
嘉鱼县	114 945	370 840	192 357	178 483	105 740
通城县	142 210	492 007	255 920	236 087	91 612
崇阳县	128 932	469 301	247 684	221 617	75 417
通山县	133 115	460 450	242 201	218 249	95 961
赤壁市	153 441	515 814	269 689	246 125	164 293
随州市	755 906	2 577 746	1 323 734	1 254 012	511 093
市辖区	463 499	1 635 062	838 514	796 548	331 544
曾都区	463 499	1 635 062	838 514	796 548	331 544
广水市	292 407	942 684	485 220	457 464	179 549
恩施土家族苗族自治州	1 265 084	3 949 249	2 059 609	1 889 640	550 817
恩施市	252 530	794 147	409 889	384 258	203 127
利川市	277 735	882 600	464 317	418 283	128 051
建始县	159 406	509 667	264 725	244 942	42 383
巴东县	166 076	490 913	256 762	234 151	54 908
宣恩县	111 658	353 453	184 481	168 972	25 303
咸丰县	129 761	375 967	198 288	177 679	29 463
来凤县	91 285	322 100	166 637	155 463	45 710
鹤峰县	76 633	220 402	114 510	105 892	21 872
省直辖行政单位	1 253 898	4 269 311	2 233 447	2 035 864	1 108 970
仙桃市	405 729	1 517 641	808 182	709 459	415 018

湖北省市县人口

单位：人

地 区 别	总户数 （户）	总 人 口			总人口中 非农业人口
		合 计	男	女	
潜江市	329 303	1 016 254	513 821	502 433	310 240
天门市	488 204	1 655 095	868 335	786 760	353 954
神农架林区	30 662	80 321	43 109	37 212	29 758

湖 南 省 市 县 人 口

单位：人

地 区 别	总户数 （户）	总 人 口			总人口中 非农业人口
		合 计	男	女	
湖南省	21 774 607	70 073 323	36 401 671	33 671 652	15 657 591
长沙市	2 005 253	6 468 350	3 292 771	3 175 579	2 347 616
市辖区	767 055	2 421 523	1 222 052	1 199 471	1 876 531
芙蓉区	124 436	406 271	203 403	202 868	363 195
天心区	132 018	407 537	207 956	199 581	370 610
岳麓区	193 947	655 375	331 177	324 198	363 991
开福区	155 052	414 841	204 662	210 179	328 791
雨花区	161 602	537 499	274 854	262 645	449 944
长沙县	241 084	781 972	395 720	386 252	88 413
望城县	161 021	511 189	259 614	251 575	69 364
宁乡县	431 426	1 360 165	697 171	662 994	159 289
浏阳市	404 667	1 393 501	718 214	675 287	154 019
株洲市	1 120 768	3 867 861	1 977 495	1 890 366	1 028 088
市辖区	265 948	801 932	409 963	391 969	593 692
荷塘区	69 394	212 078	109 287	102 791	159 819
芦淞区	65 371	191 097	97 458	93 639	164 916
石峰区	82 334	245 804	127 690	118 114	178 984
天元区	48 849	152 953	75 528	77 425	89 973
株洲县	132 895	456 680	236 372	220 308	51 919
攸县	220 257	776 802	393 576	383 226	108 907
茶陵县	165 833	601 586	306 550	295 036	88 393
炎陵县	56 107	185 365	94 491	90 874	32 451
醴陵市	279 728	1 045 496	536 543	508 953	152 726
湘潭市	922 171	2 891 021	1 484 500	1 406 521	817 347
市辖区	231 453	703 497	358 081	345 416	568 979
雨湖区	116 136	356 920	181 526	175 394	310 981
岳塘区	115 317	346 577	176 555	170 022	257 998
湘潭县	363 850	1 161 418	598 613	562 805	100 784
湘乡市	295 157	920 723	474 655	446 068	131 157
韶山市	31 711	105 383	53 151	52 232	16 427
衡阳市	2 312 502	7 687 410	4 047 177	3 640 233	1 663 666
市辖区	325 115	968 913	494 005	474 908	674 706
珠晖区	90 846	283 085	144 869	138 216	180 969
雁峰区	67 033	198 233	99 915	98 318	161 037
石鼓区	72 048	206 147	103 935	102 212	154 508
蒸湘区	75 118	226 894	117 709	109 185	156 871
南岳区	20 070	54 554	27 577	26 977	21 321
衡阳县	360 343	1 212 834	641 529	571 305	148 597
衡南县	339 577	1 089 174	577 366	511 808	146 393
衡山县	119 813	434 621	225 095	209 526	53 626
衡东县	204 826	730 025	378 530	351 495	85 703
祁东县	329 774	1 012 315	536 647	475 668	169 829

湖 南 省 市 县 人 口

地 区 别	总户数 （户）	总	人	口	总人口中 非农业人口
		合 计	男	女	
耒阳市	362 144	1 329 135	706 329	622 806	216 413
常宁市	270 910	910 393	487 676	422 717	168 399
邵阳市	2 210 046	7 705 957	4 056 713	3 649 244	1 246 838
市辖区	211 300	667 924	340 191	327 733	410 553
双清区	88 684	270 458	138 824	131 634	185 201
大祥区	92 972	309 752	157 437	152 315	182 830
北塔区	29 644	87 714	43 930	43 784	42 522
邵东县	350 065	1 260 966	667 065	593 901	163 128
新邵县	224 488	764 905	406 047	358 858	81 295
邵阳县	258 432	999 148	527 786	471 362	116 737
隆回县	327 740	1 156 917	619 344	537 573	98 474
洞口县	255 074	833 003	438 851	394 152	106 988
绥宁县	104 440	363 740	189 366	174 374	49 751
新宁县	171 532	607 055	316 849	290 206	69 274
城步苗族自治县	77 823	267 921	139 279	128 642	49 732
武冈市	229 152	784 378	411 935	372 443	100 906
岳阳市	1 845 050	5 586 812	2 913 451	2 673 361	1 475 664
市辖区	435 080	1 075 148	561 960	513 188	707 849
岳阳楼区	282 514	660 647	344 464	316 183	486 730
云溪区	59 461	166 782	86 466	80 316	81 039
君山区	93 105	247 719	131 030	116 689	140 080
岳阳县	233 085	706 746	370 051	336 695	117 701
华容县	244 851	735 279	378 045	357 234	117 341
湘阴县	241 296	753 486	393 596	359 890	118 858
平江县	292 471	1 059 309	553 416	505 893	115 264
汨罗市	235 445	746 674	388 007	358 667	174 365
临湘市	162 822	510 170	268 376	241 794	124 286
常德市	2 126 619	6 166 870	3 142 929	3 023 941	1 452 049
市辖区	469 210	1 405 642	705 976	699 666	526 990
武陵区	189 480	530 733	263 202	267 531	390 737
鼎城区	279 730	874 909	442 774	432 135	136 253
安乡县	209 333	598 114	304 148	293 966	121 586
汉寿县	277 506	863 086	444 066	419 020	179 090
澧县	333 534	927 807	468 236	459 571	171 992
临澧县	161 721	451 435	229 466	221 969	85 170
桃源县	331 002	975 501	505 589	469 912	147 390
石门县	238 306	684 798	354 492	330 306	105 223
津市市	106 007	260 487	130 956	129 531	114 608
张家界市	567 815	1 667 260	859 297	807 963	304 404
市辖区	183 494	511 080	262 292	248 788	158 645
永定区	165 256	458 804	235 607	223 197	132 140
武陵源区	18 238	52 276	26 685	25 591	26 505

湖 南 省 市 县 人 口

单位：人

| 地 区 别 | 总户数
（户） | 总　　人　　口 | | | 总人口中
非农业人口 |
		合　计	男	女	
慈利县	239 985	699 222	358 436	340 786	86 183
桑植县	144 336	456 958	238 569	218 389	59 576
益阳市	1 486 264	4 723 417	2 432 682	2 290 735	959 876
市辖区	407 938	1 314 806	674 920	639 886	339 939
资阳区	131 543	415 317	213 374	201 943	88 893
赫山区	276 395	899 489	461 546	437 943	251 046
南县	269 574	803 474	411 739	391 735	213 689
桃江县	263 299	866 912	449 748	417 164	108 470
安化县	295 229	1 007 437	520 871	486 566	124 300
沅江市	250 224	730 788	375 404	355 384	173 478
郴州市	1 535 259	4 885 168	2 551 731	2 333 437	1 085 232
市辖区	250 068	698 167	359 069	339 098	333 443
北湖区	126 439	338 977	173 676	165 301	190 001
苏仙区	123 629	359 190	185 393	173 797	143 442
桂阳县	254 747	844 159	441 228	402 931	166 289
宜章县	170 158	589 253	310 280	278 973	83 736
永兴县	201 517	645 855	339 077	306 778	115 341
嘉禾县	117 076	383 188	201 541	181 647	55 748
临武县	102 292	334 910	176 346	158 564	82 016
汝城县	118 959	377 288	199 846	177 442	38 368
桂东县	56 859	207 556	106 719	100 837	31 434
安仁县	133 215	432 460	226 319	206 141	52 843
资兴市	130 368	372 332	191 306	181 026	126 014
永州市	1 891 263	6 186 841	3 287 280	2 899 561	943 109
市辖区	375 615	1 142 929	597 007	545 922	310 679
芝山区	194 067	611 596	319 487	292 109	135 727
冷水滩区	181 548	531 333	277 520	253 813	174 952
祁阳县	338 655	1 035 003	543 084	491 919	168 545
东安县	177 748	611 625	319 616	292 009	75 540
双牌县	57 098	180 729	94 967	85 762	32 961
道县	256 039	801 978	445 288	356 690	85 745
江永县	84 017	267 991	140 262	127 729	45 715
宁远县	230 160	845 200	456 333	388 867	77 295
蓝山县	111 236	391 552	208 571	182 981	43 430
新田县	124 285	412 512	218 550	193 962	47 405
江华瑶族自治县	136 410	497 322	263 602	233 720	55 794
怀化市	1 568 166	5 134 004	2 669 275	2 464 729	946 497
市辖区	135 920	356 671	182 423	174 248	241 060
鹤城区	135 920	356 671	182 423	174 248	241 060
中方县	80 452	277 223	145 012	132 211	12 145
沅陵县	208 839	658 776	345 114	313 662	129 494
辰溪县	156 777	519 229	271 234	247 995	97 627

湖 南 省 市 县 人 口

单位：人

地 区 别	总 户 数 (户)	总 人 口			总人口中 非农业人口
		合 计	男	女	
溆浦县	261 415	901 936	470 565	431 371	99 471
会同县	100 943	354 302	184 341	169 961	38 777
麻阳县苗族自治县	110 293	400 176	206 805	193 371	48 455
新晃侗族自治县	87 047	268 921	145 351	123 570	37 421
芷江侗族自治县	121 117	390 740	202 639	188 101	48 267
靖州苗族侗族自治县	77 537	267 488	137 562	129 926	44 730
通道侗族自治县	64 461	232 903	120 587	112 316	24 674
洪江市	163 365	505 639	257 642	247 997	124 376
娄底市	1 398 913	4 264 316	2 219 606	2 044 710	898 381
市辖区	184 719	450 698	231 107	219 591	284 303
娄星区	184 719	450 698	231 107	219 591	284 303
双峰县	308 437	937 945	486 642	451 303	113 199
新化县	380 033	1 368 023	716 179	651 844	147 673
冷水江市	143 572	359 023	187 602	171 421	186 980
涟源市	382 152	1 148 627	598 076	550 551	166 226
湘西土家族苗族自治州	784 518	2 838 036	1 466 764	1 371 272	488 824
吉首市	96 391	293 588	148 852	144 736	128 270
泸溪县	82 458	301 017	155 678	145 339	53 421
凤凰县	102 640	409 630	212 434	197 196	47 198
花垣县	74 624	292 457	150 659	141 798	45 338
保靖县	84 293	301 176	157 316	143 860	41 123
古丈县	42 209	140 828	73 047	67 781	23 407
永顺县	142 752	524 106	272 497	251 609	69 789
龙山县	159 151	575 234	296 281	278 953	80 278

广 东 省 市 县 人 口

单位：人

地 区 别	总户数（户）	总 人 口 合 计	男	女	总人口中非农业人口
广东省	22 587 628	83 659 815	43 091 081	40 568 734	43 580 468
广州市	2 474 396	7 946 154	4 036 898	3 909 256	7 140 014
市辖区	2 079 996	6 546 788	3 324 760	3 222 028	6 546 788
荔湾区	241 200	706 470	357 499	348 971	706 470
越秀区	350 921	1 166 881	586 972	579 909	1 166 881
海珠区	318 767	937 346	478 272	459 074	937 346
天河区	206 544	745 321	389 381	355 940	745 321
白云区	266 643	806 483	405 266	401 217	806 483
黄埔区	64 422	198 462	106 638	91 824	198 462
番禺区	320 770	999 244	501 104	498 140	999 244
花都区	213 367	651 585	328 988	322 597	651 585
南沙区	47 704	152 326	77 122	75 204	152 326
萝岗区	49 658	182 670	93 518	89 152	182 670
增城市	221 752	833 611	424 820	408 791	343 321
从化市	172 648	565 755	287 318	278 437	249 905
韶关市	974 134	3 255 402	1 676 930	1 578 472	1 654 760
市辖区	305 290	920 922	478 377	442 545	920 922
武江区	84 877	252 035	124 892	127 143	252 035
浈江区	121 979	354 297	191 672	162 625	354 297
曲江区	98 434	314 590	161 813	152 777	314 590
始兴县	68 790	247 087	122 512	124 575	50 231
仁化县	68 395	231 385	116 859	114 526	81 700
翁源县	108 762	397 666	204 250	193 416	106 369
乳源瑶族自治县	53 296	211 070	108 114	102 956	40 379
新丰县	79 291	252 350	130 526	121 824	94 689
乐昌市	159 495	526 645	277 545	249 100	241 914
南雄市	130 815	468 277	238 747	229 530	118 556
深圳市	711 174	2 459 581	1 307 795	1 151 786	2 459 581
市辖区	711 174	2 459 581	1 307 795	1 151 786	2 459 581
罗湖区	118 047	443 325	230 494	212 831	443 325
福田区	167 561	627 190	326 382	300 808	627 190
南山区	127 986	507 918	282 832	225 086	507 918
宝安区	153 623	459 007	244 563	214 444	459 007
龙岗区	131 496	379 527	201 128	178 399	379 527
盐田区	12 461	42 614	22 396	20 218	42 614
珠海市	287 398	1 026 504	522 968	503 536	1 026 504
市辖区	287 398	1 026 504	522 968	503 536	1 026 504
香洲区	159 755	556 105	281 025	275 080	556 105
斗门区	92 932	335 626	171 616	164 010	335 626
金湾区	34 711	134 773	70 327	64 446	134 773
汕头市	1 140 425	5 107 302	2 559 726	2 547 576	5 058 882
市辖区	1 117 666	5 034 256	2 522 927	2 511 329	5 034 256

广 东 省 市 县 人 口

地 区 别	总户数 （户）	总 人 口 合 计	男	女	总人口中 非农业人口
龙湖区	104 504	387 154	192 717	194 437	387 154
金平区	208 484	747 844	370 599	377 245	747 844
濠江区	65 985	277 830	140 376	137 454	277 830
潮阳区	326 071	1 631 752	823 042	808 710	1 631 752
潮南区	231 370	1 258 953	633 889	625 064	1 258 953
澄海区	181 252	730 723	362 304	368 419	730 723
南澳县	22 759	73 046	36 799	36 247	24 626
佛山市	1 104 627	3 676 325	1 832 894	1 843 431	3 676 325
市辖区	1 104 627	3 676 325	1 832 894	1 843 431	3 676 325
禅城区	186 276	603 105	304 545	298 560	603 105
南海区	374 013	1 175 075	581 288	593 787	1 175 075
顺德区	339 342	1 213 243	603 925	609 318	1 213 243
三水区	124 329	391 773	194 993	196 780	391 773
高明区	80 667	293 129	148 143	144 986	293 129
江门市	1 210 673	3 915 152	1 976 798	1 938 354	2 202 966
市辖区	440 203	1 375 667	686 851	688 816	1 375 667
蓬江区	148 142	465 896	233 580	232 316	465 896
江海区	51 820	158 143	78 827	79 316	158 143
新会区	240 241	751 628	374 444	377 184	751 628
台山市	291 487	985 863	502 394	483 469	266 271
开平市	206 122	687 189	343 300	343 889	242 599
鹤山市	109 284	365 065	182 887	182 178	144 640
恩平市	163 577	501 368	261 366	240 002	173 789
湛江市	2 011 083	7 631 426	4 042 701	3 588 725	2 821 399
市辖区	442 325	1 518 074	791 633	726 441	1 518 074
赤坎区	68 800	237 288	121 309	115 979	237 288
霞山区	129 513	388 869	202 133	186 736	388 869
坡头区	114 534	391 556	206 401	185 155	391 556
麻章区	129 478	500 361	261 790	238 571	500 361
遂溪县	271 522	1 038 986	545 569	493 417	184 268
徐闻县	181 970	724 303	380 618	343 685	148 341
廉江市	419 584	1 635 835	882 225	753 610	357 334
雷州市	436 559	1 631 474	863 003	768 471	305 048
吴川市	259 123	1 082 754	579 653	503 101	308 334
茂名市	1 961 621	7 353 135	3 902 189	3 450 946	2 758 270
市辖区	337 161	1 306 827	687 416	619 411	1 306 827
茂南区	230 806	818 112	429 455	388 657	818 112
茂港区	106 355	488 715	257 961	230 754	488 715
电白县	355 101	1 409 400	763 893	645 507	343 670
高州市	432 405	1 688 829	897 732	791 097	484 534
化州市	412 279	1 578 220	841 438	736 782	252 792
信宜市	424 675	1 369 859	711 710	658 149	370 447

广东省市县人口

单位：人

地 区 别	总户数（户）	总 人 口 合 计	男	女	总人口中非农业人口
肇庆市	1 161 974	4 136 879	2 131 915	2 004 964	1 178 284
市辖区	161 812	504 540	256 402	248 138	504 540
端州区	109 361	350 731	179 219	171 512	350 731
鼎湖区	52 451	153 809	77 183	76 626	153 809
广宁县	171 714	560 149	292 901	267 248	74 735
怀集县	223 637	1 016 920	522 883	494 037	122 762
封开县	126 949	489 620	253 893	235 727	73 204
德庆县	116 824	373 943	194 723	179 220	74 181
高要市	214 119	751 010	385 449	365 561	114 948
四会市	146 919	440 697	225 664	215 033	213 914
惠州市	901 873	3 243 580	1 650 893	1 592 687	1 870 723
市辖区	413 414	1 290 151	654 416	635 735	1 290 151
惠城区	254 520	854 167	433 534	420 633	854 167
惠阳区	158 894	435 984	220 882	215 102	435 984
博罗县	199 210	813 730	413 580	400 150	188 929
惠东县	193 318	804 185	411 720	392 465	277 859
龙门县	95 931	335 514	171 177	164 337	113 784
梅州市	1 322 185	5 073 605	2 603 210	2 470 395	1 326 309
市辖区	95 851	314 861	161 302	153 559	314 861
梅江区	95 851	314 861	161 302	153 559	314 861
梅县	163 327	615 694	310 299	305 395	140 555
大埔县	154 765	536 674	277 751	258 923	117 842
丰顺县	159 020	688 051	354 523	333 528	105 146
五华县	288 518	1 283 185	660 964	622 221	177 000
平远县	75 488	257 516	131 957	125 559	84 417
蕉岭县	72 087	227 775	115 122	112 653	63 740
兴宁市	313 129	1 149 849	591 292	558 557	322 748
汕尾市	720 514	3 406 141	1 773 280	1 632 861	1 682 906
市辖区	109 468	506 172	261 979	244 193	506 172
城 区	109 468	506 172	261 979	244 193	506 172
海丰县	208 574	837 889	439 124	398 765	414 088
陆河县	74 117	327 141	169 595	157 546	95 630
陆丰市	328 355	1 734 939	902 582	832 357	667 016
河源市	903 319	3 489 849	1 779 245	1 710 604	820 902
市辖区	96 426	298 324	150 717	147 607	298 324
源城区	96 426	298 324	150 717	147 607	298 324
紫金县	196 815	789 355	402 682	386 673	158 192
龙川县	246 974	937 448	477 521	459 927	161 364
连平县	103 318	384 773	195 421	189 352	69 912
和平县	128 732	509 873	262 485	247 388	71 092
东源县	131 054	570 076	290 419	279 657	62 018
阳江市	772 016	2 756 739	1 466 674	1 290 065	1 146 721

广东省市县人口

单位：人

地 区 别	总户数（户）	总 人 口 合 计	男	女	总人口中非农业人口
市辖区	201 513	668 052	345 977	322 075	668 052
江城区	201 513	668 052	345 977	322 075	668 052
阳西县	123 499	505 062	275 994	229 068	97 948
阳东县	138 665	476 139	256 914	219 225	83 870
阳春市	308 339	1 107 486	587 789	519 697	296 851
清远市	1 131 242	4 088 204	2 106 185	1 982 019	1 190 436
市辖区	184 125	643 741	327 231	316 510	643 741
清城区	184 125	643 741	327 231	316 510	643 741
佛冈县	87 508	326 578	168 025	158 553	64 839
阳山县	134 422	542 386	279 784	262 602	68 211
连山壮族瑶族自治县	31 938	117 570	60 523	57 047	22 985
连南瑶族自治县	43 191	163 177	84 697	78 480	26 038
清新县	198 205	671 385	345 923	325 462	76 026
英德市	310 080	1 097 952	571 032	526 920	199 875
连州市	141 773	525 415	268 970	256 445	88 721
东莞市	521 190	1 787 288	907 747	879 541	809 571
中山市	413 790	1 478 600	737 372	741 228	784 296
潮州市	628 352	2 578 852	1 309 118	1 269 734	743 748
市辖区	95 765	349 688	173 042	176 646	349 688
湘桥区	95 765	349 688	173 042	176 646	349 688
潮安县	291 081	1 220 761	618 278	602 483	164 394
饶平县	241 506	1 008 403	517 798	490 605	229 666
揭阳市	1 459 446	6 491 064	3 321 595	3 169 469	2 215 967
市辖区	165 835	694 834	353 912	340 922	694 834
榕城区	165 835	694 834	353 912	340 922	694 834
揭东县	297 625	1 271 896	655 049	616 847	258 628
揭西县	246 255	962 621	496 049	466 572	249 786
惠来县	242 274	1 305 025	663 414	641 611	345 094
普宁市	507 457	2 256 688	1 153 171	1 103 517	667 625
云浮市	776 196	2 758 033	1 444 948	1 313 085	1 011 904
市辖区	85 551	296 339	153 557	142 782	296 339
云城区	85 551	296 339	153 557	142 782	296 339
新兴县	122 796	466 545	238 328	228 217	160 936
郁南县	147 903	501 058	263 759	237 299	94 548
云安县	83 467	317 904	165 456	152 448	68 002
罗定市	336 479	1 176 187	623 848	552 339	392 079

广 西 壮 族 自 治 区 市 县 人 口

单位：人

地 区 别	总户数（户）	总 人 口 合 计	男	女	总人口中非农业人口
广西壮族自治区	14 987 584	52 036 430	27 395 089	24 641 341	9 690 471
南宁市	2 062 411	6 978 957	3 647 913	3 331 044	1 908 770
市辖区	800 301	2 671 388	1 382 523	1 288 865	1 368 922
兴宁区	88 439	297 856	155 071	142 785	166 199
青秀区	173 781	589 830	297 907	291 923	409 317
江南区	141 204	440 659	231 998	208 661	198 745
西乡塘区	225 065	779 696	394 668	385 028	517 613
良庆区	73 311	231 922	125 694	106 228	30 573
邕宁区	98 501	331 425	177 185	154 240	46 475
武鸣县	224 616	686 605	357 666	328 939	119 191
隆安县	105 407	395 323	207 620	187 703	41 677
马山县	140 934	533 586	278 316	255 270	41 928
上林县	139 448	482 574	250 558	232 016	52 533
宾阳县	299 209	1 032 514	545 619	486 895	149 707
横县	352 496	1 176 967	625 611	551 356	134 812
柳州市	1 084 825	3 675 635	1 906 848	1 768 787	1 264 379
市辖区	329 362	1 038 319	533 058	505 261	887 530
城中区	39 999	130 469	66 900	63 569	113 270
鱼峰区	73 588	233 127	119 563	113 564	222 100
柳南区	107 907	333 826	172 074	161 752	272 747
柳北区	107 868	340 897	174 521	166 376	279 413
柳江县	156 791	540 048	279 319	260 729	76 808
柳城县	121 644	407 988	208 083	199 905	60 039
鹿寨县	141 900	488 090	255 663	232 427	92 794
融安县	104 543	328 511	173 204	155 307	54 562
融水苗族自治县	131 681	497 906	259 946	237 960	62 104
三江侗族自治县	98 904	374 773	197 575	177 198	30 542
桂林市	1 596 958	5 116 293	2 665 190	2 451 103	1 226 420
市辖区	241 647	757 942	375 954	381 988	637 034
秀峰区	36 860	110 056	53 104	56 952	92 322
叠彩区	42 806	136 486	67 524	68 962	134 465
象山区	84 631	231 120	114 741	116 379	229 620
七星区	58 798	203 116	102 811	100 305	172 302
雁山区	18 552	77 164	37 774	39 390	8 325
阳朔县	92 629	314 390	163 158	151 232	43 203
临桂县	134 536	480 877	249 595	231 282	58 121
灵川县	114 423	370 321	188 989	181 332	63 924
全州县	259 744	794 559	431 770	362 789	88 276
兴安县	129 142	375 940	195 140	180 800	66 882
永福县	80 490	278 209	146 291	131 918	32 442
灌阳县	100 137	286 813	155 142	131 671	29 340
龙胜各族自治县	50 723	174 411	89 647	84 764	25 950

广 西 壮 族 自 治 区 市 县 人 口

单位：人

地 区 别	总户数 （户）	总　人　口			总人口中 非农业人口
		合　计	男	女	
资源县	57 352	171 496	89 479	82 017	29 231
平乐县	132 146	441 226	231 667	209 559	57 637
荔浦县	115 050	378 460	195 547	182 913	54 364
恭城瑶族自治县	88 939	291 649	152 811	138 838	40 016
梧州市	942 113	3 161 810	1 681 917	1 479 893	631 370
市辖区	155 331	500 578	255 139	245 439	289 073
万秀区	50 653	161 928	82 695	79 233	103 726
蝶山区	62 321	197 289	100 855	96 434	139 571
长洲区	42 357	141 361	71 589	69 772	45 776
苍梧县	168 879	591 462	316 033	275 429	66 446
藤县	278 751	978 508	529 696	448 812	106 722
蒙山县	72 000	215 823	113 671	102 152	29 350
岑溪市	267 152	875 439	467 378	408 061	139 779
北海市	436 485	1 601 840	842 495	759 345	466 770
市辖区	178 187	604 240	308 589	295 651	279 794
海城区	92 321	285 500	143 000	142 500	233 640
银海区	41 954	148 228	77 129	71 099	24 864
铁山港区	43 912	170 512	88 460	82 052	21 290
合浦县	258 298	997 600	533 906	463 694	186 976
防城港市	247 816	869 231	473 155	396 076	324 192
市辖区	145 137	518 607	281 087	237 520	195 549
港口区	40 080	123 284	65 611	57 673	66 401
防城区	105 057	395 323	215 476	179 847	129 148
上思县	65 198	225 740	125 656	100 084	75 749
东兴市	37 481	124 884	66 412	58 472	52 894
钦州市	950 644	3 711 884	2 032 684	1 679 200	420 549
市辖区	328 194	1 347 928	748 572	599 356	214 393
钦南区	158 089	626 826	340 465	286 361	175 069
钦北区	170 105	721 102	408 107	312 995	39 324
灵山县	380 811	1 498 866	814 643	684 223	124 848
浦北县	241 639	865 090	469 469	395 621	81 308
贵港市	1 539 961	5 096 949	2 695 211	2 401 738	564 931
市辖区	591 597	1 858 421	964 712	893 709	285 614
港北区	214 640	636 923	331 499	305 424	222 042
港南区	197 383	649 940	339 785	310 155	40 312
覃塘区	179 574	571 558	293 428	278 130	23 260
平南县	414 089	1 416 324	760 358	655 966	111 926
桂平市	534 275	1 822 204	970 141	852 063	167 391
玉林市	1 860 686	6 534 066	3 491 379	3 042 687	724 085
市辖区	278 006	978 077	523 846	454 231	219 078
玉州区	278 006	978 077	523 846	454 231	219 078
容县	269 905	790 654	419 508	371 146	80 305

广 西 壮 族 自 治 区 市 县 人 口

单位：人

地 区 别	总户数（户）	总 人 口 合 计	男	女	总人口中非农业人口
陆川县	275 315	1 002 226	524 911	477 315	105 019
博白县	450 887	1 701 953	921 363	780 590	145 388
兴业县	205 639	727 827	392 607	335 220	37 117
北流市	380 934	1 333 329	709 144	624 185	137 178
百色市	1 044 511	3 985 730	2 056 765	1 928 965	490 222
市辖区	88 106	347 678	175 550	172 128	126 168
右江区	88 106	347 678	175 550	172 128	126 168
田阳县	101 095	343 714	174 030	169 684	41 901
田东县	113 034	421 181	217 326	203 855	57 475
平果县	135 873	496 547	255 781	240 766	63 923
德保县	94 469	364 870	193 511	171 359	33 616
靖西县	159 668	629 793	328 482	301 311	51 944
那坡县	58 799	211 960	110 741	101 219	20 126
凌云县	55 554	210 049	107 820	102 229	14 686
乐业县	42 337	166 980	86 360	80 620	14 721
田林县	64 899	251 191	129 006	122 185	24 426
隆林各族自治县	91 608	391 472	200 390	191 082	28 188
西林县	39 069	150 295	77 768	72 527	13 048
贺州市	602 669	2 239 103	1 177 482	1 061 621	307 723
市辖区	285 780	994 283	518 472	475 811	154 954
八步区	285 780	994 283	518 472	475 811	154 954
昭平县	116 344	422 320	226 157	196 163	59 730
钟山县	117 909	501 404	263 669	237 735	51 188
富川瑶族自治县	82 636	321 096	169 184	151 912	41 851
河池市	1 191 905	4 095 515	2 119 840	1 975 675	572 906
市辖区	108 833	331 165	171 171	159 994	116 264
金城江区	108 833	331 165	171 171	159 994	116 264
南丹县	92 243	303 354	157 632	145 722	66 951
天峨县	45 644	167 527	87 136	80 391	19 402
凤山县	55 138	205 298	106 575	98 723	19 237
东兰县	78 057	293 325	153 301	140 024	22 653
罗城仫佬族自治县	107 198	376 275	192 972	183 303	46 985
环江毛南族自治县	116 431	376 311	197 904	178 407	54 552
巴马瑶族自治县	70 731	268 758	139 108	129 650	26 998
都安瑶族自治县	191 171	675 495	348 053	327 442	42 517
大化瑶族自治县	130 668	449 140	231 731	217 409	53 308
宜州市	195 791	648 867	334 257	314 610	104 039
来宾市	743 711	2 549 834	1 337 424	1 212 410	380 333
市辖区	279 188	1 052 711	553 437	499 274	167 097
兴宾区	279 188	1 052 711	553 437	499 274	167 097
忻城县	125 484	410 175	214 052	196 123	36 516
象州县	113 060	360 459	189 446	171 013	43 099

广西壮族自治区市县人口

单位：人

地 区 别	总户数（户）	总 人 口 合计	男	女	总人口中非农业人口
武宣县	135 268	432 646	228 855	203 791	53 495
金秀瑶族自治县	49 447	154 600	79 874	74 726	20 975
合山市	41 264	139 243	71 760	67 483	59 151
崇左市	682 889	2 419 583	1 266 786	1 152 797	407 821
市辖区	103 145	357 970	191 184	166 786	88 350
江州区	103 145	357 970	191 184	166 786	88 350
扶绥县	140 608	444 332	236 000	208 332	86 968
宁明县	114 190	425 463	224 732	200 731	66 282
龙州县	79 800	275 424	139 755	135 669	55 950
大新县	98 046	372 829	191 449	181 380	48 119
天等县	114 539	433 213	226 976	206 237	29 695
凭祥市	32 561	110 352	56 690	53 662	32 457

海 南 省 市 县 人 口

单位：人

地 区 别	总 户 数（户）	总 人 口 合 计	男	女	总人口中非农业人口
海南省	2 413 825	8 795 640	4 584 396	4 211 244	3 400 126
海口市	480 342	1 582 686	812 953	769 733	955 895
市辖区	480 342	1 582 686	812 953	769 733	955 895
美兰区	152 641	495 055	249 014	246 041	359 869
龙华区	132 521	430 634	222 131	208 503	302 286
秀英区	83 539	275 875	145 139	130 736	95 832
琼山区	111 641	381 122	196 669	184 453	197 908
三亚市	137 124	557 054	285 056	271 998	282 104
市辖区	137 124	557 054	285 056	271 998	282 104
三亚区	137 124	557 054	285 056	271 998	282 104
省直辖行政单位	1 796 359	6 655 900	3 486 387	3 169 513	2 162 127
五指山市	36 796	114 075	59 507	54 568	55 368
琼海市	142 950	488 333	254 995	233 338	150 072
儋州市	236 465	1 054 816	549 395	505 421	416 167
文昌市	161 940	576 774	292 333	284 441	124 517
万宁市	180 684	601 012	315 714	285 298	181 248
东方市	119 772	434 880	226 113	208 767	114 136
定安县	95 864	332 690	176 992	155 698	96 763
屯昌县	81 313	295 121	155 861	139 260	101 852
澄迈县	141 071	537 470	290 437	247 033	181 617
临高县	124 697	484 044	253 685	230 359	140 171
白沙黎族自治县	54 856	199 365	105 544	93 821	86 013
昌江黎族自治县	70 416	260 280	136 809	123 471	91 400
乐东黎族自治县	141 878	525 830	274 816	251 014	145 663
陵水黎族自治县	88 375	363 999	190 715	173 284	95 112
保亭黎族苗族自治县	50 372	168 774	86 932	81 842	78 998
琼中黎族苗族自治县	68 737	218 178	116 330	101 848	102 771
西沙群岛	173	259	209	50	259

— 189 —

重 庆 市 市 县 人 口

单位：人

地 区 别	总户数（户）	总 人 口 合 计	男	女	总人口中非农业人口
重庆市	11 106 995	32 756 056	16 976 814	15 779 242	9 486 881
市辖区	5 615 636	15 427 585	7 894 556	7 533 029	6 615 847
万州区	612 175	1 728 189	885 459	842 730	546 044
涪陵区	410 345	1 145 105	586 449	558 656	351 734
渝中区	231 398	585 018	290 969	294 049	585 018
大渡口区	97 484	232 667	115 909	116 758	189 322
江北区	215 945	535 390	269 833	265 557	472 551
沙坪坝区	262 768	766 951	386 397	380 554	593 302
九龙坡区	311 849	806 158	406 745	399 413	599 728
南岸区	209 931	583 689	293 222	290 467	489 487
北碚区	239 809	635 817	320 639	315 178	312 398
万盛区	90 906	269 031	134 814	134 217	134 570
双桥区	19 217	50 060	25 425	24 635	31 097
渝北区	382 240	984 758	499 746	485 012	483 951
巴南区	329 892	874 977	451 138	423 839	298 513
黔江区	180 988	526 783	278 588	248 195	117 206
长寿区	334 504	901 007	460 960	440 047	226 678
江津区	567 595	1 491 625	775 869	715 756	413 331
合川区	536 341	1 542 701	802 731	739 970	342 738
永川区	361 491	1 103 438	569 116	534 322	303 931
南川区	220 758	664 221	340 547	323 674	124 248
县	5 491 359	17 328 471	9 082 258	8 246 213	2 871 034
綦江县	315 085	946 504	489 192	457 312	231 929
潼南县	279 981	932 834	493 455	439 379	124 251
铜梁县	284 330	827 340	430 552	396 788	156 215
大足县	281 038	956 593	504 955	451 638	190 608
荣昌县	291 481	833 260	427 613	405 647	195 387
璧山县	225 866	625 231	320 376	304 855	163 709
梁平县	299 048	910 771	477 007	433 764	130 921
城口县	74 283	243 769	130 519	113 250	31 642
丰都县	259 228	824 242	429 401	394 841	161 188
垫江县	298 238	942 205	491 872	450 333	148 975
武隆县	129 253	410 751	216 244	194 507	67 197
忠县	322 865	1 003 873	522 867	481 006	169 176
开县	505 865	1 615 669	852 472	763 197	223 394
云阳县	411 002	1 342 085	704 495	637 590	197 765
奉节县	329 388	1 061 484	559 361	502 123	152 812
巫山县	211 463	629 749	331 242	298 507	106 032
巫溪县	175 660	536 354	282 598	253 756	68 469
石柱土家族自治县	170 254	539 232	278 529	260 703	94 398
秀山土家族苗族自治县	178 655	645 487	336 420	309 067	93 664
酉阳土家族苗族自治县	247 823	818 081	436 301	381 780	88 627

重庆市市县人口

地　区　别	总户数（户）	总　　人　　口			总人口中非农业人口
		合　计	男	女	
彭水苗族土家族自治县	200 553	682 957	366 787	316 170	74 675

四 川 省 市 县 人 口

单位：人

地 区 别	总 户 数（户）	总　人　口			总人口中非农业人口
		合　计	男	女	
四川省	29 763 179	89 846 874	46 392 045	43 454 829	22 862 973
成都市	4 178 749	11 396 260	5 727 369	5 668 891	6 293 843
市辖区	1 901 369	5 208 580	2 608 088	2 600 492	4 167 808
锦江区	148 675	411 414	203 027	208 387	411 414
青羊区	187 931	553 995	273 391	280 604	553 995
金牛区	259 876	711 736	358 579	353 157	711 736
武侯区	296 192	862 218	433 549	428 669	862 218
成华区	234 850	632 135	324 552	307 583	632 135
龙泉驿区	207 751	588 043	292 094	295 949	233 113
青白江区	159 152	408 594	206 662	201 932	144 555
新都区	260 845	675 545	336 945	338 600	333 533
温江区	146 097	364 900	179 289	185 611	285 109
金堂县	324 399	883 342	457 009	426 333	223 438
双流县	343 626	966 071	481 226	484 845	509 212
郫县	178 129	504 461	250 270	254 191	235 703
大邑县	191 470	517 504	263 501	254 003	192 652
蒲江县	109 202	263 011	132 404	130 607	70 948
新津县	137 893	306 285	152 095	154 190	107 465
都江堰市	235 264	609 578	304 937	304 641	167 313
彭州市	283 976	803 368	403 680	399 688	256 362
邛崃市	225 650	659 966	334 585	325 381	187 562
崇州市	247 771	674 094	339 574	334 520	175 380
自贡市	1 043 169	3 284 864	1 684 402	1 600 462	1 053 529
市辖区	495 321	1 505 800	766 278	739 522	641 094
自流井区	116 611	354 862	177 602	177 260	284 381
贡井区	103 942	298 277	152 159	146 118	101 406
大安区	156 791	459 766	233 915	225 851	173 178
沿滩区	117 977	392 895	202 602	190 293	82 129
荣县	231 559	695 386	357 619	337 767	170 679
富顺县	316 289	1 083 678	560 505	523 173	241 756
攀枝花市	344 219	1 115 837	574 940	540 897	595 810
市辖区	217 057	692 029	358 630	333 399	537 283
东区	96 578	319 245	167 554	151 691	309 862
西区	53 980	155 234	80 617	74 617	144 752
仁和区	66 499	217 550	110 459	107 091	82 669
米易县	64 823	217 644	110 264	107 380	29 833
盐边县	62 339	206 164	106 046	100 118	28 694
泸州市	1 421 243	4 971 513	2 581 583	2 389 930	895 060
市辖区	440 621	1 455 341	741 910	713 431	490 269
江阳区	187 814	630 042	318 612	311 430	261 828
纳溪区	149 662	482 886	252 474	230 412	92 120
龙马潭区	103 145	342 413	170 824	171 589	136 321

四 川 省 市 县 人 口

单位：人

地 区 别	总户数（户）	总 人 口			总人口中非农业人口
		合 计	男	女	
泸县	312 502	1 077 386	557 698	519 688	97 384
合江县	273 084	887 409	465 590	421 819	118 277
叙永县	197 334	714 344	375 777	338 567	114 931
古蔺县	197 702	837 033	440 608	396 425	74 199
德阳市	1 410 289	3 884 374	1 999 417	1 884 957	987 607
市辖区	254 622	658 471	337 942	320 529	363 089
旌阳区	254 622	658 471	337 942	320 529	363 089
中江县	472 278	1 428 920	753 095	675 825	174 087
罗江县	92 137	246 794	128 459	118 335	43 763
广汉市	212 713	600 566	299 959	300 607	186 981
什邡市	159 998	434 898	219 589	215 309	97 167
绵竹市	218 541	514 725	260 373	254 352	122 520
绵阳市	1 877 151	5 446 467	2 814 879	2 631 588	1 406 996
市辖区	442 787	1 223 139	623 617	599 522	660 430
涪城区	243 854	672 199	340 749	331 450	469 396
游仙区	198 933	550 940	282 868	268 072	191 034
三台县	475 631	1 478 060	776 121	701 939	197 488
盐亭县	202 223	611 595	317 588	294 007	93 465
安县	167 626	438 332	224 910	213 422	60 347
梓潼县	134 944	383 894	198 011	185 883	61 188
北川县	79 237	237 953	123 388	114 565	55 869
平武县	59 615	186 772	97 451	89 321	27 651
江油市	315 088	886 722	453 793	432 929	250 558
广元市	1 046 514	3 127 326	1 609 980	1 517 346	668 026
市辖区	323 112	932 371	477 608	454 763	321 729
市中区	189 174	479 188	242 607	236 581	284 121
元坝区	73 412	241 326	124 371	116 955	22 880
朝天区	60 526	211 857	110 630	101 227	14 728
旺苍县	161 136	464 816	240 650	224 166	107 052
青川县	89 297	246 717	128 405	118 312	39 537
剑阁县	215 379	687 809	357 035	330 774	80 005
苍溪县	257 590	795 613	406 282	389 331	119 703
遂宁市	1 296 291	3 870 521	1 997 841	1 872 680	816 248
市辖区	509 036	1 508 219	777 069	731 150	391 890
船山区	264 130	689 853	349 580	340 273	336 691
安居区	244 906	818 366	427 489	390 877	55 199
蓬溪县	251 237	767 463	400 553	366 910	102 182
射洪县	354 740	1 027 088	528 233	498 855	229 857
大英县	181 278	567 751	291 986	275 765	92 319
内江市	1 480 474	4 256 133	2 197 235	2 058 898	871 895
市辖区	468 571	1 417 205	726 886	690 319	357 319
市中区	180 615	536 946	272 723	264 223	227 161

四 川 省 市 县 人 口

单位：人

地 区 别	总户数（户）	总 人 口 合 计	男	女	总人口中非农业人口
东兴区	287 956	880 259	454 163	426 096	130 158
威远县	277 079	745 717	384 050	361 667	162 323
资中县	442 328	1 313 101	687 102	625 999	170 329
隆昌县	292 496	780 110	399 197	380 913	181 924
乐山市	1 224 447	3 532 186	1 809 434	1 722 752	1 004 843
市辖区	427 752	1 150 199	581 159	569 040	485 598
市中区	207 950	582 038	289 583	292 455	276 406
沙湾区	72 825	194 253	102 461	91 792	67 977
五通桥区	127 639	320 537	161 181	159 356	127 589
金口河区	19 338	53 371	27 934	25 437	13 626
犍为县	200 496	567 056	293 606	273 450	123 748
井研县	141 984	417 804	214 822	202 982	77 730
夹江县	120 701	352 120	178 151	173 969	66 437
沐川县	77 347	259 168	137 845	121 323	37 165
峨边彝族自治县	44 937	147 858	78 010	69 848	24 855
马边彝族自治县	58 281	203 127	104 392	98 735	22 901
峨眉山市	152 949	434 854	221 449	213 405	166 409
南充市	2 519 202	7 535 081	3 934 150	3 600 931	1 619 599
市辖区	633 098	1 933 490	1 004 030	929 460	619 853
顺庆区	221 665	640 891	324 916	315 975	368 124
高坪区	189 395	591 131	307 709	283 422	152 269
嘉陵区	222 038	701 468	371 405	330 063	99 460
南部县	438 991	1 302 623	680 739	621 884	222 052
营山县	281 799	940 330	492 487	447 843	148 972
蓬安县	242 563	712 818	374 587	338 231	114 867
仪陇县	350 250	1 106 966	587 109	519 857	169 340
西充县	256 467	655 598	342 265	313 333	125 427
阆中市	316 034	883 256	452 933	430 323	219 088
眉山市	1 196 715	3 480 725	1 782 377	1 698 348	895 066
市辖区	318 044	855 038	431 253	423 785	320 397
东坡区	318 044	855 038	431 253	423 785	320 397
仁寿县	538 424	1 584 122	822 233	761 889	297 758
彭山县	113 093	334 896	170 055	164 841	120 092
洪雅县	108 169	345 503	175 705	169 798	87 294
丹棱县	50 663	164 137	83 385	80 752	33 520
青神县	68 322	197 029	99 746	97 283	36 005
宜宾市	1 630 890	5 349 324	2 795 982	2 553 342	994 421
市辖区	259 192	800 349	408 303	392 046	368 978
翠屏区	259 192	800 349	408 303	392 046	368 978
宜宾县	308 959	1 016 496	531 004	485 492	116 109
南溪县	138 000	419 992	218 434	201 558	78 569
江安县	169 192	548 200	286 349	261 851	75 900

四 川 省 市 县 人 口

单位：人

地　区　别	总 户 数 （户）	总　　人　　口			总人口中 非农业人口
		合　计	男	女	
长宁县	131 953	443 999	236 181	207 818	53 728
高县	160 869	523 764	272 804	250 960	67 519
珙县	135 604	419 960	222 989	196 971	95 386
筠连县	109 000	411 096	215 960	195 136	50 383
兴文县	133 365	461 312	244 734	216 578	51 524
屏山县	84 756	304 156	159 224	144 932	36 325
广安市	1 492 248	4 700 205	2 465 542	2 234 663	776 811
市辖区	397 430	1 260 965	660 685	600 280	260 383
广安区	397 430	1 260 965	660 685	600 280	260 383
岳池县	368 676	1 198 901	630 919	567 982	148 194
武胜县	278 953	852 108	444 582	407 526	115 089
邻水县	315 371	1 029 702	542 263	487 439	151 273
华蓥市	131 818	358 529	187 093	171 436	101 872
达州市	2 276 291	6 834 125	3 589 186	3 244 939	1 257 865
市辖区	180 213	420 839	212 268	208 571	264 255
通川区	180 213	420 839	212 268	208 571	264 255
达县	419 134	1 345 653	707 568	638 085	227 646
宣汉县	389 774	1 285 211	681 628	603 583	187 716
开江县	210 053	593 732	315 710	278 022	85 901
大竹县	393 523	1 113 849	595 991	517 858	189 196
渠县	488 695	1 471 098	760 536	710 562	205 137
万源市	194 899	603 743	315 485	288 258	98 014
雅安市	525 131	1 551 491	795 864	755 627	361 206
市辖区	123 994	351 949	179 949	172 000	157 991
雨城区	123 994	351 949	179 949	172 000	157 991
名山县	86 415	273 245	141 243	132 002	34 509
荥经县	62 513	151 155	77 019	74 136	39 440
汉源县	103 736	322 446	164 606	157 840	31 272
石棉县	43 927	121 944	62 292	59 652	33 558
天全县	48 184	152 857	78 935	73 922	24 597
芦山县	39 101	119 394	61 380	58 014	28 348
宝兴县	17 261	58 501	30 440	28 061	11 491
巴中市	1 216 185	3 851 754	2 003 574	1 848 180	667 420
市辖区	434 950	1 366 456	712 432	654 024	266 202
巴州区	434 950	1 366 456	712 432	654 024	266 202
通江县	234 545	761 168	·393 728	367 440	117 666
南江县	218 793	680 071	356 778	323 293	104 569
平昌县	327 897	1 044 059	540 636	503 423	178 983
资阳市	1 725 666	5 013 449	2 613 148	2 400 301	760 834
市辖区	446 085	1 086 517	564 965	521 552	213 452
雁江区	446 085	1 086 517	564 965	521 552	213 452
安岳县	505 437	1 595 094	836 571	758 523	173 837

四 川 省 市 县 人 口

单位：人

地 区 别	总户数 （户）	总　人　口			总人口中 非农业人口
		合　计	男	女	
乐至县	311 849	874 939	456 012	418 927	141 549
简阳市	462 295	1 456 899	755 600	701 299	231 996
阿坝藏族羌族自治州	263 468	891 582	455 587	435 995	196 939
汶川县	36 466	102 855	53 445	49 410	36 020
理县	14 690	46 040	23 453	22 587	10 480
茂县	32 123	109 408	56 136	53 272	24 962
松潘县	20 339	74 166	38 136	36 030	16 198
九寨沟县	20 939	65 756	33 534	32 222	20 011
金川县	22 941	73 471	37 379	36 092	11 815
小金县	24 995	80 991	41 976	39 015	11 296
黑水县	16 948	60 455	30 549	29 906	8 798
马尔康县	18 555	55 099	28 450	26 649	23 536
壤塘县	10 542	36 035	18 197	17 838	6 682
阿坝县	15 005	70 174	35 567	34 607	7 688
若尔盖县	17 176	74 602	37 460	37 142	9 914
红原县	12 749	42 530	21 305	21 225	9 539
甘孜藏族自治州	261 651	1 023 209	517 386	505 823	163 713
康定县	31 623	113 150	57 809	55 341	42 157
泸定县	28 613	84 904	42 918	41 986	18 652
丹巴县	16 778	60 136	30 554	29 582	10 014
九龙县	19 635	62 591	31 979	30 612	8 806
雅江县	11 369	47 610	24 405	23 205	6 522
道孚县	14 281	54 717	27 683	27 034	8 577
炉霍县	11 542	44 726	22 590	22 136	6 372
甘孜县	14 449	61 573	30 591	30 982	6 660
新龙县	9 782	46 419	23 169	23 250	8 577
德格县	21 094	79 287	40 124	39 163	5 837
白玉县	9 380	50 752	25 783	24 969	5 327
石渠县	18 445	69 983	35 625	34 358	4 989
色达县	12 720	48 167	24 249	23 918	4 968
理塘县	13 536	61 318	30 777	30 541	7 314
巴塘县	11 907	51 423	25 769	25 654	6 616
乡城县	4 876	29 393	14 587	14 806	4 451
稻城县	6 837	31 327	15 732	15 595	4 417
得荣县	4 784	25 733	13 042	12 691	3 457
凉山彝族自治州	1 333 186	4 730 448	2 442 169	2 288 279	575 242
西昌市	208 462	613 885	314 607	299 278	198 349
木里藏族自治县	32 964	133 525	68 354	65 171	16 223
盐源县	94 847	374 842	194 353	180 489	25 988
德昌县	60 762	202 107	103 157	98 950	24 248
会理县	127 669	459 678	237 626	222 052	74 888
会东县	113 868	401 447	215 366	186 081	28 504

四 川 省 市 县 人 口

单位：人

地　区　别	总户数（户）	总　　　人　　　口			总人口中非农业人口
		合　计	男	女	
宁南县	49 809	184 170	95 194	88 976	17 164
普格县	44 948	164 128	85 861	78 267	15 888
布拖县	44 856	168 882	87 415	81 467	12 510
金阳县	45 690	176 210	90 804	85 406	12 565
昭觉县	75 004	272 926	139 226	133 700	19 900
喜德县	56 786	203 984	103 367	100 617	17 194
冕宁县	104 391	365 872	187 485	178 387	36 658
越西县	87 897	315 356	161 673	153 683	25 701
甘洛县	56 839	207 058	107 982	99 076	16 590
美姑县	60 725	235 248	119 365	115 883	13 214
雷波县	67 669	251 130	130 334	120 796	19 658

贵州省市县人口

单位：人

地 区 别	总户数 （户）	总 合 计	人 男	口 女	总人口中 非农业人口
贵州省	11 184 462	40 907 842	21 296 939	19 610 903	6 614 271
贵阳市	1 080 892	3 670 756	1 878 747	1 792 009	1 827 440
市辖区	634 402	2 187 951	1 113 482	1 074 469	1 581 602
南明区	166 506	562 524	282 141	280 383	505 511
云岩区	198 025	648 405	328 967	319 438	598 120
花溪区	75 779	324 479	168 645	155 834	105 420
乌当区	91 488	297 005	150 071	146 934	111 108
白云区	54 885	202 376	103 418	98 958	132 821
小河区	47 719	153 162	80 240	72 922	128 622
开阳县	134 771	432 063	224 686	207 377	67 118
息烽县	75 505	250 352	130 740	119 612	32 298
修文县	87 329	296 616	152 960	143 656	40 115
清镇市	148 885	503 774	256 879	246 895	106 307
六盘水市	896 818	3 102 033	1 628 894	1 473 139	703 563
市辖区	304 070	1 135 643	595 696	539 947	450 499
钟山区	125 948	477 425	251 604	225 821	314 083
六枝特区	178 122	658 218	344 092	314 126	136 416
水城县	214 404	790 389	416 922	373 467	22 933
盘县	378 344	1 176 001	616 276	559 725	230 131
遵义市	2 089 174	7 508 651	3 893 757	3 614 894	1 181 274
市辖区	275 221	850 310	427 131	423 179	431 653
红花岗区	166 409	502 384	251 062	251 322	292 431
汇川区	108 812	347 926	176 069	171 857	139 222
遵义县	341 556	1 194 942	619 679	575 263	137 231
桐梓县	183 046	685 128	357 677	327 451	86 586
绥阳县	140 066	529 995	277 416	252 579	47 503
正安县	159 437	623 770	327 148	296 622	43 728
道真仡佬族苗族自治县	93 200	337 021	176 484	160 537	36 208
务川仡佬族苗族自治县	117 525	438 374	228 370	210 004	34 207
凤冈县	111 323	427 577	222 306	205 271	36 269
湄潭县	141 489	485 369	249 792	235 577	62 043
余庆县	93 572	294 887	153 476	141 411	32 049
习水县	174 340	690 674	361 544	329 130	68 945
赤水市	96 752	301 780	155 719	146 061	72 433
仁怀市	161 647	648 824	337 015	311 809	92 419
安顺市	769 239	2 734 926	1 412 936	1 321 990	413 824
市辖区	237 361	847 015	428 487	418 528	222 860
西秀区	237 361	847 015	428 487	418 528	222 860
平坝县	106 726	345 165	177 343	167 822	66 545
普定县	132 788	454 732	236 039	218 693	32 877
镇宁布依族苗族自治县	102 120	374 914	195 941	178 973	34 583
关岭布依族苗族自治县	96 434	353 341	185 177	168 164	34 309

贵州省市县人口

单位：人

地　区　别	总户数 （户）	总　　人　　口			总人口中 非农业人口
		合　计	男	女	
紫云苗族布依族自治县	93 810	359 759	189 949	169 810	22 650
铜仁地区	1 125 988	4 155 555	2 177 809	1 977 746	480 898
铜仁市	109 050	377 057	194 915	182 142	133 501
江口县	67 486	231 072	123 364	107 708	27 603
玉屏侗族自治县	45 763	149 341	80 867	68 474	34 672
石阡县	104 768	402 157	214 672	187 485	31 447
思南县	182 434	669 370	347 875	321 495	52 553
印江土家族苗族自治县	121 522	429 207	226 240	202 967	35 081
德江县	135 696	511 405	265 390	246 015	50 635
沿河土家族自治县	163 572	625 509	322 898	302 611	51 476
松桃苗族自治县	174 809	696 264	367 428	328 836	45 657
万山特区	20 888	64 173	34 160	30 013	18 273
黔西南州	876 514	3 320 934	1 710 833	1 610 101	333 350
兴义市	213 765	796 343	409 364	386 979	146 731
兴仁县	141 160	509 419	265 225	244 194	48 027
普安县	87 089	321 686	167 772	153 914	24 242
晴隆县	86 700	315 559	163 175	152 384	23 867
贞丰县	95 652	383 665	197 484	186 181	26 210
望谟县	71 504	314 991	160 264	154 727	16 162
册亨县	57 053	232 656	118 405	114 251	13 204
安龙县	123 591	446 615	229 144	217 471	34 907
毕节地区	2 048 841	7 986 176	4 180 189	3 805 987	589 930
毕节市	350 168	1 415 638	737 006	678 632	184 367
大方县	269 210	1 048 747	549 745	499 002	53 412
黔西县	236 569	890 541	462 500	428 041	70 939
金沙县	198 100	636 596	333 857	302 739	63 986
织金县	278 479	1 049 533	551 121	498 412	70 497
纳雍县	229 237	889 438	467 959	421 479	46 490
威宁彝族回族苗族自治县	306 200	1 319 211	692 436	626 775	54 221
赫章县	180 878	736 472	385 565	350 907	46 018
黔东南苗族侗族自治州	1 167 343	4 455 694	2 357 689	2 098 005	532 934
凯里市	131 368	485 228	253 833	231 395	180 108
黄平县	99 257	370 531	191 378	179 153	29 759
施秉县	44 613	162 844	84 831	78 013	16 046
三穗县	67 718	219 169	114 612	104 557	23 935
镇远县	73 616	262 219	138 292	123 927	38 430
岑巩县	60 037	225 412	120 595	104 817	20 104
天柱县	107 400	398 327	212 008	186 319	31 113
锦屏县	58 289	223 038	117 619	105 419	25 474
剑河县	61 586	247 588	132 396	115 192	18 955
台江县	37 338	149 271	80 173	69 098	17 656
黎平县	130 574	511 776	270 763	241 013	37 072

贵 州 省 市 县 人 口

单位：人

地 区 别	总户数 （户）	总　人　口			总人口中 非农业人口
		合　计	男	女	
榕江县	79 512	344 181	182 921	161 260	26 383
从江县	80 618	333 593	176 809	156 784	21 016
雷山县	39 670	149 789	81 962	67 827	14 690
麻江县	54 462	209 630	110 918	98 712	15 955
丹寨县	41 285	163 098	88 579	74 519	16 238
黔南布依族苗族自治州	1 129 653	3 973 117	2 056 085	1 917 032	551 058
都匀市	141 967	481 356	246 557	234 799	170 750
福泉市	110 423	319 925	165 453	154 472	62 566
荔波县	51 668	171 968	88 342	83 626	16 184
贵定县	82 158	288 648	147 975	140 673	45 612
瓮安县	135 790	453 568	236 700	216 868	46 242
独山县	98 668	348 274	179 436	168 838	39 964
平塘县	83 790	312 344	164 059	148 285	20 180
罗甸县	86 131	336 006	173 758	162 248	26 316
长顺县	70 492	258 334	134 918	123 416	24 422
龙里县	62 882	218 082	112 385	105 697	30 479
惠水县	113 847	442 520	228 153	214 367	45 610
三都水族自治县	91 837	342 092	178 349	163 743	22 733

云 南 省 市 县 人 口

地 区 别	总户数（户）	总 人 口 合 计	男	女	总人口中 非农业人口
云南省	12 863 384	44 697 769	23 055 823	21 641 946	7 467 402
昆明市	1 796 988	5 339 877	2 713 429	2 626 448	2 242 564
市辖区	909 664	2 502 374	1 274 268	1 228 106	1 825 675
五华区	221 931	656 833	330 442	326 391	603 864
盘龙区	176 649	509 406	262 788	246 618	402 453
官渡区	203 736	527 762	269 995	257 767	355 993
西山区	208 756	494 512	247 773	246 739	390 085
东川区	98 592	313 861	163 270	150 591	73 280
呈贡县	61 370	183 566	91 383	92 183	44 183
晋宁县	108 126	278 878	138 493	140 385	47 240
富民县	47 173	147 545	73 495	74 050	19 048
宜良县	133 021	422 487	210 440	212 047	43 177
石林彝族自治县	80 144	241 625	121 551	120 074	28 006
嵩明县	84 212	292 250	147 237	145 013	31 949
禄劝彝族苗族自治县	126 832	473 561	245 398	228 163	26 944
寻甸回族彝族自治县	139 580	530 697	273 688	257 009	35 781
安宁市	106 866	266 894	137 476	129 418	140 561
曲靖市	1 791 179	6 162 221	3 231 859	2 930 362	774 637
市辖区	231 977	694 738	354 879	339 859	255 801
麒麟区	231 977	694 738	354 879	339 859	255 801
马龙县	53 849	201 744	104 036	97 708	21 300
陆良县	211 343	644 434	337 359	307 075	76 378
师宗县	105 675	404 664	210 658	194 006	40 839
罗平县	167 652	598 339	316 741	281 598	53 068
富源县	189 894	765 319	397 840	367 479	61 860
会泽县	281 650	975 920	524 794	451 126	73 361
沾益县	115 190	418 093	214 198	203 895	47 839
宣威市	433 949	1 458 970	771 354	687 616	144 191
玉溪市	700 315	2 143 592	1 078 344	1 065 248	383 278
市辖区	149 025	420 553	207 707	212 846	141 356
红塔区	149 025	420 553	207 707	212 846	141 356
江川县	91 343	273 211	137 280	135 931	32 402
澄江县	55 442	164 188	82 050	82 138	20 457
通海县	90 058	279 404	137 889	141 515	38 149
华宁县	65 255	209 271	106 943	102 328	22 244
易门县	56 784	170 244	87 007	83 237	34 090
峨山彝族自治县	50 105	151 923	76 350	75 573	30 245
新平彝族傣族自治县	82 485	272 941	139 613	133 328	36 858
元江哈尼族彝族傣族自治县	59 818	201 857	103 505	98 352	27 477
保山市	645 505	2 460 515	1 259 204	1 201 311	275 589
市辖区	242 242	890 491	450 530	439 961	130 709
隆阳区	242 242	890 491	450 530	439 961	130 709

云 南 省 市 县 人 口

单位：人

地 区 别	总户数 （户）	总 人 口			总人口中 非农业人口
		合 计	男	女	
施甸县	74 194	292 698	148 720	143 978	28 385
腾冲县	163 614	647 645	333 729	313 916	58 730
龙陵县	72 360	283 113	148 865	134 248	26 311
昌宁县	93 095	346 568	177 360	169 208	31 454
昭通市	1 555 332	5 610 445	2 950 862	2 659 583	463 707
市辖区	245 110	816 883	424 009	392 874	122 091
昭阳区	245 110	816 883	424 009	392 874	122 091
鲁甸县	110 664	418 626	219 243	199 383	27 101
巧家县	165 364	559 008	303 257	255 751	27 641
盐津县	107 325	384 342	203 004	181 338	35 210
大关县	79 714	277 729	147 013	130 716	20 337
永善县	131 376	443 941	235 874	208 067	26 559
绥江县	45 336	164 635	84 937	79 698	23 901
镇雄县	373 444	1 462 844	766 592	696 252	86 341
彝良县	149 064	569 616	301 231	268 385	30 920
威信县	112 549	410 659	213 039	197 620	35 799
水富县	35 386	102 162	52 663	49 499	27 807
丽江市	356 237	1 205 369	611 172	594 197	176 800
市辖区	44 804	153 314	76 415	76 899	68 434
古城区	44 804	153 314	76 415	76 899	68 434
玉龙县	60 546	219 389	111 560	107 829	14 007
永胜县	122 094	401 549	202 754	198 795	36 350
华坪县	53 521	164 513	83 802	80 711	30 726
宁蒗县	75 272	266 604	136 641	129 963	27 283
普洱市	705 935	2 496 380	1 298 982	1 197 398	341 304
市辖区	68 438	217 584	109 974	107 610	92 452
思茅区	68 438	217 584	109 974	107 610	92 452
宁洱哈尼族彝族自治县	56 912	193 740	99 699	94 041	33 797
墨江哈尼族自治县	96 041	372 721	200 476	172 245	34 392
景东彝族自治县	103 359	363 049	188 650	174 399	29 585
景谷傣族彝族自治县	87 861	315 085	165 093	149 992	34 709
镇沅彝族哈尼族拉祜族自治县	62 502	211 474	112 287	99 187	23 400
江城哈尼族彝族自治县	31 111	106 594	54 784	51 810	19 993
孟连傣族拉祜族佤族自治县	35 905	124 944	63 041	61 903	18 269
澜沧拉祜族自治县	133 970	496 928	256 222	240 706	41 647
西盟佤族自治县	29 836	94 261	48 756	45 505	13 060
临沧市	591 572	2 266 383	1 191 504	1 074 879	247 592
市辖区	83 002	294 549	154 183	140 366	58 120
临翔区	83 002	294 549	154 183	140 366	58 120
凤庆县	108 798	426 063	221 981	204 082	33 056
云县	114 449	434 127	230 411	203 716	32 471
永德县	82 847	337 327	180 016	157 311	27 799

云 南 省 市 县 人 口

单位：人

地 区 别	总户数（户）	总 人 口 合 计	男	女	总人口中非农业人口
镇康县	42 105	168 829	89 840	78 989	14 107
双江拉祜族佤族布朗族傣族自治县	42 121	166 735	86 764	79 971	19 785
耿马傣族佤族自治县	71 787	270 052	140 636	129 416	39 443
沧源佤族自治县	46 463	168 701	87 673	81 028	22 811
楚雄彝族自治州	768 579	2 619 619	1 338 983	1 280 636	398 479
楚雄市	157 510	509 514	260 395	249 119	155 134
双柏县	46 417	156 347	81 660	74 687	17 138
牟定县	58 494	204 640	104 601	100 039	18 452
南华县	63 811	236 937	120 313	116 624	24 828
姚安县	55 598	208 308	106 066	102 242	17 825
大姚县	85 139	282 798	144 872	137 926	25 759
永仁县	32 552	106 731	55 041	51 690	14 890
元谋县	63 133	215 795	109 934	105 861	24 569
武定县	75 301	272 752	139 380	133 372	29 625
禄丰县	130 624	425 797	216 721	209 076	70 259
红河哈尼族彝族自治州	1 220 113	4 319 842	2 225 011	2 094 831	748 787
个旧市	132 759	391 073	196 587	194 486	216 354
开远市	88 723	269 987	136 010	133 977	107 434
蒙自县	107 918	355 961	178 216	177 745	75 801
屏边苗族自治县	39 984	154 380	80 014	74 366	18 338
建水县	156 982	520 699	262 685	258 014	72 332
石屏县	90 555	302 754	153 049	149 705	35 749
弥勒县	150 871	519 552	265 533	254 019	61 732
泸西县	116 546	408 626	218 127	190 499	41 413
元阳县	93 906	413 098	222 092	191 006	21 002
红河县	71 685	303 041	158 172	144 869	16 730
金平苗族瑶族傣族自治县	89 639	369 093	192 480	176 613	25 872
绿春县	50 762	223 271	117 629	105 642	18 395
河口瑶族自治县	29 783	88 307	44 417	43 890	37 635
文山壮族苗族自治州	930 855	3 640 744	1 898 263	1 742 481	343 733
文山县	137 678	469 752	239 675	230 077	103 912
砚山县	120 792	487 639	251 534	236 105	43 404
西畴县	68 689	257 070	135 350	121 720	25 336
麻栗坡县	74 636	289 298	152 373	136 925	24 801
马关县	100 566	370 857	194 055	176 802	37 037
丘北县	130 350	514 797	270 142	244 655	37 258
广南县	193 684	818 922	432 999	385 923	42 799
富宁县	104 460	432 409	222 135	210 274	29 186
西双版纳傣族自治州	263 218	933 764	469 123	464 641	279 294
景洪市	119 299	396 256	197 841	198 415	158 967
勐海县	78 033	317 053	159 245	157 808	46 960
勐腊县	65 886	220 455	112 037	108 418	73 367

云 南 省 市 县 人 口

单位：人

地 区 别	总户数 （户）	总 人 口			总人口中 非农业人口
		合 计	男	女	
大理白族自治州	1 002 114	3 516 180	1 782 498	1 733 682	452 878
大理市	187 549	615 728	307 546	308 182	214 640
漾濞彝族自治县	31 179	102 770	52 091	50 679	11 857
祥云县	133 340	460 923	234 581	226 342	38 921
宾川县	96 157	350 979	178 485	172 494	23 752
弥渡县	92 610	322 853	165 003	157 850	23 194
南涧彝族自治县	63 070	227 664	116 733	110 931	15 334
巍山彝族回族自治县	84 740	309 749	157 163	152 586	23 133
永平县	55 689	182 659	93 010	89 649	19 869
云龙县	61 238	206 466	106 604	99 862	19 325
洱源县	73 058	284 954	144 407	140 547	21 650
剑川县	47 420	176 518	88 648	87 870	17 414
鹤庆县	76 064	274 917	138 227	136 690	23 789
德宏傣族景颇族自治州	289 501	1 107 980	559 992	547 988	215 651
瑞丽市	38 579	123 687	60 355	63 332	47 241
潞西市	90 784	360 155	182 168	177 987	79 905
梁河县	41 269	163 814	84 209	79 605	18 205
盈江县	69 918	280 887	142 900	137 987	36 170
陇川县	48 951	179 437	90 360	89 077	34 130
怒江傈僳族自治州	151 922	516 725	264 436	252 289	76 238
泸水县	50 574	170 553	87 656	82 897	30 898
福贡县	28 412	101 004	51 370	49 634	10 674
贡山独龙族怒族自治县	11 953	36 527	18 488	18 039	6 282
兰坪白族普米族自治县	60 983	208 641	106 922	101 719	28 384
迪庆藏族自治州	94 019	358 133	182 161	175 972	46 871
香格里拉县	38 885	143 380	72 538	70 842	26 540
德钦县	13 661	60 135	30 181	29 954	7 485
维西傈僳族自治县	41 473	154 618	79 442	75 176	12 846

西藏自治区市县人口

地 区 别	总户数（户）	总 人 口 合 计	男	女	总人口中非农业人口
西藏自治区	695 474	2 898 245	1 458 092	1 440 153	514 866
拉萨市	151 507	515 353	257 445	257 908	211 385
市辖区	82 229	216 676	109 657	107 019	188 727
城关区	82 229	216 676	109 657	107 019	188 727
林周县	12 369	60 055	29 692	30 363	3 551
当雄县	9 946	46 294	23 121	23 173	3 707
尼木县	6 512	32 278	15 896	16 382	2 125
曲水县	9 328	34 555	16 998	17 557	2 458
堆龙德庆县	14 043	47 710	23 257	24 453	5 361
达孜县	7 277	30 598	15 111	15 487	2 601
墨竹工卡县	9 803	47 187	23 713	23 474	2 855
昌都地区	131 303	640 235	323 037	317 198	56 537
昌都县	32 312	96 935	49 585	47 350	29 105
江达县	16 295	80 816	41 213	39 603	3 536
贡觉县	7 885	43 570	22 121	21 449	2 296
类乌齐县	8 738	44 779	22 526	22 253	2 742
丁青县	11 375	64 780	32 956	31 824	2 762
察雅县	10 894	56 977	28 469	28 508	2 692
八宿县	8 338	42 436	21 102	21 334	2 565
左贡县	8 242	43 644	21 698	21 946	2 082
芒康县	12 524	85 726	42 893	42 833	4 002
洛隆县	7 868	43 931	22 104	21 827	2 526
边坝县	6 832	36 641	18 370	18 271	2 229
山南地区	97 090	342 562	169 634	172 928	44 790
乃东县	21 683	60 167	30 089	30 078	22 275
扎囊县	8 916	39 335	19 392	19 943	2 793
贡嘎县	11 885	48 953	24 500	24 453	4 013
桑日县	4 415	16 849	8 374	8 475	1 722
琼结县	4 881	18 754	9 090	9 664	1 749
曲松县	4 838	17 197	8 582	8 615	1 822
措美县	3 986	14 729	7 271	7 458	1 333
洛扎县	5 743	19 449	9 561	9 888	1 762
加查县	5 819	20 142	10 037	10 105	1 867
隆子县	10 217	35 971	17 698	18 273	2 340
错那县	4 998	14 876	6 946	7 930	1 188
浪卡子县	9 709	36 140	18 094	18 046	1 926
日喀则地区	146 181	705 809	357 631	348 178	85 341
日喀则市	27 158	107 531	57 872	49 659	40 266
南木林县	15 382	82 579	41 402	41 177	3 652
江孜县	13 682	64 299	31 604	32 695	7 726
定日县	9 479	50 124	25 275	24 849	2 766
萨迦县	10 099	49 407	24 861	24 546	2 148

西 藏 自 治 区 市 县 人 口

单位：人

地 区 别	总户数 （户）	总 人 口			总人口中 非农业人口
		合 计	男	女	
拉孜县	10 458	51 526	26 005	25 521	2 598
昂仁县	9 286	48 620	24 094	24 526	2 214
谢通门县	9 293	45 350	22 868	22 482	2 779
白朗县	7 889	47 254	23 966	23 288	1 948
仁布县	5 293	31 952	16 146	15 806	1 704
康马县	3 651	21 607	10 603	11 004	1 592
定结县	4 067	18 775	9 511	9 264	1 847
仲巴县	3 690	20 779	10 373	10 406	1 500
亚东县	3 913	12 667	6 186	6 481	5 486
吉隆县	3 254	14 122	7 065	7 057	1 406
聂拉木县	3 606	15 513	7 865	7 648	2 707
萨嘎县	3 325	13 365	6 806	6 559	1 552
岗巴县	2 656	10 339	5 129	5 210	1 450
那曲地区	95 478	438 526	220 600	217 926	57 016
那曲县	22 428	94 816	48 076	46 740	29 134
嘉黎县	6 143	30 527	15 423	15 104	2 225
比如县	11 341	57 281	28 773	28 508	4 280
聂荣县	8 608	33 339	16 317	17 022	3 189
安多县	8 321	36 680	18 485	18 195	5 573
申扎县	4 000	18 658	9 475	9 183	1 951
索县	8 672	42 960	21 896	21 064	2 071
班嘎县	8 012	37 838	18 332	19 506	3 363
巴青县	9 272	47 179	24 188	22 991	2 727
尼玛县	8 681	39 248	19 635	19 613	2 503
阿里地区	22 518	83 473	42 712	40 761	12 954
普兰县	3 176	8 589	4 217	4 372	2 201
札达县	1 973	7 045	3 845	3 200	926
噶尔县	5 315	14 352	7 557	6 795	7 648
日土县	1 735	7 831	3 864	3 967	84
革吉县	3 221	13 109	6 796	6 313	243
改则县	4 176	20 411	10 328	10 083	1 595
措勤县	2 922	12 136	6 105	6 031	257
林芝地区	51 397	172 287	87 033	85 254	46 843
林芝县	16 351	40 961	20 501	20 460	24 582
工布江达县	7 409	28 098	14 761	13 337	3 342
米林县	5 131	19 459	9 447	10 012	4 703
墨脱县	2 900	12 852	6 943	5 909	1 967
波密县	9 237	28 590	14 252	14 338	7 023
察隅县	5 560	26 285	13 037	13 248	3 122
朗县	4 809	16 042	8 092	7 950	2 104

陕 西 省 市 县 人 口

单位：人

地　区　别	总户数（户）	总　人　口 合　计	男	女	总人口中非农业人口
陕西省	11 737 424	38 528 156	19 971 092	18 557 064	11 625 902
西安市	2 215 084	7 816 746	3 992 879	3 823 867	3 706 587
市辖区	1 606 357	5 615 760	2 849 405	2 766 355	3 410 211
新城区	164 039	503 282	256 513	246 769	503 282
碑林区	200 321	748 465	392 510	355 955	748 465
莲湖区	210 534	638 537	324 461	314 076	638 537
灞桥区	157 656	505 306	252 237	253 069	230 278
未央区	153 299	500 409	250 978	249 431	317 250
雁塔区	202 887	789 390	399 013	390 377	627 761
阎良区	70 653	252 318	127 957	124 361	87 995
临潼区	186 755	702 484	355 278	347 206	117 766
长安区	260 213	975 569	490 458	485 111	138 877
蓝田县	176 525	643 449	333 282	310 167	57 917
周至县	170 032	671 087	354 163	316 924	60 950
户县	178 691	598 483	311 845	286 638	109 815
高陵县	83 479	287 967	144 184	143 783	67 694
铜川市	275 118	853 125	446 303	406 822	410 429
市辖区	241 056	757 190	395 722	361 468	395 675
王益区	72 282	209 239	107 462	101 777	170 159
印台区	70 396	230 437	123 651	106 786	141 022
耀州区	98 378	317 514	164 609	152 905	84 494
宜君县	34 062	95 935	50 581	45 354	14 754
宝鸡市	1 107 798	3 787 753	1 957 845	1 829 908	1 160 169
市辖区	421 368	1 413 718	722 447	691 271	848 499
渭滨区	139 189	434 476	218 820	215 656	434 476
金台区	123 094	378 540	192 072	186 468	288 145
陈仓区	159 085	600 702	311 555	289 147	125 878
凤翔县	153 850	517 315	265 352	251 963	51 708
岐山县	138 040	468 833	245 839	222 994	85 145
扶风县	116 360	441 433	229 526	211 907	41 368
眉县	91 341	312 410	162 226	150 184	35 639
陇县	72 403	259 187	135 221	123 966	29 434
千阳县	39 071	132 055	69 243	62 812	17 433
麟游县	25 024	88 363	47 064	41 299	18 031
凤县	32 687	102 569	53 365	49 204	21 886
太白县	17 654	51 870	27 562	24 308	11 026
咸阳市	1 546 239	5 353 976	2 766 266	2 587 710	1 192 589
市辖区	308 053	1 087 193	553 395	533 798	625 321
秦都区	143 192	486 243	245 332	240 911	309 090
杨陵区	46 202	190 175	98 739	91 436	62 053
渭城区	118 659	410 775	209 324	201 451	254 178
三原县	139 165	418 170	211 143	207 027	86 259

陕 西 省 市 县 人 口

单位：人

地 区 别	总户数 （户）	总 人 口			总人口中 非农业人口
		合 计	男	女	
泾阳县	148 749	508 945	257 314	251 631	55 070
乾县	164 834	587 338	306 445	280 893	52 633
礼泉县	159 292	499 004	258 945	240 059	72 840
永寿县	57 833	206 526	107 897	98 629	21 280
彬县	93 885	344 330	181 327	163 003	36 276
长武县	51 270	183 347	93 875	89 472	19 026
旬邑县	80 884	281 578	149 452	132 126	26 274
淳化县	61 939	204 483	106 248	98 235	22 838
武功县	122 644	443 755	230 213	213 542	50 449
兴平市	157 691	589 307	310 012	279 295	124 323
渭南市	1 694 769	5 568 574	2 823 067	2 745 507	1 669 223
市辖区	312 107	967 696	485 155	482 541	391 724
临渭区	312 107	967 696	485 155	482 541	391 724
华县	105 808	350 191	178 819	171 372	97 726
潼关县	49 591	164 500	82 695	81 805	63 196
大荔县	196 669	716 382	361 236	355 146	150 322
合阳县	139 249	454 920	230 427	224 493	114 841
澄城县	129 497	401 076	204 136	196 940	101 256
蒲城县	223 236	776 311	391 983	384 328	149 626
白水县	97 490	293 748	151 233	142 515	75 516
富平县	234 188	782 962	398 146	384 816	175 924
韩城市	123 449	396 370	204 549	191 821	202 161
华阴市	83 485	264 418	134 688	129 730	146 931
延安市	775 495	2 275 110	1 190 263	1 084 847	871 901
市辖区	167 729	448 736	227 112	221 624	221 386
宝塔区	167 729	448 736	227 112	221 624	221 386
延长县	54 276	153 578	80 716	72 862	40 558
延川县	64 553	202 820	106 353	96 467	80 514
子长县	83 594	268 732	139 644	129 088	96 163
安塞县	57 601	176 948	92 665	84 283	44 084
志丹县	55 178	149 440	82 810	66 630	72 013
吴旗县	41 079	134 371	70 133	64 238	30 843
甘泉县	32 594	84 551	43 910	40 641	84 247
富县	49 898	150 280	79 723	70 557	38 852
洛川县	68 680	209 103	114 318	94 785	60 869
宜川县	38 902	118 243	61 474	56 769	33 480
黄龙县	17 719	51 548	27 152	24 396	17 192
黄陵县	43 692	126 760	64 253	62 507	51 700
汉中市	1 243 359	3 815 527	2 001 334	1 814 193	767 073
市辖区	193 443	552 638	283 071	269 567	257 128
汉台区	193 443	552 638	283 071	269 567	257 128
南郑县	179 092	551 398	288 288	263 110	80 079

陕 西 省 市 县 人 口

单位：人

地 区 别	总户数（户）	总 人 口 合 计	男	女	总人口中非农业人口
城固县	181 527	528 442	274 116	254 326	91 538
洋县	138 869	443 222	237 710	205 512	73 426
西乡县	135 679	412 042	218 844	193 198	56 202
勉县	140 419	424 341	219 599	204 742	74 421
宁强县	104 574	338 842	178 208	160 634	33 959
略阳县	63 597	201 335	107 534	93 801	57 420
镇巴县	80 181	285 435	152 033	133 402	28 621
留坝县	14 576	44 579	23 847	20 732	7 788
佛坪县	11 402	33 253	18 084	15 169	6 491
榆林市	1 188 644	3 591 131	1 873 119	1 718 012	676 591
市辖区	187 339	509 284	261 529	247 755	182 512
榆阳区	187 339	509 284	261 529	247 755	182 512
神木县	154 759	406 551	213 610	192 941	107 219
府谷县	80 556	230 493	121 769	108 724	46 791
横山县	99 373	351 738	183 916	167 822	36 532
靖边县	93 855	315 610	163 079	152 531	48 440
定边县	86 266	329 292	170 590	158 702	47 491
绥德县	117 310	358 156	186 408	171 748	60 925
米脂县	73 343	217 316	113 359	103 957	36 223
佳县	86 214	262 903	138 180	124 723	31 962
吴堡县	32 011	84 366	44 020	40 346	17 400
清涧县	72 552	218 054	115 609	102 445	29 522
子洲县	105 066	307 368	161 050	146 318	31 574
安康市	970 233	3 035 736	1 633 964	1 401 772	482 905
市辖区	312 954	998 900	531 593	467 307	219 172
汉滨区	312 954	998 900	531 593	467 307	219 172
汉阴县	100 336	303 872	164 339	139 533	32 926
石泉县	61 711	183 019	98 861	84 158	29 363
宁陕县	24 499	74 547	39 522	35 025	14 828
紫阳县	104 734	342 280	186 605	155 675	40 813
岚皋县	60 069	176 537	97 108	79 429	24 539
平利县	84 597	235 351	127 543	107 808	34 056
镇坪县	19 801	59 437	31 788	27 649	9 039
旬阳县	140 322	452 543	243 199	209 344	56 892
白河县	61 210	209 250	113 406	95 844	21 277
商洛市	720 685	2 430 478	1 286 052	1 144 426	688 435
市辖区	148 249	548 894	289 623	259 271	186 085
商州区	148 249	548 894	289 623	259 271	186 085
洛南县	136 284	452 164	234 856	217 308	170 650
丹凤县	91 669	303 773	159 725	144 048	94 649
商南县	77 567	238 964	125 354	113 610	81 632
山阳县	127 435	435 930	235 338	200 592	39 746

陕 西 省 市 县 人 口

单位：人

地 区 别	总户数（户）	总 人 口			总人口中非农业人口
		合 计	男	女	
镇安县	92 923	297 163	160 351	136 812	71 957
柞水县	46 558	153 590	80 805	72 785	43 716

甘 肃 省 市 县 人 口

单位：人

地 区 别	总户数 （户）	总 合 计	人 男	口 女	总人口中 非农业人口
甘肃省	7 560 550	27 022 858	13 953 583	13 069 275	6 864 525
兰州市	983 525	3 235 873	1 651 980	1 583 893	2 027 692
市辖区	665 138	2 104 696	1 069 580	1 035 116	1 879 858
城关区	294 800	931 536	462 223	469 313	917 896
七里河区	151 569	473 464	247 021	226 443	388 751
西固区	111 105	331 837	169 331	162 506	272 379
安宁区	59 124	226 774	117 862	108 912	207 590
红古区	48 540	141 085	73 143	67 942	93 242
永登县	149 372	520 561	268 698	251 863	73 060
皋兰县	54 757	178 917	91 649	87 268	28 533
榆中县	114 258	431 699	222 053	209 646	46 241
嘉峪关市	59 466	187 343	99 146	88 197	166 492
市辖区	59 466	187 343	99 146	88 197	166 492
嘉峪关区	59 466	187 343	99 146	88 197	166 492
金昌市	153 923	453 374	236 075	217 299	220 962
市辖区	73 224	202 906	105 305	97 601	156 163
金川区	73 224	202 906	105 305	97 601	156 163
永昌县	80 699	250 468	130 770	119 698	64 799
白银市	511 244	1 795 583	929 868	865 715	463 845
市辖区	158 045	496 606	265 440	231 166	318 412
白银区	95 252	287 097	150 443	136 654	210 848
平川区	62 793	209 509	114 997	94 512	107 564
靖远县	131 557	476 539	243 643	232 896	49 065
会宁县	154 426	584 435	298 734	285 701	47 898
景泰县	67 216	238 003	122 051	115 952	48 470
天水市	955 658	3 635 457	1 870 636	1 764 821	982 505
市辖区	359 207	1 285 368	663 047	622 321	633 758
秦州区	187 458	674 081	347 431	326 650	332 575
麦积区	171 749	611 287	315 616	295 671	301 183
清水县	79 522	317 459	164 685	152 774	27 207
秦安县	153 089	616 144	313 647	302 497	137 849
甘谷县	159 311	620 643	316 776	303 867	54 731
武山县	123 413	453 030	237 195	215 835	81 715
张家川回族自治县	81 116	342 813	175 286	167 527	47 245
武威市	523 465	1 912 682	988 143	924 539	333 045
市辖区	280 737	1 015 002	525 906	489 096	222 317
凉州区	280 737	1 015 002	525 906	489 096	222 317
民勤县	76 899	279 080	143 786	135 294	38 697
古浪县	107 577	401 640	205 144	196 496	31 317
天祝藏族自治县	58 252	216 960	113 307	103 653	40 714
张掖市	416 429	1 303 651	671 030	632 621	357 646
市辖区	163 157	518 658	265 721	252 937	191 076

甘 肃 省 市 县 人 口

单位：人

地 区 别	总户数 （户）	总 人 口			总人口中 非农业人口
		合 计	男	女	
甘州区	163 157	518 658	265 721	252 937	191 076
肃南裕固族自治县	13 241	36 623	18 647	17 976	11 426
民乐县	73 928	242 364	126 541	115 823	35 217
临泽县	48 522	148 044	76 308	71 736	23 810
高台县	52 638	158 679	81 268	77 411	26 614
山丹县	64 943	199 283	102 545	96 738	69 503
平凉市	642 130	2 289 053	1 179 211	1 109 842	396 804
市辖区	157 882	506 627	256 861	249 766	166 306
崆峒区	157 882	506 627	256 861	249 766	166 306
泾川县	90 736	352 745	182 019	170 726	32 596
灵台县	69 132	230 093	120 341	109 752	21 764
崇信县	28 316	97 250	50 352	46 898	15 688
华亭县	59 887	181 245	95 351	85 894	85 528
庄浪县	112 370	438 606	226 428	212 178	30 301
静宁县	123 807	482 487	247 859	234 628	44 621
酒泉市	323 529	987 620	502 865	484 755	356 145
市辖区	125 414	401 191	202 113	199 078	175 126
肃州区	125 414	401 191	202 113	199 078	175 126
金塔县	47 613	149 537	77 144	72 393	31 106
瓜州县	36 712	115 192	59 671	55 521	25 826
肃北蒙古族自治县	4 696	11 432	5 813	5 619	5 617
阿克塞哈萨克族自治县	14 659	31 854	15 632	16 222	28 900
玉门市	46 102	136 913	71 417	65 496	49 287
敦煌市	48 333	141 501	71 075	70 426	40 283
庆阳市	721 446	2 609 528	1 354 456	1 255 072	318 698
市辖区	104 713	355 717	181 787	173 930	104 825
西峰区	104 713	355 717	181 787	173 930	104 825
庆城县	88 401	299 518	156 442	143 076	53 849
环县	87 220	344 308	180 420	163 888	25 136
华池县	38 526	132 055	69 322	62 733	19 043
合水县	48 098	171 028	89 308	81 720	21 003
正宁县	68 269	238 762	125 023	113 739	26 947
宁县	146 326	548 947	284 129	264 818	36 143
镇原县	139 893	519 193	268 025	251 168	31 752
定西市	789 289	2 997 310	1 556 990	1 440 320	330 063
市辖区	119 206	467 262	247 828	219 434	90 431
安定区	119 206	467 262	247 828	219 434	90 431
通渭县	114 476	445 210	229 999	215 211	36 612
陇西县	136 885	507 786	265 406	242 380	75 255
渭源县	96 564	353 403	183 877	169 526	22 290
临洮县	148 988	542 436	276 440	265 996	50 530
漳县	51 371	207 047	107 252	99 795	18 111

甘肃省市县人口

单位：人

地　区　别	总户数（户）	总　合计	人　男	口　女	总人口中非农业人口
岷县	121 799	474 166	246 188	227 978	36 834
陇南市	762 877	2 823 027	1 476 414	1 346 613	436 342
市辖区	161 027	577 101	300 579	276 522	131 504
武都区	161 027	577 101	300 579	276 522	131 504
宕昌县	78 039	310 066	162 599	147 467	23 315
成县	77 620	263 893	137 099	126 794	101 528
康县	58 622	203 653	108 772	94 881	19 219
文县	79 435	250 972	131 390	119 582	35 807
西和县	105 484	423 733	219 831	203 902	43 012
礼县	122 435	523 915	274 856	249 059	40 249
两当县	16 308	50 427	26 957	23 470	10 641
徽县	63 907	219 267	114 331	104 936	31 067
临夏回族自治州	519 339	2 065 539	1 066 520	999 019	312 847
临夏市	67 067	227 690	113 011	114 679	124 440
临夏县	96 046	384 820	200 720	184 100	22 561
康乐县	62 604	258 571	133 585	124 986	18 156
永靖县	59 374	203 273	105 024	98 249	42 990
广河县	51 924	235 926	120 526	115 400	23 726
和政县	50 654	201 301	105 245	96 056	17 010
东乡族自治县	71 981	305 933	159 668	146 265	43 271
积石山保安族东乡族撒拉族自治县	59 689	248 025	128 741	119 284	20 693
甘南藏族自治州	198 230	726 818	370 249	356 569	161 439
合作市	27 048	91 916	46 425	45 491	55 637
临潭县	43 230	158 109	81 340	76 769	18 892
卓尼县	30 081	107 458	55 109	52 349	16 256
舟曲县	39 816	142 562	73 401	69 161	20 090
迭部县	15 134	58 391	29 403	28 988	17 638
玛曲县	13 524	49 128	24 990	24 138	8 739
碌曲县	8 903	33 845	16 836	17 009	7 238
夏河县	20 494	85 409	42 745	42 664	16 949

青 海 省 市 县 人 口

单位：人

地 区 别	总户数（户）	总 人 口			总人口中非农业人口
		合 计	男	女	
青海省	1 579 078	5 430 156	2 767 126	2 663 030	1 635 610
西宁市	560 850	1 939 439	982 618	956 821	899 889
市辖区	274 135	890 019	441 991	448 028	738 164
城东区	74 274	241 281	120 050	121 231	208 097
城中区	72 723	229 276	113 320	115 956	189 609
城西区	62 052	207 457	101 604	105 853	188 584
城北区	65 086	212 005	107 017	104 988	151 874
大通回族土族自治县	117 235	449 171	231 050	218 121	92 830
湟中县	127 749	462 390	238 875	223 515	37 138
湟源县	41 731	137 859	70 702	67 157	31 757
海东地区	436 825	1 613 591	829 672	783 919	199 200
平安县	39 264	121 815	61 502	60 313	37 101
民和县	102 688	409 637	211 700	197 937	41 695
乐都县	87 310	290 150	148 631	141 519	48 264
互助县	103 108	387 392	202 742	184 650	33 585
化隆县	68 881	268 323	136 808	131 515	24 039
循化县	35 574	136 274	68 289	67 985	14 516
海北藏族自治州	81 507	280 137	142 862	137 275	67 030
门源县	41 172	153 296	78 782	74 514	25 727
祁连县	15 268	48 771	24 291	24 480	12 516
海晏县	11 358	34 925	17 754	17 171	15 079
刚察县	13 709	43 145	22 035	21 110	13 708
黄南藏族自治州	75 131	247 180	123 413	123 767	49 637
同仁县	27 466	87 251	43 413	43 838	24 892
尖扎县	17 943	56 464	27 976	28 488	12 133
泽库县	19 408	67 293	33 787	33 506	6 741
河南县	10 314	36 172	18 237	17 935	5 871
海南藏族自治州	128 166	440 488	222 817	217 671	101 387
共和县	42 186	134 724	68 684	66 040	47 779
同德县	14 643	56 758	28 535	28 223	10 186
贵德县	31 927	105 510	53 090	52 420	17 282
兴海县	18 516	68 235	34 867	33 368	8 568
贵南县	20 894	75 261	37 641	37 620	17 572
果洛藏族自治州	50 349	166 155	83 984	82 171	31 991
玛沁县	14 756	45 461	23 103	22 358	15 770
班玛县	7 022	25 759	13 008	12 751	4 302
甘德县	7 815	28 157	14 516	13 641	2 787
达日县	10 560	31 325	15 817	15 508	3 580
久治县	5 265	22 007	10 656	11 351	2 515
玛多县	4 931	13 446	6 884	6 562	3 037
玉树藏族自治州	105 895	357 267	182 416	174 851	50 890
玉树县	34 835	95 352	47 572	47 780	22 128

青海省市县人口

地 区 别	总户数（户）	总 合 计	人 男	口 女	总人口中非农业人口
杂多县	15 431	53 102	26 722	26 380	5 494
称多县	12 518	56 319	31 815	24 504	6 189
治多县	10 119	30 944	15 596	15 348	4 412
囊谦县	23 165	92 785	46 234	46 551	8 690
曲麻莱县	9 827	28 765	14 477	14 288	3 977
海西蒙古族藏族自治州	140 355	385 899	199 344	186 555	235 586
格尔木市	46 307	121 278	62 663	58 615	96 014
德令哈市	25 124	71 930	37 165	34 765	42 763
乌兰县	39 723	101 860	53 084	48 776	78 390
都兰县	22 834	70 918	36 470	34 448	12 770
天峻县	6 367	19 913	9 962	9 951	5 649

宁夏回族自治区市县人口

单位：人

| 地 区 别 | 总户数
（户） | 总 人 口 | | | 总人口中
非农业人口 |
		合 计	男	女	
宁夏回族自治区	1 964 199	6 340 641	3 234 299	3 106 342	2 360 843
银川市	533 604	1 555 500	781 970	773 530	1 012 550
市辖区	309 758	914 247	454 821	459 426	788 198
兴庆区	172 011	496 993	243 926	253 067	441 443
西夏区	71 522	233 251	119 141	114 110	203 520
金凤区	66 225	184 003	91 754	92 249	143 235
永宁县	69 027	211 477	107 953	103 524	57 963
贺兰县	69 400	192 692	97 331	95 361	56 284
灵武市	85 419	237 084	121 865	115 219	110 105
石嘴山市	252 760	745 181	381 440	363 741	443 763
市辖区	155 206	454 295	233 416	220 879	367 315
大武口区	85 358	262 698	135 050	127 648	229 930
惠农区	69 848	191 597	98 366	93 231	137 385
平罗县	97 554	290 886	148 024	142 862	76 448
吴忠市	418 694	1 372 064	698 540	673 524	411 855
市辖区	115 474	381 100	191 562	189 538	180 758
利通区	115 474	381 100	191 562	189 538	180 758
盐池县	56 676	165 831	85 038	80 793	34 367
同心县	109 878	393 463	200 074	193 389	97 287
红寺堡	43 014	161 567	82 954	78 613	21 110
青铜峡市	93 652	270 103	138 912	131 191	78 333
固原市	414 050	1 501 443	775 911	725 532	215 274
市辖区	133 792	440 568	225 885	214 683	114 870
原州区	133 792	440 568	225 885	214 683	114 870
西吉县	126 045	498 247	256 834	241 413	40 614
隆德县	51 082	179 689	93 218	86 471	23 344
泾源县	34 208	123 872	64 929	58 943	10 880
彭阳县	68 923	259 067	135 045	124 022	25 566
中卫市	345 091	1 166 453	596 438	570 015	277 401
市辖区	126 638	392 380	200 033	192 347	137 810
城区	126 638	392 380	200 033	192 347	137 810
中宁县	97 303	319 074	162 993	156 081	101 701
海原县	121 150	454 999	233 412	221 587	37 890

新疆维吾尔自治区市县人口

单位：人

地 区 别	总户数（户）	总 人 口 合 计	男	女	总人口中非农业人口
新疆维吾尔自治区	6 292 123	21 210 878	10 838 805	10 372 073	9 126 968
乌鲁木齐市	783 174	2 411 938	1 247 800	1 164 138	1 768 871
市辖区	753 617	2 318 846	1 200 710	1 118 136	1 755 403
天山区	171 421	550 116	278 076	272 040	457 220
沙依巴克区	173 938	524 875	268 872	256 003	438 714
新市区	164 073	518 241	272 513	245 728	391 811
水磨沟区	90 373	262 527	138 051	124 476	179 302
头屯河区	49 427	137 401	71 920	65 481	118 247
达坂城区	15 140	45 807	24 323	21 484	19 658
米东区	89 245	279 879	146 955	132 924	150 451
乌鲁木齐县	29 557	93 092	47 090	46 002	13 468
克拉玛依市	102 098	276 087	141 608	134 479	271 819
市辖区	102 098	276 087	141 608	134 479	271 819
独山子区	19 865	54 923	28 925	25 998	54 866
克拉玛依区	64 993	174 121	88 322	85 799	171 780
白碱滩区	16 432	44 807	23 187	21 620	44 441
乌尔禾区	808	2 236	1 174	1 062	732
吐鲁番地区	179 420	614 616	310 992	303 624	176 188
吐鲁番市	77 256	274 491	138 040	136 451	86 613
鄯善县	68 373	223 394	113 801	109 593	57 404
托克逊县	33 791	116 731	59 151	57 580	32 171
哈密地区	190 694	567 795	290 122	277 673	336 035
哈密市	148 580	443 266	226 729	216 537	295 185
巴里坤哈萨克自治县	34 303	102 391	52 034	50 357	32 260
伊吾县	7 811	22 138	11 359	10 779	8 590
昌吉回族自治州	470 243	1 406 472	721 367	685 105	692 521
昌吉市	129 074	383 241	197 278	185 963	230 816
阜康市	59 003	167 997	87 018	80 979	95 728
呼图壁县	76 524	217 607	110 846	106 761	129 775
玛纳斯县	59 248	174 556	88 260	86 296	76 310
奇台县	72 640	236 000	120 991	115 009	89 425
吉木萨尔县	44 809	138 370	71 296	67 074	47 716
木垒哈萨克自治县	28 945	88 701	45 678	43 023	22 751
博尔塔拉蒙古自治州	166 573	478 385	244 885	233 500	257 695
博乐市	91 645	261 026	133 331	127 695	159 505
精河县	48 434	142 544	73 382	69 162	61 745
温泉县	26 494	74 815	38 172	36 643	36 445
巴音郭楞蒙古自治州	431 022	1 293 246	673 839	619 407	629 366
库尔勒市	181 700	513 672	269 497	244 175	319 480
轮台县	30 289	112 054	57 042	55 012	27 958
尉犁县	38 328	110 551	57 998	52 553	56 199
若羌县	11 271	32 351	16 635	15 716	16 199

新疆维吾尔自治区市县人口

单位：人

地 区 别	总户数（户）	总　　人　　口			总人口中非农业人口
		合　计	男	女	
且末县	17 339	63 175	32 651	30 524	22 925
焉耆回族自治县	42 158	138 723	72 022	66 701	56 849
和静县	65 965	187 148	97 524	89 624	81 895
和硕县	25 423	75 806	39 851	35 955	30 475
博湖县	18 549	59 766	30 619	29 147	17 386
阿克苏地区	594 937	2 305 037	1 185 390	1 119 647	717 395
阿克苏市	137 063	476 437	242 612	233 825	256 127
温宿县	64 498	240 685	124 267	116 418	69 604
库车县	105 375	475 117	250 399	224 718	158 219
沙雅县	63 083	234 607	120 018	114 589	52 028
新和县	45 831	162 957	82 469	80 488	32 642
拜城县	61 886	229 054	116 943	112 111	48 521
乌什县	52 150	206 581	105 838	100 743	35 332
阿瓦提县	54 564	232 737	118 721	114 016	52 607
柯坪县	10 487	46 862	24 123	22 739	12 315
克孜勒苏柯尔克孜自治州	129 895	530 175	269 575	260 600	150 837
阿图什市	55 149	240 567	122 290	118 277	79 356
阿克陶县	46 886	191 903	97 735	94 168	30 788
阿合奇县	11 132	41 072	20 710	20 362	16 132
乌恰县	16 728	56 633	28 840	27 793	24 561
喀什地区	936 950	3 872 829	1 957 857	1 914 972	865 455
喀什市	131 225	458 949	230 764	228 185	270 444
疏附县	77 018	327 933	167 161	160 772	29 726
疏勒县	80 453	330 000	167 235	162 765	46 561
英吉沙县	59 520	261 403	132 837	128 566	38 708
泽普县	57 532	194 395	97 731	96 664	58 028
莎车县	163 364	740 205	374 266	365 939	116 102
叶城县	100 884	422 650	214 604	208 046	78 776
麦盖提县	61 175	241 209	120 864	120 345	72 599
岳普湖县	35 240	156 267	79 100	77 167	31 327
伽师县	85 491	384 992	194 863	190 129	45 253
巴楚县	74 826	317 873	159 431	158 442	65 247
塔什库尔干塔吉克自治县	10 222	36 953	19 001	17 952	12 684
和田地区	527 319	1 955 836	997 324	958 512	327 497
和田市	79 934	295 048	149 138	145 910	128 159
和田县	60 162	257 120	131 259	125 861	12 348
墨玉县	130 234	492 125	251 434	240 691	42 042
皮山县	66 936	249 077	127 637	121 440	54 781
洛浦县	61 145	230 744	117 924	112 820	25 976
策勒县	46 997	149 860	76 019	73 841	22 527
于田县	70 051	245 142	125 323	119 819	31 814
民丰县	11 860	36 720	18 590	18 130	9 850

新 疆 维 吾 尔 自 治 区 市 县 人 口

单位：人

地 区 别	总户数（户）	总 人 口 合 计	男	女	总人口中非农业人口
伊犁哈萨克自治州	868 990	2 762 950	1 403 849	1 359 101	1 168 774
奎屯市	111 043	309 599	157 872	151 727	277 406
伊宁市	143 928	459 172	227 777	231 395	311 745
伊宁县	112 046	410 164	209 832	200 332	70 117
察布查尔锡伯自治县	62 550	191 145	97 307	93 838	65 194
霍城县	133 137	390 934	198 523	192 411	151 144
巩留县	57 884	191 547	99 027	92 520	42 386
新源县	91 340	298 473	152 379	146 094	86 391
昭苏县	57 622	176 587	89 497	87 090	69 511
特克斯县	49 001	156 084	79 762	76 322	46 000
尼勒克县	50 439	179 245	91 873	87 372	48 880
塔城地区	335 045	1 022 566	519 280	503 286	544 687
塔城市	54 546	167 207	84 390	82 817	105 710
乌苏市	71 144	223 511	114 569	108 942	79 165
额敏县	75 959	214 107	108 811	105 296	129 736
沙湾县	67 481	210 767	106 896	103 871	131 041
托里县	27 370	97 357	48 944	48 413	40 115
裕民县	19 140	57 346	29 080	28 266	29 886
和布克赛尔蒙古自治县	19 405	52 271	26 590	25 681	29 034
阿勒泰地区	198 967	657 726	333 667	324 059	327 425
阿勒泰市	72 348	232 803	118 490	114 313	151 171
布尔津县	22 077	70 816	35 744	35 072	27 303
富蕴县	25 947	93 164	47 108	46 056	38 437
福海县	22 478	73 263	37 471	35 792	38 211
哈巴河县	25 099	85 767	43 552	42 215	30 723
青河县	17 069	62 700	31 678	31 022	22 118
吉木乃县	13 949	39 213	19 624	19 589	19 462
直辖行政单位	376 796	1 055 220	541 250	513 970	892 403
石河子市	231 811	635 230	323 878	311 352	548 543
阿拉尔市	65 282	176 882	92 984	83 898	118 223
图木舒克市	44 779	152 833	78 538	74 295	138 605
五家渠市	34 924	90 275	45 850	44 425	87 032

各省、自治区、直辖市镇人口

北 京 市 镇 人 口

单位：人

地 区 别	总 户 数（户）	总 人 口			总人口中非农业人口
		合 计	男	女	
北京市	1 785 332	3 834 100	1 916 128	1 917 972	1 482 947
市辖区	1 504 634	3 256 462	1 625 597	1 630 865	1 311 864
丰台区	15 117	32 390	15 159	17 231	—
海淀区	78 576	157 670	77 390	80 280	77 858
门头沟区	69 160	131 582	66 936	64 646	71 523
房山区	212 593	447 336	225 069	222 267	151 034
通州区	241 508	484 017	238 403	245 614	165 888
顺义区	231 740	504 350	249 164	255 186	199 432
昌平区	186 471	409 061	206 694	202 367	204 642
大兴区	235 845	586 306	293 127	293 179	276 802
怀柔区	96 457	187 452	93 679	93 773	43 275
平谷区	137 167	316 298	159 976	156 322	121 410
县	280 698	577 638	290 531	287 107	171 083
密云县	160 271	323 022	161 745	161 277	60 730
延庆县	120 427	254 616	128 786	125 830	110 353

天津市镇人口

单位：人

地　区　别	总户数（户）	总　　人　　口			总人口中非农业人口
		合　计	男	女	
天津市	1 426 354	4 200 866	2 119 412	2 081 454	918 174
市辖区	915 890	2 629 183	1 319 804	1 309 379	584 018
塘沽区	11 502	27 994	13 798	14 196	13 210
汉沽区	23 091	64 222	32 164	32 058	17 549
大港区	38 388	106 330	54 446	51 884	14 843
东丽区	128 924	331 919	167 293	164 626	139 147
西青区	112 338	295 767	147 606	148 161	81 307
津南区	146 322	414 412	206 409	208 003	121 753
北辰区	111 287	289 718	144 377	145 341	94 566
武清区	173 682	556 748	279 799	276 949	49 166
宝坻区	170 356	542 073	273 912	268 161	52 477
县	510 464	1 571 683	799 608	772 075	334 156
宁河县	107 507	323 771	163 921	159 850	94 908
静海县	176 057	512 503	261 328	251 175	104 138
蓟县	226 900	735 409	374 359	361 050	135 110

河 北 省 镇 人 口

地 区 别	总户数（户）	总 人 口 合 计	男	女	总人口中非农业人口
河北省	11 546 110	37 755 684	19 247 164	18 508 520	10 842 614
石家庄市	1 470 076	5 064 499	2 562 099	2 502 400	1 741 952
市辖区	83 567	311 181	153 749	157 432	311 181
长安区	25 798	98 658	47 957	50 701	98 658
桥东区	8 578	33 369	17 131	16 238	33 369
新华区	14 634	49 319	24 257	25 062	49 319
井陉矿区	13 792	47 291	24 603	22 688	47 291
裕华区	20 765	82 544	39 801	42 743	82 544
井陉县	83 101	251 873	129 449	122 424	70 120
正定县	72 532	252 042	123 735	128 307	105 837
栾城县	65 553	234 472	117 674	116 798	74 008
行唐县	50 002	146 713	74 093	72 620	53 008
灵寿县	53 998	171 227	87 095	84 132	65 640
高邑县	18 137	51 232	26 887	24 345	51 232
深泽县	29 766	91 813	46 884	44 929	30 972
赞皇县	31 395	82 198	43 381	38 817	30 044
无极县	83 646	296 186	150 741	145 445	70 585
平山县	99 145	314 458	161 091	153 367	64 523
元氏县	50 711	217 983	112 024	105 959	73 487
赵县	111 124	390 915	202 549	188 366	80 365
辛集市	127 923	395 078	198 034	197 044	234 875
藁城市	195 381	731 577	366 765	364 812	218 395
晋州市	133 030	471 215	240 273	230 942	80 673
新乐市	81 182	318 194	161 536	156 658	37 637
鹿泉市	99 883	336 142	166 139	170 003	89 370
唐山市	1 374 607	4 507 575	2 289 019	2 218 556	844 388
市辖区	347 593	1 175 957	592 531	583 426	239 796
开平区	14 616	44 021	21 640	22 381	18 526
丰润区	210 505	698 585	353 575	345 010	131 703
丰南区	122 472	433 351	217 316	216 035	89 567
滦县	164 376	552 628	282 260	270 368	94 081
滦南县	172 935	582 861	295 450	287 411	85 617
乐亭县	107 105	318 051	158 994	159 057	28 602
迁西县	73 410	265 152	135 940	129 212	42 237
玉田县	160 877	529 132	269 079	260 053	102 415
唐海县	13 610	39 507	19 818	19 689	11 941
遵化市	163 399	499 825	253 691	246 134	107 280
迁安市	171 302	544 462	281 256	263 206	132 419

河 北 省 镇 人 口

单位：人

地 区 别	总户数（户）	总 人 口			总人口中非农业人口
		合 计	男	女	
秦皇岛市	562 096	1 580 739	802 134	778 605	598 767
市辖区	76 149	203 927	98 815	105 112	203 927
海港区	40 533	109 436	53 457	55 979	109 436
山海关区	18 434	51 866	25 347	26 519	51 866
北戴河区	17 182	42 625	20 011	22 614	42 625
青龙满族自治县	66 515	211 371	111 807	99 564	64 842
昌黎县	165 265	441 978	223 223	218 755	151 212
抚宁县	167 286	471 255	238 529	232 726	98 000
卢龙县	86 881	252 208	129 760	122 448	80 786
邯郸市	1 253 102	4 394 148	2 253 068	2 141 080	1 732 696
市辖区	174 270	574 418	303 497	270 921	379 602
邯山区	20 940	65 100	32 933	32 167	65 100
峰峰矿区	153 330	509 318	270 564	238 754	314 502
邯郸县	42 278	178 215	88 795	89 420	37 052
临漳县	77 052	287 181	146 854	140 327	87 955
成安县	65 135	212 612	107 218	105 394	87 392
大名县	79 456	288 772	147 395	141 377	41 560
涉县	96 164	252 342	131 374	120 968	38 380
磁县	118 638	426 413	216 006	210 407	198 764
肥乡县	30 999	119 115	60 241	58 874	19 735
永年县	106 028	376 780	192 900	183 880	373 456
丘县	27 331	108 504	55 380	53 124	40 463
鸡泽县	34 593	134 674	68 006	66 668	40 287
广平县	26 432	103 185	51 981	51 204	16 261
馆陶县	46 660	177 465	91 140	86 325	60 964
魏县	110 223	414 156	213 039	201 117	73 352
曲周县	62 164	237 228	122 025	115 203	35 546
武安市	155 679	503 088	257 217	245 871	201 927
邢台市	1 075 377	3 619 825	1 850 721	1 769 104	795 113
邢台县	113 079	364 413	183 408	181 005	39 402
临城县	41 575	116 021	59 399	56 622	25 392
内邱县	60 841	206 512	105 471	101 041	40 952
柏乡县	37 933	118 154	61 123	57 031	25 817
隆尧县	86 558	298 811	152 598	146 213	65 824
任县	37 400	139 940	72 395	67 545	79 043
南和县	51 774	157 861	80 927	76 934	49 899
宁晋县	184 288	623 349	320 344	303 005	119 214
巨鹿县	66 586	215 832	109 516	106 316	26 890

河 北 省 镇 人 口

单位：人

地 区 别	总户数（户）	总 人 口 合 计	男	女	总人口中非农业人口
新河县	23 951	71 246	35 998	35 248	14 027
广宗县	18 110	50 637	26 317	24 320	37 276
平乡县	34 776	123 774	63 384	60 390	15 027
威县	64 827	209 149	107 780	101 369	99 446
清河县	107 859	388 480	199 755	188 725	49 928
临西县	50 528	160 454	82 949	77 505	63 619
南宫市	53 999	214 271	108 570	105 701	22 660
沙河市	41 293	160 921	80 787	80 134	20 697
保定市	1 538 981	5 366 365	2 727 387	2 638 978	1 357 771
满城县	68 834	227 274	114 898	112 376	61 962
清苑县	79 249	338 321	171 952	166 369	106 401
涞水县	75 881	219 138	111 941	107 197	38 400
阜平县	38 865	112 532	56 919	55 613	32 320
徐水县	126 627	427 140	216 098	211 042	112 055
定兴县	61 259	218 580	110 188	108 392	86 506
唐县	90 331	301 035	152 097	148 938	83 186
高阳县	48 000	157 883	80 366	77 517	34 973
容城县	48 501	166 521	84 620	81 901	33 506
涞源县	52 653	149 871	78 397	71 474	70 295
望都县	26 086	86 072	43 607	42 465	56 107
安新县	108 196	352 176	179 024	173 152	58 897
易县	64 996	226 105	116 569	109 536	37 097
曲阳县	58 466	239 034	121 219	117 815	74 973
蠡县	103 947	390 574	200 300	190 274	95 494
顺平县	48 727	163 229	83 735	79 494	43 115
博野县	39 704	147 848	75 508	72 340	46 337
雄县	50 889	169 509	85 801	83 708	67 477
涿州市	55 719	188 980	95 470	93 510	11 391
定州市	170 872	650 156	329 456	320 700	113 415
安国市	62 770	201 904	101 499	100 405	65 717
高碑店市	58 409	232 483	117 723	114 760	28 147
张家口市	889 958	2 361 213	1 224 766	1 136 447	711 128
市辖区	44 319	114 463	57 453	57 010	32 891
桥东区	19 296	46 851	22 713	24 138	9 222
桥西区	13 834	40 330	20 111	20 219	10 445
宣化区	11 189	27 282	14 629	12 653	13 224
宣化县	80 040	209 449	109 866	99 583	40 524
张北县	56 353	130 692	66 995	63 697	65 762

河北省镇人口

单位：人

地 区 别	总户数 （户）	总　人　口			总人口中 非农业人口
		合　计	男	女	
康保县	60 507	160 921	82 648	78 273	42 204
沽源县	36 662	103 036	53 243	49 793	21 823
尚义县	43 692	112 565	57 863	54 702	41 445
蔚县	112 795	323 004	170 417	152 587	68 710
阳原县	64 450	166 484	86 099	80 385	73 798
怀安县	61 529	161 236	82 572	78 664	72 887
万全县	45 838	121 181	62 327	58 854	38 246
怀来县	108 042	298 611	153 549	145 062	99 898
涿鹿县	80 230	216 625	113 228	103 397	49 887
赤城县	72 477	187 252	99 578	87 674	38 073
崇礼县	23 024	55 694	28 928	26 766	24 980
承德市	695 052	2 017 053	1 035 113	981 940	705 245
市辖区	93 661	268 336	132 043	136 293	129 689
双桥区	54 470	159 881	78 051	81 830	75 174
双滦区	13 833	40 886	19 526	21 360	0
鹰手营子矿区	25 358	67 569	34 466	33 103	54 515
承德县	77 821	219 780	113 870	105 910	62 240
兴隆县	68 927	192 094	98 009	94 085	69 392
平泉县	103 550	317 139	163 232	153 907	123 244
滦平县	63 818	177 609	90 741	86 868	63 665
隆化县	87 005	264 373	138 195	126 178	74 014
丰宁满族自治县	83 857	233 223	120 202	113 021	62 327
宽城满族自治县	47 771	150 545	78 655	71 890	44 308
围场满族蒙古族自治县	68 642	193 954	100 166	93 788	76 366
沧州市	1 111 006	3 546 557	1 815 000	1 731 557	972 878
市辖区	8 017	31 738	15 387	16 351	31 738
运河区	8 017	31 738	15 387	16 351	31 738
沧县	52 297	167 640	85 409	82 231	29 432
青县	94 505	291 110	148 254	142 856	85 319
东光县	80 331	243 240	123 342	119 898	66 371
海兴县	43 692	136 548	70 185	66 363	40 603
盐山县	77 103	261 239	135 242	125 997	97 482
肃宁县	106 311	253 779	129 423	124 356	57 950
南皮县	79 465	257 436	132 831	124 605	55 173
吴桥县	59 399	162 250	81 516	80 734	52 851
献县	99 121	347 740	177 894	169 846	83 592
孟村回族自治县	46 512	140 618	72 597	68 021	60 385
泊头市	123 687	418 058	213 406	204 652	92 893

河 北 省 镇 人 口

单位：人

地 区 别	总户数 （户）	总 人 口			总人口中 非农业人口
		合 计	男	女	
任丘市	64 737	235 425	120 888	114 537	37 409
黄骅市	66 093	243 725	126 933	116 792	22 174
河间市	109 736	356 011	181 693	174 318	159 506
廊坊市	797 971	2 732 936	1 387 876	1 345 060	790 791
市辖区	69 480	257 585	131 429	126 156	106 454
安次区	43 662	157 533	80 920	76 613	6 402
广阳区	25 818	100 052	50 509	49 543	100 052
固安县	88 526	302 346	152 849	149 497	57 606
永清县	55 086	188 909	95 492	93 417	35 126
香河县	89 592	267 539	133 925	133 614	73 920
大城县	95 481	342 159	176 618	165 541	53 122
文安县	133 023	453 381	232 046	221 335	50 468
大厂回族自治县	26 297	73 947	36 767	37 180	29 098
霸州市	110 649	361 518	183 409	178 109	239 637
三河市	129 837	485 552	245 341	240 211	145 360
衡水市	777 884	2 564 774	1 299 981	1 264 793	591 885
市辖区	25 882	79 797	39 357	40 440	5 621
桃城区	25 882	79 797	39 357	40 440	5 621
枣强县	76 611	259 436	131 470	127 966	63 446
武邑县	72 421	253 398	128 570	124 828	42 559
武强县	38 104	121 014	61 344	59 670	30 817
饶阳县	33 997	121 626	61 709	59 917	39 318
安平县	50 564	169 792	86 140	83 652	88 859
故城县	116 863	389 481	198 136	191 345	83 087
景县	100 834	352 573	178 804	173 769	61 794
阜城县	72 232	229 485	116 779	112 706	37 271
冀州市	87 751	257 728	129 197	128 531	65 263
深州市	102 625	330 444	168 475	161 969	73 850

山 西 省 镇 人 口

单位：人

地 区 别	总 户 数（户）	总 人 口 合 计	男	女	总人口中非农业人口
山西省	5 764 663	16 569 278	119 521	112 531	3 731 273
太原市	147 103	416 814	3 472	3 303	131 376
清徐县	64 446	197 396	1 829	1 760	48 313
阳曲县	37 163	95 427	568	560	28 982
娄烦县	24 564	67 246	559	497	18 967
古交市	20 930	56 745	516	486	35 114
大同市	422 558	1 025 665	9 881	9 806	337 237
市辖区	41 704	104 180	832	809	52 526
矿区	10 407	28 550	94	112	28 550
南郊区	20 393	52 321	340	337	12 177
新荣区	10 904	23 309	398	360	11 799
阳高县	84 439	203 000	1 755	1 877	46 410
天镇县	51 875	127 302	844	699	35 326
广灵县	34 005	79 340	683	617	28 092
灵邱县	55 144	144 536	2 288	2 395	35 030
浑源县	77 670	198 894	2 013	1 944	60 547
左云县	36 328	76 393	441	430	40 136
大同县	41 393	92 020	1 025	1 035	39 170
阳泉市	264 969	634 948	3 670	3 498	170 048
市辖区	66 077	139 277	537	527	43 639
郊区	66 077	139 277	537	527	43 639
平定县	105 281	261 647	1 469	1 438	67 266
盂县	93 611	234 024	1 664	1 533	59 143
长治市	619 552	1 897 852	13 756	13 879	421 236
市辖区	67 406	220 244	1 528	1 521	62 273
郊区	67 406	220 244	1 528	1 521	62 273
长治县	74 725	220 103	1 483	1 512	43 871
襄垣县	70 008	231 782	1 505	1 445	70 566
屯留县	52 920	168 511	1 274	1 332	40 519
平顺县	29 958	85 915	639	720	15 306
黎城县	47 364	131 551	908	902	35 327
壶关县	56 063	166 264	1 232	1 443	26 083
长子县	79 430	244 400	1 965	1 938	32 502
武乡县	43 477	128 226	1 171	1 106	28 628
沁县	41 229	122 878	747	714	41 218
沁源县	32 438	91 141	653	633	23 482
潞城市	24 534	86 837	651	613	1 461
晋城市	498 402	1 481 419	7 082	7 116	253 144

山 西 省 镇 人 口

单位：人

地 区 别	总户数（户）	总 人 口			总人口中非农业人口
		合 计	男	女	
市辖区	28 298	77 504	420	367	55 723
城区	28 298	77 504	420	367	55 723
沁水县	61 711	160 280	696	725	40 836
阳城县	116 428	285 489	1 009	1 004	57 117
陵川县	64 393	206 979	1 234	1 202	27 633
泽洲县	142 456	454 426	2 605	2 609	49 653
高平市	85 116	296 741	1 118	1 209	22 182
朔州市	206 598	532 301	4 032	3 478	181 323
市辖区	38 399	105 822	735	609	30 749
朔城区	16 552	50 810	320	266	1 556
平鲁区	21 847	55 012	415	343	29 193
山阴县	20 964	56 698	330	306	3 899
应县	50 681	130 722	1 081	853	40 168
右玉县	25 965	67 029	326	360	17 677
怀仁县·	70 589	172 030	1 560	1 350	88 830
晋中市	671 606	1 796 530	12 132	11 266	451 489
市辖区	51 647	144 249	876	818	8 195
榆次区	51 647	144 249	876	818	8 195
榆社县	34 391	96 424	1 010	938	25 398
左权县	38 478	107 615	633	614	29 670
和顺县	39 822	108 041	683	663	28 088
昔阳县	59 151	146 207	879	819	35 916
寿阳县	57 067	153 985	726	688	41 594
太谷县	53 027	137 328	749	697	59 337
祁县	90 451	235 473	1 538	1 489	62 052
平遥县	88 065	243 295	1 642	1 504	68 101
灵石县	78 359	202 011	1 600	1 476	81 163
介休市	81 148	221 902	1 796	1 560	11 975
运城市	823 977	2 780 984	19 632	18 310	434 661
市辖区	41 779	157 248	1 229	1 209	5 117
盐湖区	41 779	157 248	1 229	1 209	5 117
芮城县	100 408	303 135	1 562	1 612	43 590
临猗县	71 402	230 731	1 730	1 656	48 402
万荣县	54 451	168 804	1 281	1 185	34 825
新绛县	76 299	275 992	1 687	1 590	41 172
稷山县	74 331	263 719	2 169	2 087	35 502
闻喜县	90 334	302 828	2 123	1 938	57 896
夏县	65 041	234 811	1 616	1 496	31 283

山 西 省 镇 人 口

单位：人

地　区　别	总户数（户）	总　　人　　口			总人口中非农业人口
		合　计	男	女	
绛县	73 302	255 681	1 903	1 746	56 144
平陆县	42 832	129 835	783	711	29 427
垣曲县	36 330	104 685	680	639	37 166
永济市	71 009	254 485	2 066	1 794	9 767
河津市	26 459	99 030	803	647	4 370
忻州市	559 870	1 381 107	9 981	9 677	389 642
市辖区	46 551	123 272	732	774	8 007
忻府区	46 551	123 272	732	774	8 007
定襄县	46 546	110 007	757	729	34 483
五台县	61 464	146 409	1 286	1 311	37 016
代县	55 101	139 825	1 132	1 127	40 911
繁峙县	47 579	120 568	1 266	1 181	30 149
宁武县	42 410	100 432	750	690	43 617
静乐县	23 801	66 350	410	383	20 211
神池县	25 497	55 866	236	217	18 161
五寨县	24 756	51 509	370	334	20 892
岢岚县	17 205	39 995	228	204	15 291
河曲县	35 989	80 438	502	496	27 282
保德县	31 801	78 454	656	592	23 376
偏关县	23 788	58 863	360	312	20 585
原平市	77 382	209 119	1 296	1 327	49 661
临汾市	773 412	2 304 535	17 825	16 512	496 819
市辖区	129 441	329 799	2 152	1 919	17 527
尧都区	129 441	329 799	2 152	1 919	17 527
翼城县	71 300	219 727	1 476	1 471	61 811
襄汾县	100 190	349 732	2 464	2 497	49 109
洪洞县	173 464	551 395	3 951	3 723	91 591
古县	27 195	71 747	904	840	21 018
安泽县	24 811	63 061	517	522	17 815
浮山县	22 202	57 917	362	260	23 756
吉县	20 998	62 123	474	437	16 050
乡宁县	41 062	121 107	1 406	1 168	40 931
大宁县	13 769	42 068	260	247	19 878
隰县	28 448	85 882	753	716	26 270
永和县	9 908	27 649	144	135	11 141
蒲县	23 375	77 025	845	816	22 867
汾西县	34 147	99 789	987	820	22 451
霍州市	53 102	145 514	1 130	941	54 604

山 西 省 镇 人 口

单位：人

地 区 别	总户数（户）	总 人 口			总人口中非农业人口
		合 计	男	女	
吕梁市	776 616	2 317 123	18 058	15 686	464 298
市辖区	9 274	27 203	177	139	1 172
离石区	9 274	27 203	177	139	1 172
文水县	102 088	326 400	2 465	2 267	48 481
交城县	60 997	172 580	1 508	1 350	58 411
兴县	68 037	197 245	837	670	31 992
临县	130 712	414 817	3 555	3 129	44 667
柳林县	78 200	220 436	1 767	1 419	54 511
石楼县	21 994	70 781	287	223	17 812
岚县	33 131	92 575	566	405	22 317
方山县	45 567	128 846	1 346	1 253	26 777
中阳县	39 225	119 391	1 161	992	48 670
交口县	27 052	80 596	547	435	22 145
孝义市	78 826	215 926	1 775	1 586	71 235
汾阳市	81 513	250 327	2 067	1 818	16 108

内 蒙 古 自 治 区 镇 人 口

单位：人

地 区 别	总户数 （户）	总 人 口			总人口中 非农业人口
		合 计	男	女	
内蒙古自治区	5 314 810	15 276 495	7 848 381	7 428 114	4 590 817
呼和浩特市	293 233	834 849	432 909	401 940	210 134
市辖区	81 034	218 976	112 442	106 534	52 509
回民区	15 413	35 918	18 215	17 703	5 766
玉泉区	12 700	35 772	18 055	17 717	2 747
赛罕区	52 921	147 286	76 172	71 114	43 996
土默特左旗	56 542	166 222	87 495	78 727	42 428
托克托县	71 231	204 667	104 812	99 855	43 489
和林格尔县	26 951	73 906	38 412	35 494	24 667
清水河县	26 976	79 652	41 283	38 369	19 123
武川县	30 499	91 426	48 465	42 961	27 918
包头市	298 886	814 343	420 953	393 390	182 977
市辖区	86 999	237 692	120 081	117 611	59 521
东河区	34 200	96 305	48 822	47 483	23 075
昆都伦区	19 530	51 357	25 810	25 547	22 937
青山区	9 174	24 722	12 454	12 268	7 873
石拐区	2 419	6 461	3 441	3 020	726
九原区	21 676	58 847	29 554	29 293	4 910
土默特右旗	96 743	250 890	130 239	120 651	56 065
固阳县	76 834	215 613	113 572	102 041	36 257
达尔罕茂明安联合旗	38 310	110 148	57 061	53 087	31 134
乌海市	30 842	83 813	43 873	39 940	83 813
市辖区	30 842	83 813	43 873	39 940	83 813
海勃湾区	8 777	25 482	13 382	12 100	25 482
海南区	18 774	49 865	26 118	23 747	49 865
乌达区	3 291	8 466	4 373	4 093	8 466
赤峰市	1 146 933	3 359 453	1 727 140	1 632 313	706 264
市辖区	206 379	641 388	329 761	311 627	203 987
元宝山区	111 228	325 909	165 733	160 176	178 638
松山区	95 151	315 479	164 028	151 451	25 349
阿鲁科尔沁旗	78 938	199 367	101 067	98 300	50 516
巴林左旗	109 935	326 831	166 316	160 515	55 649
巴林右旗	56 767	148 598	75 739	72 859	54 463
林西县	83 250	218 777	110 664	108 113	57 934
克什克腾旗	68 578	209 805	106 961	102 844	48 347
翁牛特旗	130 621	399 007	205 974	193 033	56 206

内 蒙 古 自 治 区 镇 人 口

单位：人

地 区 别	总户数（户）	总 人 口 合 计	总 人 口 男	总 人 口 女	总人口中非农业人口
喀喇沁旗	118 939	349 186	181 857	167 329	43 622
宁城县	168 647	500 403	259 683	240 720	75 190
敖汉旗	124 879	366 091	189 118	176 973	60 350
通辽市	781 080	2 502 185	1 274 009	1 228 176	784 837
市辖区	136 765	459 527	233 053	226 474	100 973
科尔沁区	136 765	459 527	233 053	226 474	100 973
科尔沁左翼中旗	161 581	535 344	272 872	262 472	119 770
科尔沁左翼后旗	111 900	353 257	181 100	172 157	113 785
开鲁县	126 901	402 419	204 662	197 757	133 576
库伦旗	49 887	162 962	84 493	78 469	66 506
奈曼旗	111 339	361 609	182 991	178 618	128 255
扎鲁特旗	78 854	216 969	109 610	107 359	112 067
霍林郭勒市	3 853	10 098	5 228	4 870	9 905
鄂尔多斯市	451 967	1 115 994	575 993	540 001	295 783
市辖区	9 134	24 635	12 637	11 998	1 054
东胜区	9 134	24 635	12 637	11 998	1 054
达拉特旗	130 725	324 079	167 475	156 604	64 612
准格尔旗	106 363	252 105	130 752	121 353	76 103
鄂托克前旗	27 705	75 782	38 676	37 106	22 771
鄂托克旗	32 291	81 117	41 293	39 824	37 513
杭锦旗	41 409	103 473	53 622	49 851	27 685
乌审旗	36 429	95 051	48 773	46 278	26 025
伊金霍洛旗	67 911	159 752	82 765	76 987	40 020
呼伦贝尔市	574 409	1 625 975	838 717	787 258	948 412
市辖区	20 154	63 749	33 152	30 597	49 615
海拉尔区	20 154	63 749	33 152	30 597	49 615
阿荣旗	83 463	260 315	133 685	126 630	74 000
莫力达瓦达斡尔族自治旗	83 971	249 496	129 267	120 229	56 041
鄂伦春自治旗	87 761	245 027	125 213	119 814	187 577
鄂温克族自治旗	45 952	123 330	64 690	58 640	121 319
新巴尔虎右旗	6 865	18 434	9 303	9 131	15 815
新巴尔虎左旗	8 416	22 328	11 804	10 524	17 260
陈巴尔虎旗	14 635	38 033	19 678	18 355	34 774
满洲里市	3 651	7 735	4 041	3 694	7 573
扎兰屯市	72 534	233 735	121 795	111 940	33 319
牙克石市	102 699	242 432	124 036	118 396	231 013

内蒙古自治区镇人口

单位：人

地 区 别	总户数（户）	总 人 口			总人口中非农业人口
		合 计	男	女	
根河市	33 547	95 265	48 674	46 591	95 261
额尔古纳市	10 761	26 096	13 379	12 717	24 845
乌兰察布市	691 824	1 822 219	946 267	875 952	365 700
市辖区	5 095	13 960	6 926	7 034	623
集宁区	5 095	13 960	6 926	7 034	623
卓资县	76 273	191 745	101 751	89 994	42 462
化德县	55 297	139 433	71 014	68 419	26 210
商都县	110 304	285 515	146 992	138 523	55 136
兴和县	83 402	229 881	118 947	110 934	46 845
凉城县	74 797	194 837	103 267	91 570	38 526
察哈尔右翼前旗	77 458	192 945	99 217	93 728	42 640
察哈尔右翼中旗	55 518	140 598	73 781	66 817	28 567
察哈尔右翼后旗	62 907	169 646	86 940	82 706	36 651
四子王旗	39 614	111 311	57 678	53 633	41 472
丰镇市	51 159	152 348	79 754	72 594	6 568
兴安盟	256 086	785 290	401 385	383 905	266 556
乌兰浩特市	35 351	107 095	54 627	52 468	32 217
阿尔山市	17 166	41 471	21 042	20 429	41 436
科尔沁右翼前旗	59 111	181 886	93 806	88 080	19 044
科尔沁右翼中旗	21 650	89 836	44 863	44 973	58 522
扎赉特旗	64 962	191 928	98 700	93 228	55 321
突泉县	57 846	173 074	88 347	84 727	60 016
锡林郭勒盟	240 320	652 288	332 029	320 259	264 308
锡林浩特市	1 020	3 108	1 513	1 595	244
阿巴嘎旗	11 807	33 305	16 868	16 437	19 440
苏尼特左旗	8 359	25 958	12 953	13 005	14 392
苏尼特右旗	22 052	59 468	30 057	29 411	37 671
东乌珠穆沁旗	18 182	56 704	28 481	28 223	35 551
西乌珠穆沁旗	21 267	64 579	32 349	32 230	29 990
太仆寺旗	75 713	191 430	98 570	92 860	39 076
镶黄旗	9 646	25 862	12 905	12 957	13 907
正镶白旗	21 569	59 265	30 542	28 723	16 736
正蓝旗	20 911	55 396	28 168	27 228	23 418
多伦县	29 794	77 213	39 623	37 590	33 883
巴彦淖尔盟	486 052	1 521 300	774 285	747 015	370 556
临河市	81 216	284 066	144 381	139 685	8 977

内 蒙 古 自 治 区 镇 人 口

单位：人

地 区 别	总户数（户）	总 人 口			总人口中非农业人口
		合 计	男	女	
五原县	96 280	296 644	151 280	145 364	71 715
磴口县	34 033	105 619	53 519	52 100	45 674
乌拉特前旗	108 251	328 228	168 540	159 688	90 760
乌拉特中旗	43 273	122 318	62 316	60 002	37 965
乌拉特后旗	22 130	59 082	30 499	28 583	32 794
杭锦后旗	100 869	325 343	163 750	161 593	82 671
阿拉善盟	63 178	158 786	80 821	77 965	111 477
阿拉善左旗	51 198	128 132	65 384	62 748	86 250
阿拉善右旗	7 200	18 651	9 394	9 257	14 491
额济纳旗	4 780	12 003	6 043	5 960	10 736

辽 宁 省 镇 人 口

地　区　别	总户数（户）	总 人 口 合　计	男	女	总人口中非农业人口
辽宁省	5 579 375	16 887 769	8 611 050	8 276 719	3 543 254
沈阳市	586 360	1 722 106	870 077	852 029	370 841
市辖区	199 587	589 269	293 352	295 917	117 935
铁西区	5 356	19 252	9 468	9 784	1 713
苏家屯区	55 940	161 944	81 666	80 278	49 631
东陵区	64 062	177 715	87 472	90 243	30 045
沈北新区	33 844	105 254	52 919	52 335	20 714
于洪区	40 385	125 104	61 827	63 277	15 832
辽中县	135 959	379 909	193 616	186 293	94 873
康平县	72 549	204 350	102 925	101 425	71 183
法库县	73 518	230 879	118 396	112 483	65 537
新民市	104 747	317 699	161 788	155 911	21 313
大连市	530 860	1 620 212	821 566	798 646	248 081
市辖区	11 488	32 630	16 260	16 370	3 616
金州区	11 488	32 630	16 260	16 370	3 616
长海县	16 045	44 245	22 153	22 092	42 204
瓦房店市	154 512	436 524	222 139	214 385	74 149
普兰店市	171 160	522 374	265 310	257 064	81 564
庄河市	177 655	584 439	295 704	288 735	46 548
鞍山市	565 821	1 819 272	927 366	891 906	310 292
市辖区	79 151	225 784	110 792	114 992	64 431
立山区	3 171	9 861	4 663	5 198	884
千山区	75 980	215 923	106 129	109 794	63 547
台安县	129 315	379 795	193 267	186 528	73 572
岫岩县	121 380	423 737	216 665	207 072	99 631
海城市	235 975	789 956	406 642	383 314	72 658
抚顺市	240 765	683 884	347 809	336 075	224 148
市辖区	28 551	75 548	37 845	37 703	28 651
望花区	22 524	59 035	29 731	29 304	24 737
顺城区	6 027	16 513	8 114	8 399	3 914
抚顺县	31 571	90 295	46 198	44 097	12 324
新宾县	80 379	239 307	121 750	117 557	80 433
清原县	100 264	278 734	142 016	136 718	102 740
本溪市	178 544	519 984	266 034	253 950	161 165
市辖区	32 470	92 077	46 627	45 450	40 439
平山区	6 751	19 174	9 682	9 492	7 551
溪湖区	15 184	41 226	20 727	20 499	27 868
明山区	6 266	19 355	9 836	9 519	3 005

辽 宁 省 镇 人 口

单位：人

地 区 别	总户数（户）	总 人 口			总人口中非农业人口
		合 计	男	女	
南芬区	4 269	12 322	6 382	5 940	2 015
本溪满族自治县	68 730	207 386	106 248	101 138	49 520
桓仁满族自治县	77 344	220 521	113 159	107 362	71 206
丹东市	459 411	1 444 988	736 440	708 548	252 329
市辖区	69 093	203 134	102 123	101 011	47 064
元宝区	9 289	27 103	13 591	13 512	10 749
振兴区	21 514	64 136	32 059	32 077	14 456
振安区	38 290	111 895	56 473	55 422	21 859
宽甸县	127 765	402 672	206 469	196 203	101 954
东港市	141 583	455 088	230 488	224 600	44 510
凤城市	120 970	384 094	197 360	186 734	58 801
锦州市	486 125	1 492 416	759 177	733 239	311 469
市辖区	28 077	79 276	39 731	39 545	14 914
凌河区	28 077	79 276	39 731	39 545	14 914
黑山县	181 071	518 541	262 840	255 701	165 468
义县	80 626	257 851	132 356	125 495	73 153
凌海市	89 012	277 308	141 175	136 133	13 592
北镇市	107 339	359 440	183 075	176 365	44 342
营口市	384 758	1 170 628	603 175	567 453	162 909
市辖区	96 461	258 379	131 003	127 376	114 560
鲅鱼圈区	60 948	167 023	85 714	81 309	102 705
老边区	35 513	91 356	45 289	46 067	11 855
盖州市	139 683	459 504	239 185	220 319	22 983
大石桥市	148 614	452 745	232 987	219 758	25 366
阜新市	261 291	811 643	410 550	401 093	186 816
市辖区	37 066	106 597	52 641	53 956	35 572
海州区	6 809	20 219	10 045	10 174	5 821
新邱区	6 810	17 485	8 549	8 936	12 875
太平区	7 150	19 231	9 625	9 606	7 172
清河门区	8 164	25 619	12 582	13 037	1 299
细河区	8 133	24 043	11 840	12 203	8 405
阜新蒙古族自治县	154 047	508 793	258 463	250 330	80 906
彰武县	70 178	196 253	99 446	96 807	70 338
辽阳市	331 201	941 661	483 867	457 794	136 505
市辖区	8 198	25 883	12 585	13 298	1 740
太子河区	8 198	25 883	12 585	13 298	1 740
辽阳县	192 862	539 654	277 584	262 070	93 723
灯塔市	130 141	376 124	193 698	182 426	41 042

辽 宁 省 镇 人 口

单位：人

地 区 别	总户数（户）	总 人 口 合 计	男	女	总人口中非农业人口
盘锦市	183 550	510 939	257 468	253 471	387 537
大洼县	112 267	293 703	148 233	145 470	261 111
盘山县	71 283	217 236	109 235	108 001	126 426
铁岭市	540 917	1 597 445	815 862	781 583	302 466
市辖区	6 530	20 837	10 621	10 216	434
清河区	6 530	20 837	10 621	10 216	434
铁岭县	81 700	228 897	116 605	112 292	19 359
西丰县	79 273	221 202	113 289	107 913	62 282
昌图县	264 076	786 641	401 208	385 433	164 052
调兵山市	33 887	93 847	47 731	46 116	46 063
开原市	75 451	246 021	126 408	119 613	10 276
朝阳市	492 480	1 531 328	787 623	743 705	291 779
市辖区	52 829	177 334	89 545	87 789	22 856
双塔区	12 074	41 381	20 979	20 402	2 263
龙城区	40 755	135 953	68 566	67 387	20 593
朝阳县	71 685	238 370	123 425	114 945	66 319
建平县	149 976	437 042	224 066	212 976	100 931
喀喇沁左翼蒙古族自治县	89 145	271 628	140 271	131 357	77 092
北票市	44 454	123 768	62 735	61 033	9 054
凌源市	84 391	283 186	147 581	135 605	15 527
葫芦岛市	337 292	1 021 263	524 036	497 227	196 917
市辖区	78 291	237 858	121 187	116 671	17 162
连山区	64 949	195 167	99 055	96 112	15 382
南票区	13 342	42 691	22 132	20 559	1 780
绥中县	154 650	454 273	232 555	221 718	107 283
建昌县	63 638	208 229	109 862	98 367	59 669
兴城市	40 713	120 903	60 432	60 471	12 803

吉 林 省 镇 人 口

单位：人

地　区　别	总户数 （户）	总　　人　　口			总人口中 非农业人口
		合　计	男	女	
吉林省	4 517 092	13 749 824	7 021 702	6 728 122	3 586 372
长春市	997 652	3 247 261	1 656 582	1 590 679	451 788
市辖区	283 486	856 074	433 793	422 281	140 592
南关区	22 773	65 198	32 502	32 696	10 096
宽城区	76 478	244 825	124 374	120 451	42 426
朝阳区	15 499	46 513	23 652	22 861	4 249
二道区	69 951	206 535	104 597	101 938	31 065
绿园区	51 911	145 158	72 452	72 706	44 877
双阳区	46 874	147 845	76 216	71 629	7 879
农安县	223 186	704 021	359 616	344 405	218 378
九台市	129 687	448 099	230 510	217 589	22 491
榆树市	231 865	779 994	398 624	381 370	47 724
德惠市	129 428	459 073	234 039	225 034	22 603
吉林市	579 954	1 764 514	907 853	856 661	366 222
市辖区	111 908	341 180	175 392	165 788	50 714
昌邑区	17 558	53 277	27 426	25 851	9 128
龙潭区	56 158	166 018	85 183	80 835	28 892
船营区	31 982	102 111	52 502	49 609	10 151
丰满区	6 210	19 774	10 281	9 493	2 543
永吉县	117 639	353 705	180 672	173 033	89 040
蛟河市	66 976	209 551	108 749	100 802	52 591
桦甸市	57 573	160 297	83 000	77 297	53 530
舒兰市	100 497	307 025	157 041	149 984	41 238
磐石市	125 361	392 756	202 999	189 757	79 109
四平市	673 370	2 172 298	1 109 188	1 063 110	455 104
市辖区	33 221	94 915	49 213	45 702	38 208
铁东区	33 221	94 915	49 213	45 702	38 208
梨树县	215 792	648 145	332 558	315 587	160 130
伊通满族自治县	140 591	427 407	218 921	208 486	83 761
公主岭市	221 010	782 290	396 781	385 509	140 387
双辽市	62 756	219 541	111 715	107 826	32 618
辽源市	231 153	706 213	363 696	342 517	175 758
市辖区	24 741	74 599	38 351	36 248	11 880
龙山区	12 815	38 941	19 930	19 011	5 542
西安区	11 926	35 658	18 421	17 237	6 338
东丰县	109 827	347 889	179 235	168 654	99 739
东辽县	96 585	283 725	146 110	137 615	64 139
通化市	458 214	1 380 407	708 271	672 136	460 550

吉 林 省 镇 人 口

单位：人

地 区 别	总户数 （户）	总 人 口			总人口中 非农业人口
		合 计	男	女	
市辖区	26 722	67 560	34 125	33 435	40 216
东昌区	4 875	14 941	7 589	7 352	3 588
二道江区	21 847	52 619	26 536	26 083	36 628
通化县	66 640	189 554	97 133	92 421	73 489
辉南县	110 329	329 602	168 263	161 339	126 545
柳河县	110 542	336 864	173 552	163 312	100 589
梅河口市	93 589	314 150	161 835	152 315	97 032
集安市	50 392	142 677	73 363	69 314	22 679
白山市	306 572	757 420	386 037	371 383	448 021
市辖区	85 561	208 705	107 275	101 430	127 436
八道江区	19 101	54 010	27 857	26 153	16 591
江源区	66 460	154 695	79 418	75 277	110 845
抚松县	110 944	282 380	142 610	139 770	188 883
靖宇县	52 894	127 399	65 111	62 288	66 909
长白县	31 145	73 029	37 029	36 000	42 508
临江市	26 028	65 907	34 012	31 895	22 285
松原市	518 759	1 677 749	851 077	826 672	417 290
市辖区	46 309	149 076	73 831	75 245	9 709
宁江区	46 309	149 076	73 831	75 245	9 709
前郭尔罗斯县	99 026	301 516	153 673	147 843	118 996
长岭县	130 675	472 501	239 837	232 664	105 474
乾安县	84 185	229 705	117 040	112 665	85 659
扶余县	158 564	524 951	266 696	258 255	97 452
白城市	354 300	931 061	476 391	454 670	301 773
市辖区	50 010	133 408	67 558	65 850	26 784
洮北区	50 010	133 408	67 558	65 850	26 784
镇赉县	92 021	226 103	117 646	108 457	101 092
通榆县	101 883	261 015	132 687	128 328	109 714
洮南市	45 554	120 826	61 610	59 216	24 035
大安市	64 832	189 709	96 890	92 819	40 148
延边朝鲜族自治州	397 118	1 112 901	562 607	550 294	509 866
延吉市	39 777	109 985	54 542	55 443	42 319
图们市	19 902	54 536	27 176	27 360	27 989
敦化市	88 375	251 623	129 330	122 293	89 111
辉春市	20 386	59 512	30 417	29 095	26 649
龙井市	33 433	87 149	43 674	43 475	36 640
和龙市	46 811	121 928	61 712	60 216	46 489
汪清县	81 265	227 735	114 448	113 287	132 278
安图县	67 169	200 433	101 308	99 125	108 391

黑 龙 江 省 镇 人 口

单位：人

地　区　别	总户数 （户）	总　人　口			总人口中 非农业人口
		合　计	男	女	
黑龙江省	5 849 117	16 861 969	8 568 318	8 293 651	5 784 750
哈尔滨市	1 440 341	4 188 734	2 131 294	2 057 440	1 230 292
市辖区	309 698	921 617	467 795	453 822	168 441
道里区	9 493	30 327	15 159	15 168	2 122
南岗区	15 779	40 904	20 401	20 503	15 753
道外区	37 493	109 320	55 289	54 031	15 453
松北区	67 015	200 581	102 567	98 014	63 917
香坊区	30 217	75 234	38 056	37 178	25 363
平房区	9 439	25 158	12 235	12 923	1 807
呼兰区	95 909	315 613	160 190	155 423	16 463
阿城区	44 353	124 480	63 898	60 582	27 563
依兰县	100 769	290 681	148 526	142 155	110 814
方正县	40 890	101 057	51 151	49 906	53 974
宾县	166 200	489 367	248 732	240 635	106 176
巴彦县	147 050	447 263	227 765	219 498	114 853
木兰县	78 568	230 018	117 516	112 502	65 197
通河县	62 058	158 939	80 677	78 262	58 518
延寿县	62 213	175 339	89 550	85 789	62 366
双城市	152 894	432 147	218 818	213 329	161 826
尚志市	131 910	401 238	204 757	196 481	156 171
五常市	188 091	541 068	276 007	265 061	171 956
齐齐哈尔市	935 254	2 754 909	1 402 813	1 352 096	772 202
市辖区	48 727	134 357	68 592	65 765	15 520
昂昂溪区	15 211	40 813	20 935	19 878	10 230
梅里斯达斡尔族区	33 516	93 544	47 657	45 887	5 290
龙江县	127 327	370 297	189 441	180 856	105 621
依安县	77 974	229 607	117 135	112 472	76 307
泰来县	92 794	280 123	142 620	137 503	69 891
甘南县	76 362	223 275	113 797	109 478	65 967
富裕县	62 877	173 379	87 981	85 398	93 529
克山县	81 553	225 750	115 052	110 698	84 256
克东县	66 407	190 505	97 286	93 219	58 529
拜泉县	107 749	342 248	175 250	166 998	76 286
讷河市	193 484	585 368	295 659	289 709	126 296
鸡西市	181 056	498 759	253 948	244 811	167 331
鸡东县	83 455	236 241	120 591	115 650	78 296
虎林市	52 861	129 590	65 440	64 150	68 278
密山市	44 740	132 928	67 917	65 011	20 757

黑 龙 江 省 镇 人 口

地 区 别	总户数（户）	总 人 口			总人口中非农业人口
		合 计	男	女	
鹤岗市	65 536	181 019	91 671	89 348	79 652
市辖区	6 739	18 366	9 338	9 028	4 383
兴安区	6 739	18 366	9 338	9 028	4 383
萝北县	26 747	74 968	37 882	37 086	37 859
绥滨县	32 050	87 685	44 451	43 234	37 410
双鸭山市	206 960	572 971	290 294	282 677	244 442
市辖区	7 946	20 658	10 498	10 160	889
四方台区	6 643	17 522	8 890	8 632	889
宝山区	1 303	3 136	1 608	1 528	0
集贤县	75 853	213 178	108 349	104 829	91 150
友谊县	22 261	52 997	26 530	26 467	48 084
宝清县	81 687	236 987	120 020	116 967	79 014
饶河县	19 213	49 151	24 897	24 254	25 305
大庆市	385 993	1 060 430	535 598	524 832	361 961
市辖区	82 409	225 555	111 507	114 048	66 081
龙凤区	13 185	33 765	16 539	17 226	7 034
让胡路区	16 824	48 594	23 914	24 680	23 244
红岗区	12 684	32 417	15 914	16 503	2 541
大同区	39 716	110 779	55 140	55 639	33 262
肇州县	103 552	298 512	152 510	146 002	86 637
肇源县	107 022	300 390	152 239	148 151	93 109
林甸县	41 985	106 551	54 222	52 329	56 994
杜尔伯特蒙古族自治县	51 025	129 422	65 120	64 302	59 140
伊春市	139 645	350 184	176 374	173 810	265 558
市辖区	16 157	39 600	20 161	19 439	29 741
南岔区	16 157	39 600	20 161	19 439	29 741
嘉荫县	13 795	35 630	18 361	17 269	21 580
铁力市	109 693	274 954	137 852	137 102	214 237
佳木斯市	410 214	1 184 119	603 139	580 980	388 578
市辖区	30 876	91 291	46 710	44 581	16 081
郊区	30 876	91 291	46 710	44 581	16 081
桦南县	97 155	304 330	155 376	148 954	94 615
桦川县	44 515	125 335	63 676	61 659	37 808
汤原县	52 774	141 092	71 997	69 095	65 714
抚远县	17 882	50 855	26 226	24 629	25 138
同江市	30 314	77 939	39 630	38 309	40 103
富锦市	136 698	393 277	199 524	193 753	109 119
七台河市	73 496	229 554	119 178	110 376	29 144

黑龙江省镇人口

单位：人

地 区 别	总户数 （户）	总 人 口			总人口中 非农业人口
		合 计	男	女	
市辖区	38 337	113 824	59 774	54 050	18 322
新兴区	4 918	21 072	11 165	9 907	845
桃山区	10 308	24 055	12 295	11 760	15 194
茄子河区	23 111	68 697	36 314	32 383	2 283
勃利县	35 159	115 730	59 404	56 326	10 822
牡丹江市	509 198	1 442 254	730 926	711 328	507 044
市辖区	46 725	124 784	62 898	61 886	40 035
东安区	15 696	43 041	21 661	21 380	12 807
阳明区	19 555	51 570	25 917	25 653	14 544
西安区	11 474	30 173	15 320	14 853	12 684
东宁县	66 048	184 612	93 290	91 322	71 850
林口县	113 948	340 112	174 107	166 005	98 606
绥芬河市	24 524	64 016	32 480	31 536	53 756
海林市	102 169	276 905	140 141	136 764	114 457
宁安市	101 114	285 891	143 431	142 460	96 187
穆棱市	54 670	165 934	84 579	81 355	32 153
黑河市	153 587	443 902	225 675	218 227	80 042
市辖区	9 229	26 051	13 060	12 991	5 966
爱辉区	9 229	26 051	13 060	12 991	5 966
嫩江县	57 802	170 858	87 179	83 679	14 992
逊克县	14 653	35 077	17 523	17 554	24 324
孙吴县	2 721	7 743	3 872	3 871	22
北安市	49 929	152 282	77 622	74 660	24 973
五大连池市	19 253	51 891	26 419	25 472	9 765
绥化市	1 181 759	3 521 095	1 788 303	1 732 792	1 247 515
市辖区	294 813	899 088	452 199	446 889	288 860
北林区	294 813	899 088	452 199	446 889	288 860
望奎县	91 107	283 287	143 873	139 414	79 689
兰西县	85 944	243 393	124 029	119 364	93 484
青冈县	86 006	277 666	143 795	133 871	113 078
庆安县	80 480	220 060	111 115	108 945	87 830
明水县	71 634	212 938	109 346	103 592	70 665
绥棱县	73 424	182 779	92 500	90 279	126 920
安达市	157 036	443 084	226 387	216 697	193 222
肇东市	121 703	378 193	192 509	185 684	51 854
海伦市	119 612	380 607	192 550	188 057	141 913
大兴安岭地区	166 078	434 039	219 105	214 934	410 989
呼玛县	114 290	294 067	146 569	147 498	277 498

黑 龙 江 省 镇 人 口

单位：人

地 区 别	总户数（户）	总 人 口			总人口中非农业人口
		合 计	男	女	
塔河县	22 656	62 128	31 899	30 229	60 368
漠河县	29 132	77 844	40 637	37 207	73 123

上 海 市 镇 人 口

单位：人

地 区 别	总户数 （户）	总　人　口			总人口中 非农业人口
		合　计	男	女	
上海市	2 278 763	6 026 303	2 998 207	3 028 096	4 457 275
市辖区	2 001 820	5 380 145	2 680 183	2 699 962	4 214 119
徐汇区	12 848	30 616	15 426	15 190	30 614
长宁区	35 062	86 729	43 116	43 613	86 715
普陀区	117 779	303 261	153 395	149 866	303 137
闸北区	32 461	81 718	41 055	40 663	81 718
杨浦区	39 657	103 302	52 066	51 236	103 154
闵行区	259 139	677 245	338 372	338 873	599 865
宝山区	212 386	564 877	289 030	275 847	505 110
嘉定区	131 169	393 168	194 314	198 854	306 662
浦东区	607 662	1 580 372	784 819	795 553	1 257 848
金山区	150 532	455 677	224 715	230 962	264 059
松江区	109 211	327 657	161 375	166 282	223 638
青浦区	109 076	318 865	156 595	162 270	174 299
奉贤区	184 838	456 658	225 905	230 753	277 300
县	276 943	646 158	318 024	328 134	243 156
崇明县	276 943	646 158	318 024	328 134	243 156

江 苏 省 镇 人 口

单位：人

地 区 别	总户数 （户）	总　　人　　口			总人口中 非农业人口
		合　计	男	女	
江苏省	17 528 509	54 080 359	27 459 087	26 621 272	20 855 045
南京市	467 305	1 447 219	737 547	709 672	392 540
市辖区	192 509	634 653	319 365	315 288	126 823
浦口区	44 174	135 834	68 146	67 688	40 443
六合区	148 335	498 819	251 219	247 600	86 380
溧水县	131 049	388 284	198 864	189 420	122 559
高淳县	143 747	424 282	219 318	204 964	143 158
无锡市	846 701	2 626 471	1 312 274	1 314 197	1 330 538
市辖区	201 124	640 756	316 668	324 088	519 327
锡山区	80 396	270 914	132 514	138 400	149 485
惠山区	47 356	142 498	70 660	71 838	142 498
滨湖区	73 372	227 344	113 494	113 850	227 344
江阴市	365 363	1 203 516	604 598	598 918	489 625
宜兴市	280 214	782 199	391 008	391 191	321 586
徐州市	2 331 533	8 168 547	4 213 163	3 955 384	2 399 193
市辖区	157 029	548 677	282 826	265 851	279 963
鼓楼区	34 157	120 858	60 533	60 325	120 839
贾汪区	122 872	427 819	222 293	205 526	159 124
丰县	317 851	1 145 752	593 580	552 172	494 766
沛县	352 796	1 176 587	601 379	575 208	376 473
铜山县	374 147	1 229 591	629 723	599 868	384 872
睢宁县	344 927	1 329 072	689 706	639 366	222 235
新沂市	336 078	1 019 538	525 013	494 525	196 516
邳州市	448 705	1 719 330	890 936	828 394	444 368
常州市	755 621	2 150 826	1 077 686	1 073 140	341 006
市辖区	456 151	1 310 665	649 380	661 285	231 429
钟楼区	6 502	18 961	9 863	9 098	18 951
戚墅堰区	10 799	30 376	14 678	15 698	7 219
新北区	108 425	348 541	173 099	175 442	43 997
武进区	330 425	912 787	451 740	461 047	161 262
溧阳市	182 111	540 320	277 022	263 298	51 396
金坛市	117 359	299 841	151 284	148 557	58 181
苏州市	1 594 041	4 791 144	2 360 182	2 430 962	3 016 535
市辖区	306 085	941 489	463 199	478 290	941 489
虎丘区	133 446	409 102	202 059	207 043	409 102
吴中区	113 410	363 260	178 267	184 993	363 260
相城区	59 229	169 127	82 873	86 254	169 127
常熟市	336 867	1 066 417	519 872	546 545	509 372

江 苏 省 镇 人 口

单位：人

地 区 别	总户数 （户）	总　　人　　口			总人口中 非农业人口
		合　计	男	女	
张家港市	333 127	879 324	434 470	444 854	439 099
昆山市	233 599	699 885	349 992	349 893	699 885
吴江市	254 863	797 240	394 734	402 506	272 057
太仓市	129 500	406 789	197 915	208 874	154 633
南通市	2 496 284	6 793 263	3 365 896	3 427 367	2 749 585
市辖区	42 938	105 078	53 051	52 027	105 049
崇川区	42 938	105 078	53 051	52 027	105 049
海安县	343 557	936 785	465 332	471 453	534 880
如东县	378 029	1 052 981	521 671	531 310	178 879
启东市	458 274	1 112 382	546 759	565 623	208 063
如皋市	454 555	1 407 203	704 343	702 860	812 399
通州市	486 177	1 241 628	611 736	629 892	476 742
海门市	332 754	937 206	463 004	474 202	433 573
连云港市	912 214	3 191 547	1 668 776	1 522 771	1 611 361
市辖区	71 032	250 547	129 184	121 363	103 148
连云区	6 666	19 917	10 104	9 813	5 131
新浦区	26 349	97 348	50 647	46 701	53 959
海州区	38 017	133 282	68 433	64 849	44 058
赣榆县	340 544	1 108 016	580 906	527 110	491 204
东海县	217 393	842 275	437 095	405 180	416 011
灌云县	128 432	449 018	236 709	212 309	341 899
灌南县	154 813	541 691	284 882	256 809	259 099
淮安市	1 127 269	3 755 778	1 933 712	1 822 066	1 079 334
市辖区	531 505	1 764 264	915 810	848 454	512 106
楚州区	284 573	960 152	499 986	460 166	171 647
淮阴区	221 209	706 626	366 517	340 109	242 973
清浦区	25 723	97 486	49 307	48 179	97 486
涟水县	167 724	645 112	334 661	310 451	133 375
洪泽县	125 105	388 673	196 942	191 731	147 880
盱眙县	175 126	602 586	308 208	294 378	177 391
金湖县	127 809	355 143	178 091	177 052	108 582
盐城市	2 450 148	7 062 310	3 632 757	3 429 553	2 601 247
市辖区	376 333	1 060 915	548 754	512 161	369 114
亭湖区	132 121	385 207	197 772	187 435	79 437
盐都区	244 212	675 708	350 982	324 726	289 677
响水县	128 384	437 543	229 623	207 920	107 726
滨海县	274 802	901 981	467 953	434 028	253 340
阜宁县	355 063	1 093 970	570 904	523 066	378 192

江 苏 省 镇 人 口

单位：人

地 区 别	总户数（户）	总 人 口			总人口中非农业人口
		合 计	男	女	
射阳县	325 379	939 339	481 195	458 144	425 715
建湖县	306 232	805 695	417 433	388 262	367 690
东台市	403 816	1 113 021	562 759	550 262	445 805
大丰市	280 139	709 846	354 136	355 710	253 665
扬州市	1 286 048	3 831 625	1 925 082	1 906 543	1 660 919
市辖区	161 586	511 623	255 225	256 398	272 018
广陵区	10 649	34 058	16 973	17 085	34 058
邗江区	142 718	449 979	224 802	225 177	210 374
维扬区	8 219	27 586	13 450	14 136	27 586
宝应县	299 781	916 087	462 710	453 377	320 066
仪征市	187 200	541 233	274 090	267 143	277 390
高邮市	261 630	796 774	397 515	399 259	274 065
江都市	375 851	1 065 908	535 542	530 366	517 380
镇江市	746 190	2 019 144	1 006 763	1 012 381	609 041
市辖区	89 165	219 438	110 178	109 260	57 893
京口区	75 670	183 847	93 020	90 827	57 893
润州区	13 495	35 591	17 158	18 433	—
丹徒县	92 730	255 896	126 713	129 183	61 231
丹阳市	255 928	742 068	369 329	372 739	166 931
扬中市	98 892	247 102	122 325	124 777	73 919
句容市	209 475	554 640	278 218	276 422	249 067
泰州市	1 369 428	4 037 857	2 062 240	1 975 617	1 168 180
市辖区	98 594	309 062	156 692	152 370	132 538
海陵区	29 291	91 063	45 817	45 246	12 379
高港区	69 303	217 999	110 875	107 124	120 159
兴化市	492 763	1 416 635	735 347	681 288	280 146
靖江市	116 399	367 075	184 020	183 055	50 007
泰兴市	386 571	1 149 733	583 476	566 257	409 705
姜堰市	275 101	795 352	402 705	392 647	295 784
宿迁市	1 145 727	4 204 628	2 163 009	2 041 619	1 895 566
市辖区	294 180	1 109 633	571 270	538 363	760 482
宿城区	124 463	486 329	250 955	235 374	486 329
宿豫区	169 717	623 304	320 315	302 989	274 153
沭阳县	415 220	1 537 704	789 620	748 084	408 954
泗阳县	222 674	815 836	423 073	392 763	418 949
泗洪县	213 653	741 455	379 046	362 409	307 181

浙 江 省 镇 人 口

单位：人

地 区 别	总户数 （户）	总 人 口			总人口中 非农业人口
		合 计	男	女	
浙江省	9 473 682	28 106 454	14 315 286	13 791 168	4 799 262
杭州市	1 044 047	3 313 313	1 660 894	1 652 419	926 861
市辖区	498 779	1 720 210	849 868	870 342	695 850
江干区	32 783	131 567	64 422	67 145	112 025
拱墅区	29 761	108 668	55 746	52 922	106 534
西湖区	32 046	125 704	64 467	61 237	68 572
萧山区	225 680	722 863	354 347	368 516	182 122
余杭区	178 509	631 408	310 886	320 522	226 597
桐庐县	89 427	246 751	124 807	121 944	44 135
淳安县	106 459	318 789	163 819	154 970	73 023
建德市	129 326	388 836	199 485	189 351	51 795
富阳市	120 331	364 309	185 087	179 222	34 422
临安市	99 725	274 418	137 828	136 590	27 636
宁波市	1 134 332	2 888 297	1 451 259	1 437 038	364 635
市辖区	322 485	762 900	377 122	385 778	156 970
江北区	26 486	57 147	28 100	29 047	19 811
北仑区	26 693	64 646	31 938	32 708	7 418
镇海区	20 200	44 203	21 833	22 370	11 414
鄞州区	249 106	596 904	295 251	301 653	118 327
象山县	117 785	332 117	170 458	161 659	39 377
宁海县	123 921	347 670	182 507	165 163	17 336
余姚市	161 058	434 228	216 824	217 404	42 478
慈溪市	318 098	767 015	379 604	387 411	86 173
奉化市	90 985	244 367	124 744	119 623	22 301
温州市	1 458 839	5 016 477	2 607 080	2 409 397	883 016
市辖区	127 860	440 609	226 497	214 112	56 649
鹿城区	22 138	70 926	36 195	34 731	11 418
龙湾区	36 506	144 204	74 852	69 352	25 555
瓯海区	69 216	225 479	115 450	110 029	19 676
洞头县	29 428	95 526	49 338	46 188	15 076
永嘉县	177 391	584 241	302 818	281 423	107 101
平阳县	195 671	682 095	353 925	328 170	160 362
苍南县	292 595	1 081 251	568 364	512 887	289 413
文成县	66 829	192 411	102 041	90 370	28 889
泰顺县	63 603	196 738	102 906	93 832	30 263
瑞安市	175 776	678 432	348 233	330 199	71 180
乐清市	329 686	1 065 174	552 958	512 216	124 083
嘉兴市	672 336	2 313 659	1 145 607	1 168 052	316 884

浙 江 省 镇 人 口

单位：人

地 区 别	总户数（户）	总 人 口			总人口中非农业人口
		合 计	男	女	
市辖区	147 760	488 064	241 010	247 054	81 071
南湖区	63 539	194 201	95 812	98 389	46 587
秀洲区	84 221	293 863	145 198	148 665	34 484
嘉善县	69 533	224 282	111 371	112 911	20 705
海盐县	120 506	370 702	183 984	186 718	73 476
海宁市	124 761	467 741	230 745	236 996	39 475
平湖市	87 795	302 641	148 839	153 802	49 851
桐乡市	121 981	460 229	229 658	230 571	52 306
湖州市	673 413	2 075 241	1 040 286	1 034 955	549 519
市辖区	228 476	759 131	378 103	381 028	170 991
吴兴区	83 027	268 730	134 337	134 393	50 556
南浔区	145 449	490 401	243 766	246 635	120 435
德清县	125 119	392 010	195 287	196 723	123 770
长兴县	181 782	524 040	265 895	258 145	159 050
安吉县	138 036	400 060	201 001	199 059	95 708
绍兴市	1 037 051	2 832 333	1 429 541	1 402 792	492 749
市辖区	119 609	320 868	157 606	163 262	158 354
越城区	119 609	320 868	157 606	163 262	158 354
绍兴县	189 416	540 143	267 452	272 691	168 426
新昌县	75 057	193 641	101 594	92 047	8 271
诸暨市	286 568	779 831	393 742	386 089	44 248
上虞市	194 214	526 849	262 464	264 385	82 177
嵊州市	172 187	471 001	246 683	224 318	31 273
金华市	1 002 819	2 520 759	1 297 564	1 223 195	236 989
市辖区	203 885	498 654	253 878	244 776	36 059
婺城区	98 572	249 114	127 158	121 956	21 727
金东区	105 313	249 540	126 720	122 820	14 332
武义县	65 563	165 659	85 719	79 940	7 563
浦江县	72 307	192 007	100 888	91 119	10 039
磐安县	55 255	143 711	74 564	69 147	27 202
兰溪市	88 089	252 449	133 537	118 912	11 910
义乌市	175 557	396 123	202 953	193 170	67 997
东阳市	197 726	499 506	254 001	245 505	58 425
永康市	144 437	372 650	192 024	180 626	17 794
衢州市	467 073	1 423 392	737 913	685 479	126 352
市辖区	113 416	344 742	178 849	165 893	14 819
柯城区	26 869	80 744	41 195	39 549	3 217
衢江区	86 547	263 998	137 654	126 344	11 602

浙 江 省 镇 人 口

单位：人

地 区 别	总户数 （户）	总 人 口			总人口中 非农业人口
		合 计	男	女	
常山县	74 853	234 296	122 477	111 819	41 639
开化县	76 122	232 933	120 403	112 530	42 329
龙游县	75 306	206 663	105 626	101 037	10 494
江山市	127 376	404 758	210 558	194 200	17 071
舟山市	342 334	902 056	451 345	450 711	356 517
市辖区	243 249	663 986	333 584	330 402	275 369
定海区	135 355	355 121	178 726	176 395	156 598
普陀区	107 894	308 865	154 858	154 007	118 771
岱山县	77 963	183 054	90 900	92 154	47 886
嵊泗县	21 122	55 016	26 861	28 155	33 262
台州市	1 111 244	3 356 682	1 740 284	1 616 398	267 795
市辖区	132 346	431 486	220 376	211 110	32 835
椒江区	1 615	3 642	1 881	1 761	834
黄岩区	61 924	200 180	102 415	97 765	15 448
路桥区	68 807	227 664	116 080	111 584	16 553
玉环县	56 250	162 054	82 601	79 453	33 378
三门县	112 841	362 324	190 041	172 283	41 749
天台县	111 538	331 361	174 700	156 661	13 385
仙居县	74 785	241 425	125 210	116 215	8 150
温岭市	338 784	950 920	486 062	464 858	108 873
临海市	284 700	877 112	461 294	415 818	29 425
丽水市	530 194	1 464 245	753 513	710 732	277 945
市辖区	55 523	133 951	67 663	66 288	6 426
莲都区	55 523	133 951	67 663	66 288	6 426
青田县	94 367	294 341	150 524	143 817	77 016
缙云县	142 244	357 582	183 842	173 740	43 430
遂昌县	58 293	162 359	84 363	77 996	36 838
松阳县	46 940	124 617	64 551	60 066	28 598
云和县	23 880	70 314	36 062	34 252	20 308
庆元县	46 187	121 596	61 862	59 734	32 847
景宁畲族自治县	27 861	81 478	43 074	38 404	27 607
龙泉市	34 899	118 007	61 572	56 435	4 875

安 徽 省 镇 人 口

单位：人

地 区 别	总户数 （户）	总	人	口	总人口中 非农业人口
		合 计	男	女	
安徽省	13 938 489	47 013 443	24 447 410	22 566 033	6 707 622
合肥市	758 560	2 333 441	1 217 094	1 116 347	456 567
市辖区	68 510	210 902	108 440	102 462	116 577
瑶海区	10 728	33 145	17 192	15 953	21 271
庐阳区	11 671	31 350	15 473	15 877	20 707
蜀山区	26 374	87 528	45 622	41 906	55 934
包河区	19 737	58 879	30 153	28 726	18 665
长丰县	166 649	526 975	272 843	254 132	83 889
肥东县	284 261	851 014	446 724	404 290	124 198
肥西县	239 140	744 550	389 087	355 463	131 903
芜湖市	545 312	1 609 937	832 218	777 719	439 932
市辖区	77 104	207 396	105 879	101 517	207 396
马塘区	42 104	120 159	61 662	58 497	120 159
鸠江区	35 000	87 237	44 217	43 020	87 237
芜湖县	124 710	383 677	199 966	183 711	60 284
繁昌县	161 688	465 553	240 585	224 968	89 293
南陵县	181 810	553 311	285 788	267 523	82 959
蚌埠市	615 110	2 163 379	1 124 269	1 039 110	371 961
市辖区	65 723	211 277	108 671	102 606	43 500
龙子湖区	13 454	42 437	21 936	20 501	5 090
禹会区	14 866	45 643	24 438	21 205	5 762
淮上区	37 403	123 197	62 297	60 900	32 648
怀远县	219 682	804 289	421 549	382 740	156 313
五河县	195 157	685 256	355 508	329 748	87 711
固镇县	134 548	462 557	238 541	224 016	84 437
淮南市	342 355	1 057 496	552 530	504 966	358 716
市辖区	209 092	674 093	349 275	324 818	239 746
大通区	36 429	103 098	52 062	51 036	46 537
田家庵区	26 805	92 103	47 724	44 379	39 939
谢家集区	51 712	166 091	85 333	80 758	82 785
八公山区	19 619	60 853	30 926	29 927	34 887
潘集区	74 527	251 948	133 230	118 718	35 598
凤台县	133 263	383 403	203 255	180 148	118 970
马鞍山市	185 275	610 155	317 536	292 619	148 902
市辖区	23 448	76 089	40 721	35 368	43 276
雨山区	23 448	76 089	40 721	35 368	43 276
当涂县	161 827	534 066	276 815	257 251	105 626
淮北市	419 188	1 472 188	752 405	719 783	350 336

安 徽 省 镇 人 口

单位：人

地 区 别	总户数 （户）	总 人 口 合 计	男	女	总人口中 非农业人口
市辖区	143 668	475 834	242 476	233 358	199 142
杜集区	63 891	187 907	96 534	91 373	133 436
相山区	17 977	69 586	35 211	34 375	11 748
烈山区	61 800	218 341	110 731	107 610	53 958
濉溪县	275 520	996 354	509 929	486 425	151 194
铜陵市	86 076	240 618	122 279	118 339	61 263
市辖区	21 863	63 040	31 508	31 532	21 970
狮子山区	8 267	24 772	12 478	12 294	2 813
郊区	13 596	38 268	19 030	19 238	19 157
铜陵县	64 213	177 578	90 771	86 807	39 293
安庆市	1 180 626	4 200 632	2 170 786	2 029 846	512 959
市辖区	44 845	151 942	76 385	75 557	16 904
大观区	11 533	44 525	22 490	22 035	2 039
宜秀区	33 312	107 417	53 895	53 522	14 865
怀宁县	161 521	572 564	294 585	277 979	74 503
枞阳县	207 774	731 066	377 600	353 466	98 685
潜山县	134 542	490 437	252 544	237 893	54 829
太湖县	129 194	430 827	224 448	206 379	59 800
宿松县	115 333	421 327	221 854	199 473	65 406
望江县	145 586	529 601	271 960	257 641	61 360
岳西县	77 212	276 764	144 830	131 934	40 943
桐城市	164 619	596 104	306 580	289 524	40 529
黄山市	319 926	927 537	472 835	454 702	217 530
市辖区	83 690	248 844	125 390	123 454	71 866
屯溪区	23 910	73 272	35 777	37 495	35 551
黄山区	30 640	91 075	46 247	44 828	10 626
徽州区	29 140	84 497	43 366	41 131	25 689
歙县	111 143	308 317	158 615	149 702	57 176
休宁县	58 683	181 391	92 310	89 081	34 323
黟县	27 920	74 854	38 155	36 699	18 024
祁门县	38 490	114 131	58 365	55 766	36 141
滁州市	1 098 874	3 606 916	1 873 183	1 733 733	585 676
市辖区	77 295	236 962	121 628	115 334	30 337
南谯区	77 295	236 962	121 628	115 334	30 337
来安县	120 842	374 272	192 333	181 939	81 951
全椒县	157 697	465 845	241 012	224 833	113 301
定远县	237 211	834 345	442 132	392 213	133 206
凤阳县	211 466	726 808	379 918	346 890	108 365

安 徽 省 镇 人 口

单位：人

地 区 别	总户数 （户）	总 人 口 合 计	男	女	总人口中 非农业人口
天长市	155 480	523 085	266 079	257 006	85 516
明光市	138 883	445 599	230 081	215 518	33 000
阜阳市	1 929 715	6 902 811	3 595 076	3 307 735	648 529
市辖区	223 185	867 490	454 357	413 133	59 338
颍东区	111 265	452 164	236 567	215 597	41 640
颍泉区	111 920	415 326	217 790	197 536	17 698
临泉县	398 223	1 574 108	808 502	765 606	127 969
太和县	468 401	1 498 113	786 285	711 828	146 249
阜南县	326 945	1 159 492	600 514	558 978	116 736
颍上县	365 124	1 289 402	678 455	610 947	180 933
界首市	147 837	514 206	266 963	247 243	17 304
宿州市	1 298 777	4 823 263	2 484 089	2 339 174	524 031
市辖区	276 219	988 418	509 273	479 145	103 978
埇桥区	276 219	988 418	509 273	479 145	103 978
砀山县	266 883	977 010	507 854	469 156	125 882
萧县	321 681	1 165 891	598 298	567 593	140 914
灵璧县	232 874	930 337	479 250	451 087	84 477
泗县	201 120	761 607	389 414	372 193	68 780
巢湖市	1 269 316	4 124 269	2 152 295	1 971 974	560 288
市辖区	182 068	579 273	298 998	280 275	48 064
居巢区	182 068	579 273	298 998	280 275	48 064
庐江县	351 560	1 173 691	609 988	563 703	158 319
无为县	382 166	1 269 686	662 865	606 821	172 590
含山县	149 617	443 244	234 677	208 567	86 348
和县	203 905	658 375	345 767	312 608	94 967
六安市	1 544 485	4 927 095	2 600 469	2 326 626	645 113
市辖区	350 352	1 138 655	602 752	535 903	88 301
金安区	154 768	499 596	261 359	238 237	40 639
裕安区	195 584	639 059	341 393	297 666	47 662
寿县	376 681	1 223 447	647 921	575 526	148 333
霍邱县	347 422	1 086 893	575 323	511 570	161 033
舒城县	234 117	734 329	381 595	352 734	122 482
金寨县	133 844	425 023	227 467	197 556	72 753
霍山县	102 069	318 748	165 411	153 337	52 211
亳州市	1 354 691	4 973 000	2 607 537	2 365 463	389 786
市辖区	359 949	1 216 035	634 520	581 515	40 653
谯城区	359 949	1 216 035	634 520	581 515	40 653
涡阳县	337 554	1 439 909	751 334	688 575	153 797

安 徽 省 镇 人 口

单位：人

| 地　区　别 | 总户数（户） | 总　　人　　口 | | | 总人口中非农业人口 |
		合　计	男	女	
蒙城县	317 588	1 105 049	580 304	524 745	135 339
利辛县	339 600	1 212 007	641 379	570 628	59 997
池州市	357 080	1 106 080	566 220	539 860	147 214
市辖区	85 361	285 128	146 174	138 954	11 609
贵池区	85 361	285 128	146 174	138 954	11 609
东至县	166 002	498 206	254 112	244 094	69 610
石台县	31 177	96 068	49 699	46 369	20 803
青阳县	74 540	226 678	116 235	110 443	45 192
宣城市	633 123	1 934 626	1 006 589	928 037	288 819
市辖区	166 909	531 138	276 559	254 579	38 684
宣州区	166 909	531 138	276 559	254 579	38 684
郎溪县	77 662	252 046	130 465	121 581	52 195
广德县	120 986	378 224	196 600	181 624	57 619
泾县	108 485	305 889	159 454	146 435	67 581
绩溪县	51 927	134 725	69 415	65 310	35 152
旌德县	30 158	99 235	51 023	48 212	22 424
宁国市	76 996	233 369	123 073	110 296	15 164

福 建 省 镇 人 口

地 区 别	总户数（户）	总 人 口 合 计	男	女	总人口中非农业人口
福建省	6 339 081	22 786 675	11 729 315	11 057 360	5 055 741
福州市	1 202 050	3 969 854	2 054 479	1 915 375	925 789
市辖区	210 114	652 275	327 045	325 230	371 465
鼓楼区	25 379	78 085	40 156	37 929	78 085
仓山区	67 186	229 453	114 527	114 926	68 979
马尾区	40 942	131 318	65 822	65 496	22 227
晋安区	76 607	213 419	106 540	106 879	202 174
闽侯县	131 794	432 040	221 299	210 741	21 003
连江县	151 976	517 591	268 297	249 294	139 012
罗源县	50 572	169 440	88 624	80 816	66 548
闽清县	77 111	246 194	129 903	116 291	67 140
永泰县	74 614	242 310	128 351	113 959	60 605
平潭县	77 612	274 226	140 782	133 444	74 770
福清市	284 752	961 745	498 070	463 675	69 498
长乐市	143 505	474 033	252 108	221 925	55 748
厦门市	190 251	596 745	298 470	298 275	247 796
市辖区	190 251	596 745	298 470	298 275	247 796
海沧区	9 048	30 575	14 640	15 935	2 672
集美区	24 223	82 262	40 401	41 861	22 197
同安区	68 292	213 062	107 157	105 905	36 556
翔安区	88 688	270 846	136 272	134 574	186 371
莆田市	650 156	2 641 870	1 336 531	1 305 339	252 656
市辖区	399 125	1 734 444	870 976	863 468	136 757
城厢区	61 267	264 952	133 002	131 950	14 107
涵江区	88 088	353 718	174 849	178 869	43 150
荔城区	88 334	399 021	198 812	200 209	27 904
秀屿区	161 436	716 753	364 313	352 440	51 596
仙游县	251 031	907 426	465 555	441 871	115 899
三明市	382 114	1 335 236	696 534	638 702	429 881
市辖区	13 048	45 365	23 544	21 821	5 237
梅列区	2 921	9 992	5 190	4 802	2 629
三元区	10 127	35 373	18 354	17 019	2 608
明溪县	21 695	70 646	36 310	34 336	32 754
清流县	28 063	92 220	47 503	44 717	35 109
宁化县	33 122	117 491	60 657	56 834	51 421
大田县	65 967	239 272	126 344	112 928	69 520
尤溪县	70 687	250 361	132 403	117 958	66 653
沙县	35 994	123 007	64 570	58 437	28 226

福 建 省 镇 人 口

单位：人

地 区 别	总户数（户）	总 人 口 合 计	男	女	总人口中非农业人口
将乐县	28 037	99 437	51 116	48 321	46 392
泰宁县	21 231	68 909	35 576	33 333	35 131
建宁县	25 806	92 448	46 792	45 656	25 995
永安市	38 464	136 080	71 719	64 361	33 443
泉州市	1 387 005	5 190 468	2 649 682	2 540 786	884 481
市辖区	116 642	454 718	232 934	221 784	67 270
洛江区	34 092	137 478	71 775	65 703	16 468
泉港区	82 550	317 240	161 159	156 081	50 802
惠安县	249 947	938 749	464 781	473 968	138 535
安溪县	194 048	726 325	376 990	349 335	137 128
永春县	152 043	526 897	273 318	253 579	152 583
德化县	63 829	225 520	117 590	107 930	66 532
石狮市	64 929	250 599	127 436	123 163	33 088
晋江市	221 768	825 856	418 524	407 332	134 860
南安市	323 799	1 241 804	638 109	603 695	154 485
漳州市	1 030 794	3 796 898	1 951 386	1 845 512	1 045 690
市辖区	74 491	262 575	133 389	129 186	69 351
芗城区	41 134	137 901	70 287	67 614	40 250
龙文区	33 357	124 674	63 102	61 572	29 101
云霄县	77 373	295 769	153 093	142 676	69 612
漳浦县	199 576	754 589	386 583	368 006	246 094
诏安县	120 444	472 624	245 948	226 676	86 049
长泰县	43 241	151 045	77 028	74 017	36 576
东山县	59 683	207 324	104 006	103 318	108 867
南靖县	95 684	349 978	179 116	170 862	93 371
平和县	134 315	475 111	252 409	222 702	190 407
华安县	43 689	140 741	72 877	67 864	56 001
龙海市	182 298	687 142	346 937	340 205	89 362
南平市	470 721	1 673 458	871 652	801 806	321 388
市辖区	72 143	273 760	143 278	130 482	66 821
延平区	72 143	273 760	143 278	130 482	66 821
顺昌县	35 100	117 917	60 818	57 099	7 209
浦城县	72 905	251 018	130 445	120 573	27 319
光泽县	23 648	76 513	39 352	37 161	37 092
松溪县	13 815	47 852	25 188	22 664	7 273
政和县	26 647	94 810	50 479	44 331	16 603
邵武市	50 673	178 600	92 573	86 027	37 506
武夷山市	19 810	69 842	36 008	33 834	9 847

福 建 省 镇 人 口

单位：人

地 区 别	总户数（户）	总 人 口 合 计	男	女	总人口中非农业人口
建瓯市	100 756	357 726	185 984	171 742	62 878
建阳市	55 224	205 420	107 527	97 893	48 840
龙岩市	484 408	1 699 679	873 610	826 069	496 776
市辖区	47 190	162 392	82 783	79 609	30 892
新罗区	47 190	162 392	82 783	79 609	30 892
长汀县	117 973	416 887	214 895	201 992	144 323
永定县	86 717	301 651	155 563	146 088	102 672
上杭县	70 795	261 156	132 061	129 095	82 697
武平县	54 299	193 868	99 377	94 491	74 004
连城县	65 407	211 463	108 800	102 663	49 471
漳平市	42 027	152 262	80 131	72 131	12 717
宁德市	541 582	1 882 467	996 971	885 496	451 284
市辖区	79 954	280 758	147 248	133 510	28 244
蕉城区	79 954	280 758	147 248	133 510	28 244
霞浦县	76 625	261 988	140 186	121 802	45 783
古田县	65 685	221 731	117 126	104 605	40 046
屏南县	26 564	91 341	48 742	42 599	30 948
寿宁县	29 677	99 977	52 427	47 550	50 778
周宁县	42 822	157 363	84 453	72 910	64 228
柘荣县	12 326	36 964	19 128	17 836	29 495
福安市	104 998	362 731	192 351	170 380	98 767
福鼎市	102 931	369 614	195 310	174 304	62 995

江 西 省 镇 人 口

单位：人

地 区 别	总户数 （户）	总 人 口			总人口中 非农业人口
		合 计	男	女	
江西省	8 298 406	27 471 082	14 422 849	13 048 233	6 332 809
南昌市	657 664	2 341 817	1 235 208	1 106 609	789 783
市辖区	151 835	600 088	318 164	281 924	297 780
西湖区	5 954	20 727	10 366	10 361	19 318
湾里区	15 382	50 511	26 424	24 087	12 974
青山湖区	130 499	528 850	281 374	247 476	265 488
南昌县	180 326	623 658	328 696	294 962	149 119
新建县	103 997	403 226	212 737	190 489	120 009
安义县	74 098	230 399	122 528	107 871	67 766
进贤县	147 408	484 446	253 083	231 363	155 109
景德镇市	267 153	873 804	463 416	410 388	84 546
市辖区	19 090	51 815	26 618	25 197	9 525
昌江区	19 090	51 815	26 618	25 197	9 525
浮梁县	60 146	169 776	88 576	81 200	28 481
乐平市	187 917	652 213	348 222	303 991	46 540
萍乡市	357 913	1 153 127	591 916	561 211	245 179
市辖区	150 712	462 338	237 888	224 450	128 356
安源区	45 666	135 269	69 542	65 727	70 638
湘东区	105 046	327 069	168 346	158 723	57 718
莲花县	46 894	149 819	76 320	73 499	35 124
上栗县	90 073	319 501	164 342	155 159	40 465
芦溪县	70 234	221 469	113 366	108 103	41 234
九江市	860 419	2 736 835	1 424 765	1 312 070	675 856
市辖区	19 778	54 290	27 990	26 300	14 580
庐山区	19 778	54 290	27 990	26 300	14 580
九江县	85 356	227 154	119 143	108 011	69 863
武宁县	71 909	239 680	123 313	116 367	68 611
修水县	156 919	582 654	303 195	279 459	93 479
永修县	86 160	238 911	123 006	115 905	80 099
德安县	45 213	118 313	60 922	57 391	55 436
星子县	49 304	168 967	89 246	79 721	40 821
都昌县	148 663	472 897	247 712	225 185	105 787
湖口县	51 880	164 019	84 904	79 115	63 242
彭泽县	95 009	312 136	162 345	149 791	60 025
瑞昌市	50 228	157 814	82 989	74 825	23 913
新余市	223 324	704 683	373 763	330 920	136 449
市辖区	132 501	432 852	230 459	202 393	55 946
渝水区	132 501	432 852	230 459	202 393	55 946
分宜县	90 823	271 831	143 304	128 527	80 503
鹰潭市	163 962	599 506	321 505	278 001	84 349
市辖区	6 972	22 301	11 784	10 517	746

江 西 省 镇 人 口

单位：人

地 区 别	总户数 （户）	总 人 口			总人口中 非农业人口
		合 计	男	女	
月湖区	6 972	22 301	11 784	10 517	746
余江县	66 347	243 408	129 088	114 320	63 960
贵溪市	90 643	333 797	180 633	153 164	19 643
赣州市	1 675 704	5 632 662	2 923 810	2 708 852	1 358 873
市辖区	92 028	312 236	159 910	152 326	73 953
章贡区	92 028	312 236	159 910	152 326	73 953
赣县	102 022	363 048	190 836	172 212	89 542
信丰县	206 296	677 422	349 456	327 966	106 745
大余县	102 427	280 202	145 106	135 096	87 990
上犹县	50 362	161 003	83 397	77 606	38 854
崇义县	36 579	114 793	59 928	54 865	33 658
安远县	59 263	248 890	129 451	119 439	59 609
龙南县	66 533	223 232	113 546	109 686	50 684
定南县	57 445	206 022	105 988	100 034	40 644
全南县	47 097	153 742	79 581	74 161	54 545
宁都县	186 628	544 755	285 888	258 867	128 923
于都县	145 295	555 640	289 905	265 735	171 476
兴国县	108 375	329 466	172 213	157 253	104 160
会昌县	81 964	303 542	155 578	147 964	68 317
寻乌县	63 896	203 857	106 997	96 860	48 751
石城县	64 552	233 109	122 457	110 652	48 058
瑞金市	106 903	394 043	204 936	189 107	115 941
南康市	98 039	327 660	168 637	159 023	37 023
吉安市	1 002 686	3 212 896	1 681 462	1 531 434	801 918
市辖区	57 391	204 723	108 028	96 695	17 084
吉州区	23 995	86 115	45 495	40 620	3 271
青原区	33 396	118 608	62 533	56 075	13 813
吉安县	100 197	339 053	178 006	161 047	90 128
吉水县	155 853	463 964	248 510	215 454	127 246
峡江县	42 801	139 788	71 625	68 163	41 561
新干县	65 768	192 336	101 513	90 823	63 109
永丰县	74 228	265 063	141 618	123 445	70 588
泰和县	151 241	453 931	234 860	219 071	100 546
遂川县	110 596	370 550	194 354	176 196	56 683
万安县	71 579	221 523	113 013	108 510	47 802
安福县	65 136	201 846	102 762	99 084	80 686
永新县	89 875	300 552	156 382	144 170	87 386
井冈山市	18 021	59 567	30 791	28 776	19 099
宜春市	991 903	3 212 808	1 711 165	1 501 643	592 754
市辖区	104 891	392 149	209 340	182 809	21 672
袁州区	104 891	392 149	209 340	182 809	21 672

江 西 省 镇 人 口

单位：人

地 区 别	总户数（户）	总 人 口 合 计	男	女	总人口中非农业人口
奉新县	84 357	272 401	142 695	129 706	75 279
万载县	69 617	246 556	131 215	115 341	18 645
上高县	59 005	183 904	98 343	85 561	16 596
宜丰县	67 540	197 752	102 963	94 789	64 232
靖安县	30 096	92 815	48 079	44 736	39 080
铜鼓县	42 494	117 241	60 306	56 935	35 996
丰城市	262 288	900 696	483 983	416 713	217 929
樟树市	71 507	219 816	116 566	103 250	29 003
高安市	200 108	589 478	317 675	271 803	74 322
抚州市	865 134	2 788 390	1 478 768	1 309 622	709 217
市辖区	201 074	660 484	356 990	303 494	102 385
临川区	201 074	660 484	356 990	303 494	102 385
南城县	72 202	263 656	137 127	126 529	68 876
黎川县	52 412	153 888	80 457	73 431	54 765
南丰县	69 839	227 586	117 880	109 706	58 460
崇仁县	62 136	233 614	125 271	108 343	64 646
乐安县	92 375	263 858	144 459	119 399	68 194
宜黄县	43 805	149 605	77 719	71 886	36 900
金溪县	66 268	203 071	106 200	96 871	61 501
资溪县	30 671	90 814	47 110	43 704	26 777
东乡县	119 979	368 207	195 030	173 177	104 651
广昌县	54 373	173 607	90 525	83 082	62 062
上饶市	1 232 544	4 214 554	2 217 071	1 997 483	853 885
市辖区	22 493	81 937	42 504	39 433	7 647
信州区	22 493	81 937	42 504	39 433	7 647
上饶县	112 975	381 447	199 483	181 964	19 580
广丰县	160 052	594 917	314 397	280 520	43 151
玉山县	126 723	439 218	231 552	207 666	92 135
铅山县	76 248	270 436	140 857	129 579	67 174
横峰县	32 545	96 143	50 561	45 582	36 297
弋阳县	73 023	257 314	136 791	120 523	71 110
余干县	129 001	405 332	216 257	189 075	103 023
鄱阳县	257 305	956 574	503 335	453 239	173 570
万年县	75 977	244 322	128 965	115 357	69 636
婺源县	89 790	275 630	141 894	133 736	55 129
德兴市	76 412	211 284	110 475	100 809	115 433

山 东 省 镇 人 口

单位：人

地 区 别	总户数 （户）	总 人 口			总人口中 非农业人口
		合 计	男	女	
山东省	17 953 684	58 647 953	29 801 814	28 846 139	9 263 518
济南市	857 004	2 851 565	1 424 783	1 426 782	1 475 693
市辖区	359 547	1 204 831	602 857	601 974	1 204 831
槐荫区	28 098	93 017	45 245	47 772	93 017
天桥区	22 541	86 101	42 390	43 711	86 101
历城区	227 711	745 607	374 706	370 901	745 607
长清区	81 197	280 106	140 516	139 590	280 106
平阴县	119 676	332 752	166 805	165 947	101 415
济阳县	158 114	548 083	275 467	272 616	99 480
商河县	70 680	256 370	128 906	127 464	21 094
章丘市	148 987	509 529	250 748	258 781	48 873
青岛市	1 022 320	3 313 835	1 671 617	1 642 218	468 863
胶州市	138 124	468 405	234 959	233 446	47 148
即墨市	223 991	744 817	373 385	371 432	111 362
平度市	346 787	1 120 572	567 537	553 035	188 436
胶南市	158 582	502 262	253 902	248 360	54 491
莱西市	154 836	477 779	241 834	235 945	67 426
淄博市	994 843	2 985 520	1 497 507	1 488 013	746 822
市辖区	565 924	1 664 410	834 341	830 069	475 847
淄川区	166 227	478 222	239 147	239 075	120 074
张店区	110 387	318 614	162 771	155 843	161 654
博山区	126 237	349 541	173 919	175 622	94 567
临淄区	114 739	364 434	182 585	181 849	70 916
周村区	48 334	153 599	75 919	77 680	28 636
桓台县	156 345	496 868	247 786	249 082	93 860
高青县	103 645	365 793	183 351	182 442	55 499
沂源县	168 929	458 449	232 029	226 420	121 616
枣庄市	787 363	2 683 616	1 396 996	1 286 620	265 286
市辖区	381 780	1 338 272	693 043	645 229	84 932
市中区	40 603	144 396	73 599	70 797	15 862
薛城区	88 298	309 868	160 712	149 156	18 804
峄城区	78 595	269 417	138 467	130 950	9 027
台儿庄区	81 334	251 217	129 661	121 556	24 428
山亭区	92 950	363 374	190 604	172 770	16 811
滕州市	405 583	1 345 344	703 953	641 391	180 354
东营市	248 097	827 698	414 972	412 726	165 948
市辖区	74 818	232 408	116 566	115 842	97 084
东营区	39 449	132 126	66 234	65 892	16 692

山东省镇人口

单位：人

地 区 别	总户数（户）	总 人 口			总人口中非农业人口
		合 计	男	女	
河口区	35 369	100 282	50 332	49 950	80 392
垦利县	38 055	124 496	62 018	62 478	7 926
利津县	66 730	238 851	119 877	118 974	46 117
广饶县	68 494	231 943	116 511	115 432	14 821
烟台市	1 332 367	3 745 028	1 888 620	1 856 408	348 523
市辖区	171 779	463 603	233 921	229 682	43 077
福山区	55 991	150 462	75 007	75 455	10 784
牟平区	115 788	313 141	158 914	154 227	32 293
长岛县	10 942	29 670	14 544	15 126	16 922
龙口市	134 149	381 882	189 303	192 579	43 062
莱阳市	199 576	621 385	317 375	304 010	39 435
莱州市	185 988	571 004	286 380	284 624	75 880
蓬莱市	112 648	294 102	147 176	146 926	21 309
招远市	146 040	408 191	203 818	204 373	29 570
栖霞市	186 041	483 631	245 211	238 420	43 320
海阳市	185 204	491 560	250 892	240 668	35 948
潍坊市	1 460 291	4 889 229	2 466 869	2 422 360	379 761
市辖区	174 734	589 956	296 581	293 375	37 413
潍城区	46 077	157 660	79 054	78 606	5 514
寒亭区	48 381	159 153	80 280	78 873	8 711
坊子区	80 276	273 143	137 247	135 896	23 188
临朐县	198 804	619 547	316 103	303 444	56 032
昌乐县	110 959	376 477	189 750	186 727	21 079
青州市	182 431	624 647	315 052	309 595	27 959
诸城市	159 697	550 812	279 348	271 464	53 969
寿光市	178 956	603 082	302 453	300 629	51 279
安丘市	176 383	609 797	310 242	299 555	69 182
高密市	154 193	507 743	254 875	252 868	20 089
昌邑市	124 134	407 168	202 465	204 703	42 759
济宁市	1 566 769	5 519 302	2 831 897	2 687 405	1 194 518
市辖区	156 132	607 435	305 724	301 711	128 458
市中区	60 245	242 870	122 108	120 762	10 986
任城区	95 887	364 565	183 616	180 949	117 472
微山县	91 116	355 911	190 242	165 669	10 897
鱼台县	105 499	376 536	193 432	183 104	79 135
金乡县	135 448	468 519	237 829	230 690	97 964
嘉祥县	155 061	545 794	282 533	263 261	106 628
汶上县	146 053	537 587	276 433	261 154	397 186

山 东 省 镇 人 口

单位：人

地 区 别	总 户 数（户）	总 人 口 合 计	男	女	总人口中非农业人口
泗水县	111 201	367 928	189 340	178 588	29 306
梁山县	177 192	590 120	301 722	288 398	113 831
曲阜市	86 460	294 766	147 995	146 771	32 251
兖州市	142 482	479 426	242 885	236 541	57 822
邹城市	260 125	895 280	463 762	431 518	141 040
泰安市	1 215 499	3 923 004	1 983 681	1 939 323	560 744
市辖区	277 417	922 688	462 218	460 470	74 242
泰山区	39 825	129 221	63 649	65 572	12 733
岱岳区	237 592	793 467	398 569	394 898	61 509
宁阳县	198 818	663 653	338 343	325 310	164 402
东平县	150 535	495 438	250 294	245 144	84 942
新泰市	336 721	1 040 860	529 422	511 438	93 422
肥城市	252 008	800 365	403 404	396 961	143 736
威海市	614 418	1 633 110	827 016	806 094	332 440
市辖区	76 165	209 098	104 408	104 690	43 706
环翠区	76 165	209 098	104 408	104 690	43 706
文登市	180 650	456 487	231 715	224 772	65 565
荣成市	187 665	512 931	257 795	255 136	180 104
乳山市	169 938	454 594	233 098	221 496	43 065
日照市	728 303	2 100 571	1 065 417	1 035 154	455 850
市辖区	233 466	680 061	342 934	337 127	59 678
东港区	120 892	346 128	174 844	171 284	40 534
岚山区	112 574	333 933	168 090	165 843	19 144
五莲县	155 394	454 454	231 493	222 961	166 407
莒县	339 443	966 056	490 990	475 066	229 765
莱芜市	276 281	782 717	393 051	389 666	48 225
市辖区	276 281	782 717	393 051	389 666	48 225
莱城区	200 093	563 893	280 106	283 787	32 004
钢城区	76 188	218 824	112 945	105 879	16 221
临沂市	2 411 033	7 696 416	3 942 704	3 753 712	777 836
市辖区	171 400	575 398	293 494	281 904	33 414
兰山区	110 151	376 569	191 871	184 698	18 602
河东区	61 249	198 829	101 623	97 206	14 812
沂南县	298 520	890 242	451 617	438 625	91 334
郯城县	197 726	718 320	367 903	350 417	65 802
沂水县	273 916	824 587	419 533	405 054	131 786
苍山县	246 151	932 457	480 402	452 055	51 542
费县	276 362	839 492	432 731	406 761	59 421

山 东 省 镇 人 口

地 区 别	总户数（户）	总 人 口			总人口中非农业人口
		合 计	男	女	
平邑县	283 052	939 153	486 583	452 570	113 988
莒南县	327 606	922 867	470 457	452 410	95 062
蒙阴县	151 513	453 881	231 427	222 454	39 062
临沭县	184 787	600 019	308 557	291 462	96 425
德州市	1 035 264	3 560 572	1 796 008	1 764 564	433 366
市辖区	53 962	162 172	81 326	80 846	37 152
德城区	53 962	162 172	81 326	80 846	37 152
陵县	139 219	475 505	239 833	235 672	85 477
宁津县	122 163	411 061	208 257	202 804	57 962
庆云县	45 424	164 115	83 658	80 457	7 189
临邑县	70 708	272 891	137 606	135 285	20 161
齐河县	145 343	482 369	243 512	238 857	112 658
平原县	82 498	284 739	142 514	142 225	23 878
夏津县	104 626	358 007	179 624	178 383	32 370
武城县	66 100	235 962	119 023	116 939	19 264
乐陵市	123 203	424 232	216 128	208 104	22 139
禹城市	82 018	289 519	144 527	144 992	15 116
聊城市	917 978	3 128 475	1 584 060	1 544 415	302 951
市辖区	114 174	409 096	205 846	203 250	21 406
东昌府区	114 174	409 096	205 846	203 250	21 406
阳谷县	129 551	472 824	240 256	232 568	26 448
莘县	222 471	757 560	386 542	371 018	121 192
茌平县	73 899	242 453	121 690	120 763	21 748
东阿县	84 850	276 473	138 971	137 502	12 662
冠县	129 572	415 529	212 551	202 978	68 770
高唐县	65 209	216 620	106 864	109 756	13 934
临清市	98 252	337 920	171 340	166 580	16 791
滨州市	695 778	2 352 648	1 187 180	1 165 468	261 578
市辖区	20 624	73 917	37 107	36 810	1 895
滨城区	20 624	73 917	37 107	36 810	1 895
惠民县	130 359	478 155	241 222	236 933	63 634
阳信县	89 206	294 489	149 587	144 902	34 067
无棣县	90 744	272 716	140 331	132 385	55 775
沾化县	107 282	317 959	160 381	157 578	43 561
博兴县	101 224	341 621	172 044	169 577	22 621
邹平县	156 339	573 791	286 508	287 283	40 025
菏泽市	1 790 076	6 654 647	3 429 436	3 225 211	1 045 114
市辖区	189 939	761 037	392 537	368 500	37 885

山 东 省 镇 人 口

地　区　别	总户数 （户）	总	人	口	总人口中 非农业人口
		合　计	男	女	
牡丹区	189 939	761 037	392 537	368 500	37 885
曹县	241 035	974 613	503 032	471 581	79 763
单县	260 813	997 081	507 696	489 385	148 246
成武县	175 303	600 401	306 790	293 611	111 395
巨野县	280 837	988 369	508 660	479 709	229 417
郓城县	223 610	789 281	410 893	378 388	132 964
鄄城县	160 630	586 369	303 534	282 835	100 535
定陶县	131 008	501 599	258 446	243 153	99 581
东明县	126 901	455 897	237 848	218 049	105 328

河 南 省 镇 人 口

单位：人

地 区 别	总户数（户）	总 人 口			总人口中非农业人口
		合 计	男	女	
河南省	13 259 698	47 121 451	24 404 184	22 717 267	8 177 286
郑州市	871 463	3 452 023	1 764 565	1 687 458	451 888
市辖区	96 290	338 552	167 252	171 300	71 373
中原区	31 582	112 315	55 233	57 082	20 854
二七区	5 899	24 853	12 416	12 437	985
管城回族区	7 899	28 964	14 647	14 317	849
金水区	27 360	85 142	41 992	43 150	40 931
上街区	10 320	37 639	18 310	19 329	3 770
惠济区	13 230	49 639	24 654	24 985	3 984
中牟县	136 947	604 974	314 578	290 396	115 243
巩义市	180 429	684 440	347 358	337 082	69 984
荥阳市	116 068	432 131	220 400	211 731	25 663
新密市	136 394	583 946	299 883	284 063	45 884
新郑市	111 992	424 626	218 473	206 153	47 127
登封市	93 343	383 354	196 621	186 733	76 614
开封市	574 773	2 106 578	1 094 277	1 012 301	317 497
市辖区	4 986	20 684	10 758	9 926	744
金明区	4 986	20 684	10 758	9 926	744
杞县	149 390	523 567	271 376	252 191	72 207
通许县	100 362	381 556	197 468	184 088	49 252
尉氏县	133 099	507 639	265 728	241 911	71 626
开封县	80 808	300 963	155 675	145 288	42 407
兰考县	106 128	372 169	193 272	178 897	81 261
洛阳市	964 391	3 353 482	1 714 149	1 639 333	703 469
市辖区	90 251	299 377	149 282	150 095	76 856
老城区	13 475	42 622	20 265	22 357	5 917
涧西区	11 914	43 864	21 838	22 026	2 133
洛龙区	64 862	212 891	107 179	105 712	68 806
孟津县	133 274	444 859	223 957	220 902	58 566
新安县	118 153	415 321	212 432	202 889	109 734
栾川县	61 966	205 013	106 650	98 363	39 037
嵩县	64 053	215 538	112 478	103 060	40 209
汝阳县	47 319	179 168	93 301	85 867	48 047
宜阳县	94 467	352 464	181 206	171 258	77 878
洛宁县	22 813	79 448	41 048	38 400	46 442
伊川县	126 916	431 340	221 630	209 710	106 971
偃师市	205 179	730 954	372 165	358 789	99 729
平顶山市	528 040	1 856 027	965 959	890 068	333 390

河 南 省 镇 人 口

单位：人

地 区 别	总户数 （户）	总 人 口			总人口中 非农业人口
		合 计	男	女	
市辖区	57 079	212 415	106 849	105 566	46 181
新华区	25 217	93 001	45 938	47 063	23 294
卫东区	4 214	17 062	9 343	7 719	14 187
湛河区	27 648	102 352	51 568	50 784	8 700
宝丰县	109 160	361 005	187 244	173 761	65 571
叶县	80 692	265 943	138 018	127 925	62 611
鲁山县	80 656	288 403	150 667	137 736	75 543
郏县	100 174	359 227	189 163	170 064	45 441
舞钢市	26 040	80 309	42 299	38 010	5 368
汝州市	74 239	288 725	151 719	137 006	32 675
安阳市	688 727	2 403 039	1 228 943	1 174 096	239 547
市辖区	24 964	82 120	42 195	39 925	2 947
文峰区	14 645	50 372	25 674	24 698	1 301
龙安区	10 319	31 748	16 521	15 227	1 646
安阳县	87 836	303 055	154 415	148 640	25 679
汤阴县	88 337	286 579	145 743	140 836	68 435
滑县	204 940	741 173	379 166	362 007	87 975
内黄县	58 022	227 168	116 577	110 591	9 339
林州市	224 628	762 944	390 847	372 097	45 172
鹤壁市	216 545	811 397	418 516	392 881	115 026
市辖区	24 251	91 588	47 548	44 040	3 859
淇滨区	24 251	91 588	47 548	44 040	3 859
浚县	151 471	575 413	295 676	279 737	62 833
淇县	40 823	144 396	75 292	69 104	48 334
新乡市	677 797	2 461 092	1 258 482	1 202 610	668 769
市辖区	40 793	158 885	80 904	77 981	37 832
红旗区	23 000	89 955	45 813	44 142	34 353
凤泉区	11 527	48 900	25 091	23 809	3 479
牧野区	6 266	20 030	10 000	10 030	—
新乡县	74 375	285 712	145 907	139 805	24 283
获嘉县	90 732	309 434	157 830	151 604	64 194
原阳县	36 239	144 923	76 212	68 711	42 384
延津县	35 618	132 741	68 445	64 296	61 043
封丘县	74 270	277 682	142 225	135 457	82 384
长垣县	91 161	345 427	177 511	167 916	13 204
卫辉市	91 933	319 435	163 405	156 030	114 742
辉县市	142 676	486 853	246 043	240 810	228 703
焦作市	472 555	1 732 473	882 826	849 647	268 434

河南省镇人口

单位：人

地 区 别	总户数（户）	总 人 口 合 计	男	女	总人口中非农业人口
修武县	47 290	169 255	87 993	81 262	51 776
博爱县	93 103	337 047	174 238	162 809	66 839
武陟县	110 751	388 252	199 505	188 747	55 913
温县	107 983	357 626	180 413	177 213	65 007
沁阳市	54 503	265 047	133 727	131 320	20 348
孟州市	58 925	215 246	106 950	108 296	8 551
濮阳市	240 677	945 388	491 730	453 658	251 108
清丰县	36 574	140 402	75 367	65 035	57 525
南乐县	30 305	145 568	73 760	71 808	33 031
范县	32 612	106 177	55 583	50 594	48 976
台前县	24 007	107 774	56 117	51 657	22 581
濮阳县	117 179	445 467	230 903	214 564	88 995
许昌市	521 251	1 904 423	982 411	922 012	372 272
许昌县	114 677	419 190	216 020	203 170	105 407
鄢陵县	80 731	279 810	144 680	135 130	108 223
襄城县	86 287	284 510	148 294	136 216	61 182
禹州市	131 647	474 462	244 328	230 134	47 395
长葛市	107 909	446 451	229 089	217 362	50 065
漯河市	406 180	1 522 802	788 422	734 380	282 096
市辖区	177 263	674 761	350 181	324 580	103 059
源汇区	10 604	40 643	21 026	19 617	1 834
郾城区	99 102	352 530	182 873	169 657	91 597
召陵区	67 557	281 588	146 282	135 306	9 628
舞阳县	86 031	303 355	155 621	147 734	60 344
临颍县	142 886	544 686	282 620	262 066	118 693
三门峡市	329 748	1 064 138	547 802	516 336	189 394
渑池县	70 292	202 371	103 631	98 740	80 271
陕县	55 137	171 844	88 665	83 179	46 823
卢氏县	71 561	210 572	109 799	100 773	36 854
灵宝市	132 758	479 351	245 707	233 644	25 446
南阳市	1 999 432	6 766 836	3 562 190	3 204 646	777 190
市辖区	220 890	781 503	407 447	374 056	81 625
宛城区	97 288	310 930	161 699	149 231	64 349
卧龙区	123 602	470 573	245 748	224 825	17 276
南召县	128 715	362 830	193 137	169 693	74 140
方城县	181 460	572 487	301 229	271 258	88 403
西峡县	103 064	319 800	169 208	150 592	24 530
镇平县	191 051	635 627	338 287	297 340	97 937

河 南 省 镇 人 口

单位：人

地 区 别	总户数（户）	总 人 口 合 计	总 人 口 男	总 人 口 女	总人口中 非农业人口
内乡县	168 765	505 538	265 789	239 749	115 431
淅川县	162 379	607 475	315 752	291 723	43 409
社旗县	138 893	456 709	238 569	218 140	65 677
唐河县	225 550	839 636	443 171	396 465	36 934
新野县	124 249	454 895	240 040	214 855	17 805
桐柏县	139 577	379 138	199 229	179 909	95 900
邓州市	214 839	851 198	450 332	400 866	35 399
商丘市	977 687	3 428 443	1 772 873	1 655 570	840 905
市辖区	97 313	417 553	210 115	207 438	210 903
梁园区	46 890	203 788	102 993	100 795	203 788
睢阳区	50 423	213 765	107 122	106 643	7 115
民权县	134 746	460 210	234 915	225 295	95 652
睢县	89 024	360 826	184 612	176 214	66 485
宁陵县	58 079	212 937	108 884	104 053	63 365
柘城县	108 458	372 142	194 410	177 732	71 431
虞城县	133 236	432 075	224 540	207 535	77 406
夏邑县	146 388	455 076	241 220	213 856	82 944
永城市	210 443	717 624	374 177	343 447	172 719
信阳市	1 153 188	3 553 313	1 861 465	1 691 848	819 044
市辖区	130 779	415 840	216 189	199 651	65 735
浉河区	38 362	126 083	66 056	60 027	9 863
平桥区	92 417	289 757	150 133	139 624	55 872
罗山县	140 033	464 810	244 310	220 500	102 092
光山县	164 637	511 790	271 153	240 637	118 122
新县	83 281	212 171	112 606	99 565	74 370
商城县	107 347	337 126	175 362	161 764	67 107
固始县	198 284	561 968	299 378	262 590	144 366
潢川县	96 262	349 823	183 486	166 337	16 642
淮滨县	105 168	319 140	164 265	154 875	127 416
息县	127 397	380 645	194 716	185 929	103 194
周口市	1 660 578	6 083 443	3 163 811	2 919 632	888 147
扶沟县	137 204	487 886	253 260	234 626	71 151
西华县	159 052	551 763	286 856	264 907	107 672
商水县	181 276	663 576	347 611	315 965	73 381
沈丘县	198 921	715 415	367 437	347 978	142 985
郸城县	226 078	761 421	395 829	365 592	130 685
淮阳县	149 291	529 630	267 597	262 033	113 545
太康县	206 364	842 960	435 156	407 804	110 784

河 南 省 镇 人 口

单位：人

地 区 别	总 户 数（户）	总 人 口			总人口中非农业人口
		合 计	男	女	
鹿邑县	176 340	663 723	344 354	319 369	99 998
项城市	226 052	867 069	465 711	401 358	37 946
驻马店市	838 084	3 184 250	1 655 148	1 529 102	586 487
市辖区	18 379	73 711	38 123	35 588	2 358
驿城区	18 379	73 711	38 123	35 588	2 358
西平县	44 769	185 365	96 980	88 385	7 635
上蔡县	116 206	459 339	237 626	221 713	80 763
平舆县	101 064	420 557	217 823	202 734	54 695
正阳县	88 333	309 112	161 230	147 882	68 505
确山县	123 546	412 218	214 322	197 896	120 979
泌阳县	110 797	414 341	216 036	198 305	86 692
汝南县	93 098	362 192	190 450	171 742	79 425
遂平县	26 038	94 987	48 583	46 404	3 424
新蔡县	115 854	452 428	233 975	218 453	82 011
省直辖行政单位	138 582	492 304	250 615	241 689	72 623
济源市	138 582	492 304	250 615	241 689	72 623

湖 北 省 镇 人 口

单位：人

地 区 别	总户数 （户）	总 人 口			总人口中 非农业人口
		合 计	男	女	
湖北省	11 458 942	37 210 765	19 358 449	17 852 316	8 960 974
武汉市	245 616	787 666	405 496	382 170	787 666
市辖区	245 616	787 666	405 496	382 170	787 666
洪山区	21 211	65 118	33 204	31 914	65 118
蔡甸区	25 120	76 934	39 084	37 850	76 934
江夏区	51 965	163 995	83 494	80 501	163 995
黄陂区	107 374	343 970	177 048	166 922	343 970
新洲区	39 946	137 649	72 666	64 983	137 649
黄石市	465 685	1 611 179	852 130	759 049	1 609 447
市辖区	5 835	20 961	10 961	10 000	20 561
西塞山区	5 835	20 961	10 961	10 000	20 561
阳新县	291 409	995 992	528 419	467 573	995 992
大冶市	168 441	594 226	312 750	281 476	592 894
十堰市	667 460	2 084 727	1 103 476	981 251	399 340
市辖区	14 291	43 262	21 848	21 414	11 674
茅箭区	1 739	5 615	2 914	2 701	523
张湾区	12 552	37 647	18 934	18 713	11 151
郧县	172 057	589 608	309 756	279 852	137 995
郧西县	111 346	339 140	179 287	159 853	60 277
竹山县	99 295	315 480	172 102	143 378	69 590
竹溪县	79 686	239 715	127 669	112 046	49 075
房县	105 545	284 045	148 884	135 161	39 783
丹江口市	85 240	273 477	143 930	129 547	30 946
宜昌市	861 926	2 390 802	1 227 060	1 163 742	394 509
市辖区	119 394	329 974	169 163	160 811	39 470
点军区	13 190	37 290	18 800	18 490	3 136
夷陵区	106 204	292 684	150 363	142 321	36 334
远安县	66 788	179 035	92 655	86 380	38 024
兴山县	59 615	153 503	79 679	73 824	41 436
秭归县	110 978	301 929	155 653	146 276	63 073
长阳土家族自治县	120 525	346 880	181 449	165 431	61 437
五峰土家族自治县	50 813	152 765	79 455	73 310	24 113
宜都市	90 538	253 872	129 248	124 624	45 487
当阳市	104 985	284 618	144 615	140 003	34 556
枝江市	138 290	388 226	195 143	193 083	46 913
襄樊市	1 445 022	4 365 191	2 248 966	2 116 225	1 267 297
市辖区	457 563	1 429 291	731 392	697 899	524 729
襄城区	54 816	176 131	90 390	85 741	22 323

湖 北 省 镇 人 口

单位：人

地 区 别	总户数 （户）	总	人	口	总人口中 非农业人口
		合 计	男	女	
樊城区	95 911	286 484	146 652	139 832	78 263
襄阳区	306 836	966 676	494 350	472 326	424 143
南漳县	193 155	591 754	307 421	284 333	113 841
谷城县	210 266	578 295	298 454	279 841	221 055
保康县	104 319	276 435	147 082	129 353	51 678
老河口市	92 826	313 927	161 104	152 823	84 922
枣阳市	285 810	840 997	434 394	406 603	225 791
宜城市	101 083	334 492	169 119	165 373	45 281
鄂州市	213 327	687 809	356 545	331 264	79 264
市辖区	213 327	687 809	356 545	331 264	79 264
梁子湖区	50 183	182 427	95 810	86 617	21 299
华容区	66 527	192 043	99 667	92 376	24 878
鄂城区	96 617	313 339	161 068	152 271	33 087
荆门市	722 333	2 342 191	1 195 563	1 146 628	354 445
市辖区	78 568	246 224	125 660	120 564	20 890
东宝区	55 560	170 796	86 945	83 851	15 966
掇刀区	23 008	75 428	38 715	36 713	4 924
京山县	216 098	654 869	337 801	317 068	153 967
沙洋县	184 006	593 686	301 241	292 445	75 698
钟祥市	243 661	847 412	430 861	416 551	103 890
孝感市	964 266	3 328 314	1 751 872	1 576 442	893 050
市辖区	132 746	451 568	235 059	216 509	451 568
孝南区	132 746	451 568	235 059	216 509	451 568
孝昌县	113 235	403 132	210 372	192 760	47 162
大悟县	156 180	532 452	280 124	252 328	147 101
云梦县	162 988	501 188	261 973	239 215	117 998
应城市	111 054	405 353	213 365	191 988	35 948
安陆市	100 154	351 785	195 184	156 601	16 189
汉川市	187 909	682 836	355 795	327 041	77 084
荆州市	1 462 704	4 883 568	2 502 639	2 380 929	782 883
市辖区	138 912	447 968	226 416	221 552	63 222
沙市区	35 358	117 023	59 127	57 896	19 641
荆州区	103 554	330 945	167 289	163 656	43 581
公安县	304 398	955 610	480 464	475 146	176 999
监利县	332 641	1 228 487	637 918	590 569	230 370
江陵县	86 257	299 095	151 034	148 061	51 060
石首市	137 721	468 183	240 977	227 206	38 226
洪湖市	192 637	673 379	356 045	317 334	64 443

湖 北 省 镇 人 口

单位：人

地 区 别	总户数 （户）	总 人 口			总人口中 非农业人口
		合 计	男	女	
松滋市	270 138	810 846	409 785	401 061	158 563
黄冈市	1 892 125	5 942 981	3 122 500	2 820 481	1 123 774
市辖区	30 987	91 028	47 491	43 537	91 028
黄州区	30 987	91 028	47 491	43 537	91 028
团风县	109 854	327 592	171 530	156 062	45 395
红安县	190 581	603 685	316 399	287 286	131 143
罗田县	148 197	430 233	228 794	201 439	79 114
英山县	118 441	332 779	174 905	157 874	70 741
浠水县	331 306	1 007 789	527 692	480 097	152 304
蕲春县	280 116	926 893	484 906	441 987	260 250
黄梅县	270 785	844 432	442 171	402 261	157 815
麻城市	255 276	831 728	439 563	392 165	79 038
武穴市	156 582	546 822	289 049	257 773	56 946
咸宁市	599 525	2 052 478	1 072 144	980 334	413 416
市辖区	82 079	280 376	146 726	133 650	24 988
咸安区	82 079	280 376	146 726	133 650	24 988
嘉鱼县	114 945	370 840	192 357	178 483	105 740
通城县	117 868	397 857	206 830	191 027	87 030
崇阳县	104 883	372 332	193 768	178 564	72 223
通山县	98 692	338 740	178 708	160 032	90 327
赤壁市	81 058	292 333	153 755	138 578	33 108
随州市	450 009	1 779 091	918 259	860 832	156 164
市辖区	314 869	1 293 597	666 201	627 396	123 406
曾都区	314 869	1 293 597	666 201	627 396	123 406
广水市	135 140	485 494	252 058	233 436	32 758
恩施土家族苗族自治州	620 709	1 926 867	1 005 336	921 531	260 942
恩施市	40 537	132 762	68 240	64 522	9 445
利川市	141 484	478 187	252 561	225 626	31 858
建始县	88 855	277 081	143 498	133 583	42 383
巴东县	145 767	421 714	220 699	201 015	54 908
宣恩县	43 918	134 826	69 893	64 933	25 303
咸丰县	77 561	217 537	114 424	103 113	29 463
来凤县	49 479	175 959	90 266	85 693	45 710
鹤峰县	33 108	88 801	45 755	43 046	21 872
省直辖行政单位	848 235	3 027 901	1 596 463	1 431 438	438 777
仙桃市	324 963	1 190 459	639 581	550 878	208 906
潜江市	148 649	533 141	270 129	263 012	63 637
天门市	349 532	1 242 151	653 619	588 532	137 892
神农架林区	25 091	62 150	33 134	29 016	28 342

湖 南 省 镇 人 口

单位：人

地 区 别	总户数（户）	总 人 口			总人口中非农业人口
		合 计	男	女	
湖南省	13 311 504	43 016 203	22 380 893	20 635 310	7 608 116
长沙市	1 076 971	3 510 125	1 791 619	1 718 506	456 291
市辖区	151 610	484 753	243 912	240 841	123 574
天心区	20 355	55 204	28 063	27 141	29 242
岳麓区	78 035	261 080	132 818	128 262	45 641
开福区	31 032	78 695	38 815	39 880	12 273
雨花区	22 188	89 774	44 216	45 558	36 418
长沙县	198 586	634 327	320 614	313 713	84 067
望城县	132 803	412 591	209 057	203 534	66 539
宁乡县	295 422	935 361	479 558	455 803	119 590
浏阳市	298 550	1 043 093	538 478	504 615	62 521
株洲市	600 468	2 134 673	1 089 795	1 044 878	281 773
市辖区	34 399	118 437	58 985	59 452	10 205
荷塘区	11 199	39 449	19 678	19 771	640
石峰区	10 644	34 144	16 929	17 215	7 959
天元区	12 556	44 844	22 378	22 466	1 606
株洲县	70 428	228 283	117 518	110 765	43 647
攸县	175 466	606 822	307 516	299 306	104 368
茶陵县	114 184	409 978	209 173	200 805	71 195
炎陵县	39 512	127 422	64 482	62 940	29 908
醴陵市	166 479	643 731	332 121	311 610	22 450
湘潭市	470 903	1 483 528	767 011	716 517	198 724
市辖区	30 326	80 087	42 054	38 033	60 624
雨湖区	18 604	47 154	24 922	22 232	45 573
岳塘区	11 722	32 933	17 132	15 801	15 051
湘潭县	259 897	824 656	425 438	399 218	88 204
湘乡市	166 282	534 607	276 916	257 691	36 356
韶山市	14 398	44 178	22 603	21 575	13 540
衡阳市	1 868 132	6 108 628	3 216 348	2 892 280	1 306 318
市辖区	264 705	791 353	404 368	386 985	518 584
珠晖区	90 846	283 085	144 869	138 216	180 969
雁峰区	6 623	20 673	10 278	10 395	4 915
石鼓区	72 048	206 147	103 935	102 212	154 508
蒸湘区	75 118	226 894	117 709	109 185	156 871
南岳区	20 070	54 554	27 577	26 977	21 321
衡阳县	360 343	1 212 834	641 529	571 305	148 597
衡南县	334 398	1 070 456	567 536	502 920	143 042
衡山县	76 553	263 864	136 192	127 672	48 958

湖 南 省 镇 人 口

单位：人

地 区 别	总户数 （户）	总	人	口	总人口中 非农业人口
		合 计	男	女	
衡东县	159 893	553 999	287 027	266 972	84 496
祁东县	317 062	972 114	514 861	457 253	168 302
耒阳市	165 084	595 063	316 200	278 863	77 183
常宁市	190 094	648 945	348 635	300 310	117 156
邵阳市	1 408 135	4 880 203	2 574 278	2 305 925	696 787
市辖区	19 184	64 251	33 151	31 100	6 534
双清区	13 252	43 662	22 577	21 085	5 256
大祥区	5 932	20 589	10 574	10 015	1 278
邵东县	262 219	931 989	491 782	440 207	152 338
新邵县	188 152	637 784	337 545	300 239	76 515
邵阳县	193 997	741 436	391 064	350 372	110 025
隆回县	221 450	770 489	412 426	358 063	90 262
洞口县	206 863	652 302	343 417	308 885	105 735
绥宁县	44 986	143 865	75 020	68 845	38 232
新宁县	103 505	353 556	183 883	169 673	61 690
城步苗族自治县	61 146	207 402	107 538	99 864	45 466
武冈市	106 633	377 129	198 452	178 677	9 990
岳阳市	1 152 021	3 572 736	1 862 022	1 710 714	765 100
市辖区	125 945	343 220	180 619	162 601	174 822
岳阳楼区	5 805	18 609	9 789	8 820	707
云溪区	38 336	105 109	54 354	50 755	53 617
君山区	81 804	219 502	116 476	103 026	120 498
岳阳县	172 600	504 263	264 162	240 101	109 785
华容县	177 526	508 869	261 614	247 255	107 281
湘阴县	199 851	617 306	321 934	295 372	109 703
平江县	220 337	779 754	407 329	372 425	107 187
汨罗市	167 483	523 044	271 104	251 940	129 054
临湘市	88 279	296 280	155 260	141 020	27 268
常德市	1 151 881	3 273 006	1 667 242	1 605 764	703 452
市辖区	206 059	648 387	328 318	320 069	76 290
武陵区	7 336	20 606	10 261	10 345	5 112
鼎城区	198 723	627 781	318 057	309 724	71 178
安乡县	108 804	287 091	144 703	142 388	104 352
汉寿县	167 580	498 735	255 602	243 133	125 324
澧县	208 248	542 572	272 104	270 468	148 264
临澧县	70 938	199 334	101 203	98 131	26 538
桃源县	210 861	591 844	306 293	285 551	128 711
石门县	145 167	412 555	212 550	200 005	80 703

湖 南 省 镇 人 口

单位：人

地 区 别	总 户 数（户）	总 人 口 合 计	总 人 口 男	总 人 口 女	总人口中非农业人口
津市市	34 224	92 488	46 469	46 019	13 270
张家界市	271 285	775 247	397 594	377 653	140 585
市辖区	50 630	157 563	81 097	76 466	11 278
永定区	45 379	142 385	73 359	69 026	4 376
武陵源区	5 251	15 178	7 738	7 440	6 902
慈利县	156 461	432 863	220 654	212 209	78 083
桑植县	64 194	184 821	95 843	88 978	51 224
益阳市	1 127 163	3 654 521	1 884 484	1 770 037	553 662
市辖区	256 225	877 785	452 988	424 797	56 617
资阳区	87 232	298 233	154 255	143 978	17 379
赫山区	168 993	579 552	298 733	280 819	39 238
南县	205 414	594 531	304 117	290 414	197 225
桃江县	222 518	728 411	377 823	350 588	103 918
安化县	258 667	871 384	449 479	421 905	119 361
沅江市	184 339	582 410	300 077	282 333	76 541
郴州市	716 161	2 192 197	1 141 345	1 050 852	679 233
市辖区	91 953	257 255	130 928	126 327	50 872
北湖区	31 575	87 833	44 141	43 692	7 819
苏仙区	60 378	169 422	86 787	82 635	43 053
桂阳县	131 844	420 024	219 298	200 726	145 430
宜章县	91 861	305 219	160 355	144 864	72 933
永兴县	104 419	311 062	162 201	148 861	106 451
嘉禾县	60 719	197 058	102 935	94 123	49 806
临武县	36 101	107 075	55 791	51 284	70 893
汝城县	50 545	156 981	83 448	73 533	31 426
桂东县	20 758	69 237	35 513	33 724	26 486
安仁县	59 696	178 875	93 496	85 379	48 244
资兴市	68 265	189 411	97 380	92 031	76 692
永州市	1 342 503	4 501 382	2 392 668	2 108 714	533 245
市辖区	183 596	619 365	325 516	293 849	36 809
芝山区	90 758	306 829	161 683	145 146	17 744
冷水滩区	92 838	312 536	163 833	148 703	19 065
祁阳县	338 655	1 035 003	543 084	491 919	168 545
东安县	160 146	544 306	284 485	259 821	74 073
双牌县	27 902	80 438	41 874	38 564	29 158
道县	131 852	450 598	252 356	198 242	16 801
江永县	56 607	177 549	93 123	84 426	33 666
宁远县	209 727	768 742	414 877	353 865	74 295

湖南省镇人口

单位：人

地 区 别	总户数 （户）	总　人　口			总人口中 非农业人口
		合　计	男	女	
蓝山县	63 818	238 078	126 394	111 684	6 491
新田县	68 474	215 286	113 185	102 101	44 292
江华瑶族自治县	101 726	372 017	197 774	174 243	49 115
怀化市	734 415	2 342 262	1 212 092	1 130 170	604 696
市辖区	7 158	23 446	12 362	11 084	1 227
鹤城区	7 158	23 446	12 362	11 084	1 227
中方县	42 576	144 579	74 820	69 759	8 315
沅陵县	115 243	358 009	186 823	171 186	102 536
辰溪县	69 880	200 909	104 278	96 631	82 507
溆浦县	157 880	526 787	272 638	254 149	91 498
会同县	46 439	167 640	86 580	81 060	31 720
麻阳县苗族自治县	40 473	137 052	70 780	66 272	29 181
新晃侗族自治县	41 497	120 382	64 145	56 237	33 184
芷江侗族自治县	44 811	128 839	65 976	62 863	44 088
靖州苗族侗族自治县	41 759	135 626	70 223	65 403	39 820
通道侗族自治县	39 030	142 219	73 566	68 653	23 294
洪江市	87 669	256 774	129 901	126 873	117 326
娄底市	971 542	3 074 515	1 604 100	1 470 415	412 413
市辖区	26 619	67 580	34 717	32 863	11 819
娄星区	26 619	67 580	34 717	32 863	11 819
双峰县	269 110	812 111	421 297	390 814	108 094
新化县	318 942	1 143 043	597 948	545 095	132 412
冷水江市	57 673	146 160	77 687	68 473	51 200
涟源市	299 198	905 621	472 451	433 170	108 888
湘西土家族苗族自治州	419 924	1 513 180	780 295	732 885	275 837
吉首市	17 472	69 421	35 277	34 144	2 491
泸溪县	60 389	210 541	108 250	102 291	50 633
凤凰县	58 186	224 029	115 812	108 217	42 333
花垣县	48 431	183 062	93 491	89 571	42 479
保靖县	65 268	228 864	119 693	109 171	38 850
古丈县	23 734	68 269	34 897	33 372	20 734
永顺县	84 311	294 403	152 037	142 366	63 139
龙山县	62 133	234 591	120 838	113 753	15 178

广 东 省 镇 人 口

单位：人

地 区 别	总户数 （户）	总 人 口 合 计	男	女	总人口中 非农业人口
广东省	15 716 809	61 322 193	31 601 978	29 720 215	21 639 770
广州市	872 040	2 844 871	1 430 013	1 414 858	2 040 317
市辖区	627 907	1 912 574	955 046	957 528	1 912 574
白云区	132 163	413 707	204 205	209 502	413 707
番禺区	222 573	638 812	317 175	321 637	638 812
花都区	213 367	651 585	328 988	322 597	651 585
南沙区	40 970	131 241	66 242	64 999	131 241
萝岗区	18 834	77 229	38 436	38 793	77 229
增城市	149 556	586 775	299 712	287 063	96 485
从化市	94 577	345 522	175 255	170 267	31 258
韶关市	693 830	2 493 688	1 284 659	1 209 029	902 613
市辖区	160 575	530 630	278 812	251 818	530 630
武江区	29 155	96 991	48 665	48 326	96 991
浈江区	54 171	174 136	99 216	74 920	174 136
曲江区	77 249	259 503	130 931	128 572	259 503
始兴县	67 451	241 663	119 702	121 961	50 036
仁化县	46 304	166 747	84 112	82 635	17 062
翁源县	108 762	397 666	204 250	193 416	106 369
乳源瑶族自治县	53 296	211 070	108 114	102 956	40 379
新丰县	46 305	167 711	87 088	80 623	10 050
乐昌市	114 540	402 530	210 843	191 687	122 137
南雄市	96 597	375 671	191 738	183 933	25 950
珠海市	150 464	571 192	292 073	279 119	571 192
市辖区	150 464	571 192	292 073	279 119	571 192
香洲区	22 821	100 793	50 130	50 663	100 793
斗门区	92 932	335 626	171 616	164 010	335 626
金湾区	34 711	134 773	70 327	64 446	134 773
汕头市	634 535	3 195 011	1 606 621	1 588 390	3 149 274
市辖区	612 519	3 124 695	1 571 156	1 553 539	3 124 695
龙湖区	32 413	148 296	73 580	74 716	148 296
潮阳区	229 231	1 227 909	620 485	607 424	1 227 909
潮南区	231 370	1 258 953	633 889	625 064	1 258 953
澄海区	119 505	489 537	243 202	246 335	489 537
南澳县	22 016	70 316	35 465	34 851	24 579
佛山市	563 288	1 915 661	951 771	963 890	1 915 661
市辖区	563 288	1 915 661	951 771	963 890	1 915 661
禅城区	25 411	79 791	40 512	39 279	79 791
南海区	276 134	887 945	438 593	449 352	887 945

广东省镇人口

单位：人

地 区 别	总户数 （户）	总 人 口			总人口中 非农业人口
		合 计	男	女	
顺德区	162 720	604 372	300 824	303 548	604 372
三水区	60 331	197 900	97 945	99 955	197 900
高明区	38 692	145 653	73 897	71 756	145 653
江门市	980 301	3 233 134	1 629 137	1 603 997	1 562 505
市辖区	345 581	1 077 825	536 645	541 180	1 077 825
蓬江区	69 103	213 870	106 447	107 423	213 870
江海区	36 237	112 327	55 754	56 573	112 327
新会区	240 241	751 628	374 444	377 184	751 628
台山市	291 487	985 863	502 394	483 469	266 271
开平市	133 545	485 256	241 166	244 090	40 666
鹤山市	109 284	365 065	182 887	182 178	144 640
恩平市	100 404	319 125	166 045	153 080	33 103
湛江市	1 564 745	6 300 130	3 341 853	2 958 277	1 578 165
市辖区	220 043	823 530	431 903	391 627	823 530
坡头区	90 565	323 169	170 113	153 056	323 169
麻章区	129 478	500 361	261 790	238 571	500 361
遂溪县	271 522	1 038 986	545 569	493 417	184 268
徐闻县	163 762	650 406	341 793	308 613	143 226
廉江市	356 585	1 463 458	790 702	672 756	184 957
雷州市	374 450	1 485 118	782 697	702 421	177 929
吴川市	178 383	838 632	449 189	389 443	64 255
茂名市	1 615 127	6 263 579	3 320 357	2 943 222	1 674 430
市辖区	194 969	843 906	440 789	403 117	843 906
茂南区	104 690	430 024	221 934	208 090	430 024
茂港区	90 279	413 882	218 855	195 027	413 882
电白县	349 767	1 392 843	754 265	638 578	332 046
高州市	340 147	1 374 467	730 860	643 607	170 172
化州市	395 787	1 528 315	813 185	715 130	203 670
信宜市	334 457	1 124 048	581 258	542 790	124 636
肇庆市	957 963	3 530 844	1 822 716	1 708 128	572 249
市辖区	52 424	161 457	82 753	78 704	161 457
端州区	22 331	67 879	35 733	32 146	67 879
鼎湖区	30 093	93 578	47 020	46 558	93 578
广宁县	171 714	560 149	292 901	267 248	74 735
怀集县	223 637	1 016 920	522 883	494 037	122 762
封开县	126 949	489 620	253 893	235 727	73 204
德庆县	116 824	373 943	194 723	179 220	74 181
高要市	191 532	687 942	352 261	335 681	51 880

广 东 省 镇 人 口

单位：人

地 区 别	总户数 （户）	总 人 口			总人口中 非农业人口
		合 计	男	女	
四会市	74 883	240 813	123 302	117 511	14 030
惠州市	532 888	2 135 438	1 083 127	1 052 311	762 581
市辖区	113 057	424 622	212 005	212 617	424 622
惠城区	68 589	250 727	126 147	124 580	250 727
惠阳区	44 468	173 895	85 858	88 037	173 895
博罗县	197 230	804 948	409 181	395 767	180 147
惠东县	152 912	647 582	330 309	317 273	121 256
龙门县	69 689	258 286	131 632	126 654	36 556
梅州市	1 147 431	4 587 245	2 351 042	2 236 203	839 949
市辖区	27 490	102 631	50 028	52 603	102 631
梅江区	27 490	102 631	50 028	52 603	102 631
梅县	152 349	595 676	300 465	295 211	120 537
大埔县	154 765	536 674	277 751	258 923	117 842
丰顺县	159 019	688 050	354 522	333 528	105 145
五华县	288 518	1 283 185	660 964	622 221	177 000
平远县	75 487	257 452	131 893	125 559	84 353
蕉岭县	72 087	227 775	115 122	112 653	63 740
兴宁市	217 716	895 802	460 297	435 505	68 701
汕尾市	634 483	3 013 118	1 567 920	1 445 198	1 324 075
市辖区	37 767	173 669	87 760	85 909	173 669
城区	37 767	173 669	87 760	85 909	173 669
海丰县	205 153	825 289	432 607	392 682	411 148
陆河县	74 117	327 141	169 595	157 546	95 630
陆丰市	317 446	1 687 019	877 958	809 061	643 628
河源市	826 695	3 263 570	1 664 152	1 599 418	596 720
市辖区	21 133	76 264	37 910	38 354	76 264
源城区	21 133	76 264	37 910	38 354	76 264
紫金县	196 815	789 355	402 682	386 673	158 192
龙川县	246 974	937 448	477 521	459 927	161 364
连平县	103 318	384 773	195 421	189 352	69 912
和平县	128 732	509 873	262 485	247 388	71 092
东源县	129 723	565 857	288 133	277 724	59 896
阳江市	588 452	2 147 842	1 152 448	995 394	537 824
市辖区	78 116	262 934	138 319	124 615	262 934
江城区	78 116	262 934	138 319	124 615	262 934
阳西县	123 499	505 062	275 994	229 068	97 948
阳东县	138 665	476 139	256 914	219 225	83 870
阳春市	248 172	903 707	481 221	422 486	93 072

广 东 省 镇 人 口

单位：人

地 区 别	总 户 数（户）	总 人 口 合 计	男	女	总人口中非农业人口
清远市	969 642	3 589 231	1 849 655	1 739 576	763 355
市辖区	80 055	307 041	156 997	150 044	307 041
清城区	80 055	307 041	156 997	150 044	307 041
佛冈县	87 508	326 578	168 025	158 553	64 839
阳山县	130 706	525 148	270 770	254 378	66 926
连山壮族瑶族自治县	31 938	117 570	60 523	57 047	22 985
连南瑶族自治县	43 191	163 177	84 697	78 480	26 038
清新县	198 205	671 385	345 923	325 462	76 026
英德市	260 289	969 133	501 920	467 213	111 521
连州市	137 750	509 199	260 800	248 399	87 979
东莞市	418 969	1 380 935	697 859	683 076	403 218
中山市	292 411	1 085 559	540 148	545 411	391 255
潮州市	544 842	2 274 638	1 158 370	1 116 268	440 811
市辖区	12 708	47 192	23 224	23 968	47 192
湘桥区	12 708	47 192	23 224	23 968	47 192
潮安县	291 081	1 220 761	618 278	602 483	164 394
饶平县	241 053	1 006 685	516 868	489 817	229 225
揭阳市	1 102 360	5 225 131	2 668 437	2 556 694	1 063 980
市辖区	42 003	181 077	92 538	88 539	181 077
榕城区	42 003	181 077	92 538	88 539	181 077
揭东县	270 969	1 175 114	605 351	569 763	161 846
揭西县	190 429	800 002	412 447	387 555	161 509
惠来县	242 274	1 305 025	663 414	641 611	345 094
普宁市	356 685	1 763 913	894 687	869 226	214 454
云浮市	626 343	2 271 376	1 189 620	1 081 756	549 596
市辖区	27 558	101 135	52 010	49 125	101 135
云城区	27 558	101 135	52 010	49 125	101 135
新兴县	122 796	466 545	238 328	228 217	160 936
郁南县	147 903	501 058	263 759	237 299	94 548
云安县	83 467	317 904	165 456	152 448	68 002
罗定市	244 619	884 734	470 067	414 667	124 975

广 西 壮 族 自 治 区 镇 人 口

单位：人

地 区 别	总户数 （户）	总　　人　　口			总人口中 非农业人口
		合　计	男	女	
广西壮族自治区	10 801 659	37 418 069	19 797 328	17 620 741	5 551 324
南宁市	1 462 506	4 949 504	2 608 871	2 340 633	626 485
市辖区	351 822	1 163 645	618 755	544 890	148 274
兴宁区	42 216	148 145	78 630	69 515	24 041
青秀区	44 737	148 535	78 226	70 309	7 445
江南区	70 880	228 695	121 884	106 811	40 061
西乡塘区	56 979	189 939	98 918	91 021	19 881
良庆区	60 319	195 597	106 837	88 760	12 939
邕宁区	76 691	252 734	134 260	118 474	43 907
武鸣县	207 583	645 290	336 706	308 584	79 093
隆安县	79 127	290 094	152 614	137 480	38 121
马山县	111 066	422 116	220 018	202 098	37 917
上林县	101 884	353 803	183 307	170 496	43 995
宾阳县	291 416	1 005 399	530 924	474 475	148 739
横县	319 608	1 069 157	566 547	502 610	130 346
柳州市	537 685	1 799 961	928 582	871 379	384 575
市辖区	37 318	121 334	60 768	60 566	50 099
柳南区	9 688	32 129	15 640	16 489	10 888
柳北区	27 630	89 205	45 128	44 077	39 211
柳江县	151 314	519 633	268 564	251 069	75 527
柳城县	98 109	327 252	166 879	160 373	54 835
鹿寨县	106 249	359 147	187 450	171 697	84 359
融安县	74 219	229 356	119 956	109 400	50 455
融水苗族自治县	45 346	155 469	79 601	75 868	48 693
三江侗族自治县	25 130	87 770	45 364	42 406	20 607
桂林市	929 715	2 976 266	1 552 313	1 423 953	530 021
市辖区	13 465	57 255	27 753	29 502	7 646
雁山区	13 465	57 255	27 753	29 502	7 646
阳朔县	76 431	257 653	133 250	124 403	41 292
临桂县	94 324	333 272	172 205	161 067	53 636
灵川县	86 638	270 960	137 468	133 492	60 700
全州县	159 688	482 646	260 974	221 672	81 025
兴安县	104 395	301 672	156 567	145 105	62 965
永福县	45 571	154 991	80 921	74 070	27 836
灌阳县	53 057	151 011	81 536	69 475	23 505
龙胜各族自治县	20 726	65 476	33 148	32 328	19 013
资源县	17 394	48 870	25 411	23 459	16 994
平乐县	106 146	354 866	185 832	169 034	54 477

广 西 壮 族 自 治 区 镇 人 口

单位：人

地 区 别	总户数 （户）	总 人 口			总人口中 非农业人口
		合 计	男	女	
荔浦县	105 448	345 934	178 320	167 614	53 180
恭城瑶族自治县	46 432	151 660	78 928	72 732	27 752
梧州市	828 810	2 821 733	1 506 892	1 314 841	349 906
市辖区	57 680	215 487	110 454	105 033	9 599
万秀区	14 861	60 403	31 147	29 256	2 201
蝶山区	17 051	60 527	31 319	29 208	2 809
长洲区	25 768	94 557	47 988	46 569	4 589
苍梧县	168 879	591 462	316 033	275 429	66 446
藤县	270 512	946 504	511 914	434 590	105 522
蒙山县	64 587	192 841	101 113	91 728	28 560
岑溪市	267 152	875 439	467 378	408 061	139 779
北海市	335 464	1 280 714	679 404	601 310	233 985
市辖区	90 577	334 183	173 201	160 982	48 793
海城区	4 711	15 443	7 612	7 831	2 639
银海区	41 954	148 228	77 129	71 099	24 864
铁山港区	43 912	170 512	88 460	82 052	21 290
合浦县	244 887	946 531	506 203	440 328	185 192
防城港市	161 154	575 148	310 311	264 837	221 993
市辖区	95 479	352 215	189 241	162 974	126 844
港口区	22 974	78 047	40 390	37 657	21 236
防城区	72 505	274 168	148 851	125 317	105 608
上思县	28 194	98 049	54 658	43 391	42 255
东兴市	37 481	124 884	66 412	58 472	52 894
钦州市	903 716	3 531 906	1 938 374	1 593 532	271 109
市辖区	281 266	1 167 950	654 262	513 688	64 953
钦南区	111 161	446 848	246 155	200 693	25 629
钦北区	170 105	721 102	408 107	312 995	39 324
灵山县	380 811	1 498 866	814 643	684 223	124 848
浦北县	241 639	865 090	469 469	395 621	81 308
贵港市	1 266 841	4 212 920	2 232 682	1 980 238	512 295
市辖区	420 710	1 341 451	698 589	642 862	241 793
港北区	166 878	463 380	241 220	222 160	203 092
港南区	149 926	504 893	264 138	240 755	21 229
覃塘区	103 906	373 178	193 231	179 947	17 472
平南县	374 813	1 272 311	682 221	590 090	108 442
桂平市	471 318	1 599 158	851 872	747 286	162 060
玉林市	1 728 201	6 085 372	3 256 722	2 828 650	573 977
市辖区	224 465	805 394	435 750	369 644	74 517

广 西 壮 族 自 治 区 镇 人 口

单位：人

地 区 别	总户数（户）	总 人 口 合 计	男	女	总人口中非农业人口
玉州区	224 465	805 394	435 750	369 644	74 517
容县	242 943	712 511	378 170	334 341	78 683
陆川县	245 338	894 028	467 612	426 416	102 911
博白县	428 882	1 612 283	873 439	738 844	143 571
兴业县	205 639	727 827	392 607	335 220	37 117
北流市	380 934	1 333 329	709 144	624 185	137 178
百色市	572 151	2 101 244	1 084 818	1 016 426	335 473
市辖区	22 927	98 387	50 115	48 272	9 952
右江区	22 927	98 387	50 115	48 272	9 952
田阳县	79 622	262 770	131 903	130 867	40 229
田东县	103 722	383 374	197 956	185 418	56 957
平果县	111 626	399 154	206 101	193 053	60 812
德保县	44 690	164 837	87 107	77 730	29 669
靖西县	76 867	295 242	154 628	140 614	46 744
那坡县	22 006	72 381	37 528	34 853	14 967
凌云县	26 393	90 456	46 718	43 738	11 923
乐业县	16 226	58 155	30 234	27 921	11 068
田林县	24 622	88 017	45 740	42 277	18 757
隆林各族自治县	25 632	123 846	62 658	61 188	23 255
西林县	17 818	64 625	34 130	30 495	11 140
贺州市	543 838	2 008 081	1 054 159	953 922	299 870
市辖区	280 252	974 241	507 846	466 395	154 101
八步区	280 252	974 241	507 846	466 395	154 101
昭平县	81 056	288 637	153 880	134 757	55 033
钟山县	112 420	476 792	251 069	225 723	50 160
富川瑶族自治县	70 110	268 411	141 364	127 047	40 576
河池市	626 564	2 048 351	1 058 553	989 798	503 582
市辖区	93 229	276 272	142 582	133 690	114 080
金城江区	93 229	276 272	142 582	133 690	114 080
南丹县	70 056	222 635	115 568	107 067	64 485
天峨县	18 925	63 311	33 061	30 250	15 795
凤山县	13 067	43 421	22 611	20 810	14 903
东兰县	44 645	163 728	85 188	78 540	20 112
罗城仫佬族自治县	90 634	315 252	161 433	153 819	45 007
环江毛南族自治县	79 570	252 777	133 035	119 742	40 558
巴马瑶族自治县	18 700	65 988	34 596	31 392	21 177
都安瑶族自治县	36 779	133 798	67 683	66 115	27 567
大化瑶族自治县	49 850	162 045	84 309	77 736	45 910

广 西 壮 族 自 治 区 镇 人 口

单位：人

地 区 别	总户数 （户）	总 人 口			总人口中 非农业人口
		合 计	男	女	
宜州市	111 109	349 124	178 487	170 637	93 988
来宾市	469 939	1 542 437	807 260	735 177	339 741
市辖区	140 230	507 730	265 545	242 185	146 684
兴宾区	140 230	507 730	265 545	242 185	146 684
忻城县	80 216	260 839	135 959	124 880	30 803
象州县	82 441	255 264	133 402	121 862	38 753
武宣县	111 840	348 194	184 584	163 610	50 072
金秀瑶族自治县	30 034	89 932	46 060	43 872	17 320
合山市	25 178	80 478	41 710	38 768	56 109
崇左市	435 075	1 484 432	778 387	706 045	368 312
市辖区	92 294	316 729	168 808	147 921	86 701
江州区	92 294	316 729	168 808	147 921	86 701
扶绥县	113 002	354 922	188 632	166 290	83 467
宁明县	46 097	167 402	88 209	79 193	51 673
龙州县	46 296	150 842	76 459	74 383	48 592
大新县	53 634	196 288	101 164	95 124	42 843
天等县	51 191	187 897	98 425	89 472	22 579
凭祥市	32 561	110 352	56 690	53 662	32 457

海 南 省 镇 人 口

单位：人

地 区 别	总户数 （户）	总 人 口			总人口中 非农业人口
		合 计	男	女	
海南省	1 737 601	6 636 553	3 452 477	3 184 076	1 486 339
海口市	238 024	814 281	417 791	396 490	229 111
市辖区	238 024	814 281	417 791	396 490	229 111
美兰区	42 851	143 109	70 164	72 945	26 423
龙华区	33 887	126 241	65 525	60 716	8 446
秀英区	65 849	224 381	116 445	107 936	49 669
琼山区	95 437	320 550	165 657	154 893	144 573
三亚市	66 711	304 850	154 671	150 179	50 998
市辖区	66 711	304 850	154 671	150 179	50 998
三亚区	66 711	304 850	154 671	150 179	50 998
省直辖行政单位	1 432 866	5 517 422	2 880 015	2 637 407	1 206 230
五指山市	29 926	91 977	47 991	43 986	47 159
琼海市	123 840	432 620	225 337	207 283	100 859
儋州市	181 868	861 105	446 640	414 465	225 743
文昌市	152 330	548 112	277 776	270 336	95 855
万宁市	138 589	491 601	258 128	233 473	71 837
东方市	104 063	383 689	199 090	184 599	91 380
定安县	81 687	289 541	153 320	136 221	53 614
屯昌县	60 655	232 496	121 845	110 651	44 378
澄迈县	111 567	436 740	236 298	200 442	87 228
临高县	110 686	430 636	225 720	204 916	90 864
白沙黎族自治县	23 722	94 018	49 557	44 461	26 216
昌江黎族自治县	55 835	223 297	117 018	106 279	55 491
乐东黎族自治县	124 773	473 435	246 259	227 176	95 667
陵水黎族自治县	71 866	305 428	159 893	145 535	61 564
保亭黎族苗族自治县	26 492	97 668	49 522	48 146	25 888
琼中黎族苗族自治县	34 967	125 059	65 621	59 438	32 487

重 庆 市 镇 人 口

单位：人

地 区 别	总户数（户）	总 人 口 合 计	总 人 口 男	总 人 口 女	总人口中非农业人口
重庆市	6 946 425	20 836 146	10 881 785	9 954 361	3 248 342
市辖区	2 979 759	8 357 581	4 336 525	4 021 056	1 389 027
万州区	363 762	1 050 842	546 969	503 873	113 591
涪陵区	174 132	524 997	271 973	253 024	52 275
大渡口区	29 591	65 116	31 284	33 832	23 593
江北区	22 366	59 141	30 202	28 939	14 623
沙坪坝区	99 187	275 903	138 060	137 843	106 469
九龙坡区	142 687	351 222	174 899	176 323	144 792
南岸区	78 024	190 271	93 246	97 025	109 421
北碚区	156 107	393 903	200 694	193 209	106 170
万盛区	66 401	197 296	98 849	98 447	62 835
双桥区	13 085	34 148	17 076	17 072	18 743
渝北区	193 264	507 366	264 018	243 348	65 701
巴南区	150 460	425 946	223 496	202 450	36 952
黔江区	71 206	212 699	113 189	99 510	22 148
长寿区	213 704	594 930	307 908	287 022	37 043
江津区	431 257	1 162 069	611 651	550 418	218 404
合川区	425 538	1 239 232	654 467	584 765	144 038
永川区	257 596	790 357	412 760	377 597	84 761
南川区	91 392	282 143	145 784	136 359	27 468
县	3 966 666	12 478 565	6 545 260	5 933 305	1 859 315
綦江县	232 042	718 721	374 213	344 508	109 921
潼南县	198 432	684 237	365 181	319 056	44 994
铜梁县	207 448	600 135	315 993	284 142	45 992
大足县	243 449	830 210	441 807	388 403	113 550
荣昌县	148 685	449 101	234 226	214 875	28 865
璧山县	137 164	378 781	198 028	180 753	41 019
梁平县	265 226	804 019	420 883	383 136	127 413
城口县	33 934	107 331	56 239	51 092	26 699
丰都县	207 984	649 114	335 960	313 154	156 081
垫江县	275 368	862 788	450 330	412 458	145 518
武隆县	92 023	282 610	148 018	134 592	62 247
忠县	292 590	906 306	471 307	434 999	165 139
开县	331 971	1 071 473	568 120	503 353	81 855
云阳县	293 346	947 861	498 860	449 001	84 374
奉节县	234 719	742 067	388 673	353 394	144 527
巫山县	152 573	447 367	233 902	213 465	101 785
巫溪县	129 475	381 143	199 557	181 586	63 242

重 庆 市 镇 人 口

单位：人

地 区 别	总户数 （户）	总 人 口			总人口中 非农业人口
		合 计	男	女	
石柱土家族自治县	131 138	411 859	211 566	200 293	90 741
秀山土家族苗族自治县	115 749	418 821	216 087	202 734	79 613
酉阳土家族苗族自治县	140 057	449 466	237 535	211 931	78 962
彭水苗族土家族自治县	103 293	335 155	178 775	156 380	66 778

四川省镇人口

地 区 别	总户数（户）	总 人 口 合 计	男	女	总人口中非农业人口
四川省	18 713 620	55 030 719	28 381 989	26 648 730	12 499 623
成都市	2 515 836	6 791 492	3 416 613	3 374 879	2 187 461
市辖区	486 561	1 267 249	632 070	635 179	465 338
龙泉驿区	78 911	224 323	112 007	112 316	19 208
青白江区	100 312	251 430	125 681	125 749	50 935
新都区	230 725	607 818	303 882	303 936	282 022
温江区	76 613	183 678	90 500	93 178	113 173
金堂县	300 620	819 118	423 536	395 582	213 349
双流县	206 436	612 716	307 359	305 357	155 857
郫县	178 129	504 461	250 270	254 191	235 703
大邑县	182 108	491 297	249 499	241 798	191 558
蒲江县	98 578	233 452	117 109	116 343	66 432
新津县	133 060	295 311	146 621	148 690	103 451
都江堰市	227 550	589 213	294 039	295 174	164 955
彭州市	283 976	803 368	403 680	399 688	256 362
邛崃市	200 828	588 290	297 047	291 243	175 177
崇州市	217 990	587 017	295 383	291 634	159 279
自贡市	808 078	2 572 152	1 323 943	1 248 209	598 303
市辖区	303 426	941 634	484 004	457 630	193 091
自流井区	21 351	64 758	32 989	31 769	13 741
贡井区	75 221	218 676	112 116	106 560	41 531
大安区	101 860	314 910	162 182	152 728	57 041
沿滩区	104 994	343 290	176 717	166 573	80 778
荣县	215 073	642 440	329 726	312 714	168 849
富顺县	289 579	988 078	510 213	477 865	236 363
攀枝花市	133 371	421 924	213 930	207 994	141 606
市辖区	59 524	184 815	93 637	91 178	90 075
东区	9 447	29 555	15 380	14 175	20 172
西区	8 509	23 019	11 645	11 374	12 537
仁和区	41 568	132 241	66 612	65 629	57 366
米易县	48 232	157 132	79 692	77 440	28 050
盐边县	25 615	79 977	40 601	39 376	23 481
泸州市	1 022 434	3 552 756	1 845 972	1 706 784	461 805
市辖区	261 775	874 182	451 669	422 513	90 782
江阳区	69 986	251 103	129 457	121 646	21 296
纳溪区	127 306	423 708	222 101	201 607	34 915
龙马潭区	64 483	199 371	100 111	99 260	34 571
泸县	312 502	1 077 386	557 698	519 688	97 384

四川省镇人口

单位：人

地 区 别	总户数 （户）	总 人 口			总人口中 非农业人口
		合 计	男	女	
合江县	196 174	632 085	330 274	301 811	109 740
叙永县	121 535	422 282	219 822	202 460	100 703
古蔺县	130 448	546 821	286 509	260 312	63 196
德阳市	1 148 963	3 133 801	1 608 250	1 525 551	605 936
市辖区	143 110	351 553	179 268	172 285	79 460
旌阳区	143 110	351 553	179 268	172 285	79 460
中江县	372 461	1 118 463	588 033	530 430	162 138
罗江县	92 137	246 794	128 459	118 335	43 763
广汉市	200 681	564 533	282 551	281 982	177 279
什邡市	125 114	346 266	173 862	172 404	21 209
绵竹市	215 460	506 192	256 077	250 115	122 087
绵阳市	1 282 888	3 640 749	1 878 581	1 762 168	832 044
市辖区	202 208	544 308	278 040	266 268	129 163
涪城区	98 103	258 833	132 479	126 354	77 463
游仙区	104 105	285 475	145 561	139 914	51 700
三台县	385 701	1 184 950	620 341	564 609	187 501
盐亭县	136 492	393 534	204 357	189 177	86 589
安县	152 696	397 319	203 431	193 888	57 599
梓潼县	74 586	202 997	103 715	99 282	55 331
北川县	47 975	127 899	65 370	62 529	47 234
平武县	41 356	126 748	65 728	61 020	25 288
江油市	241 874	662 994	337 599	325 395	243 339
广元市	631 722	1 827 578	938 915	888 663	421 439
市辖区	135 342	398 669	206 405	192 264	98 722
市中区	70 634	197 171	101 607	95 564	65 771
元坝区	37 053	113 292	58 471	54 821	20 349
朝天区	27 655	88 206	46 327	41 879	12 602
旺苍县	121 174	323 633	166 507	157 126	104 412
青川县	41 603	100 661	51 909	48 752	32 348
剑阁县	131 874	400 364	206 827	193 537	72 680
苍溪县	201 729	604 251	307 267	296 984	113 277
遂宁市	914 726	2 799 375	1 445 651	1 353 724	474 101
市辖区	269 023	888 215	462 156	426 059	65 663
船山区	75 242	241 215	124 722	116 493	17 118
安居区	193 781	647 000	337 434	309 566	48 545
蓬溪县	186 482	562 777	292 126	270 651	94 527
射洪县	297 280	843 419	432 410	411 009	223 385
大英县	161 941	504 964	258 959	246 005	90 526

四 川 省 镇 人 口

单位：人

地 区 别	总户数（户）	总 人 口 合 计	男	女	总人口中非农业人口
内江市	1 225 980	3 495 300	1 808 404	1 686 896	601 333
市辖区	224 224	684 217	352 696	331 521	92 916
市中区	72 239	218 313	112 278	106 035	41 186
东兴区	151 985	465 904	240 418	225 486	51 730
威远县	277 079	745 717	384 050	361 667	162 323
资中县	442 328	1 313 101	687 102	625 999	170 329
隆昌县	282 349	752 265	384 556	367 709	175 765
乐山市	844 493	2 331 651	1 184 962	1 146 689	800 109
市辖区	320 981	836 148	421 726	414 422	332 429
市中区	126 227	342 417	168 777	173 640	129 370
沙湾区	59 315	156 876	82 926	73 950	63 225
五通桥区	124 028	308 679	155 108	153 571	127 257
金口河区	11 411	28 176	14 915	13 261	12 577
犍为县	134 224	367 951	188 085	179 866	109 682
井研县	83 657	242 499	123 647	118 852	63 880
夹江县	87 511	248 317	124 801	123 516	63 198
沐川县	40 670	130 050	68 791	61 259	32 533
峨边彝族自治县	28 404	88 479	46 277	42 202	22 025
马边彝族自治县	16 430	50 379	25 804	24 575	16 706
峨眉山市	132 616	367 828	185 831	181 997	159 656
南充市	1 404 235	4 097 883	2 137 579	1 960 304	882 690
市辖区	267 333	825 113	432 962	392 151	121 858
顺庆区	51 899	151 472	79 221	72 251	22 402
高坪区	98 409	304 154	157 571	146 583	63 297
嘉陵区	117 025	369 487	196 170	173 317	36 159
南部县	277 290	776 120	403 572	372 548	206 807
营山县	165 991	544 394	281 942	262 452	135 925
蓬安县	144 051	403 547	210 350	193 197	101 328
仪陇县	257 493	786 079	414 264	371 815	158 492
西充县	133 218	328 199	169 064	159 135	107 440
阆中市	158 859	434 431	225 425	209 006	50 840
眉山市	781 832	2 281 382	1 161 556	1 119 826	676 313
市辖区	184 381	522 144	263 299	258 845	144 045
东坡区	184 381	522 144	263 299	258 845	144 045
仁寿县	313 822	896 397	461 593	434 804	269 576
彭山县	92 941	271 747	137 554	134 193	113 659
洪雅县	93 347	294 792	149 546	145 246	81 293
丹棱县	46 514	150 107	75 930	74 177	33 048

四 川 省 镇 人 口

单位：人

| 地 区 别 | 总户数
（户） | 总　人　口 | | | 总人口中
非农业人口 |
		合　计	男	女	
青神县	50 827	146 195	73 634	72 561	34 692
宜宾市	1 139 426	3 724 080	1 944 722	1 779 358	616 541
市辖区	76 823	258 828	133 013	125 815	33 594
翠屏区	76 823	258 828	133 013	125 815	33 594
宜宾县	248 309	811 410	423 318	388 092	105 331
南溪县	112 167	333 870	172 584	161 286	75 004
江安县	141 342	453 624	236 464	217 160	72 028
长宁县	94 340	313 199	165 509	147 690	50 225
高县	133 036	423 981	220 173	203 808	64 484
珙县	107 423	320 245	169 389	150 856	92 572
筠连县	85 165	315 239	164 982	150 257	48 753
兴文县	85 970	297 385	156 823	140 562	42 609
屏山县	54 851	196 299	102 467	93 832	31 941
广安市	972 386	3 027 882	1 584 192	1 443 690	502 482
市辖区	220 610	700 134	368 170	331 964	76 663
广安区	220 610	700 134	368 170	331 964	76 663
岳池县	270 796	856 621	448 903	407 718	140 788
武胜县	193 594	575 808	298 274	277 534	106 167
邻水县	206 093	659 543	344 879	314 664	136 182
华蓥市	81 293	235 776	123 966	111 810	42 682
达州市	1 242 923	3 531 990	1 848 813	1 683 177	902 505
市辖区	61 548	156 689	78 920	77 769	47 332
通川区	61 548	156 689	78 920	77 769	47 332
达县	228 546	707 345	367 761	339 584	181 468
宣汉县	244 976	770 911	407 049	363 862	168 878
开江县	152 674	421 179	223 927	197 252	78 500
大竹县	216 964	573 912	307 544	266 368	156 823
渠县	246 860	641 704	328 093	313 611	182 861
万源市	91 355	260 250	135 519	124 731	86 643
雅安市	245 171	697 679	356 151	341 528	210 620
市辖区	56 618	154 635	79 079	75 556	27 568
雨城区	56 618	154 635	79 079	75 556	27 568
名山县	53 655	163 010	83 886	79 124	31 756
荥经县	22 915	49 070	24 088	24 982	35 747
汉源县	42 646	126 548	64 003	62 545	26 563
石棉县	18 581	45 774	23 649	22 125	31 318
天全县	18 970	56 907	28 963	27 944	20 834
芦山县	21 371	67 190	34 526	32 664	26 644

四川省镇人口

单位：人

地　区　别	总户数（户）	总　　人　　口			总人口中非农业人口
		合　计	男	女	
宝兴县	10 415	34 545	17 957	16 588	10 190
巴中市	671 476	2 038 443	1 058 694	979 749	421 999
市辖区	235 060	761 895	399 051	362 844	67 596
巴州区	235 060	761 895	399 051	362 844	67 596
通江县	131 449	388 328	199 710	188 618	104 841
南江县	98 254	284 318	148 320	135 998	89 283
平昌县	206 713	603 902	311 613	292 289	160 279
资阳市	1 121 272	3 264 658	1 695 918	1 568 740	545 389
市辖区	301 716	829 321	433 627	395 694	50 215
雁江区	301 716	829 321	433 627	395 694	50 215
安岳县	253 861	768 492	398 743	369 749	146 167
乐至县	251 873	701 715	364 907	336 808	133 710
简阳市	313 822	965 130	498 641	466 489	215 297
阿坝藏族羌族自治州	115 517	295 713	152 590	143 123	166 454
汶川县	28 412	73 853	38 561	35 292	34 477
理县	7 994	22 060	11 193	10 867	8 871
茂县	15 665	44 766	22 679	22 087	21 258
松潘县	5 329	14 672	7 318	7 354	9 335
九寨沟县	8 852	22 376	11 270	11 106	15 108
金川县	7 065	17 138	9 021	8 117	10 124
小金县	6 902	17 520	8 883	8 637	9 008
黑水县	5 934	15 261	7 982	7 279	8 239
马尔康县	12 457	28 764	15 052	13 712	22 057
壤塘县	2 796	5 018	2 696	2 322	5 018
阿坝县	4 279	11 101	5 921	5 180	7 322
若尔盖县	4 053	9 412	4 979	4 433	7 152
红原县	5 779	13 772	7 035	6 737	8 485
甘孜藏族自治州	85 828	242 738	125 047	117 691	137 416
康定县	18 048	54 200	27 582	26 618	40 300
泸定县	17 263	47 412	23 930	23 482	17 069
丹巴县	3 852	8 739	4 846	3 893	8 001
九龙县	4 269	12 012	6 140	5 872	5 952
雅江县	2 924	8 169	4 281	3 888	5 169
道孚县	5 417	13 834	7 104	6 730	6 891
炉霍县	3 826	9 075	4 887	4 188	5 416
甘孜县	4 186	11 225	5 631	5 594	6 056
新龙县	2 073	5 747	2 894	2 853	4 520
德格县	3 411	8 622	4 556	4 066	4 099

四 川 省 镇 人 口

单位：人

地 区 别	总户数 （户）	总 人 口			总人口中 非农业人口
		合 计	男	女	
白玉县	1 463	6 402	3 761	2 641	4 313
石渠县	3 430	8 511	4 378	4 133	4 112
色达县	3 209	9 424	4 892	4 532	3 925
理塘县	3 791	10 168	5 352	4 816	6 405
巴塘县	3 639	10 808	5 367	5 441	5 273
乡城县	1 658	7 212	3 576	3 636	3 882
稻城县	2 155	6 794	3 548	3 246	3 324
得荣县	1 214	4 384	2 322	2 062	2 709
凉山彝族自治州	405 063	1 261 493	651 506	609 987	313 077
西昌市	50 270	146 464	75 900	70 564	32 604
木里藏族自治县	9 524	28 236	14 660	13 576	12 068
盐源县	44 444	161 191	83 074	78 117	22 078
德昌县	23 358	67 406	34 094	33 312	20 518
会理县	31 449	98 492	51 301	47 191	34 517
会东县	23 671	47 237	24 761	22 476	20 002
宁南县	22 015	73 928	37 559	36 369	14 872
普格县	13 796	41 998	22 022	19 976	12 199
布拖县	13 346	44 850	23 519	21 331	11 051
金阳县	12 434	43 127	22 588	20 539	10 840
昭觉县	9 874	27 180	14 060	13 120	15 841
喜德县	26 689	94 251	47 985	46 266	14 812
冕宁县	44 124	136 922	69 851	67 071	30 169
越西县	30 070	88 298	45 666	42 632	22 410
甘洛县	29 226	98 049	51 209	46 840	14 941
美姑县	6 140	19 126	9 847	9 279	9 584
雷波县	14 633	44 738	23 410	21 328	14 571

贵 州 省 镇 人 口

单位：人

| 地 区 别 | 总户数（户） | 总 人 口 | | | 总人口中非农业人口 |
		合 计	男	女	
贵州省	6 362 706	22 975 527	11 927 125	11 048 402	3 082 443
贵阳市	327 159	1 111 283	562 805	548 478	251 840
市辖区	81 497	309 195	153 599	155 596	90 656
云岩区	14 080	51 873	24 768	27 105	24 469
花溪区	13 182	54 154	27 085	27 069	7 082
乌当区	37 289	123 873	62 356	61 517	29 854
白云区	16 946	79 295	39 390	39 905	29 251
开阳县	82 480	252 645	130 201	122 444	60 197
息烽县	43 826	139 401	71 969	67 432	28 361
修文县	50 868	174 649	88 379	86 270	36 790
清镇市	68 488	235 393	118 657	116 736	35 836
六盘水市	387 116	1 231 356	647 151	584 205	418 546
市辖区	132 542	472 787	250 749	222 038	200 224
钟山区	49 495	185 039	100 536	84 503	75 233
六枝特区	83 047	287 748	150 213	137 535	124 991
水城县	8 550	28 870	15 900	12 970	3 220
盘县	246 024	729 699	380 502	349 197	215 102
遵义市	1 586 667	5 725 264	2 967 962	2 757 302	658 491
市辖区	140 113	460 941	232 653	228 288	50 441
红花岗区	76 947	244 153	122 312	121 841	34 200
汇川区	63 166	216 788	110 341	106 447	16 241
遵义县	332 270	1 162 663	602 620	560 043	135 472
桐梓县	149 508	550 370	286 533	263 837	84 258
绥阳县	125 982	473 290	246 890	226 400	46 454
正安县	117 537	450 592	234 697	215 895	40 072
道真仡佬族苗族自治县	76 559	275 078	143 717	131 361	34 278
务川仡佬族苗族自治县	90 646	332 733	172 810	159 923	32 084
凤冈县	81 330	309 169	160 463	148 706	33 465
湄潭县	102 490	341 981	174 631	167 350	57 964
余庆县	88 935	279 937	145 641	134 296	31 338
习水县	125 865	494 747	258 318	236 429	64 116
赤水市	57 089	191 043	100 096	90 947	19 260
仁怀市	98 343	402 720	208 893	193 827	29 289
安顺市	463 589	1 595 655	822 265	773 390	239 594
市辖区	135 113	483 854	246 011	237 843	68 305
西秀区	135 113	483 854	246 011	237.843	68 305
平坝县	73 393	227 538	116 371	111 167	60 988
普定县	82 367	274 649	142 081	132 568	28 323

贵 州 省 镇 人 口

单位：人

地 区 别	总户数 （户）	总 人 口			总人口中 非农业人口
		合 计	男	女	
镇宁布依族苗族自治县	48 676	162 992	83 953	79 039	30 039
关岭布依族苗族自治县	65 106	232 233	121 081	111 152	32 214
紫云苗族布依族自治县	58 934	214 389	112 768	101 621	19 725
铜仁地区	596 868	2 155 128	1 124 515	1 030 613	300 841
铜仁市	23 482	83 658	45 086	38 572	5 373
江口县	24 246	77 555	40 280	37 275	20 797
玉屏侗族自治县	39 875	128 267	69 537	58 730	33 964
石阡县	58 006	219 080	115 445	103 635	26 793
思南县	115 298	417 785	216 417	201 368	45 274
印江土家族苗族自治县	78 451	274 885	143 677	131 208	31 173
德江县	52 065	183 821	94 084	89 737	40 004
沿河土家族自治县	98 304	366 419	188 091	178 328	43 447
松桃苗族自治县	100 222	387 054	203 712	183 342	37 952
万山特区	6 919	16 604	8 186	8 418	16 064
黔西南州	580 435	2 157 119	1 111 105	1 046 014	193 264
兴义市	119 840	456 223	236 649	219 574	25 643
兴仁县	94 603	331 216	172 636	158 580	42 015
普安县	57 021	203 814	105 900	97 914	21 557
晴隆县	58 186	205 335	105 401	99 934	21 425
贞丰县	58 879	228 490	116 951	111 539	22 958
望谟县	46 474	198 216	100 622	97 594	14 695
册亨县	42 178	170 466	87 027	83 439	12 141
安龙县	103 254	363 359	185 919	177 440	32 830
毕节地区	1 110 525	4 319 605	2 251 575	2 068 030	374 084
毕节市	249 471	1 025 356	536 120	489 236	29 159
大方县	104 076	421 817	219 825	201 992	39 994
黔西县	110 735	412 667	212 716	199 951	62 050
金沙县	91 811	280 661	144 618	136 043	54 336
织金县	138 590	500 333	259 380	240 953	62 646
纳雍县	126 005	476 389	251 074	225 315	39 721
威宁彝族回族苗族自治县	219 737	937 881	491 084	446 797	48 828
赫章县	70 100	264 501	136 758	127 743	37 350
黔东南苗族侗族自治州	680 929	2 521 295	1 328 315	1 192 980	330 087
凯里市	64 562	243 564	127 883	115 681	18 144
黄平县	55 298	201 485	102 964	98 521	25 794
施秉县	31 752	114 190	58 943	55 247	14 739
三穗县	46 574	144 683	75 155	69 528	22 071
镇远县	51 446	177 547	92 939	84 608	35 734

贵 州 省 镇 人 口

单位：人

地 区 别	总户数 （户）	总 人 口			总人口中 非农业人口
		合 计	男	女	
岑巩县	28 078	102 196	54 216	47 980	16 485
天柱县	84 981	312 366	166 167	146 199	28 952
锦屏县	35 002	129 974	68 197	61 777	23 156
剑河县	34 643	132 173	70 192	61 981	16 415
台江县	15 438	59 318	32 301	27 017	15 100
黎平县	76 494	281 306	148 258	133 048	32 123
榕江县	39 551	170 995	90 837	80 158	22 970
从江县	31 633	126 395	66 284	60 111	16 911
雷山县	26 003	95 073	51 599	43 474	13 325
麻江县	32 703	124 482	65 441	59 041	13 560
丹寨县	26 771	105 548	56 939	48 609	14 608
黔南布依族苗族自治州	629 418	2 158 822	1 111 432	1 047 390	315 696
都匀市	48 278	177 075	92 193	84 882	10 756
福泉市	63 426	193 670	100 682	92 988	17 433
荔波县	27 545	89 799	46 074	43 725	13 982
贵定县	50 622	166 147	83 759	82 388	42 656
瓮安县	81 646	262 504	135 546	126 958	42 231
独山县	66 262	224 618	114 542	110 076	37 644
平塘县	55 250	201 768	105 771	95 997	17 818
罗甸县	36 731	136 667	69 426	67 241	23 167
长顺县	43 367	154 855	80 543	74 312	21 828
龙里县	39 594	129 548	65 943	63 605	27 255
惠水县	58 787	213 869	108 880	104 989	41 248
三都水族自治县	57 910	208 302	108 073	100 229	19 678

云 南 省 镇 人 口

单位：人

地 区 别	总 户 数 （户）	总 人 口			总人口中 非农业人口
		合 计	男	女	
云南省	7 460 186	25 441 038	13 031 663	12 409 375	4 007 419
昆明市	729 971	2 328 040	1 175 980	1 152 060	314 525
市辖区	117 036	375 588	193 995	181 593	75 743
盘龙区	20 790	70 050	35 167	34 883	2 808
东川区	96 246	305 538	158 828	146 710	72 935
晋宁县	97 685	245 848	121 755	124 093	45 978
富民县	25 171	73 582	36 233	37 349	15 129
宜良县	122 638	384 803	191 206	193 597	42 083
石林彝族自治县	74 673	224 507	112 799	111 708	27 423
嵩明县	84 212	292 250	147 237	145 013	31 949
禄劝彝族苗族自治县	43 333	151 352	77 165	74 187	19 530
寻甸回族彝族自治县	118 693	449 243	230 575	218 668	33 934
安宁市	46 530	130 867	65 015	65 852	22 756
曲靖市	1 165 831	4 018 944	2 102 913	1 916 031	414 838
市辖区	62 107	220 690	114 244	106 446	15 078
麒麟区	62 107	220 690	114 244	106 446	15 078
马龙县	38 657	143 629	73 404	70 225	19 340
陆良县	197 228	593 818	310 275	283 543	74 523
师宗县	67 025	247 527	128 081	119 446	34 106
罗平县	127 423	443 469	233 915	209 554	46 990
富源县	160 398	635 282	329 737	305 545	57 438
会泽县	172 944	584 470	309 812	274 658	62 174
沾益县	65 778	222 985	112 937	110 048	41 789
宣威市	274 271	927 074	490 508	436 566	63 400
玉溪市	539 309	1 638 389	819 234	819 155	243 931
市辖区	82 835	263 442	128 619	134 823	15 508
红塔区	82 835	263 442	128 619	134 823	15 508
江川县	85 402	252 751	126 804	125 947	31 789
澄江县	55 442	164 188	82 050	82 138	20 457
通海县	82 632	253 888	125 272	128 616	37 047
华宁县	62 276	198 494	101 222	97 272	21 991
易门县	36 780	101 878	51 620	50 258	30 752
峨山彝族自治县	40 192	118 350	59 365	58 985	28 586
新平彝族傣族自治县	54 715	167 658	84 842	82 816	33 212
元江哈尼族彝族傣族自治县	39 035	117 740	59 440	58 300	24 589
保山市	270 396	1 014 042	511 461	502 581	130 350
市辖区	75 179	291 567	145 000	146 567	14 260
隆阳区	75 179	291 567	145 000	146 567	14 260

云 南 省 镇 人 口

地 区 别	总户数（户）	总　　人　　口			总人口中非农业人口
		合　计	男	女	
施甸县	54 590	209 842	105 785	104 057	25 747
腾冲县	59 820	219 266	111 193	108 073	44 749
龙陵县	29 041	108 139	55 474	52 665	19 317
昌宁县	51 766	185 228	94 009	91 219	26 277
昭通市	811 625	2 844 891	1 491 724	1 353 167	290 387
市辖区	48 393	157 955	81 719	76 236	4 818
昭阳区	48 393	157 955	81 719	76 236	4 818
鲁甸县	44 149	153 458	80 109	73 349	19 472
巧家县	101 155	323 439	174 415	149 024	23 661
盐津县	52 921	183 425	96 798	86 627	25 077
大关县	59 340	202 777	107 250	95 527	17 709
永善县	81 510	264 232	139 068	125 164	23 015
绥江县	39 668	142 972	73 350	69 622	23 293
镇雄县	256 453	989 947	518 032	471 915	75 923
彝良县	57 817	211 617	110 643	100 974	23 653
威信县	45 551	148 942	76 762	72 180	28 725
水富县	24 668	66 127	33 578	32 549	25 041
丽江市	140 651	432 880	218 517	214 363	82 103
玉龙县	17 688	60 137	30 453	29 684	8 078
永胜县	73 142	226 823	113 715	113 108	30 101
华坪县	32 834	95 165	48 252	46 913	26 218
宁蒗县	16 987	50 755	26 097	24 658	17 706
普洱市	353 610	1 161 950	594 454	567 496	287 593
市辖区	57 400	175 995	88 352	87 643	90 377
思茅区	57 400	175 995	88 352	87 643	90 377
宁洱哈尼族彝族自治县	29 181	93 795	46 853	46 942	27 837
墨江哈尼族自治县	33 500	114 934	60 028	54 906	24 850
景东彝族自治县	50 953	168 630	86 374	82 256	23 885
景谷傣族彝族自治县	56 489	195 454	101 462	93 992	30 043
镇沅彝族哈尼族拉祜族自治县	36 960	119 124	62 488	56 636	19 305
江城哈尼族彝族自治县	10 454	31 354	15 757	15 597	13 979
孟连傣族拉祜族佤族自治县	24 053	81 038	41 015	40 023	16 835
澜沧拉祜族自治县	41 509	142 788	72 079	70 709	29 590
西盟佤族自治县	13 111	38 838	20 046	18 792	10 892
临沧市	329 241	1 208 368	627 685	580 683	213 867
市辖区	39 465	124 438	62 374	62 064	52 588
临翔区	39 465	124 438	62 374	62 064	52 588
凤庆县	64 136	245 930	127 760	118 170	28 150

云 南 省 镇 人 口

单位：人

地 区 别	总户数 （户）	总　　人　　口			总人口中 非农业人口
		合　计	男	女	
云县	67 440	253 470	133 131	120 339	26 413
永德县	31 893	124 902	65 863	59 039	21 503
镇康县	24 656	95 882	50 614	45 268	11 659
双江拉祜族佤族布朗族傣族自治县	21 354	79 073	40 627	38 446	16 346
耿马傣族佤族自治县	51 348	186 695	96 832	89 863	37 171
沧源佤族自治县	28 949	97 978	50 484	47 494	20 037
楚雄彝族自治州	566 594	1 867 532	951 720	915 812	374 115
楚雄市	141 451	442 970	225 903	217 067	153 294
双柏县	38 809	129 727	67 684	62 043	15 948
牟定县	44 053	151 257	77 090	74 167	16 428
南华县	48 605	179 749	91 024	88 725	22 609
姚安县	47 049	174 386	88 463	85 923	16 711
大姚县	45 155	140 064	71 578	68 486	20 805
永仁县	18 453	58 368	29 944	28 424	13 035
元谋县	30 880	95 102	48 333	46 769	21 308
武定县	41 112	143 402	72 629	70 773	26 477
禄丰县	111 027	352 507	179 072	173 435	67 500
红河哈尼族彝族自治州	729 343	2 429 372	1 237 666	1 191 706	445 994
个旧市	67 597	205 592	103 567	102 025	61 159
开远市	9 000	34 687	17 517	17 170	1 363
蒙自县	96 506	310 299	154 467	155 832	75 054
屏边苗族自治县	10 748	31 383	15 743	15 640	13 202
建水县	130 747	424 910	213 280	211 630	68 434
石屏县	82 554	274 691	138 418	136 273	34 874
弥勒县	142 923	487 168	248 952	238 216	60 772
泸西县	95 764	329 790	174 602	155 188	39 101
元阳县	25 410	99 180	53 044	46 136	15 709
红河县	10 575	33 244	16 838	16 406	12 468
金平苗族瑶族傣族自治县	26 859	103 641	52 967	50 674	16 520
绿春县	12 143	50 768	26 444	24 324	12 140
河口瑶族自治县	18 517	44 019	21 827	22 192	35 198
文山壮族苗族自治州	515 652	1 909 822	987 430	922 392	290 556
文山县	110 379	362 893	184 072	178 821	100 767
砚山县	67 205	261 078	133 692	127 386	37 043
西畴县	26 703	94 442	48 721	45 721	18 011
麻栗坡县	32 885	124 226	64 892	59 334	17 505
马关县	72 612	264 464	137 597	126 867	31 890
丘北县	49 257	181 262	93 984	87 278	27 244

云 南 省 镇 人 口

单位：人

地 区 别	总户数 （户）	总 人 口			总人口中 非农业人口
		合 计	男	女	
广南县	109 010	439 392	230 803	208 589	36 146
富宁县	47 601	182 065	93 669	88 396	21 950
西双版纳傣族自治州	186 168	653 542	327 648	325 894	195 815
景洪市	74 547	253 130	126 304	126 826	80 325
勐海县	54 971	216 865	108 169	108 696	44 328
勐腊县	56 650	183 547	93 175	90 372	71 162
大理白族自治州	817 207	2 840 584	1 435 572	1 405 012	427 167
大理市	185 520	607 081	303 227	303 854	214 634
漾濞彝族自治县	19 977	64 882	32 686	32 196	10 075
祥云县	127 338	437 959	222 602	215 357	38 339
宾川县	90 878	331 383	168 221	163 162	23 180
弥渡县	76 075	261 319	132 947	128 372	21 465
南涧彝族自治县	37 284	131 846	67 510	64 336	12 514
巍山彝族回族自治县	59 123	213 111	107 779	105 332	20 819
永平县	37 664	120 165	60 765	59 400	16 540
云龙县	33 080	108 648	56 070	52 578	14 297
洱源县	57 549	224 778	113 416	111 362	19 442
剑川县	40 005	148 174	74 130	74 044	15 482
鹤庆县	52 714	191 238	96 219	95 019	20 380
德宏傣族景颇族自治州	194 878	727 672	363 957	363 715	196 682
瑞丽市	27 474	85 239	41 520	43 719	41 640
潞西市	67 750	261 072	130 423	130 649	77 471
梁河县	16 795	68 230	35 185	33 045	12 693
盈江县	49 727	198 179	99 739	98 440	33 240
陇川县	33 132	114 952	57 090	57 862	31 638
怒江傈僳族自治州	70 686	225 157	114 693	110 464	61 281
泸水县	21 397	63 835	32 491	31 344	25 884
福贡县	8 352	29 006	14 703	14 303	6 376
贡山独龙族怒族自治县	4 557	12 541	6 343	6 198	4 541
兰坪白族普米族自治县	36 380	119 775	61 156	58 619	24 480
迪庆藏族自治州	39 024	139 853	71 009	68 844	38 215
香格里拉县	24 554	84 206	42 596	41 610	23 812
德钦县	4 182	17 969	9 097	8 872	5 227
维西傈僳族自治县	10 288	37 678	19 316	18 362	9 176

西 藏 自 治 区 镇 人 口

单位：人

地 区 别	总户数（户）	总 人 口			总人口中非农业人口
		合 计	男	女	
西藏自治区	228 818	834 603	419 252	415 351	216 333
拉萨市	21 802	65 674	32 908	32 766	17 933
林周县	2 711	10 187	5 158	5 029	2 067
当雄县	2 920	8 472	4 468	4 004	2 793
尼木县	2 082	8 128	4 026	4 102	1 912
曲水县	2 714	8 803	4 401	4 402	1 984
堆龙德庆县	7 540	20 335	9 866	10 469	5 108
达孜县	1 296	1 833	938	895	1 833
墨竹工卡县	2 539	7 916	4 051	3 865	2 236
昌都地区	46 797	201 348	101 128	100 220	49 615
昌都县	14 605	43 815	21 899	21 916	28 728
江达县	2 585	9 450	4 803	4 647	2 942
贡觉县	1 989	10 711	5 465	5 246	1 686
类乌齐县	3 939	16 721	8 435	8 286	2 339
丁青县	3 565	18 589	9 333	9 256	2 194
察雅县	4 777	22 347	10 985	11 362	2 148
八宿县	2 891	13 080	6 414	6 666	1 959
左贡县	2 542	12 803	6 813	5 990	1 255
芒康县	2 970	17 280	8 586	8 694	2 407
洛隆县	4 499	24 716	12 420	12 296	2 250
边坝县	2 435	11 836	5 975	5 861	1 707
山南地区	52 057	163 473	81 774	81 699	41 470
乃东县	15 161	36 043	18 229	17 814	21 985
扎囊县	4 418	15 970	8 000	7 970	2 672
贡嘎县	8 860	34 254	17 091	17 163	3 756
桑日县	1 721	5 081	2 658	2 423	1 489
琼结县	2 132	5 898	2 936	2 962	1 426
曲松县	2 875	9 340	4 700	4 640	1 796
措美县	2 849	10 654	5 213	5 441	1 180
洛扎县	2 554	7 799	3 862	3 937	1 338
加查县	2 610	8 190	4 083	4 107	1 527
隆子县	4 026	17 410	8 552	8 858	1 942
错那县	1 034	2 770	1 365	1 405	1 030
浪卡子县	3 817	10 064	5 085	4 979	1 329
日喀则地区	36 145	142 903	71 352	71 551	35 353
南木林县	3 141	11 353	5 673	5 680	2 479
江孜县	4 924	13 830	6 691	7 139	7 318
定日县	3 308	16 524	8 442	8 082	2 076

西 藏 自 治 区 镇 人 口

单位：人

地 区 别	总户数 （户）	总　　人　　口			总人口中 非农业人口
		合　计	男	女	
萨迦县	2 860	11 864	5 916	5 948	1 397
拉孜县	3 166	12 339	6 169	6 170	1 930
昂仁县	2 202	11 757	5 808	5 949	1 559
谢通门县	2 040	7 461	3 715	3 746	1 902
白朗县	2 976	16 015	8 003	8 012	1 491
仁布县	1 269	5 476	2 897	2 579	1 347
康马县	438	3 164	1 482	1 682	1 066
定结县	1 651	6 398	3 260	3 138	1 450
仲巴县	458	1 877	924	953	89
亚东县	2 108	5 756	2 808	2 948	5 125
吉隆县	2 168	8 375	4 188	4 187	1 323
聂拉木县	1 474	4 875	2 472	2 403	2 389
萨嘎县	945	2 738	1 373	1 365	1 175
岗巴县	1 017	3 101	1 531	1 570	1 237
那曲地区	30 444	137 815	68 496	69 319	16 401
那曲县	6 010	26 566	13 172	13 394	6 658
嘉黎县	1 237	6 001	2 971	3 030	371
比如县	3 338	16 795	8 376	8 419	804
聂荣县	1 590	3 818	1 628	2 190	1 891
安多县	4 019	18 693	9 520	9 173	2 270
申扎县	1 607	6 682	3 409	3 273	1 667
索县	3 108	14 799	7 223	7 576	219
班嘎县	3 835	16 885	8 141	8 744	1 100
巴青县	3 682	19 570	10 044	9 526	302
尼玛县	2 018	8 006	4 012	3 994	1 119
阿里地区	7 590	27 813	16 062	11 751	11 842
普兰县	936	5 309	2 589	2 720	2 163
札达县	454	1 539	782	757	767
噶尔县	3 669	7 536	4 221	3 315	7 520
日土县	305	1 123	534	589	18
革吉县	863	5 629	4 533	1 096	42
改则县	752	4 120	2 094	2 026	1 304
措勤县	611	2 557	1 309	1 248	28
林芝地区	33 983	95 577	47 532	48 045	43 719
林芝县	14 939	34 685	17 355	17 330	24 257
工布江达县	3 698	12 519	6 278	6 241	2 775
米林县	3 318	10 765	5 200	5 565	4 362
墨脱县	850	3 232	1 644	1 588	1 335

西 藏 自 治 区 镇 人 口

单位：人

地 区 别	总户数 （户）	总 人 口			总人口中 非农业人口
		合 计	男	女	
波密县	5 785	13 875	6 879	6 996	6 422
察隅县	3 264	13 806	6 833	6 973	2 833
朗县	2 129	6 695	3 343	3 352	1 735

陕 西 省 镇 人 口

单位：人

地 区 别	总户数 （户）	总 人 口			总人口中 非农业人口
		合 计	男	女	
陕西省	6 915 752	22 284 812	11 609 689	10 675 123	5 033 023
西安市	503 581	1 785 312	923 321	861 991	287 111
市辖区	73 346	285 757	144 760	140 997	8 494
阎良区	25 383	93 716	47 334	46 382	3 438
临潼区	26 804	110 091	55 716	54 375	2 232
长安区	21 159	81 950	41 710	40 240	2 824
蓝田县	115 734	407 703	210 248	197 455	52 630
周至县	108 376	416 886	219 656	197 230	54 137
户县	147 441	480 459	251 071	229 388	107 520
高陵县	58 684	194 507	97 586	96 921	64 330
铜川市	151 907	477 873	253 689	224 184	179 733
市辖区	128 594	418 246	222 114	196 132	165 928
王益区	11 345	36 875	18 757	18 118	12 769
印台区	44 122	147 517	81 087	66 430	85 614
耀州区	73 127	233 854	122 270	111 584	67 545
宜君县	23 313	59 627	31 575	28 052	13 805
宝鸡市	819 419	2 844 915	1 479 143	1 365 772	612 494
市辖区	226 534	821 759	424 743	397 016	308 609
渭滨区	38 223	128 651	66 464	62 187	128 651
金台区	29 226	92 406	46 724	45 682	54 080
陈仓区	159 085	600 702	311 555	289 147	125 878
凤翔县	127 639	419 957	215 483	204 474	49 346
岐山县	124 182	420 246	220 998	199 248	83 656
扶风县	103 531	391 149	203 689	187 460	40 412
眉县	86 027	293 218	152 251	140 967	35 075
陇县	60 393	210 141	109 684	100 457	28 627
千阳县	27 833	91 843	48 190	43 653	17 111
麟游县	16 618	55 776	30 233	25 543	18 031
凤县	30 689	94 751	49 317	45 434	20 696
太白县	15 973	46 075	24 555	21 520	10 931
咸阳市	988 350	3 365 138	1 740 963	1 624 175	475 776
市辖区	104 532	394 170	198 250	195 920	65 374
秦都区	56 231	210 813	105 994	104 819	47 969
杨陵区	5 910	23 449	11 951	11 498	388
渭城区	42 391	159 908	80 305	79 603	17 017
三原县	112 742	332 373	167 678	164 695	76 507
泾阳县	126 308	424 644	214 533	210 111	52 685
乾县	118 291	415 191	216 626	198 565	48 663

陕 西 省 镇 人 口

单位：人

地 区 别	总户数（户）	总 人 口			总人口中非农业人口
		合 计	男	女	
礼泉县	126 902	388 066	202 486	185 580	62 767
永寿县	43 961	154 722	80 679	74 043	20 203
彬县	67 934	241 625	127 253	114 372	33 215
长武县	28 002	92 571	47 407	45 164	16 502
旬邑县	66 579	227 699	121 914	105 785	24 377
淳化县	33 908	105 547	55 056	50 491	19 506
武功县	95 626	327 830	170 149	157 681	47 735
兴平市	63 565	260 700	138 932	121 768	8 242
渭南市	1 071 616	3 493 004	1 775 481	1 717 523	1 054 056
市辖区	130 824	468 123	232 312	235 811	42 018
临渭区	130 824	468 123	232 312	235 811	42 018
华县	84 335	271 544	139 410	132 134	97 726
潼关县	34 769	107 121	54 455	52 666	59 243
大荔县	125 870	437 374	220 116	217 258	150 322
合阳县	121 050	389 887	197 813	192 074	114 841
澄城县	97 074	279 392	143 189	136 203	101 256
蒲城县	151 732	505 970	255 764	250 206	149 626
白水县	58 116	154 225	79 878	74 347	68 602
富平县	178 597	585 689	299 216	286 473	173 530
韩城市	55 452	188 195	98 913	89 282	63 861
华阴市	33 797	105 484	54 415	51 069	33 031
延安市	509 790	1 456 160	764 586	691 574	648 384
市辖区	67 812	192 713	98 870	93 843	54 308
宝塔区	67 812	192 713	98 870	93 843	54 308
延长县	39 869	109 105	56 931	52 174	39 425
延川县	48 808	144 656	75 675	68 981	80 514
子长县	67 161	211 190	109 486	101 704	92 030
安塞县	44 071	131 493	68 490	63 003	42 603
志丹县	41 395	107 447	60 511	46 936	72 013
吴旗县	23 511	67 799	35 652	32 147	30 843
甘泉县	21 733	52 991	27 298	25 693	52 861
富县	40 061	114 856	61 044	53 812	38 852
洛川县	43 776	122 658	68 538	54 120	44 621
宜川县	25 480	74 024	37 502	36 522	32 101
黄龙县	10 306	27 398	14 159	13 239	17 192
黄陵县	35 807	99 830	50 430	49 400	51 021
汉中市	929 706	2 824 682	1 480 987	1 343 695	536 626
市辖区	68 336	216 518	111 782	104 736	39 921

陕 西 省 镇 人 口

单位：人

地 区 别	总户数 （户）	总 人 口			总人口中 非农业人口
		合 计	男	女	
汉台区	68 336	216 518	111 782	104 736	39 921
南郑县	147 538	445 750	233 216	212 534	78 427
城固县	158 039	448 226	232 093	216 133	89 790
洋县	117 300	369 616	198 048	171 568	71 997
西乡县	119 736	357 815	188 906	168 909	55 107
勉县	122 671	366 652	188 750	177 902	73 060
宁强县	79 853	249 403	130 666	118 737	32 673
略阳县	49 011	148 542	79 223	69 319	56 511
镇巴县	51 056	176 265	93 885	82 380	26 010
留坝县	10 865	31 812	16 930	14 882	7 546
佛坪县	5 301	14 083	7 488	6 595	5 584
榆林市	737 695	2 199 074	1 146 836	1 052 238	441 136
市辖区	64 106	196 591	101 377	95 214	7 487
榆阳区	64 106	196 591	101 377	95 214	7 487
神木县	129 643	336 201	176 541	159 660	105 947
府谷县	46 354	124 756	66 212	58 544	42 877
横山县	71 712	241 131	126 403	114 728	34 629
靖边县	63 003	200 260	103 203	97 057	46 561
定边县	54 535	200 971	103 878	97 093	45 218
绥德县	72 434	216 606	112 976	103 630	46 800
米脂县	51 031	148 632	77 368	71 264	34 133
佳县	49 976	144 582	74 504	70 078	27 651
吴堡县	22 080	55 320	28 823	26 497	16 507
清涧县	37 963	122 233	64 881	57 352	3 775
子洲县	74 858	211 791	110 670	101 121	29 551
安康市	677 784	2 100 319	1 127 768	972 551	296 916
市辖区	158 064	518 330	277 442	240 888	44 004
汉滨区	158 064	518 330	277 442	240 888	44 004
汉阴县	87 050	260 906	140 729	120 177	32 368
石泉县	46 287	133 448	70 980	62 468	28 434
宁陕县	21 499	64 035	33 668	30 367	14 642
紫阳县	82 152	262 272	142 049	120 223	39 417
岚皋县	38 186	109 113	59 113	50 000	22 800
平利县	74 511	205 070	110 955	94 115	32 591
镇坪县	12 276	34 939	18 529	16 410	8 366
旬阳县	111 531	356 193	190 253	165 940	54 091
白河县	46 228	156 013	84 050	71 963	20 203
商洛市	525 904	1 738 335	916 915	821 420	500 791

陕 西 省 镇 人 口

单位：人

地　区　别	总户数 （户）	总　　人　　口			总人口中 非农业人口
		合　计	男	女	
市辖区	79 819	309 251	162 446	146 805	38 764
商州区	79 819	309 251	162 446	146 805	38 764
洛南县	111 289	355 221	184 542	170 679	151 464
丹凤县	71 478	232 952	121 895	111 057	93 087
商南县	64 085	193 054	101 061	91 993	81 632
山阳县	88 496	299 148	161 360	137 788	36 163
镇安县	72 288	223 969	120 444	103 525	57 432
柞水县	38 449	124 740	65 167	59 573	42 249

甘 肃 省 镇 人 口

| 地 区 别 | 总户数
（户） | 总 人 口 | | | 总人口中
非农业人口 |
		合 计	男	女	
甘肃省	3 589 858	12 676 305	6 553 936	6 122 369	2 792 340
兰州市	284 377	957 839	492 798	465 041	254 887
市辖区	70 461	220 197	113 503	106 694	115 449
七里河区	25 831	96 752	51 381	45 371	40 471
西固区	18 040	46 655	23 426	23 229	29 008
红古区	26 590	76 790	38 696	38 094	45 970
永登县	120 405	412 356	212 144	200 212	71 224
皋兰县	39 507	125 573	64 504	61 069	26 745
榆中县	54 004	199 713	102 647	97 066	41 469
嘉峪关市	7 150	22 943	11 389	11 554	2 092
市辖区	7 150	22 943	11 389	11 554	2 092
嘉峪关区	7 150	22 943	11 389	11 554	2 092
金昌市	77 333	233 486	121 629	111 857	64 895
市辖区	15 497	47 675	24 678	22 997	932
金川区	15 497	47 675	24 678	22 997	932
永昌县	61 836	185 811	96 951	88 860	63 963
白银市	165 353	550 859	282 872	267 987	135 462
市辖区	29 546	105 467	55 132	50 335	12 418
白银区	10 032	35 165	18 141	17 024	—
平川区	19 514	70 302	36 991	33 311	12 418
靖远县	45 242	150 768	76 889	73 879	37 800
会宁县	43 420	136 634	69 539	67 095	36 774
景泰县	47 145	157 990	81 312	76 678	48 470
天水市	501 287	1 907 496	982 632	924 864	589 735
市辖区	178 341	723 035	373 811	349 224	274 668
秦州区	76 676	329 825	170 701	159 124	104 926
麦积区	101 665	393 210	203 110	190 100	169 742
清水县	39 098	143 952	74 949	69 003	23 525
秦安县	65 478	242 874	122 890	119 984	121 534
甘谷县	99 908	374 378	190 791	183 587	48 146
武山县	82 276	287 383	150 270	137 113	77 887
张家川回族自治县	36 186	135 874	69 921	65 953	43 975
武威市	292 302	1 099 755	568 408	531 347	142 683
市辖区	140 554	568 934	294 563	274 371	40 103
凉州区	140 554	568 934	294 563	274 371	40 103
民勤县	35 960	119 412	61 350	58 062	34 652
古浪县	73 443	266 465	136 748	129 717	29 157
天祝藏族自治县	42 345	144 944	75 747	69 197	38 771

甘 肃 省 镇 人 口

单位：人

地 区 别	总户数（户）	总 人 口			总人口中非农业人口
		合 计	男	女	
张掖市	217 106	677 512	351 083	326 429	179 518
市辖区	71 626	239 425	123 813	115 612	37 409
甘州区	71 626	239 425	123 813	115 612	37 409
肃南裕固族自治县	6 603	17 605	8 971	8 634	10 155
民乐县	43 386	137 171	71 840	65 331	32 628
临泽县	39 319	117 695	60 730	56 965	23 147
高台县	21 865	59 979	30 933	29 046	25 961
山丹县	34 307	105 637	54 796	50 841	50 218
平凉市	284 590	993 068	514 675	478 393	196 687
市辖区	39 855	150 911	77 390	73 521	4 952
崆峒区	39 855	150 911	77 390	73 521	4 952
泾川县	51 823	202 941	104 647	98 294	28 158
灵台县	39 807	128 890	67 511	61 379	17 468
崇信县	17 191	54 546	28 462	26 084	14 569
华亭县	44 167	127 329	67 357	59 972	70 486
庄浪县	51 569	187 012	96 792	90 220	24 614
静宁县	40 178	141 439	72 516	68 923	36 440
酒泉市	146 499	450 527	230 415	220 112	95 619
市辖区	43 122	151 346	77 633	73 713	8 223
肃州区	43 122	151 346	77 633	73 713	8 223
金塔县	21 864	72 212	37 257	34 955	2 104
瓜州县	18 705	50 992	26 217	24 775	23 535
肃北蒙古族自治县	4 241	10 259	5 232	5 027	5 522
阿克塞哈萨克族自治县	2 433	6 194	3 158	3 036	5 496
玉门市	15 247	47 087	24 383	22 704	10 456
敦煌市	40 887	112 437	56 535	55 902	40 283
庆阳市	338 021	1 157 891	602 714	555 177	181 042
市辖区	27 085	101 913	51 813	50 100	3 469
西峰区	27 085	101 913	51 813	50 100	3 469
庆城县	54 335	165 432	86 414	79 018	50 627
环县	32 707	115 602	60 721	54 881	20 831
华池县	15 863	46 909	24 768	22 141	15 394
合水县	17 314	55 238	29 156	26 082	15 754
正宁县	40 801	138 413	72 568	65 845	21 979
宁县	77 536	278 059	144 868	133 191	27 706
镇原县	72 380	256 325	132 406	123 919	25 282
定西市	564 632	2 096 736	1 087 070	1 009 666	309 143
市辖区	96 447	380 305	202 340	177 965	88 930

甘 肃 省 镇 人 口

单位：人

地 区 别	总户数 （户）	总　　人　　口			总人口中 非农业人口
		合　计	男	女	
安宁区	96 447	380 305	202 340	177 965	88 930
通渭县	59 564	225 203	116 703	108 500	29 606
陇西县	112 191	406 296	211 668	194 628	73 023
渭源县	66 964	236 274	122 730	113 544	20 362
临洮县	124 768	451 074	228 529	222 545	48 442
漳县	24 973	93 479	48 259	45 220	15 633
岷县	79 725	304 105	156 841	147 264	33 147
陇南市	388 211	1 347 886	700 487	647 399	384 587
市辖区	93 172	317 590	163 169	154 421	114 071
武都区	93 172	317 590	163 169	154 421	114 071
宕昌县	37 604	140 400	73 115	67 285	20 846
成县	68 111	228 161	118 029	110 132	100 792
康县	32 473	106 478	57 273	49 205	16 604
文县	22 005	63 894	32 836	31 058	28 590
西和县	49 402	181 749	94 838	86 911	35 044
礼县	37 669	155 932	81 149	74 783	30 649
两当县	7 590	21 347	11 282	10 065	9 621
徽县	40 185	132 335	68 796	63 539	28 370
临夏回族自治州	256 802	978 600	504 765	473 835	171 699
临夏市	26 125	106 658	52 540	54 118	3 408
临夏县	34 686	122 492	64 601	57 891	16 700
康乐县	27 349	103 651	53 829	49 822	14 431
永靖县	46 620	157 654	81 129	76 525	40 735
广河县	43 334	193 772	99 118	94 654	22 234
和政县	24 414	88 688	46 081	42 607	14 644
东乡族自治县	32 651	123 891	64 686	59 205	43 271
积石山保安族东乡族撒拉族自治县	21 623	81 794	42 781	39 013	16 276
甘南藏族自治州	66 195	201 707	102 999	98 708	84 291
临潭县	19 324	63 022	32 183	30 839	15 662
卓尼县	11 919	36 033	18 556	17 477	12 977
舟曲县	11 022	30 016	15 614	14 402	12 917
迭部县	6 128	18 977	9 496	9 481	13 850
玛曲县	5 377	14 173	7 235	6 938	8 178
碌曲县	4 604	14 526	7 390	7 136	6 126
夏河县	7 821	24 960	12 525	12 435	14 581

青 海 省 镇 人 口

单位：人

地 区 别	总户数 （户）	总 人 口			总人口中 非农业人口
		合 计	男	女	
青海省	823 498	2 744 750	1 404 802	1 339 948	768 156
西宁市	285 574	1 030 734	528 097	502 637	226 932
市辖区	45 834	160 731	80 841	79 890	67 855
城东区	16 603	49 074	24 335	24 739	33 461
城中区	10 503	37 270	18 479	18 791	7 423
城西区	4 544	17 852	8 852	9 000	4 846
城北区	14 184	56 535	29 175	27 360	22 125
大通回族土族自治县	112 258	430 679	221 509	209 170	92 403
湟中县	105 809	378 353	195 237	183 116	34 917
湟源县	21 673	60 971	30 510	30 461	31 757
海东地区	246 608	843 171	430 444	412 727	182 454
平安县	25 919	71 227	35 328	35 899	35 938
民和县	51 257	192 452	99 036	93 416	35 956
乐都县	58 297	183 168	92 367	90 801	45 219
互助县	50 848	175 623	91 617	84 006	30 692
化隆县	45 659	167 450	85 219	82 231	22 331
循化县	14 628	53 251	26 877	26 374	12 318
海北藏族自治州	53 164	176 012	89 332	86 680	54 669
门源县	27 730	99 703	50 935	48 768	21 385
祁连县	11 054	33 815	16 867	16 948	9 758
海晏县	6 887	18 533	9 459	9 074	14 670
刚察县	7 493	23 961	12 071	11 890	8 856
黄南藏族自治州	30 082	77 026	38 382	38 644	40 447
同仁县	16 782	40 724	20 071	20 653	24 892
尖扎县	8 710	23 180	11 645	11 535	10 486
河南县	4 590	13 122	6 666	6 456	5 069
海南藏族自治州	82 380	256 158	129 877	126 281	91 277
共和县	28 218	78 211	40 413	37 798	43 078
同德县	9 255	34 456	17 337	17 119	9 336
贵德县	21 448	70 214	35 126	35 088	15 068
兴海县	11 722	36 527	18 609	17 918	8 058
贵南县	11 737	36 750	18 392	18 358	15 737
果洛藏族自治州	21 861	61 611	31 728	29 883	29 885
玛沁县	9 596	27 438	14 019	13 419	15 296
班玛县	2 270	6 418	3 400	3 018	3 911
甘德县	2 959	8 567	4 428	4 139	2 150
达日县	2 444	6 305	3 235	3 070	3 571
久治县	1 893	6 105	3 136	2 969	2 280

青 海 省 镇 人 口

单位：人

地 区 别	总户数 （户）	总 人 口			总人口中 非农业人口
		合 计	男	女	
玛多县	2 699	6 778	3 510	3 268	2 677
玉树藏族自治州	39 009	119 692	63 133	56·559	49 008
玉树县	11 357	31 491	15 899	15 592	22 128
杂多县	3 898	11 889	6 074	5 815	5 494
称多县	10 296	35 388	20 573	14 815	5 993
治多县	3 581	9 900	5 012	4 888	4 337
囊谦县	6 926	23 466	11 711	11 755	7 079
曲麻莱县	2 951	7 558	3 864	3 694	3 977
海西蒙古族藏族自治州	64 820	180 346	93 809	86 537	93 484
格尔木市	2 999	8 501	4 309	4 192	2 124
德令哈市	6 283	20 620	10 970	9 650	2 901
乌兰县	39 723	101 860	53 084	48 776	78 390
都兰县	11 692	38 411	19 950	18 461	4 799
天峻县	4 123	10 954	5 496	5 458	5 270

宁夏回族自治区镇人口

单位：人

地 区 别	总户数 （户）	总 人 口			总人口中 非农业人口
		合 计	男	女	
宁夏回族自治区	1 008 676	3 243 887	1 657 113	1 586 774	944 198
银川市	165 153	489 886	250 428	239 458	100 284
市辖区	39 733	116 016	58 648	57 368	24 239
兴庆区	19 780	49 806	24 662	25 144	16 734
西夏区	9 074	31 761	16 311	15 450	4 354
金凤区	10 879	34 449	17 675	16 774	3 151
永宁县	49 409	156 654	79 856	76 798	23 526
贺兰县	30 789	90 326	45 791	44 535	7 687
灵武市	45 222	126 890	66 133	60 757	44 832
石嘴山市	83 720	236 247	120 917	115 330	102 581
市辖区	16 828	45 833	24 095	21 738	27 609
惠农区	16 828	45 833	24 095	21 738	27 609
平罗县	66 892	190 414	96 822	93 592	74 972
吴忠市	328 956	1 076 918	546 749	530 169	353 403
市辖区	92 080	299 869	150 648	149 221	165 087
利通区	92 080	299 869	150 648	149 221	165 087
盐池县	39 406	111 594	56 980	54 614	31 980
同心县	105 458	377 224	191 781	185 443	96 495
红寺堡	17 296	57 730	30 017	27 713	21 110
青铜峡市	74 716	230 501	117 323	113 178	38 731
固原市	196 236	683 040	353 445	329 595	126 093
市辖区	80 438	281 976	145 113	136 863	39 804
原州区	80 438	281 976	145 113	136 863	39 804
西吉县	44 693	160 564	82 782	77 782	34 100
隆德县	18 987	59 442	30 478	28 964	19 519
泾源县	21 426	74 056	39 012	35 044	10 595
彭阳县	30 692	107 002	56 060	50 942	22 075
中卫市	234 611	757 796	385 574	372 222	261 837
市辖区	120 365	368 643	187 856	180 787	137 364
城区	120 365	368 643	187 856	180 787	137 364
中宁县	55 120	175 515	88 567	86 948	92 376
海原县	59 126	213 638	109 151	104 487	32 097

新疆维吾尔自治区镇人口

单位：人

地 区 别	总户数（户）	总　　人　　口			总人口中非农业人口
		合　计	男	女	
新疆维吾尔自治区	1 903 250	6 142 841	3 138 484	3 004 357	3 083 636
乌鲁木齐市	59 097	195 426	101 277	94 149	51 216
市辖区	46 686	157 778	82 344	75 434	43 484
达坂城区	3 093	12 070	6 478	5 592	2 916
米东区	43 593	145 708	75 866	69 842	40 568
乌鲁木齐县	12 411	37 648	18 933	18 715	7 732
克拉玛依市	3 991	10 486	5 472	5 014	10 470
市辖区	3 991	10 486	5 472	5 014	10 470
克拉玛依区	3 991	10 486	5 472	5 014	10 470
吐鲁番地区	57 990	180 206	92 081	88 125	83 338
吐鲁番市	7 187	18 789	9 594	9 195	16 038
鄯善县	43 408	138 254	71 017	67 237	46 632
托克逊县	7 395	23 163	11 470	11 693	20 668
哈密地区	26 624	73 135	37 576	35 559	23 907
哈密市	5 872	15 968	8 205	7 763	2 117
巴里坤哈萨克自治县	16 867	46 902	24 066	22 836	15 352
伊吾县	3 885	10 265	5 305	4 960	6 438
昌吉回族自治州	252 704	752 777	385 946	366 831	345 442
昌吉市	31 657	100 280	52 580	47 700	22 862
阜康市	28 369	82 128	42 606	39 522	29 560
呼图壁县	71 229	202 165	102 957	99 208	122 900
玛纳斯县	35 270	105 470	53 148	52 322	40 088
奇台县	50 509	159 122	81 628	77 494	82 390
吉木萨尔县	22 350	64 682	32 963	31 719	29 142
木垒哈萨克自治县	13 320	38 930	20 064	18 866	18 500
博尔塔拉蒙古自治州	44 258	135 179	69 259	65 920	36 589
博乐市	19 488	64 063	32 983	31 080	5 337
精河县	16 376	48 396	24 707	23 689	19 805
温泉县	8 394	22 720	11 569	11 151	11 447
巴音郭楞蒙古自治州	186 618	534 684	275 386	259 298	317 800
库尔勒市	30 352	80 499	40 980	39 519	57 516
轮台县	18 381	67 563	34 218	33 345	23 375
尉犁县	25 149	64 123	33 769	30 354	50 852
若羌县	6 958	17 111	8 766	8 345	14 101
且末县	5 723	18 310	9 528	8 782	15 217
焉耆回族自治县	30 215	95 578	49 747	45 831	51 411
和静县	52 986	147 149	75 373	71 776	70 908
和硕县	12 039	30 573	16 079	14 494	24 888

新 疆 维 吾 尔 自 治 区 镇 人 口

单位：人

地 区 别	总户数 （户）	总 人 口			总人口中 非农业人口
		合 计	男	女	
博湖县	4 815	13 778	6 926	6 852	9 532
阿克苏地区	249 776	999 534	515 480	484 054	367 371
阿克苏市	16 943	77 162	39 723	37 439	3 856
温宿县	34 761	133 137	68 159	64 978	44 759
库车县	77 298	344 107	181 261	162 846	143 578
沙雅县	45 902	166 645	85 318	81 327	49 138
新和县	15 461	49 931	24 812	25 119	25 150
拜城县	24 656	81 280	41 400	39 880	39 315
乌什县	8 820	28 574	14 312	14 262	22 475
阿瓦提县	23 686	111 028	56 536	54 492	33 126
柯坪县	2 249	7 670	3 959	3 711	5 974
柯孜勒苏柯尔克孜自治州	21 019	67 431	34 309	33 122	44 985
阿克陶县	10 962	38 344	19 426	18 918	18 531
阿合奇县	3 849	11 824	5 933	5 891	9 191
乌恰县	6 208	17 263	8 950	8 313	17 263
喀什地区	219 346	859 932	431 083	428 849	396 741
疏附县	9 513	31 321	15 952	15 369	18 176
疏勒县	25 475	93 620	46 912	46 708	28 141
英吉沙县	7 712	27 077	13 486	13 591	27 077
泽普县	8 070	23 098	11 657	11 441	15 058
莎车县	75 598	325 522	163 911	161 611	98 436
叶城县	29 928	111 724	55 613	56 111	68 463
麦盖提县	9 761	32 588	16 122	16 466	31 974
岳普湖县	5 698	39 992	20 116	19 876	17 677
伽师县	13 426	44 712	22 063	22 649	31 449
巴楚县	29 096	116 870	57 976	58 894	49 332
塔什库尔干塔吉克自治县	5 069	13 408	7 275	6 133	10 958
和田地区	93 428	339 551	172 270	167 281	88 873
和田市	11 408	48 804	24 696	24 108	6 808
和田县	12 626	56 160	28 614	27 546	3 490
墨玉县	10 309	40 517	20 227	20 290	2 664
皮山县	13 845	51 351	26 064	25 287	19 538
洛浦县	11 125	37 625	18 985	18 640	15 971
策勒县	9 371	27 114	13 529	13 585	13 018
于田县	20 963	66 553	34 441	32 112	20 845
民丰县	3 781	11 427	5 714	5 713	6 539
伊犁哈萨克自治州	283 360	829 553	424 377	405 176	453 844
奎屯市	62 417	175 596	91 299	84 297	148 608

新 疆 维 吾 尔 自 治 区 镇 人 口

单位：人

地 区 别	总户数 （户）	总 人 口			总人口中 非农业人口
		合 计	男	女	
伊宁市	8 192	30 606	15 635	14 971	9 197
伊宁县	19 237	53 532	27 355	26 177	27 717
察布查尔锡伯自治县	22 308	59 549	30 447	29 102	43 416
霍城县	63 511	186 706	94 703	92 003	50 780
巩留县	11 882	30 411	15 473	14 938	23 025
新源县	48 672	163 567	83 597	79 970	45 844
昭苏县	21 290	56 466	28 794	27 672	48 941
特克斯县	14 523	38 837	19 579	19 258	29 808
尼勒克县	11 328	34 283	17 495	16 788	26 508
塔城地区	167 294	502 813	255 506	247 307	319 664
塔城市	13 523	36 937	19 066	17 871	24 723
乌苏市	31 171	106 238	54 869	51 369	12 315
额敏县	35 242	91 251	45 805	45 446	88 389
沙湾县	58 050	180 111	91 362	88 749	120 240
托里县	13 299	44 068	22 072	21 996	35 246
裕民县	7 053	20 070	10 126	9 944	19 617
和布克赛尔蒙古自治县	8 956	24 138	12 206	11 932	19 134
阿勒泰地区	57 560	179 724	90 756	88 968	145 757
阿勒泰市	17 913	58 114	29 533	28 581	35 127
布尔津县	6 453	19 353	9 540	9 813	19 353
富蕴县	9 370	29 204	14 752	14 452	25 562
福海县	7 415	22 291	11 439	10 852	22 176
哈巴河县	6 311	19 182	9 628	9 554	17 904
青河县	5 467	18 425	9 320	9 105	14 337
吉木乃县	4 631	13 155	6 544	6 611	11 298
直辖行政单位	180 185	482 410	247 706	234 704	397 639
石河子市	128 770	343 109	175 375	167 734	293 331
阿拉尔市	42 590	112 287	58 608	53 679	80 080
图木舒克市	8 825	27 014	13 723	13 291	24 228

行 政 区 划

单位：个

地 区 别	地区	县	市 合计	市 地级市	市 县级市	市辖区	建制镇
全国	51	1 634	651	282	369	852	19 228
北京市	—	2	—	—	—	16	144
天津市	—	3	—	—	—	15	118
河北省	—	114	33	11	22	36	952
山西省	—	85	22	11	11	23	555
内蒙古自治区	4	69	20	8	12	20	458
辽宁省	—	27	31	14	17	56	572
吉林省	1	20	28	8	20	19	423
黑龙江省	1	46	30	12	18	64	467
上海市	—	1	—	—	—	18	109
江苏省	—	26	40	13	27	53	940
浙江省	—	36	33	11	22	32	750
安徽省	—	56	22	17	5	44	906
福建省	—	44	23	9	14	26	595
江西省	—	70	21	11	10	19	763
山东省	—	60	48	17	31	49	1 110
河南省	—	88	38	17	21	50	856
湖北省	1	39	36	12	24	38	727
湖南省	1	72	29	13	16	34	1 095
广东省	—	44	44	21	23	54	1 139
广西壮族自治区	—	68	21	14	7	34	710
海南省	—	10	8	2	6	4	180
重庆市	—	21	—	—	—	19	590
四川省	3	124	32	18	14	43	1 828
贵州省	5	68	13	4	9	10	697
云南省	8	108	17	8	9	11	574
西藏自治区	6	71	2	1	1	1	140
陕西省	—	80	13	10	3	24	910
甘肃省	2	65	16	12	4	17	462
青海省	7	37	3	1	2	4	132
宁夏回族自治区	—	12	7	5	2	8	96
新疆维吾尔自治区	12	68	21	2	19	11	230

主要指标解释

1. 户数:指家庭户和集体户数。

2. 人口数:指一定时点、一定地区范围内的有生命的个人的总和。本资料人口数指 2009 年 12 月 31 日 24 时的人口数。

3. 市:指经国务院批准设立市建制的市。本资料中市的各项数字除有特殊说明外,均不包括市辖县的数字。

4. 镇:指经省级人民政府批准设置的建制镇。

5. 性别比:反映人口性别构成的指标,指在总人口中或各年龄人口中,男性人数与女性人数之比。通常以每 100 个女性人口相对应的男性人口数表示。计算公式如下:

$$性别比 = \frac{男性人口}{女性人口} \times 100$$

6. 出生率(又称粗出生率):指在一定时期内(通常为一年)一定地区的出生人数与同期平均人数(或期中人数)之比,一般用千分率表示。本资料中的出生率指年出生率,其计算公式如下:

$$出生率 = \frac{年出生人数}{年平均人数} \times 1000‰$$

7. 死亡率:指在一定时期内(通常为一年)一定地区的死亡人数与同期平均人数(或期中人数)之比,一般用千分率表示。本资料中的死亡率指年死亡率,其计算公式如下:

$$死亡率 = \frac{年死亡人数}{年平均人数} \times 1000‰$$

8. 自然增长率:在一定时期内(通常为一年)人口自然增长数(出生人数减死亡人数)与平均人数(或期中人数)之比,一般用千分率表示。计算公式如下:

$$人口自然增长率 = \frac{本年出生人口数 - 本年死亡人口数}{年平均人数} \times 1000‰$$

$$人口自然增长率 = 人口出生率 - 人口死亡率$$